INTRODUCTION TO

ADVERTISING

광고학 개론

4th Edition

심성욱 · 전종우 · 고한준 | 공저

서울경제경영

머리말

3판을 출간한 지도 3년 정도가 지나고 매체환경이 정말 빠르게 변화함에 따라 광고학개론 4판을 내게 되었다. 개정판에 대해서 처음에는 3판을 보완하는 차원으로 생각했으나, 이 교재로 강의를 진행한 저자 및 여러 선생님의 의견과 광고 환경의 변화를 감안하면서 새로운 교재를 만들어내는 수준으로 챕터를 신설하거나 챕터를 통합하는 작업을 진행하였다. 이 책을 처음 출간할 때는 커뮤니케이션 관점에서 광고학 책이 필요하여 출간하고자 했다. 그래서 이러한 관점이 잘 반영되었으면 하는 바람에서 각 장마다 도입사례를 수정하였다. 인터넷과 모바일광고가 빠르게 성장함에 따라 이에 따른 디지털광고 관련 사례가 추가되었으며 각 장마다 오래된 데이터는 최근의 데이터로 수정하였다. 그리고 관련된 광고 사례는 최근의 광고로 업그레이드시켰다. 4판을 살펴보면 1부에서는 광고의 개념과 관점, 2부에서는 광고의 이론적 접근, 3부에서는 광고 전략의 실행, 4부에서는 광고의 미래를 다루었다. 특히 3부 9장에서는 전통적 광고매체와 매체전략이 통합되었으며 13장 브랜디드 콘텐츠가 새롭게 만들어졌다. 14장에서는 디지털광고와 OOH광고(마케팅)가 통합되었다.

요즘은 '비매스커뮤니케이션 매체'가 각광을 받고 있다. 특히 코로나를 겪으면서 비대면 활동이 많아지기 때문에 이러한 현상은 당분간 지속될 것 같다. 향후에 디지털광고는 더욱 증가할 것으로 예상된다. 한국방송광고진흥공사(코바코)가 실시한 '2020년 방송통신광고비 조사'에 의하면 온라인 광고비는 6조 5219억 원으로 2019년 대비 14.1% 증가했다. 이중 모바일 광고비는 2019년 대비 27.0% 증가한 4조 6503억 원으로, 전체 방송 광고비를 추월한 것으로 나타났다. 인터넷 광고비는 8.9% 감소한 1조 8716억 원으로 조사됐다. 따라서 광고시장은 큰 변화가 있을 것으로 예상된다. 아울러, 4차 산업혁명과 더불어 인공지능, 증강현실, 가상현실 등과 결합한 광고가 등장하고 있어서 소비자에게는 새로운 광고형태가 계속 나타날 것이다. 아울러, 메타버스가 나타남에 따라 이제는 현실 세계가 아닌 가상세계에서 광고가 집행될 것이기 때문에 이와 관련된 책과 연구가 필요하다. 이러한 변화에 맞춰 이

책이 조금이나마 도움이 되었으면 하는 바람이 있다. 그와 동시에 이제는 1인 미디어를 통한 광고 집행이 많이 늘어나고 있다. 인플루언서를 활용한 마케팅이다. 매스커뮤니케이션이 아닌 비매스커뮤니케이션의 활용이 커짐에 따라 언젠가는 이 광고학 개론도 크게 변화해야 할 것으로 본다. 1인 미디어를 중심으로 한 광고학개론이 쓰여야 할 날이 올 것 같다.
저자들은 이 책을 집필하면서 여러 사람들로부터 도움을 받았다. 새로운 원고의 정리에 많은 수고를 해 준 한양대 박사과정 전민희 양에게 고마움을 전한다.

개정작업도 쉬운 일은 아니었다. 오랜만에 저자들이 의기투합하여 함께한 시간은 보람된 시간이었다. 평소에도 많은 관심을 가지고 배려해주신 서울경제경영의 김은중 사장님, 편집진 등에게도 다시 감사함을 전한다. 여전히 미흡함이 있지만 다음번 개정으로 넘기고자 한다.

2021년 7월

심성욱, 전종우, 고한준

차례

PART I

광고의 개념과 관점

광고의 정의와 차원

1. 광고란 무엇인가?
2. 커뮤니케이션 관점에서의 광고
3. 마케팅 관점에서의 광고
4. 광고의 유형
5. 광고환경의 변화
6. 광고학의 미래

1

도입사례
SNS 광고도 AR이 대세

페이스북 AR 플랫폼 '스파크 AR' 활용한 광고 캠페인 늘어나

글: ZDnet 안희정 기자
2021/02/17 17:39 인터넷

코로나19 대유행으로 비대면이 생활화되면서 기업들도 디지털 전환을 가속화하고 있다. 경험이 중요한 제품 출시 홍보를 하려고 해도 녹록지 않은 상황이 되면서다.

특히 체험 중심의 오프라인 브랜드 활동들이 급격하게 축소되면서, 증강현실(AR)을 적극적으로 활용하는 기업들이 늘어나고 있다. AR 기술이 모바일 환경에서 브랜드를 생생하게 확장시킬 수 있는 솔루션으로 자리 잡고 있어 주목된다.

▶▶

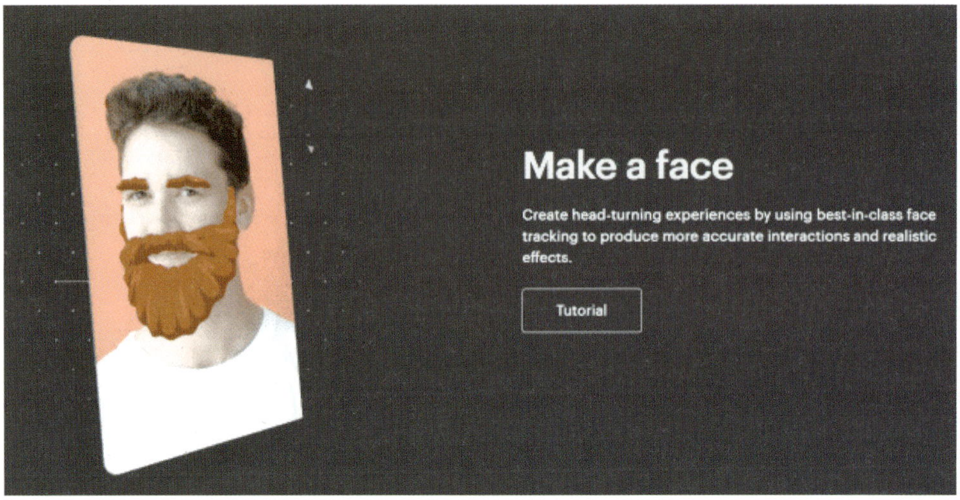

▲ 페이스북 스파크 AR

16일 관련업계에 따르면 지난해 10월 열린 페이스북 마케팅 서밋(FMS)에서는 앞으로 브랜드가 오프라인에서 줄 수 있는 경험을 페이스북 증강현실 플랫폼을 중심으로 구현하는 사례가 늘어날 것이라는 전망이 나왔다.

특히 중소 디지털 광고 대행사들은 엔터테인먼트 요소를 감미한 AR 콘텐츠로 소셜미디어 광고의 정의를 재해석하고 있다. 페이스북, 인스타그램 상에서 스파크 AR 활용한 괄목할만한 광고사례도 여럿 나오고 있다.

페이스북의 '스파크 AR'은 AR 기술을 활용해 모바일 기기에 최적화된 AR 필터 등의 다양한 효과를 제작하고 출시할 수 있는 플랫폼이다.

AR기술에 대한 전문지식이 없는 기업이나 일반 이용자도 손쉽게 AR 효과를 제작할 수 있으며, 본인이 제작한 AR 효과를 플랫폼에 등록하고 직접 출시하는 것도 가능하다.

지난 2019년 8월 스파크 AR을 선보인 이후, 전 세계 190개국에서 약 40만명에 달하는 크리에이터들이 스파크 AR에서 활동하고 있기도 하다.

애드테크 대행사인 '퍼펙트스톰'은 스파크 AR이 눈 · 코 · 입 등 얼굴과 손 인식에 특화돼 있다는 장점을 이용해 부르조아, 크리니크, 파우더룸 같은 화장품 브랜드와 함께 캠페인을 진행했다.

페이스북이나 인스타그램의 경우 눈을 깜빡이거나 입을 벌리고, 미소를 날리거나 윙크를 하는 등 여러 인터랙션이 구현할 수 있어 좀 더 다양한 크리에이티브를 시도할 수 있었다는 것이 회사 측 설명이다.

박건수 퍼펙트 스톰 대표는 "아직은 얼굴 인식이 익숙하지만, 의류를 자연스럽게 AR로 체험할 수 있는 기술이나 핏을 살릴 수 있는 기술이 적용된다면 새로운 시장이 열릴 것 같다"고 말했다.

디지털 에이전시인 이노레드는 '맥심 T.O.P 너티 카라멜 에스프레소 라떼' 홍보를 위해 스파크 AR을 활용해 AR필터 2종을 개발해 챌린지 캠페인을 진행했다.

▲ 퍼펙트스톰

회사 측에 따르면 광고를 통해 유입된 사람들 중 40% 남짓이 AR 필터 캠페인에 참여했다. 이는 여타 이벤트에 비하면 높은 전환율으로, 얼마나 사람들이 AR 기술에 열려 있는지, 얼마나 흥미있어 하는지 알 수 있는 기회가 됐다.

회사 측은 앞으로 고관여 제품 마케팅에도 AR 기술이 적극 활용될 수 있다고 봤다.

박현우 이노레드 대표는 "20~40대는 제품을 따져보면서 사는데, 그들에게 고가의 고관여 제품에 대해 적합한 경험을 시도할 수 있도록 하는 것이 주효하다고 본다"며 "물론 밀레니얼 세대가 많이 사용하다 보니 지금 당장은 고관여 제품을 사기는 힘들겠지만 그들이 향후 구매력 있는 소비자가 될 수 있다는 점도 따져봐야 한다"고 말했다.

응용 소프트웨어 개발사 퀀텀 유니버스는 페이스북 글로벌 크리에이티브 컨설팅 그룹 '크리에이티브샵'과 함께 스파크AR 기술을 활용한 가상 스튜디오를 구현했다.

스마트폰 카메라를 통해 이용자의 주차장이나 집 근처 공원 등 원하는 장소에 카메라를 비추면, 해당 공간에 주차된 차의 모습을 화면을 통해 만나볼 수 있게 했다.

화려한 쇼룸이나 자동차 판매점 실내 내부가 아닌 이용자가 원하는 곳에서 차의 외형을 살펴볼 수 있는 현장감을 제공하는 것이다. 또한, 마치 실제로 차에 타고 있는 듯한 360도 VR 기술을 통해 현실 공간에서 차량의 내부와 외부를 직접 체험해볼 수 있도록 하는 몰입경험도 제공했다.

이 회사는 넷플릭스 오리지널 콘텐츠인 영화 '보건교사 안은영' 홍보를 위한 AR 이펙트를 제작하기도 했다. 넷플릭스 최초로 한국, 타이완, 싱가포르, 말레이시아, 태국, 필리핀에 해당 AR 이팩트를 동시 선보였다.

출처: https://zdnet.co.kr/view/?no=20210216165133.■

▶▶

1. 광고란 무엇인가?

'광고란 무엇일까' 라는 질문을 해보면 대부분의 사람들이 방송광고를 떠올리며 광고는 제품을 팔기 위한 소비자들을 설득하기 위한 커뮤니케이션이라고 정의 내릴 것이다. 다른 소비자들은 흔히 선전이라 말하기도 한다. 물론 선전이라는 말은 틀린 것이지만 일상 광고라고 일컬어지는 말이며 더 정확하게 말해본다면 송신자가 제품을 알리기 위해 돈을 지불하여 채널(예:방송, 신문 등)을 통해 수신자에게 메시지를 전달하는 것을 말한다. 그리고 소비자들은 이 광고에 대해 반응하게 되는 것이다. 이와 같이 커뮤니케이션 관점에서 광고를 정의하는 측면도 있는 반면 마케팅관점에서 정의를 내릴 수 있다. 마케팅 믹스에서 프로모션 수단의 하나로 보는 입장이다. 프로모션을 촉진하는 수단으로 광고, PR, 세일즈 프로모션, DM 등을 들 수 있는 있는데, 이 중에 하나의 수단으로 보는 측면이다. 이러한 관점은 결국 제품의 매출을 촉진시키는 수단으로 보는 것이다.

그런데, 광고를 마케팅관점에서 바라보면 광고의 기능과 역할에 있어 범위가 적어질 수 가 있다. 제품을 촉진시키는 있어 다른 여러 가지 수단(예: PR, 세일즈 포로모션 등)에서 가장 중요함에도 불구하고 광고를 작게만 바라보게 된다. 예를 들어 보자. 하나의 제품을 런칭시키고 나서 대중에게 이 제품을 알리기 위한 수단을 생각해보면 우리는 당연히 여러 가지 수단 중에서도 광고를 생각하게 될 것이다. 가장 넓은 범위로 메시지를 도달시킬 수 있는 수단은 광고일 뿐이다. 또 하나 생각해 볼 수 있는 것은 광고의 범위이다. 요즘 BTL이 활용이 많이 되고 있는데, 이벤트나 스폰서쉽, 프로모션 등을 들 수 있다. 그리고 새로운 매체, 즉 DMB, IPTV 등 인터액티브 매체들이 있다. 이것을 우리가 분리시켜 생각하지만 이것들도 결국 광고의 범위로 포함될 수 있는 것이다. 광고를 하나의 매체에서 메시지가 전달되는 개념에서 더 큰 개념의 매체(예:스포츠경기, IPTV 등)로 확대해 볼 수 있다. 이렇게 더 큰 개념에서 광고의 정의가 필요하다. 이렇게 더 확대된 개념으로 광고를 바라고자 하는 이유는 광고의 사회적 기능 때문이다. 광고는 한 사회의 문화를 담고 있으며 이 사회에 많은 영향을 주고 있다. 소비자들은 매일 마다 광고의 내용에 영향을 받고 있으며 광고에서 벗어나서 살 수가 없다. 광고는 때로는 사회의 새로운 트렌드를 만들어 낸다. 광고 속에서 나타난 새로운 라이프스타일의 여성상을 통해 소비자들은 새로운 이미지를 만들어 내며 새로운 사회를 만들어 내기도 한다. 한편, 광고가 때로는 소비자들을 기만하게 하는 허위, 과장 광고로 나타날 때 도 있다. 이와 같이 되어서는 안 되겠지만 이렇게 된다면 소비자에게 주는 피해도 무시 못 하게 된다.

이와 같이 광고의 영향력은 크다. 따라서 예전처럼 작게만 바라보는 광고로 정의를 내린다면 광고를 제대로 이해하지는 못하는 것이다. 그리고 광고의 영향력을 적게 만들게 된다. 이제는 새로운 관점에서의 광고 정의가 필요한 시점이라 할 수 있다. 예전에는 광고주가 유료로 광고메시지를 보내는 커뮤니케이션이었으나 현재는 SNS를 통해 소비자 자신이 좋아하는 브랜드에 관한 광고를 만들어 보내는 상황이 되었다. 즉 소비자가 동시에 전송자가 되는 상황이다. 아울러 개인적인 아닌 대중에게 전달하는 광고메시지였으나 현재는 개인에게도 전달되는 상황으로 바뀌었다. 따라서 광고는 다음과 같이 정의될 수 있다. 우선 예전의 광고는 "광고란 광고 메시지 속에 어떤 형태로든 밝혀져 있는 기업이나 비영리기관 또는 개인이 여러 매체에 유료로 내는 비대개인적 커뮤니케이션이다" 이제는 "광고는 광고메시지를 기업, 비영리기관, 개인이 여러 매체에 유료/무료로 내는 비대개인적/대개인적 커뮤니케이션"이라고 정의될 수 있겠다.

2. 커뮤니케이션 관점에서의 광고

커뮤니케이션 모델을 살펴보면 송신자(Sender), 메시지(Message), 채널(Channel), 수신자(Receiver)로 이루어진다. 이것은 SMCR 모델이라 불리운다. 자세히 살펴보면 송신자는 메시지를 보내려는 주체가 된다. 광고의 관점에서는 광고주가 될 것이다. 메시지는 송신자가 수신자에게 보낼 내용을 뜻한다. 채널은 메시지를 담을 그릇 이라 표현할 수 있겠다. 메시지를 보내기 위한 수단으로 매체가 될 것이다. 수신자는 메시지를 받아들이는 주체로서 때로는 메시지를 거부하기도 한다. 이것이 전통적인 커뮤니케이션 모델이다. 자세한 내용은 5장에서 다루어질 것이다. 커뮤니케이션 관점에서의 광고를 바라보고자 하는 이유는 광고의 목표를 무엇으로 할 것인가와 연결된다. 일찍이 Colley는 DAGMAR이론을 발표하면서 광고의 목표는 매출이 아닌 커뮤니케이션관점에서의 인지도와 관련이 있어야 한다고 하였다. 지금도 이러한 관점은 유효하다. 매출에 영향을 주는 요인은 광고외에 다른 요인(제품, 가격, 유통 등)들이 존재한다. 따라서 매출증대는 광고의 영향을 받을 수 있지만 광고만이 영향을 주었다고 보기는 힘들다. 이러한 관점에서 광고를 통해 인지도를 향상시키는 것이 중요하며 인지도 향상이 광고의 목표가 되어야만 한다. 결과적으로는 광고의 역할을 제대로 정의하는 방법이 될 것이다.

3. 마케팅 관점에서의 광고

사회적 제도의 하나인 광고는 현대 사회에서 필수적인 기능을 담당하게 되었다. 이러한 배경에는 현대 산업사회로의 진입이 결정적인 역할을 했다. 20세기에 들어서면서, 미국을 중심으로 한 서구사회에서는 대량생산 체제가 점차 발달하기 시작했으며, 그 이전의 시기처럼 지역을 기반으로 한 경제활동보다는 전국적 규모의 경제활동이 자리 잡기 시작했다. 이러한 과정에서 큰 규모의 자본을 바탕으로 한 기업들이 생겨나기 시작했고, 동일한 시장에서 유사한 제품을 생산하는 기업들이 경쟁을 하는 환경으로 변모하기에 이르렀다.

기업의 활동은 여러 가지로 분류할 수 있으며, 이는 생산 및 관리, 판매 등의 분야를 포함하는데, 이러한 각 영역은 서로 유기적인 관계를 지니고 한 기업의 성장에 각자의 역할을 담당하게 된다. 이들 주요 영역들은 시대에 따라 그 중요성에 변화를 보여 왔는데, 지난 50여 년 동안 가장 큰 변화는 마케팅 분야의 중요성이 급격하게 증대되었다는 점을 들 수 있다(Kotler 등, 2009).

광고가 현대 기업 활동에서 가장 중요한 역할을 담당하는 요소들 중 하나로 자리매김하게 된 배경에는 이러한 마케팅의 영역 확장에 있다고 해도 과언이 아니다. 즉, 기업의 활동에 있어서 광고는 마케팅의 한 영역으로 기능하게 되었고, 경쟁 제품 간의 물리적 차이가 크지 않게 된 대부분의 시장에서 광고의 영향력을 점차 증대되고 있는 것이다.

마케팅의 주요 요소로는 4P's라고 불리우는 제품(Product), 가격(Price), 유통(Place), 촉진(Promotion) 등이 있다. 이는 McCarthy(1960)이 주창한 이래 지난 반 세기 가까이 마케팅 전략의 틀로 널리 이용되어 왔으며, 대부분의 기업들이 이러한 네 영역에 대한 전략을 수립함으로써 마케팅 업무를 진행하고 있다. 물론 1980년대 이후 다른 요소들에 대한 관심이 증대되었고, 이들 4P's의 개념이 매우 생산자 지향적인 성격을 갖고 있다는 비판 하에 4C's (Consumer benefit, Cost, Convenience, Communication) 등의 대체 개념을 주장된 바 있지만, 4P's는 여전히 주요 마케팅 이론서의 핵심을 차지하고 있다. 이는 마케팅적 관점에서는 아무래도 소비자 중심보다는 기업 중심의 통제 가능한 전략적 운용을 중시할 수밖에 없으며, 이런 차원에서 4P's를 중심으로 한 접근이 유용하기 때문이다.

이들 4P's의 요소들은 서로 유기적인 관계를 갖고 있으며, 이들에 대한 조합을 어떻게 하는가에 대한 고민은 마케팅 전략의 가장 근본적이고도 핵심적인 사항이라 할 것이다. 마케팅 믹스(Marketing Mix)라고 불리는 이 조합의 작업은 각 기업이 처한 내적 역량(Internal Capability), 외부 환경(External Environment) 등을 포함하여 다양한 제품군 및 소비자군 등에 따라 각 요소의 중요함 정도가 다르게 나타나게 된다. 물론, 제품의 중요성이 대개의 경우 가장 큰 비중을 차지하곤 하지만, 우리가 직면하고 있는 대부분의 시장 구조인 과점(Oligopoly) 시장에서는 주요 자본의 집중으로 제품, 가격, 유통 등의 경쟁 기업 간 차이가 크지 않기 때문에 촉진(Promotion)을 통한 각 제품의 브랜딩(Branding) 작업, 판매촉진 작업 등에 의하여 각 기업의 성과가 판이하게 나타날 수 있다.

마케팅 각 영역들의 중요성은 여러 가지 요인에 따라 달라질 수 있다. 우선 제품의 특성에 따라 4P's의 각 영역이 갖는 비중은 다른 것이 보통이다. 예컨대, 소비재와 산업재로 제품을 구분하여 보면, 전자는 촉진과 유통의 역할이 중요하게 다루어지는 것이 보통이지만, 후자는 촉진보다는 제품이나 가격의 비중이 훨씬 큰 것이 일반적이다. 제품의 내구성이 약한 1차 산업 제품들은 대개 유통이 매우 중요하지만, 가격은 필수재인 탓에 크게 영향을 미치지 못하는 경우가 많다. 제품의 성능 또는 품질이 경쟁사에 따라 차이가 많이 날 수 있는 경우에는 제품에 대한 비중이 크게 나타나겠지만, 그렇지 않은 과점적 시장의 경우에는 대개 경쟁 제품 간의 품질, 가격, 유통 등의 차이가 크지 않아 촉진이 매우 중요하게 다루어진다. 국내 가전제품 시장을 생각해 보면, 이를 잘 알 수 있다. 삼성과 LG라는 주요 두 업체 간의 경쟁이 상당 기간 동안 지속되어 온 이 시장에서는 신제품의 출시, 경쟁 제품의 성능, 가격, 유통 등에서 거의 차이가 없다고 인식되고 있으며, 두 기업은 엄청난 양의 광고 및 홍보, 판촉 활동 등 촉진적 요소에 대한 집중을 통해 경쟁에서 우위에 서는 노력을 경주한다.

과거에는 제품과 가격의 영향력이 가장 크게 인식되었고, 기업 내에서도 생산과 재무 등의 영역이 더 중요하게 다루어졌다. 그러나 각 시장에서 주요 기업들 위주의 경쟁이 첨예화되고 소비자들이 제품의 경제적 편익만을 고려해 의사결정을 하지 않고 브랜드의 심리적 만족감에 의한 의사 결정을 하기 시작했다. 국내의 경우, 1970년대를 거쳐 1980년대 이후 브랜드가 단순히 제품의 식별을 위한 상표 고유의 기능을 넘어서 제품의 무형적 가치를 지닌 것으로 기능하기에 이르렀다. 경쟁 제품 간의 기능, 가격, 유통 등의 차이가 크지 않은 첨예한 경쟁 상황에서 브랜드의 무형적 가치는 소비자들에게 심리적 만족을 통해 구매 의사결정을 하도록 유인하고 있으며, 이러한 환경에서 4P's 중 촉진의 역할은 그 어느 때 보다 중요하게 인식되고 있다.

이러한 촉진(Promotion)에는 몇 가지의 촉진 수단들이 있는데, 그들 중 하나가 광고이다. 촉진의 수단들은 광고를 비롯하여 PR (Public Relations), SP (Sales Promotion: 판매촉진), 대인판매(Personal Selling) 등을 들 수 있으며, 광고는 현대 촉진 활동에 있어서 가장 중요한 위치를 차지하고 있다. 미국의 경우, SP와 광고가 비슷한 정도의 규모로 집행되고 있지만, 우리나라의 경우에는 광고의 집행비가 압도적인 우위를 점하고 있다.

이들은 각각 서로 다른 역할을 하게 되는데, 광고와 PR은 주로 제품 및 기업의 브랜딩(Branding)과 관련된 부분 및 대 소비자 또는 공중에 대한 커뮤니케이션 부분을 담당하게 된다. SP와 대인판매는 직접적이고도 단기적인 판매의 증진에 중요한 역할을 하게 된다. 주로 광고는 소비자들을 대상으로 한 기업의 커뮤니케이션으로 제품 및 기업에 대한 소비자들의 인식, 태도, 구매 등에 대한 긍정적인 영향을 미치는 데에 중점을 두고 진행된다.

최근에는 브랜딩과 관련된 기업의 활동이 다각화되면서 단순히 브랜드 이미지를 강화하는 일에서 벗어나 총체적인 브랜드 자산(brand equity) 및 브랜드 개성(brand personality) 등의 가치를 높이는 방향으로 광고가 역할을 하게 되었다. 다양한 매체를 이용한 광고 활동을 통해 기업은 브랜드에 생명을 불어넣고, 그 가치를 높이고, 궁극적으로 소비자들이 만족할 수 있는 편익을 제공하게 되는 것이다. 마케팅의 가장 중요한 핵심 가치가 소비자 가치와 기업의 가치를 교환하는 것 (Solomon, 2010) 이며, 소비자가 제품으로부터 원하는 가치가 경제적 편익을 넘어서 심리적 만족에 있는 경우가 많은 상황에서 광고의 중요성은 점차 증대되어 가고 있는 것이다.

이상에서 살펴 본 바와 같이, 광고는 현대 기업 활동 중 마케팅의 한 영역으로 기능하고 있으며, 광고는 궁극적으로 소비자들의 기업에 대한 인식 또는 태도 등을 긍정적인 방향으로 이끌어 가는 커뮤니케이션적 목표 외에도 매출의 증대에 중요한 역할을 하는 수단으로 운용되고 있다. 물론 광고의 집행이 매출에 어느 정도의 영향을 미치는지에 대한 사항은 광고 이외의 마케팅 요소에 의한 매출의 증대 부분도 분명히 존재하고, 이를 현실 상황에서 각각을 명확하게 통제하기 힘들기 때문에 정확한 측정이 거의 불가능하다. 그러나 광고의 매출에 대한 영향력은 지난 수 십 년간의 연구에 나타난 결과를 볼 때, 분명 일정 수준 이상으로 존재하며, 이러한 영향력은 광고의 전략적이고도 과학적인 운용 여부에 따라 판이하게 나타날 수 있다.

4. 광고의 유형

광고 활동을 보다 체계적으로 이해하기 위해서는 유형별로 구분해 보는 것이 필요하다. 광고의 유형을 나눌 때, 가장 일반적으로 사용되는 것은 광고가 집행되는 매체의 유형에 따른 구분일 것이다. 즉, 전통적으로 광고는 전파광고 (또는 방송광고)와 인쇄광고로 구분되어 왔으며, 전자는 TV와 라디오, 후자는 신문과 잡지 등에 집행되는 광고를 말한다. 이들 네 개의 매체를 4대 매체라고도 부른다. 이 두 영역에 의한 구분은 매우 오랜 기간 동안 사용되어 왔으며, 전파매체와 인쇄매체의 성격이 서로 다른 것에 기반을 두어 각 매체에 집행되는 광고 또한 다르게 기능하는 것이 전제되어 왔다. 광고의 유형 구분 기준은 이러한 매체 이외에도 광고가 다루고 있는 대상에 따라서 이루어질 수 있다. 광고되는 대상은 제품, 기업 또는 조직, 서비스, 사회적 이슈, 공익 등 매우 다양하며, 이들에 따라 제품광고, 기업광고, 서비스 광고, 이슈광고, 공익광고 등으로 구분하여 볼 수 있다. 아래의 표에서 보듯이, 이들 각 유형의 광고들은 서로 다른 목적을 갖고 집행되며, '제품 광고'가 가장 보편적인 유형으로 우리가 실생활에서 접할 수 있는 대부분의 광고는 이에 해당한다(〈표 1.1〉 참조) .

1) 목적에 따른 광고유형

표 1.1 목적에 따른 광고의 유형

	내용 및 특징	사례
제품 광고	• 특정 제품(들)에 대한 인지, 선호, 구매 등을 이끌어 내기 위한 광고이며 가장 보편적인 유형	애니콜 TV 광고 SK텔레콤 신문 광고
기업 광고	• 특정 기업(군)에 대한 전반적인 인지, 선호 등을 이끌어 내기 위한 광고이다.	삼성의 '또 하나의 가족' SK의 '사람을 향합니다'
서비스 광고	• 서비스(업)에 대한 인지, 선호, 구매 등을 촉진시키기 위한 광고	하나투어 광고
이슈 광고	• 특정 사회적 이슈 또는 논쟁점 등에 대하여 광고주의 입장을 명확하게 밝히는 광고	2008년 광우병 관련 사건 시 주요 단체의 성명서를 포함한 광고
공익 광고	• 사회적 공익(social goodness)을 고취하기 위하여 집행되는 광고이며 주로 공익광고협의회에서 집행	금연 광고 교통안전 광고

첫째, 제품광고는 자사제품에 대한 강점을 강조하거나 다른 경쟁제품에 대한 어떠한 차별점을 갖는지를 알리고자 하는 것이다. 때로는 구매포인트만 강조하여 가격만을 강조할 때도 있으며 상품을 왜 구입해야 하는지를 명확히 밝혀준다. 또한, 제품을 초점을 맞춰 표적청중에게 메시지를 전달하고자 한다. 아래 〈그림 1.1〉의 BESPOKE 무풍에어컨은 제품특징인 직바람 없이 쾌적한 무풍 냉방의 강점을 강조하고 있다.

두 번째, 서비스광고는 서비스관련 제품을 광고하는 것으로써 서비스를 활용하는 경우 가질 수 있는 혜택을 강조하는 유형이다. 아래 〈그림 1.1〉의 배달의 민족 배민오더의 경우 "요즘은 이렇게 삽니다"라는 카피를 통해 미리 주문하고 포장해서 바로 받아갈 수 있는 서비스 혜택을 강조하고 있다.

▲ BESPOKE 무풍에어컨-와이드 무풍냉방 편 30초 스크린샷(출처: 삼성전자)

▲ 배민오더-포장편 30초 스크린샷(출처: 배달의 민족)

그림 1.1 제품광고(좌)/ 서비스광고(우) 사례

세 번째, 기업광고는 기업 이미지광고를 가리킨다. 최근에는 기업브랜드 제고를 위해 대표브랜드를 알리는 목적으로도 많이 활용되었다. 기업이미지를 제고함과 동시에 기업에 대해 호의적인 태도를 형성케 함으로써 궁극적으로는 기업에서 생산되는 제품이나 서비스를 구매하도록 하는 목적도 가지고 있다. 이는 모브랜드인 기업브랜드를 활용하여 개별기업의 개별브랜드에 후광효과를 주고자 한다. 아울러 기업브랜드는 대외적으로 기업이미지를 향상시키는 것과 더불어 대내적으로 사원들의 동기부여, 사기진작 등에도 활용된다. 아래 〈그림 1.2〉의 POSCO '평창 동계올림픽' 광고는 올림픽을 응원함과 동시에 POSCO 기업이미지를 제고할 수 있다.

네 번째, 정치광고는 정당이나 후보자가 유권자의 지지를 얻고자 한다. 정치광고는 이제 민주주의 국가에서 정치과정의 일부분이자 유권자에게 정당이나 후보자를 알고자 하는 중요 정보원천이다. 정치후보자의 정책적 면을 알리고자 하는 목적도 가지며 때로는 후보자의 이미지를 훼손하기 위해 이미지 타격을 주기 위한 광고도 제작된다. 과거에는 대부분의 정치광고가 포스터, 신문 등 인쇄를 활용한 경우가 많았으나, 17대 대선부터 TV광고를 활용하여 다양한 매체를 활용한 정치광고를 접할 수 있게 되었다.

네 번째, 이슈광고는 사회적 이슈에 대한 입장을 밝히는 것이다. 다음 사례는 2010

▲ POSCO '평창 동계올림픽'

▲ 19대 대통령선거 당시 문재인 후보 TV광고 '사진작가' 스크린샷

그림 1.2 기업광고(좌)/ 정치광고(우) 사례

년 칸 광고제 OUTDOOR부문 Silver 수상작으로 선정된 세계야생동물기금(WWF)의 "Horrifying / More Horrifying" 광고이다(〈그림 1.3〉 참조). 실제 맞닥뜨렸을 때 인간의 목숨을 위협할 수 있는 무서운 생명체이지만 생명체가 지구상에 존재하지 않는다면 더 무서운 상황이라는 점을 강조하며 생물체의 존속을 위한 지구 환경 보호가 필요하다는 메시지를 강조하고 있다.

▲ 출처: WWF

그림 1.3 세계야생동물기금(WWF) 광고

때로는 기업은 이슈를 통해 자사 제품광고를 활용할 수도 있다. 2020년 파타고니아의 '덜 사고, 더 요구하세요' 캠페인은 의류 산업이 야기하는 사회적, 환경적 폐해를 지적하고, 이를 해결할 수 있는 최우선 방법으로 소비자들의 소비 행동을 변화시키고자 했다(〈그림 1.4〉 참조).

다섯 번째, 공익광고는 현재의 사회적 이슈나 국민들에게 알려야 할 부분을 전달하고 사회 전반적으로 긍정적인 이미지를 구축하는 효과를 기대한다. 보건복지가족부의 수많은 공익 캠페인 중 다수를 차지하고 있는 주제는 바로 금연이다. 그 동안 꾸준히 금연에 관련된 캠페인을 전개해 온 보건복지가족부가 2020년 6월부터 시리즈로 선보인 '노담 캠페인'은 청소년의 흡연을 예방하는 메시지를 전달하고 있다. 청소년을 주인공으로 내세워 담배를 피우지 않는 것을 떳떳하게 말하고 또래 청소년이 금연에 참여하도록 설득하고 있다(〈그림 1.5〉 참조).

▲ 출처: 박지애(2020). 파타고니아

그림 1.4 파타고니아광고

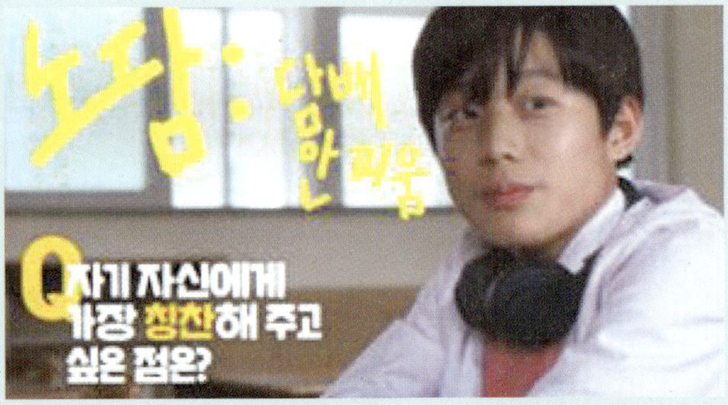

▲ 출처: 신선미(2020). 보건복지부

그림 1.5 보건복지부 노담 금연 광고

2) 지역범위에 따른 분류

지역범위에 따라서는 국제광고와 국내광고로 나뉘게 된다. 먼저, 국제광고는 다국적광고와 현지화 광고로 나뉜다. 예전에는 국제광고와 국내광고가 분명하게 분류되었지만 글로벌화 되고 있는 현 상황에서는 분류가 쉽지 않다. 예를 들어, 다국적광고는 다국적기업이 국내에서 광고를 하면 국내광고로 분류될 수 있지만 여기에서는 주체에 따라 국제광고로 분류되었다. 다국적광고는 다국적기업(IBM, Microsoft 등)이 전 세계적으로 또는 일부 국가에 광고하는 경우를 말한다. 또한 현지화광고는 다국적기업이 현지국가의 상황에 맞게 광고를 하는 경우이다.

다음으로, 국내광고는 국내기업이 국내에만 하는 광고를 가리킨다. 국내광고에서 전국적으로 진행하는 전국광고 외에 소매점광고가 있다. 지역적이며 제품이나 서비스를 구매할 수 있는 상점에 초점을 맞춘 광고이다(〈그림 1.6〉 참조). 광고메시지는 주로 지역적으로

▲ 삼성 갤럭시S8 해외광고 'Unbox your phone' 스크린샷

▲ 삼성전자 디지털프라자 이벤트 광고

그림 1.6 국제광고-다국적광고(좌)/ 국내광고-소매점광고(우) 사례

배치되어 있는 제품을 알리고자 하며 상점에 고객 방문 수를 높이기 위한 것이다. 소매점 광고는 주로 가격이나 특정기간의 할일 등 프로모션 등을 알리는 광고이다. 예를 들면, 삼성전자가 디지털플라자 광고를 하면서 특정지역의 소매점들의 이미지나 판매를 촉진하는 경우이다. 그리고 전국광고와 소매점광고의 혼합형인 공동광고(cooperative advertising)가 있다. 이는 전국광고주가 소매점을 지원하기 위한 광고로써, 광고주는 광고를 위해 전국광고의 비용을 지불하고 소매점에게 포스터, POP(구매시점광고)를 제공한다.

5. 광고환경의 변화

21세기에 들어선 지도 20년이 지난 지금, 광고 활동의 환경은 20세기와는 전혀 다르게 변모되고 있다. 디지털 융합에 의한 새로운 매체들의 등장, 보다 강력해진 소비자들, 세계 시장의 글로벌화 등으로 요약될 수 있는 광고 환경은 현 시점에서 반드시 고려되어야 할 것이며, 미래의 광고에 대한 최소한의 방향타 역할을 할 수 있다. 광고 활동의 환경을 구성하는 요소들은 학자마다 이견이 있을 수 있으나, 시장, 매체, 소비자 등을 거시적인 관점에서의 환경 요소들로 볼 수 있을 것이다. 〈그림 1.7〉에서 볼 수 있듯이, 지난 20여 년 간 이루어진 이들 세 요소들의 변화는 그 이전 시기의 변화에 비하면 매우 급격한 것으로 현 시점에서 광고 산업 및 학계에서 매우 주목하고 있는 현상이다. 이제, 새로운 광고의 환경을 고민해야 할 때이다. 매체 환경, 소비자 환경, 시장 환경 등의 변화를 간략하게 살펴보자.

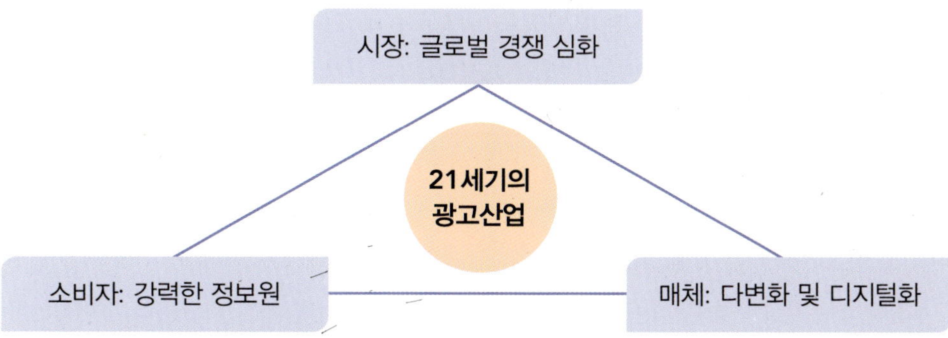

그림 1.7 변화하고 있는 광고 산업의 환경

1) 매체 환경의 변화—디지털 미디어의 등장

1990년대 중반 WWW (World Wide Web)의 출현은 그 이전까지 군사 및 학술 목적으로만 존재하던 인터넷[1]을 제5의 매체로 급격하게 바꾸어 놓았다. 역사상 가장 빠르게 일반 대중들에게 확산된 매체인 인터넷은 2009년 현재 제3의 광고 매체로 자리 잡게 되었으며, 지금은 인테넷광고비가 TV광고비를 넘은 상황이다. 그러나 인터넷의 출현은 단순히 새로운 매체 하나가 더해졌다는 의미 그 이상을 야기했다. 1990년대 이후 급속하게 발달한 디지털 기술 (digital technology)은 그 이전까지 개별적으로 존재하던 기기들이 융합되는 현상, 즉 디지털 융합(Digital Convergence)을 가능케 했으며, 이로 인해 다양한 매체들이 새롭게 등장하게 되었다. IP-TV (Internet Protocol TV), DMB 등은 대표적인 디지털 융합의 사례라 하겠다.

과거보다 복잡해진 매체 환경은 기존의 주요 4대 매체가 독점하던 광고 매체 시장에 지대한 영향을 미치게 되었다. 이제 인터넷은 TV, 신문 등과 더불어 3대 매체로 자리매김했으며, 신문의 광고 규모와 거의 비슷한 수준으로 성장하기에 이르렀다(광고연감, 2010). 2021년에는 인터넷을 기반으로 한 디지털광고비가 전체광고비의 50%에 육박하기에 이르렀다. 2011년에 들어서는 정부 차원에서 광고시장의 육성을 정책적으로 추진하고자 하는 목표를 발표하였다. 방송통신위원회에서는 수 년 이내에 광고시장을 GNP의 1% 수준 이상으로 성장시키는 목표를 설정하였으며, 이는 선진국들의 광고시장 규모와 견주어 볼 때, 3만불 국민소득 시대에 맞는 광고시장의 활성화라는 차원에서 긍정적으로 받아들여지고 있다.

광고 매체가 1990년대 중반 이후 기존의 4대 매체 위주의 환경에서 인터넷, 위성매체, 케이블TV 등을 중심으로 한 새로운 매체들을 포함하는 보다 복잡한 환경으로 변화되어 왔다. 이제, 과거의 4대 매체 위주의 광고 전략으로는 과거에 거두었던 광고 효과를 거둘 수 없는 상황이 되었으며, 이는 보다 다양한 매체들에 대한 이해를 필요로 하고 있다.

인터넷의 대중화 이후, 모바일 IPTV, 위성방송, 디지털 케이블 TV 등 디지털 융합의 결과로 나타나고 있는 새로운 광고 매체들은 하루가 다르게 성장하고 있으며, 더 이상 전국의 소비자들 대부분에게 동시에 노출될 수 있는 광고를 집행하는 것은 과거에나 가능한 일이 되어 버렸다. 광고 실무자들은 하나의 광고 목표를 달성하기 위해 이 많은 매체들을 동시에 고려하여 가장 효과적인 캠페인을 계획하고 집행해야 한다.

최근의 디지털 기술을 기반으로 한 새로운 매체, 즉 디지털 매체는 기존의 매체와는 달리 '상호작용성(interacitivity)'의 특성을 가진다. 이러한 디지털 기술의 발전은 단순히 매체와 정보가 디지털화되는 것을 넘어서 수용자를 커뮤니케이션 과정에 적극적으로 관여

[1] 인터넷은 1958년 ARPANet (Advanced Research Projects Agency)에 그 모태를 두고 있으며, 1990년대 초까지 군사 및 학술 목적으로 제한된 조직에만 허용되던 시스템이었다.

시킨다. 따라서 수용자는 이 상호작용성에 따라서 원하는 콘텐츠와 정보를 직접 선택할 수 있다. 또한 수많은 채널 속에서 자신이 원하는 콘텐츠와 상호작용하면서 소비자가 필요로 느낄 때에는 언제든지 그것을 보면서 그에 직접적이고 순간적으로 반응할 수 있게 되었다. 일반적으로 인터랙티브 광고는 기존의 광고보다 더 효과적인 광고로 평가될 수 있다. 그 이유는 전통적인 광고에 대해서는 소비자가 일방향적이고 수동적으로 광고에 노출되었으나, 인터랙티브 광고에서는 위에서 언급한 상호작용성의 특성으로 인해서 소비자가 원하는 정보를 취사 선택할 수 있는 능동성을 갖기 때문이다.

(1) 소셜미디어광고

앞으로 우리는 소셜미디어광고를 많이 보게 될 것이다(〈그림 1.8〉 참조). 그 중 하나인 페이스북 광고 특성을 살펴보면 다음과 같다. 페이스북은 Google Adwords와 많은 측면에서 비슷한 광고 플랫폼을 구축했다. 그러므로 Google Adwords의 플랫폼 사용법에 관한 지식이 있다면 페이스북 광고 사용하는데 있어 시간은 오래 걸리지 않을 것이다. 페이스북 광고가 Google Adwords와 차이를 보이는 점은 앞서 사용자들이 계정을 만들 때 입력하는 정보에 기초하여 캠페인의 타겟을 설정할 수 있다는 점이다. 페이스북 광고를 이용하기 좋은 이유 중 하나는 현재 페이스북 상에서 개인의 광고를 테스트해볼 수 있다는 점이다. 원하는 광고비용을 정확하게 계산할 수 있고, 그러한 비용 또한 자신 마음대로 조정할 수 있기 때문이다. 이러한 기능은 수용자 중심으로 되었기 때문에 이제는 누구든지 광고를 쉽게, 예산에 맞게 할 수 있음을 암시한다.

그림 1.8 데스크탑에 보이는 페이스북 광고 사례

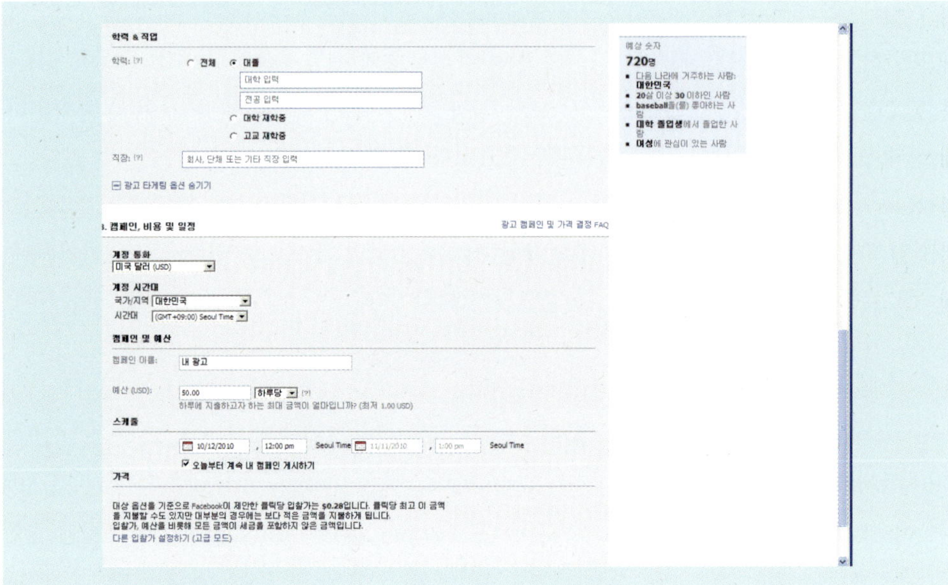

그림 1.9 페이스북 광고 집행 화면

페이스북광고는 CPM이나 CPC 둘 중 어떤 방식을 사용하건 간에 지출 비용 여건을 최대한 활용하여 이용자들을 웹사이트로 유도하거나 브랜드 인지도를 제고시킬 수 있다.

페이스북 광고는 1000명당 드는 비용(CPM) 혹은 광고의 클릭 수만큼(CPC) 지불할 것인지에 대해 결정할 수 있다〈그림 1.9〉. 두 옵션 모두 다른 이들이 이미 설정 한 타겟에 입찰한 가격에 영향을 받기 때문에 자신의 최대 예산을 설정해 두어야 한다. 페이스북은 이를 돕기 위해 현재 다른 이들이 입찰한 가격에 기초하여 필요한 입찰 가격의 범위를 제시해주고 있다. 그러한 입찰 가격이나 CPM, CPC로의 선택은 광고의 최종 목적과 이용 가능한 예산의 범위에 의해 좌우된다.

페이스북을 비롯한 소셜미디어 광고는 수용자가 다양한 옵션에 따라 비용까지 결정할 수 있는 새로운 형태의 광고가 되기 때문에 광고학에서 연구할 대상은 매우 세분화가 될 예정이며 연구대상 수도 많이 증가할 것으로 보인다.

소셜미디어를 비롯한 새로운 형태에서 광고효과 측정에서도 새로운 틀을 제시해야 할 것이다. 페이스북은 광고의 성과를 측정하는데 있어서 훌륭한 틀을 제공하고 있다. 성과 분석은 그 중요도가 높으므로 집행 후 혹은 집행 중에도 여러 가지 옵션을 선택할 수 있다. 실시간, 혹은 거의 실시간으로 성과를 모니터링 함으로써 현재 진행중인 광고에 즉각적으로 변화를 줄 수 있다.

성과분석으로 고개를 돌리면 현재 집행하고 있는 광고에 대한 현황이 대쉬보드에 표시되고 있다. 여기서부터 광고, 현황, 일일 예산, 지속 기간 등을 조정할 수 있으며 또한 광고가 포함하고 있는 주요 성과 지표들에 대한 보고서도 확인할 수 있다. 그리고 운영 중인 모든 광고를 포함해 과거에 시행했던 것들에 대한 정보에도 쉽게 접근할 수 있다. 페이스북에서 제공되는 주요 성과 지표(the major performance indicators)는 다음과 같다. 현황, 입찰, 타입(CPC or CPM), 클릭 수, 노출, CTR %(클릭하는 비율), 평균 CPC, 평균 CPM, 지출된 비용 등이다. 이와 같이 광고학은 광고효과를 측정하는데 있어, 위와 같은 방법 외에 새로운 측정방법을 개발해야 할 것이다. 새로운 매체를 이용하는 이용자의 이용과 동기를 조사하여 새로운 광고에 적용시켜야 할 것이다.

2) 소비자의 변화–프로슈머의 등장

또한 인터넷 등의 출현으로 인한 정보의 확산이 빠르게 이루어지면서 소비자들이 갖게 되는 제품 또는 기업과 관련된 정보는 과거에 비하여 비교할 수 없을 정도로 확대되었다. 이를 정보 공유의 민주주의(democracy)라고 지칭하기도 하는데, 과거의 정보 획득에 있어서의 계층 간 격차가 좁혀지고, 연령, 사회계층, 직업 등에 의해 접할 수 있는 정보의 차이가 줄어드는 현상이 일어나게 된 것이다.

소비자의 정보력이 높아지고 있다는 사실은 국내 마케팅 상황에서도 마찬가지이다. 이 또한 인터넷을 비롯한 새로운 디지털 매체의 영향력이 커짐에 따라 야기된 것인데, '가격 비교' 온라인 서비스 등이 대표적인 예가 될 것이다. 어떤 제품에 대해 더 이상 일정 수준 이상의 마진을 부가하기 힘든 상황이 도래했으며, 무수히 많은 경쟁 제품들 중 어떤 제품이 각자의 상황에 더 적절한 선택인지를 보다 객관적으로 고려할 수 있는 도구가 많아지고 있다.

소비자들은 영리한 의사결정 주체로 거듭나고 있으며, 그러한 수준을 넘어서 이젠 기업에 자신들의 요구사항을 제기하고 이를 관철하는 집합체로서의 영향력을 행사하기도 한다. 이른바 프로슈머(prosumer)의 등장은 수동적으로 제품의 선택 여부만을 결정하는 존재로서의 소비자에서 제품의 생산과 가격, 판매 등에 영향을 미치는 존재로서의 소비자로의 전환을 보여준다. 온라인 브랜드 커뮤니티의 등장은 이러한 현상을 더욱 가속화하고 있으며, 소비자들의 제품 리뷰와 불만 사항의 제기 등은 이제 모든 기업들이 간과할 수 없는 가장 강력한 고려사항이 되었다. 온라인상에서 퍼져나가는 제품에 대한 부정적인 의견들은 그 영향력 면에서 기존의 매체에 버금가는 수준이 되어 버렸고, 이에 대한 적극적 또는 전략적 대응은 현대 광고 실무에서 가장 필수적인 요소가 되어 가고 있다. 1970년대에 미국에서 대두된 소비자주의(consumerism)는 지금까지 국내에서 피상적인 논리에 불과했다면, 21세기 들어 빠르게 현실화되고 있는 것이다.

3) 시장의 변화 – 글로벌 마켓의 대두

각 시장의 구조와 경쟁 상황 역시 세계 경제의 글로벌화 등으로 매우 복잡하고 치열한 양상을 보이고 있다. 국제 무역 자유화로 인해 1990년대 이후 급속하게 진행된 글로벌 시장의 대두는 더 이상 각 국가 내의 보호된 장벽 내에서의 경쟁에서 벗어나 전세계의 각 시장에서 다국적 기업들 간의 경쟁이 첨예화되는 상황을 야기했다. 더 이상 우리는 미국이나 유럽에서 만든 제품을 구매하기 위해 외국에 출장을 나가는 친척에게 부탁을 하고 소규모로 수입품을 파는 수입 상가를 찾아가거나 하지 않는다. 우리 주변의 모든 판매점들에서 쉽게 외국의 제품들을 구매할 수 있으며, 심지어 엇그제 미국의 뉴욕에서 발매된 유명 브랜드의 제품을 오늘 아침 우리나라의 매장에서도 구매할 수 있게 되었다.

인터넷의 발달은 이러한 국가 간 장벽의 허무는 데에 큰 역할을 해 왔다. 소비자들은 미국이나 유럽 또는 일본 등 주요 국가의 온라인 쇼핑몰을 방문하여 쇼핑을 즐길 수 있으며, 국제 운송료와 관세 정도만 지불하면 원하는 제품을 수 일 내에 손에 넣을 수 있다. 이러한 국가 간 온라인 쇼핑의 허용은 점차 그 폭이 넓어지고 있으며, 대형 유통업체들이 앞 다투어 해외 판매 및 배송 서비스를 중요하게 고려하고 있다. 이는 소비자들의 정보 획득 수준이 높아지고 있고, 더 이상 제품의 구매 가능 여부가 유통망에 의해 결정될 수 없다는 것을 의미한다.

이상과 같은 광고 환경의 변화는 더 이상 광고 산업의 관련 주체들이 과거의 사고와 방법으로 효과적인 광고 전략을 수립하고 집행하기 어렵게 하고 있다. 보다 다양한 매체에 대한 통합적 운용, 더욱 강력한 소비자 집단에 대한 장기적이고도 우호적인 관계 유지, 세계적 기업들과의 무한 경쟁 상황 등 모든 상황은 과거보다 더욱 치밀하고도 수준 높은 광고 전략을 요구하고 있다. 이것이 본 교재가 쓰여 진 동기이자, 앞으로의 각 부분에서 추구하는 방향이 된다.

6. 광고학의 미래

필립코틀러(2010)가 마켓 3.0을 언급하면서 현재 시장은 고객중심의 가치시대로 전환되고 있음을 언급하였다. 이는 마켓 2.0과 고객만족을 목표로 삼는다는 점에서 같기도 하지만 다른 점은 단순히 고객만족과 이익실현을 넘어 더 큰 비젼, 가치를 통해 세상에 기여하고자 한다는 것이다. 이 시장은 소비자들의 삶과 더욱 밀접한 관련을 가진다. 그는 세 가지를 언급하였는데, '참여의 시대', '세계화라는 패러독스의 시대', '창의적 사회의 시대'이다. 이 중 참여의 시대는 인터넷을 기반으로 한 뉴웨이브 기술로 촉발되었다. 뉴웨이브 기술은 개인이나 집단간 의 연결성, 상호작용성을 용이하게 해주는데, 특히 '소셜미디어'가 발전을 하게 되는 시발점이 되었다. 이러한 소셜미디어의 등장은 광고를 다른 차원으로 바라보게 하였다. 블로그나 트위터 이용자는 뉴스나 견해 아이디어를 '선별된 사람들'과 사적으로 공유하는 방식을 취한다. 그들 중 일부는 뉴스에 대한 논평이나 자신만의 견해, 생각등을 전하면서 특정기업이나 제품에 대한 태도를 전달한다. 이러한 온라인공간에서는 일대 다의 매스커뮤니케이션 방식이 아니라 다양한 형태의 커뮤니케이션이 가능하게 되어 구전커뮤니케이션을 통한 광고가 더 큰 비중을 차지할 것으로 보인다.

짧은 동영상을 제작하여 유튜브에 동영상을 올려 다른 이용자의 반응을 기다린다. 영화감독을 지망하는 사람부터 자신이 좋아하는 브랜드의 광고를 자신이 제작하는 친구까지 다양한 이용자들이 존재한다. 이들 중 애플의 광고를 제작한 영국의 한 대학생은 나중에 이 광고가 실제 애플사의 광고로 제작되어 장학금을 받는 행운을 누리기도 하였다. 의류브랜드인 마크에코(Marc Ecko)의 '미 대통령 전용기 에어포스원' 그래피티(Graffiti) 캠페인을 제작하여 대중문화계에 이슈를 만들어 자사 브랜드를 홍보하고자 하였다.

소셜미디어는 갈수록 많은 표현을 하게 될 것으로 예상되며 소비자들은 자신의 경험을 다른 친구들과 나누며 또한 이것은 다른 소비자들에게도 많은 영향을 미칠 것이다. 그래서 당연히 기업의 광고가 소비자의 구매행위에 미치는 영향력은 줄어들게 될 것이다 (Kotler, 2010).이런 형태가 어떻게 발전될 것인가는 아직 미지에 남아 있다. 현재 다양한 형태의 모델이 개발되고 있다. 이러한 공간에서 광고주나 광고대행사는 광고메시지를 통제하기가 어려겼으며 다만 여러주체들이 의사를 소통할 수 있는 공개장(open space)을 만들어 주어야 한다. 이는 페이스북, 트위터 등의 소셜미디어를 비롯한 공간뿐만 아니라 OOH 미디어(예: 강남역 미디어폴)도 포함한다.

이미 기업들은 이러한 소셜미디어를 자신들과 소비자들이 소통할 수 있는 수단으로 인식하고 매우 공격적인 활동을 통해 이들 미디어를 이용하기 시작했다. 세계적인 기업들과 국내의 주요 기업들, 심지어 중소 규모의 기업들도 모두 트위터와 페이스북 계정을 갖고 있으며, 하루에도 몇 번씩 메시지를 올리고 소비자들의 질문에 답하고 있다. 몇몇 CEO들은 개인 트위터 또는 페이스북 등을 통해 일반 소비자들과 소통하고 있으며, 현재까지 이는 긍정적인 효과를 거두고 있다고 알려져 있다. 기업이 단지 멀리 떨어져서 제품만 보내주는 커다란 무생물로 인식하던 세상에서 바로 옆에서 내 얘기를 들어주고 이를 반영해 줄 수 있는 잘 아는 사람으로 인식되기 시작한 것이다. 이들 대표적인 소셜미디어 이외에도 기업의 블로그, 온라인 커뮤니티 등을 통한 기업의 대 소비자 커뮤니케이션 활동은 점점 더 활발해 지고 있다.

이러한 현상은 기존의 지상파 TV, 종이신문 등을 통한 광고 집행이 줄어들고 있는 현상과 잘 대비되고 있다. 불과 십 수 년 전만 해도 시청률이 높은 TV 드라마나 쇼 프로그램의 전후에 광고를 집행하면 충분히 기대했던 효과를 거둘 수 있었지만, 이제는 그럴 수 없는 상황이 온 것이다. 기존 매체에 대한 광고 집행이 줄어들고 있는 것은 해당 매체들이 광고 메시지를 전달할 수 있는 능력이 쇠퇴하였기 때문이며, 그것은 복잡한 문제가 아니라 TV의 시청자나 신문의 구독자가 줄어들었다는 것을 의미한다. 최근 한 조사에 의하면 시청률이 20%가 넘는 인기 드라마를 시청한 사람들 중 절반에 가까운 시청자들이 해당 TV 채널의 본방송 시청한 것이 아니라 다른 매체를 통해 그 드라마를 소비했다고 한다. 그 다른 매체 또는 비히클은 케이블 TV, 인터넷 스트리밍 서비스, 인터넷 동영상, IPTV, 모바일 등을 포함한다. 물론 이들 다른 매체에서 해당 프로그램을 소비할 때 노출되는 광고는 본방송의 전후에 집행되었던 광고와는 당연히 다른 것들이다.

이제는 이렇게 다양한 소비자에 접근하기가 어려워졌다. 너무 많은 미디어 채널들이 생기게 되었다. 예전에는 4대 매체를 중심으로 한 미디어믹스를 통해 소비자에게 도달하기가 용이했다. 그러나 이제는 더 이상 이러한 접근은 불가능해졌다. 그래서 현재는 크로스미디어 전략이 대두되고 있다. 즉, 동시에 다양한 매체들에 광고를 집행하되 서로 시너지 효과를 낼 수 있는 효율적인 매체 집행이 중요한 시점이 된 것이다.

한편, 구글은 광고산업 미래에 큰 향력을 끼쳤다. 구글은 마케터들이 공간이나 시간, 눈맞춤보다는 성과에 따른 인센티브를 받게 함으로써 광고 경제에 혁명을 일으켰다(Zarvis, 2009). 구글은 타깃 광고로 더욱 효과적인 광고를 개발했고 많은 새로운 광고주들을 영입했다. 구글이 이끈 영향을 다음과 같이 것이 있다. 먼저, 광고주들에게 데이터를 통해 자신들의 돈이 어디에 쓰였는가를 명확히 보여주었다. 이전의 방송 시청률이나 신문 구독률 같은 자료보다 더 정확한 자료를 제시함으로써 광고주들에게 신뢰성을 얻었다. 두 번째, '사용자에게 집중하면 모든 것이 따라올 것이다'라는 원칙을 지켰다. 고객들과 인연을 맺고, 팔고, 교류하고 싶은 사람들과 집중해서 고객들의 지원자가 되었다. 이런 점이 구글의 성공을 이끌었다.

이제는 미디어 구입이 이제 메시지보다 더욱 중요하게 되었다. 고객이 광고가 되었고 미디어는 콘텐츠가 아닌 사람을 의미하게 되었다. 이용자들로 이루어진 네트워크는 광고에 중요한 힘이 될 것으로 예상된다(Zarvis, 2009). 이미 많은 미디어기업(포브스, 로이터 등)들은 마케터들을 위해 블로그 광고 네트워크를 운영 중이다. 어떤 제품에 대해 논의하는 페이스북 팬 그룹이 1000개의 광고만큼 중요하게 되었다. 앞에서 얘기했듯이 소셜미디어를 활용한 광고가 큰 각광을 받게 될 것이다.

회사에서 보고하는 조사결과와 데이터가 더욱 중요하게 되었다. 또한 고객과 고객들이 어떻게 제품을 찾아보고 구매하고, 사용하는지 등을 철저히 알 필요가 있으며 이것들은 디지털미디어를 활용하여 예전보다 수집이 더욱 편리하게 되었다. 예를 들어, IPTV같은 경우 전수조사가 가능하다. 그래서 IPTV를 접속하는 이용자들의 속성을 실시간으로 수집이 가능하다. 이러한 점은 좋은 데이터 수집이 가능하다는 의미를 가진다.

한편, 광고 산업은 미래에 많이 바뀔 예정이다. 광고회사가 변화를 하고 있다. 새로운 미디어가 탄생하면서 돈은 올드미디어에서 뉴미디어로 흘러가고 있다. 돈은 신문에서 TV로, 그리고 다시 인터넷으로 흐르고 있다. 현재는 광고주들이 새로운 미디어를 이제 수용하기 시작했다. 점점 데이터들이 축적될 것이기 때문에 광고주들은 새로운 미디어에 광고비를 투자할 것이다. 이러한 기회를 잘 활용할 수 있는 광고회사들이 앞으로 성장할 가능성이 있을 것이다. 이미 광고회사들은 미래의 먹거리를 발굴하기 위한 비즈니스 플랫폼 창출에 대한 고민을 시작했다. 이제 직접 상품 개발하는 회사와 같이 마케팅을 수행하고 수익을 나누고 있다. 새로운 환경에 가장 적합한 비즈니스 모델을 찾는 곳이 미래의 광고업계를 지배할 것이다.

덧붙여, 광고학의 범주를 넓히고, 마케팅, 커뮤니케이션, 심리학, 사회학 등의 인접 학문과의 연계를 보다 활발히 하는 흐름도 더욱 가속화될 것이다. 이는 전통적인 광고학이 갖고 있던 범주의 협소함과 새로운 환경에 의해 광고학 현상의 변화에 의해 일어나는 필수불가결한 현상인 것이다. 현재까지의 광고학이 미시적(microscopic)인 관점에 의해 이루어졌으며, 규범적 접근을 주로 했다면, 앞으로의 광고학은 거시적인 관점과 기술적이고도 통합적 관점에서 보다 풍성해 질 것으로 기대한다.

시대적으로 '4차 산업혁명'은 광고뿐만 아니라 다른 분야에서도 관심 있게 지켜보는 부분이다. 2016년 스위스 다보스 포럼의 중심 주제였던 '4차 산업혁명의 이해(Mastering the Fourth Revolution)에서는 4차 산업혁명이 현재의 경제, 사회, 인류의 행동 양식에 어떤 변화를 가져올지 논의하였으며, 대부분의 참석자는 4차 산업혁명은 디지털, 물리적, 생물학적 영역의 경계가 없어지는 것이라 언급하였다. 또한, 여러 영역의 기술이 융합되면서 인류가 경험하지 못한 새로운 시대를 접하게 될 것이라 예측하였다. 외국에서는 4차 산업혁명에 대해 활발한 논의가 이루어지고 있고 국내에서도 활발히 진행되고 있다. 4차 산업학명의 대표 기술로 알려지고 있는 인공지능(AI), 사물인터넷(IoT), 자율 주행 자동차, 3D 프린팅, 가상현실(VR) 등은 광고에서도 활용가치가 높은 기술이다(박석철, 2017; KAA저널, 2017). 이러한 기술을 고려하여 미래 광고 산업과 디지털 마케팅, 그리고 광고 규제나 결합 판매 등의 여러 개혁 방안에 대해 활발한 논의가 이루어진다면 앞으로의 광고 산업이 더욱 흥미롭고 다채롭게 변화할 것이다.

광고의 역할과 기능

1. 현대 사회에서 광고의 기능

2. 광고의 부정적 기능

2

도입사례

"심석희 선수와 함께…" 스포츠계에 일침 날린 나이키 새 광고

기사 주소: https://www.wikitree.co.kr/articles/653993

성적만능주의 꼬집고 스포츠가 주는 즐거운 가치 전해
심석희, 페이커, CL, 최우식 등 여러 셀럽이 함께 동참

▶▶ 나이키가 스포츠의 진정한 가치에 주목해 스포츠의 새로운 기준인 '즐거움'을 향해 나아가는 'Play New' 캠페인을 공개했다.

나이키는 모든 사람들이 스포츠의 힘을 통해 세상을 바꿀 수 있다는 믿음 아래, 이번 캠페인을 통해 우리 사회 속 스포츠의 의미가 경쟁, 승패, 우수한 결과 혹은 경직된 기강 등으로 정의되는 것이 아닌 어떠한 경계도 없이 모든 사람들과 커뮤니티에 재미와 포용을 위해 존재하는 스포츠 그 자체의 즐거움을 전한다.

Play New 캠페인의 영상 '새로운 미래 A New Day'는 경쟁과 승리에만 초점을 맞춘 한국 스포츠계의 모습을 단적으로 보여주며 시작한다.

이어서, 스포츠는 승패와 결과에 의해 정의되지 않으며, 모두가 놀이로 즐길 수 있는 새로운 미래에 대한 강렬한 메시지를 희망찬 모습들을 보여주며 전달한다.

나이키의 이번 캠페인은 오랜 침묵을 깨고 용기 있게 자신의 목소리로 사회적 변화를 이끈 쇼트트랙 선수 심석희를 필두로, 스포츠가 선사하는 긍정적인 힘을 알리는 활동에 지속적으로 함께해 온 프로게이머 페이커, 독보적인 개성과 장악력으로 수많은 이에게 영감을 선사하는 가수 CL, 긍정적인 에너지와 다채로운 매력으로 대중을 사로잡은 배우 최우식, 스포츠계의 밝은 미래를 이끌고 있는 탁구선수 신유빈과 스케이트보드 선수 조현주 등이 함께 한다.

특히 심석희 선수는 "새롭게 태어나기 위해서는 이전의 세계를 깨고 나와야 한다는 말이 있다. 과거에서 벗어나 새로운 길로 향하는 과정이 어렵고 힘들겠지만, 누군가 목소리를 내지 않으면 과거의 굴레는 반복될 수밖에 없다. Play New 캠페인을 통해 더 많은 이들이 목소리를 모으고 있다는 것 자체가 이미 큰 변화의 시작인 것 같다"라고 덧붙였다.

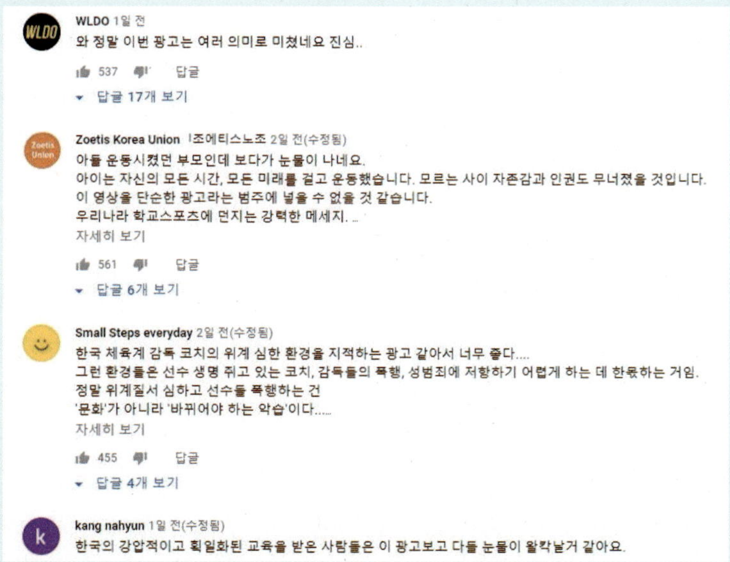

▲ 유튜브 'Nike Korea' 댓글 창 캡처

누리꾼들은 나이키의 이번 광고 영상을 보고 "이번 광고는 여러 의미로 미쳤다", "아들 운동시켰던 부모인데 보다가 눈물이 났다", "한국 체육계 감독 코치의 위계 심한 환경을 지적하는 광고 같아서 좋다", "나이키 광고 중 레전드가 아니라, 한국 광고의 레전드다" 등 극찬을 아끼지 않고 있다.

스포츠의 새로운 미래를 위한 나이키 Play New에 대한 자세한 정보는 나이키 공식 홈페이지에서 확인할 수 있다.

출처: 위키트리, 허주영 기자(2021.05.31.) ■

1. 현대 사회에서 광고의 기능

소비자는 아침에 잠자리에서 일어나 스마트폰을 확인하고, 학교나 직장에 가기 위해서 교통수단을 이용하고, 외부 활동을 마치고 집으로 돌아와 잠자리에 들기 전까지 TV나 SNS를 보는 모든 순간 광고를 만날 수 있다. 소비자가 일상생활에서 시간과 장소에 관계없이 만나게 되는 광고는 현대 사회에서 매우 다양한 기능을 수행하고 있다. 광고의 대표적인 기능으로는 마케팅 기능, 커뮤니케이션 기능, 사회 문화적 기능이 있으며 각각의 기능은 독립적으로 작용하기보다는 서로 유기적으로 연결되어 있다. 다시 말하자면 광고 캠페인이 집행되는 과정에서 하나의 광고는 동시에 여러 가지 기능을 수행할 수 있다. 예를 들자면 광고는 소비자가 어떤 제품이나 서비스의 존재에 대해서 알게 되거나, 해당 제품이나 서비스를 경쟁 제품과 비교하거나, 구매나 이용을 고려하는 과정에서 손쉽게 이용할 수 있는 수단이 된다. 소비자가 제품을 직접 경험해 보거나, 아니면 제품을 제작한 회사의 누군가가 소비자를 직접 만나서 제품에 관해서 설명하기가 쉽지 않다는 점을 감안할 때 광고는 소비자에게 제품이나 서비스를 경험할 수 있는 매우 유용한 간접적인 수단을 제공한다. 이 과정에서 소비자는 하나의 광고를 보면서 광고의 마케팅 기능을 통하여 제품 구매를 결정할 수 있고, 커뮤니케이션 기능을 통하여 광고주가 제품에 대해서 전달하고자하는 메시지를 받게 되고, 사회 문화적 기능을 통하여 광고를 하나의 콘텐츠로 즐길 수도 있다. 이와 같이 광고는 현대 사회에서 다양한 긍정적인 기능을 실행하고 있지만, 한편으로는 소비자 개인에게 혹은 전체 시장 측면에서 부정적인 효과를 나타내는 비판의 대상이 되기도 한다.

1) 마케팅 기능

광고가 의도하고 지향하는 궁극적인 목표는 제품 및 서비스의 판매(to sell)이다. 이러한 목표를 감안할 때 제품이나 서비스의 구매를 유도하는 마케팅 기능은 광고의 가장 기본적인 기능이라 할 수 있다. 특히 엄청나게 많은 제품이나 서비스가 출시되며 경쟁이 일어나는 시장 환경에서 광고는 제품이나 서비스의 판매를 위해서 제품이나 서비스 자체의 존재 여부부터 관련 정보, 그리고 구매를 유도하는 메시지 등을 전달한다. 즉, 광고는 소비자가 제품이나 서비스의 구매를 촉진하는 기능을 수행한다. 또한 광고는 경쟁의 도구로 활용되어 소비자에게 각 경쟁 회사를 판단할 수 있는 기준을 제시한다. 예컨대 각 회사는 모든 경쟁사에 동일하게 적용되는 광고 관련 규정이나 심의 기준에 따라서 제작한 자사의 제품이나 서비스의 광고를 소비자에게 전달하며 이를 통해서 소비자에게 올바른 선택의 기회를 제공한다.

광고의 가장 기본적인 마케팅 기능으로 광고는 소비자에게 새로운 제품이나 서비스가

그림 2.1 제품의 구매를 유도하는 광고의 마케팅 기능 사례

출시되었다는 소식을 알려주면서 제품의 존재 여부를 전달하거나 기존 제품이나 서비스의 특장점을 소개하는 역할을 수행한다. 〈그림 2.1〉의 버거킹 광고는 소비자에게 제품의 이름을 강조하면서 소비자가 제품을 기억할 수 있는 브랜드 인지도를 형성할 수 있으며, 소비자가 알지 못하고 있거나 아니면 이미 알고 있더라도 크게 중요성을 인식하지 못했던 제품이나 서비스에 대한 정보를 제공한다. 특히 유사한 제품이나 서비스가 출시되면서 경쟁이 불가피한 시장 환경에서 광고는 경쟁 브랜드와 비교하여 상대적으로 우월하다는 점을 소비자에게 인식시킬 수 있는 비교의 수단을 제공한다. 다음으로 광고는 소비자로 하여금 제품이나 서비스에 대해서 좋은 감정이 생기도록 유도하거나 이미 제품을 사용하고 있는 소비자에게 다음에도 지속적으로 해당 제품을 구매하도록 브랜드 충성도를 구축할 수 있다. 특히 제품이나 서비스를 선택하는 상황에서 경쟁 제품과의 차이가 크지 않거나 제품 관련 정보를 파악하기가 쉽지 않은 상황에서 광고를 통해 형성되는 제품이나 서비스에 대한 좋은 감정은 소비자의 구매를 유도할 수 있다. 마지막으로 광고는 제품이나 서비스를 구매하도록 소비자에게 동기를 부여하거나 구매를 직접적으로 유도하는 마케팅 기능을 수행한다. 제품이나 서비스에 대하여 알고 있거나 호감을 갖고 있더라도 바로 구매 행동으로 이어지지 않는 소비자에게 광고는 제품을 구매해야 하는 이유를 인식시키거나 구매에 필요한 절차를 소개하며 소비자의 구매 행동을 유도할 수 있다.

광고는 상대적으로 높은 주목 효과로 인하여 특정 제품의 성공 혹은 실패에 가장 큰 영향을 미치는 요인으로 인식되기도 한다. 다시 말하자면 신제품이 시장 후발 주자라는 어려움을 딛고 단기간에 높은 성과를 거두게 되기까지 소비자에게 화제가 되는 독창적이고 흥미로운 광고가 큰 역할을 하거나 반대로 의욕적으로 집행한 신제품 광고가 소비자의 주목을 끌지 못하거나 거부감을 불러오게 되어 제품 자체의 판매에 부정적인 영향을 끼친 사례도 있다. 이와 같은 과정에서 광고는 다른 마케팅 커뮤니케이션 수단과의 연계를 통해 마케팅 기능을 보다 증진시킬 수 있다. 예컨대 제품에 대한 소비자의 선호를 증진시키는 과정에서 기업 PR 활동을 같이 진행할 경우 소비자가 광고주에 대하여 느끼는 호감을 바로 제품까지 연결시킬 수가 있다. 한편 구매를 유도하는 과정에서도 광고와 더불어 세일즈 프로모션을 같이 진행할 경우 광고를 통해 동기가 부여되고 세일즈 프로모션을 통해 구매에 대한 직접적인 혜택을 제공받게 되어 소비자의 구매 행동이 보다 신속하게 이루어질 수 있다. 특정한 제품이나 서비스를 다수의 소비자에게 알리고 판매를 촉진하는 과정에서 광고라는 수단은 광고주의 시간과 비용을 크게 절감시켜 줄 수 있다.

2) 커뮤니케이션 기능

광고는 제품이나 서비스에 대한 메시지를 보내는 송신자(광고주)와 메시지를 받는 수신자(소비스) 사이에서 커뮤니케이션 기능을 수행한다. 커뮤니케이션은 송신자가 생각하고 있는 메시지를 수신자에게 언어나 행동으로 전달하고, 수신자는 송신자가 전달한 메시지를 해석하며 이에 대한 반응을 나타내는 과정이다. 송신자와 수신자 사이에서 발생하는 커뮤니케이션 과정에서는 송신자가 수신자를 만나서 직접 메시지를 전달할 수 있다. 또는 메시지를 전달할 수 있는 전화, 메일, 또는 TV와 같은 커뮤니케이션 채널(channel)을 이용하여 일대일 커뮤니케이션이나 한 사람과 여러 사람 혹은 여러 사람과 여러 사람 사이에서 발생하는 일대다 및 다대다 커뮤니케이션이 진행된다. 커뮤니케이션 채널은 송신자가 전달하고자 하는 메시지를 수신자에게 전달하는 수단을 의미하며 사람을 통해 직접 메시지가 전달되는 인적 채널과 매체를 통해 메시지가 전달되는 비인적 채널로 구분할 수 있다. 비인적 채널 중에서 다수에게 동시에 메시지가 전달되는 TV, 신문, 인터넷, 모바일 등을 대중매체(mass media)라고 하며 일반적으로 광고의 커뮤니케이션 기능은 대중 매체를 통하여 실행된다. 이 과정에서 송신자는 다양한 커뮤니케이션 채널의 특성을 활용하여 의도한 메시지를 비디오, 오디오, 텍스트 등의 형태로 부호화(encoding)하고 이를 받아들인 수신자는 해독화(decoding) 과정을 통해 수신자가 보낸 메시지를 해석하고 반응을 나타낸다(5장 참조).

이러한 커뮤니케이션 과정을 광고에 대입시킨다면, 광고는 송신자(광고주)가 제품이나 서비스에 대해서 의도한 메시지를 수신자(소비자)에게 다양한 광고 매체라는 채널을 통해서 전달하는 커뮤니케이션 기능을 수행한다. 따라서 광고는 송신자와 수신자 사이의 메시지 공유라는 기본적인 커뮤니케이션 기능을 마케팅 측면에서 수행하게 된다. 특정 메시지가 송신자와 수신자 사이에서 공유되는 커뮤니케이션 과정에서 광고주는 제품이나 서비스에 대해서 전달하고자 하는 메시지를 TV나 모바일과 같은 광고 매체를 통하여 소비자에게 전달하고 그러한 메시지에 대한 소비자 반응(인지도, 선호도, 구매 등)이 피드백이라는 형태로서 광고주에게 다시 전달된다. 광고주가 판매하고자 하는 제품이나 서비스에 대하여 소비자 한 사람, 한 사람을 따로따로 만나서 직접 정보를 전달하는 것이 많은 시간, 비용, 노력이 든다는 것을 감안한다면, 광고는 동시에 다수를 대상으로 의도한 메시지를 전달하는 커뮤니케이션 기능을 수행한다. 예컨대 특정 보험 상품에 대해서 보험 전문가가 각각의 소비자를 만나서 상품에 대해서 설명하는 경우와 비교해서 〈그림 2.2〉의 AIA 생명 광고와 같이 해당 상품의 대상이 되는 소비자가 주로 이용하는 광고 매체를 이용해서 동시에 같은 메시지를 전달하는 경우, 의도한 메시지를 상대적으로 적은 시간과 비용으로 전달할 수 있다. 이와 같이 광고는 마케팅을 위한 커뮤니케이션 도구로서 다양한 메시지 전달 경로(채널)을 통해서 광고주가 의도한 메시지를 전달한다.

그림 2.2 짧은 시간에 다수에게 메시지를 전달하는 광고의 커뮤니케이션 기능 사례

3) 사회 문화적 기능

광고는 제품이나 서비스의 판매를 위한 마케팅을 실행하는 과정에서 가장 눈에 띄는 수단이다. 광고는 대중 매체라는 커뮤니케이션 채널을 통하여 동일한 메시지가 다수의 소비자에게 동시에 전달되면서 필연적으로 사회 전반에 영향을 미치게 된다. 또한 광고는 영상이나 카피, 음악 등의 요소를 통해서 광고가 집행되는 시점의 사회 환경이나 기본적 생활양식을 제시하기도 한다. 따라서 광고에는 특정 시기에 소비자가 가지고 있는 관심사 등이 반영될 수 있다. 이에 따라 광고에 대한 긍정적인 시각과 비판적인 시각 대부분이 광고의 사회적 기능을 반영하여 나타나게 된다. 특히 광고는 광고의 대상이 되는 소비자로부터 공

감을 유도해야 하므로 광고가 집행되는 시점에 해당 소비자가 행동하거나 생각하는 방식을 직접적으로 구현하게 된다. 〈그림 2.3〉 알바천국 광고와 같이 20대 소비자를 겨냥한 제품의 광고를 집행할 경우, 광고를 집행하는 시점에 20대 소비자가 어떻게 생활하고 어떤 생각을 주로 하는지에 대해서 파악하고, 그러한 소비자의 모습을 해당 제품과 연결시켜 소비자로부터 공감대를 형성하고자 한다.

그림 2.3 특정 시기 소비자의 생각을 반영하는 광고의 사회, 문화적 기능 사례

이처럼 광고는 소비자의 모습을 전달하며 광고 집행 시점의 사회 환경이나 기본적 생활양식을 제시하고 더 나아가서 구성원의 가치관에 영향을 미칠 수도 있다. 예를 들어 1990년대 이전 광고에서는 어머니는 집에서 저녁 식사를 준비하면서 직장에서 퇴근하는 아버지를 자녀들과 함께 기다리는 역할로 주로 표현되었지만, 여성의 사회 활동이 증가하면서 최근 광고에서는 이러한 장면이 거의 나타나지 않는다. 이와 더불어 광고는 사회적 측면에서 소비자에게 올바른 판단의 기준을 제공한다. 다시 말해서 광고가 집행되는 시점에서 중요하게 여겨질 수 있는 이슈를 제시하여 소비자가 공공의 이익이나 가치관에 부합하는 행동을 할 수 있도록 유도한다. 이 과정에서 소비자가 이미 알고 있지만, 미처 실천에 옮기지 못한 행동이나 아니면 아직 모르고 있는 행동을 알려주면서 소비자에게 올바른 행동을 유도한다. 이와 같은 목적으로 집행되는 비상업적 광고를 공익 광고(PSA: Public Service Advertising)라고 한다. 우리나라에서 공익 광고는 한국방송광고진흥공사의 공익광고협의회에서 주도적으로 집행하고 있으며 공공의 이익을 위한 건강 관련, 사회 참여 관련, 자원 절약 관련, 정의 구현 관련 메시지를 광고의 형태로 국민에게 전달하고 있다. 〈그림 2.4〉는 청소년 흡연 예방을 목적으로 집행한 공익 광고이다.

그림 2.4 공익 광고의 사회, 문화적 기능 사례

한편 사회 문화적 측면에서 광고는 하나의 엔터테인먼트 콘텐츠로서 영화, 드라마, 음악 등과 같이 소비자 개개인에게나 사회 전반적으로 영향을 끼치기도 한다. 〈그림 2.5〉의 빙그레 메이커를 위하여 캠페인과 같이 광고 자체가 화제가 되어 소비자에게 입소문이 형성되거나 광고에서 모델이 보여주는 행동이나 모습 등을 따라가려는 현상 또한 종종 발생하기도 한다. 또한 광고에서 전달하는 카피나 노래가 유행이 되어 일상생활이나 방송 등에서 활발하게 사용되는 경우도 있다. 이와 같이 광고를 통해 특정 시기, 지역, 소비자의 생활방식이 나타나게 되면서, 광고는 역사적 측면에서 광고에 투영되는 다양한 삶의 모습이나 가치에 대해서 학습할 수 있는 기회를 제공한다. 또한 문화적 측면에서 해외 광고를 통하여 다른 문화권 소비자의 사고방식 등을 파악할 수 있으며 우리나라 광고에서 나타나는 우리 문화를다른 문화권의 사람들에게 전달할 수 있다.

그림 2.5 짧은 시간에 다수에게 메시지를 전달하는 광고의 커뮤니케이션 기능 사례

4) 경제적 기능

광고는 하나의 산업으로서 다양한 경제적 기능을 수행한다. 우리나라뿐만 아니라 전 세계적으로 광고는 이미 거대한 산업으로 자리매김하고 있다. 특히 세계 10대 광고 시장에 포함되는 한국 광고 시장은 연간 14조 원대의 매출 규모를 나타내며 광고와 관련된 산업 및 종사자에 재정적인 영향을 미친다. 하나의 광고가 만들어져서 집행되는 과정에서 참여하는 관련 업체와 종사자는 무수히 많으며 이러한 모든 사람에게 광고비는 재정적 뒷받침이 된다. 직접적인 관련 종사자로는 광고주의 광고 관련 부서 종사자, 광고 대행사 종사자, 매체사의 광고 관련 분야 종사자, 광고 제작 업체 종사자 등이 있으며 범위를 조금 넓힐 경우 엔터테인먼트 산업 종사자, 언론사 종사자, 광고학자 등 수많은 직군의 사람들이 광고 산업을 통해 수입을 얻고 있다. 특히 광고는 제조업체와는 다르게 업무를 위한 시설 자본이 상대적으로 적게 필요하므로 보다 많은 사람에게 고용의 기회를 제공할 수 있다.

또한 광고를 대중 매체에 집행하기 위해서 투입되는 자본은 해당 매체사나 언론사의 운영에 필요한 재정적 기반을 제공한다. 소비자가 TV, 모바일, 인터넷, 신문 등을 무료 혹은 저렴한 비용으로 이용할 수 있는 가장 중요한 이유는 광고주가 각 매체에 광고를 집행하기 위하여 일정 비용을 지불했기 때문이다. 다시 말해서 광고비는 방송국, 포털사이트, 신문사와 같은 매체사를 운영할 수 있는 수입이 된다. 예컨대 소비자는 각 매체를 이용하면서 해당 매체에 집행되는 광고를 보거나 듣게 되며 이러한 매체를 통한 소비자의 광고 접촉이 결국 매체를 사용하는 비용으로 간주된다. 이처럼 광고비를 통해서 얻어지는 수입으로 매체사나 언론사는 재정적 독립성을 유지하면서 소비자에게 무료 혹은 저렴한 비용으로 정보나 콘텐츠를 제공하게 된다.

한편 실생활에서 광고를 보거나 듣게 되는 소비자 대다수는 광고가 특정 제품이나 서비스의 판매를 목적으로 집행된다는 것을 알고 있다. 이러한 목적에 따라 광고주는 보다 많은 사람에게 보다 신속하고 보다 넓은 범위에서 판매가 이루어지기를 희망하며 광고를 집행하고 소비자는 보다 좋은 품질의 제품을 보다 저렴한 가격으로 구매하기를 바라며 광고를 이용한다. 이처럼 경제적인 측면에서 광고는 소비자의 수요를 증가시키고 구매를 촉진시킴으로써 기업과 시장의 성장에 기여한다. 또한 광고는 경쟁 업체의 제품 및 서비스와 비교할 수 있는 주요 수단이 되어 가격이나 품질 면에서 꾸준한 향상을 불러일으킬 수 있으며 소비자에게는 직접 매장을 찾아가거나 제품을 경험하는 대신 비교적 손쉽고 저렴한 방법으로 제품을 경험할 수 있는 수단을 제공한다. 경쟁사 대비 자사 제품의 우수성을 소비자 한 사람 한 사람에게 직접 알려주는 것과 비교하여 광고가 상대적으로 짧은 시간에 넓은 지역에 퍼져 있는 소비자에게 동일한 메시지를 전달하는 과정에서 얻을 수 있는 비용의 절감은 가격 인하와 품질 향상 혹은 재투자로 전환되어 경제적인 측면에서 선순환 구조를 형성하게 된다.

마지막으로 기업은 제품 및 서비스 판매를 통한 수익의 일부를 광고에 투입한다. 이렇게 집행되는 광고비는 다음 매출을 증진시키는 수단이 된다. 일부 광고주의 경우, 광고비를 투자 보다는 비용으로 생각하고 시장 상황이나 자사의 재정 사정이 좋지 않을 경우 광고비를 절감하는 경향이 나타난다. 하지만 여러 가지 사례를 통하여 불황기에 광고를 적극적으로 집행한 기업이 오히려 시장 상황이 회복되면서 경쟁 기업들과 비교하여 상대적으로 향상된 인지도나 선호도를 기반으로 높은 매출을 달성하는 사례가 있다. 또한 시장을 선도하는 기업이나 재정적 기반이 튼튼한 기업은 상대적으로 많은 광고비를 투자하면서 높은 광고 노출을 통한 인지도와 선호도를 형성할 수 있다. 이와 같이 광고를 통하여 소비자의 인지나 호감 측면에서 경쟁사 대비 우위를 차지할 경우 광고비를 투자한 것 이상의 높은 효과를 기대할 수 있다.

2. 광고의 부정적 기능

광고주가 영리를 목적으로 광고를 집행하는 과정에서 소비자 개개인이나 전체 사회에 미치는 부정적인 영향이 나타나면서 광고는 비판의 대상이 되기도 한다. 광고가 다른 마케팅 수단과 비교해서 사회적으로 비판을 많이 받는 이유 중 하나로는 광고의 편재성(遍在性: ubiquity)을 들 수 있다. 광고의 편재성은 소비자의 일상생활에서 광고가 시간과 장소에 관계없이 나타나는 것을 의미한다. 광고의 편재성은 길거리에서 볼 수 있는 간판이나 현수막, TV나 동영상 플랫폼에서 콘텐츠 전후나 중간에 보게 되는 영상 광고, 〈그림 2.6〉과 같이 인터넷 신문 기사 주변의 수많은 광고 등을 모두 포함한다. 이처럼 소비자가 원하지 않거나 특별히 구매나 이용이 필요하지 않은 상황에서 본인의 의사와 관계없이 광고가 전달하는 상업적 메시지를 보거나 듣게 되는 경우, 광고에 대해서 부정적 반응이 형성될 수 있다. 또한 광고에서 전달하는 내용이나 시각적 요소가 부적절하다고 판단되는 경우, 광고는 비판을 받게 된다. 이러한 광고의 부정적인 측면은 소비자 개개인에게 미치는 영향과 전체 시장에 미치는 영향으로 구분할 수 있다. 마지막으로 잘못된 정보를 제공하는 부당 광고에 대해서 중점적으로 다루어 보기로 한다.

1) 소비자 개인에 영향을 미치는 광고의 부정적 기능

소비자 개인에 영향을 미치는 광고의 부정적 기능은 주로 광고가 메시지를 전달하는 과정에서 개인의 생각이나 행동에 그릇된 영향을 끼치거나 윤리적인 기준에 맞지않는 내용이 나타날 때 작용한다. 먼저 광고는 소비자에게 제품이나 서비스를 구매하는 것이 소비자의 욕구를 충족시켜줄 수 있다는 물질주의를 조장할 수 있다. 따라서 소비자는 광고로 인해

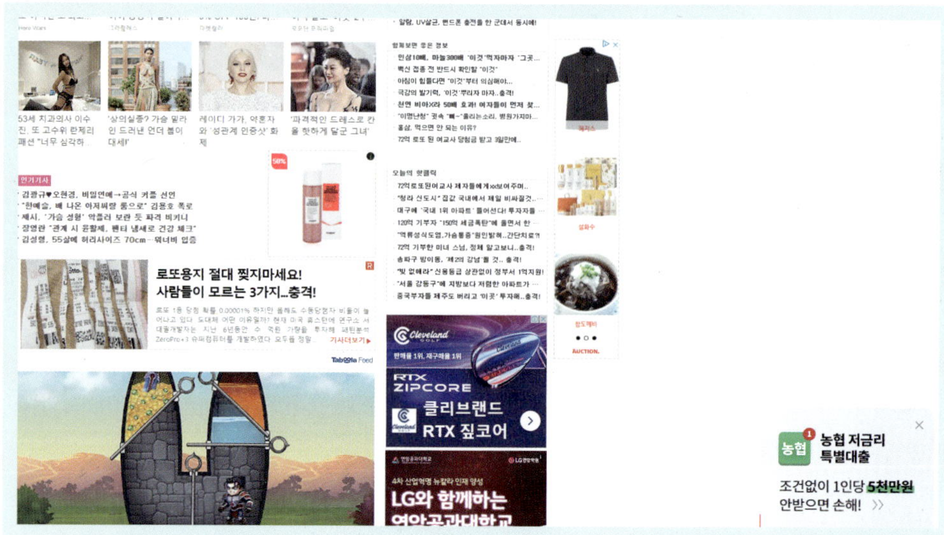

그림 2.6 인터넷 신문에서 나타나는 광고의 편재성

물질적인 욕구의 충족을 다른 욕구보다 상대적으로 중요하게 인식할 수 있다. 예컨대 광고를 통해서 광고 모델이 특정 제품이나 서비스를 이용하면서 행복한 모습을 보면서 자신도 같은 제품이나 서비스를 구매하면 행복을 누릴 수 있다고 생각하거나 특정 브랜드를 소유함으로써 해당 브랜드가 상징하는 사회적 지위를 얻을 수 있다고 생각할 수 있다. 이처럼 광고는 구매나 소유가 행복과 연결되어 있다는 생각을 소비자에게 심어줄 수 있으며, 동시에 구매나 소유가 어려운 상황을 불행으로 인식시킬 수 있다. 둘째, 광고는 소비자에게 당장 필요하지 않은 제품을 충동적으로 구매하도록 유도하거나 소비자가 감당할 수 있는 수준 이상의 과소비나 대출을 유도할 수 있다(〈그림 2.7〉 참조). 광고는 소비자의 구매 의사결정 과정에 영향을 미치며 당장 필요하지 않은 제품이나 서비스의 구매를 우선 순위로 올리거나, 구매로 인한 긍정적인 측면만을 부각시키며 소비자의 욕구를 실현하는 과정에서 발생할 수 있는 재정적 부담에 대해서는 충분히 전달하지 않는다. 셋째, 광고는 제품이나 서비스에 대해서 잘못된 정보를 제공할 수 있다. 제품이나 서비스에 대한 정보를 거짓으로 혹은 과장하여 제시하는 부당 광고를 보거나 듣고 구매한 소비자는 그릇된 정보로 인하여 신체적, 정신적, 재정적 피해를 받을 수 있다. 넷째, 광고는 특정 집단에 대한 고정 관념을 형성할 수 있다. 소비자는 광고에서 보여주는 특정 연령대, 특정 국가, 지역, 문화권의 사람들, 성별, 인종 등의 모습을 전체 집단의 모습으로 해석할 수 있다. 또한 광고를 보면서 소비자 자신이 광고에서 보여주는 그릇된 고정 관념의 대상이 된다고 생각할 경우, 소비자는 해당 광고에 대해서 부정적인 반응을 보이게 된다. 예컨대 광고는 남성이나 여성에 대해서

그림 2.7 소득 수준 이상의 소비를 불러올 수 있는 대출 광고 사례

편견을 가질 수 있는 메시지를 전달할 수 있으며, 특정 문화권의 사람이나 인종을 비하하는 경우도 있다. 다섯째, 광고에서 나타나는 성적 소구나 저속한 표현 등은 사회에서 요구하는 도덕적 가치를 훼손할 수 있다. 특히 대부분의 광고가 전 연령대에 노출된다는 사실을 감안할 때, 광고에서 나타나는 윤리적으로 그릇된 표현은 어린 연령대의 소비자에게 좋지 않은 영향을 끼칠 수 있다. 마지막으로 광고는 판단 능력이 충분히 형성되지 않은 미성년자를 대상으로 구매를 유도하는 메시지를 전달하거나, 또한 광고에서 어린이나 청소년 등을 부적절하게 이용하기도 한다. 어린이와 청소년은 아직 사회적 현실에 대한 지각이 완전하게 발달하지 못한 민감한 시기이기 때문에 또래문화에 익숙하다. 따라서 광고에 나오는 제품을 다른 친구가 가졌다면 자신도 가져야 한다는 필요성을 느낄 수 있다. 한편 어린이나 청소년을 광고 모델로 기용하며, 해당 연령대에 맞지 않는 의상이나 행동을 연출하기도 한다.

2) 시장에 영향을 미치는 광고의 부정적 기능

전체 시장에 영향을 미치는 광고의 부정적 기능은 주로 광고의 경제적 기능과 연관되어 있다. 먼저 이러한 광고의 부정적 기능 중 가장 큰 이슈 중 하나는 적지 않은 비용이 투입된 광고비가 제품이나 서비스 가격에 반영된다는 것이다. 물론 광고를 통한 가격 경쟁이 발생하여 제품 가격이 인하될 수도 있지만 경쟁 기업 보다 많은 광고 노출을 달성하기 위하여 적정 수준 이상의 광고비를 사용할 경우 이는 결국 제품 가격을 인상시킬 수 있는 요인으로 작용할 수 있다. 둘째, 광고는 동종업계 회사에 과다한 경쟁을 유도하여, 이 과정에서 경쟁 업체를 비방하거나 허위, 과장 광고를 집행하면서 불공정 경쟁의 가능성이 높아질 수 있다. 이러한 광고로 인한 불공정 경쟁을 방지하는 차원에서 관련법이나 통제 기관이 존재하며 경쟁 회사나 소비자에게 미칠 수 있는 피해를 방지하고자 한다. 셋째, 광고를 집행하는 매체사나 언론사 수입의 상당 부분이 광고 집행을 통해서 발생하면서 광고를 집행하는 매체사나 언론사는 광고주의 영향을 직간접적으로 받을 수 있다. 특히 광고비 지출이 많은 대형 광고주는 매체사나 언론사별로 한정된 광고비를 나누어 집행할 수 있으므로 해당 광고주에 대한 기사나 콘텐츠에 영향을 미칠 수 있다. 마지막으로 무분별한 광고의 집행은 생활공간에 시각적, 청각적 공해 요인을 제공할 수 있다. 앞서 이야기한 광고의 편재성에서 나타나는 건물에 난립한 간판, 특정 웹사이트에서 나타나는 수많은 광고 배너 및 팝업창, 주택가에서 확성기를 통해 들리는 광고 메시지 등으로 인하여 소비자는 불편을 느끼게 된다.

3) 그릇된 정보를 제공하는 부당 광고

광고는 제품이나 서비스에 대해서 올바른 정보를 제공하지 않을 때 비판의 대상이 된다. 이와 같이 그릇된 정보로 인해서 소비자 개인이나 경쟁사에 피해를 입히며 이익을 추구하는 광고를 부당(不當) 광고라고 한다. 부당은 법 혹은 상식에 맞추어 타당하지 않다는 의미이며, 부당 광고는 광고에서 전달하는 그릇된 정보를 통해 소비자나 다른 회사에 손실을 유발하며 동시에 이익을 추구한다. 공정거래위원회가 주관하는 표시 · 광고의 공정화에 관한 법률(약칭: 표시광고법)에서는 부당 광고로 인해서 피해를 입을 수 있는 소비자를 보호하고, 경쟁 업체와의 공정한 거래 질서를 세우기 위해서 부당 광고를 다음과 같이 4가지 유형(허위 · 과장 광고, 기만 광고, 부당 비교 광고, 비방 광고)으로 구분하고 각 유형별 적용 기준을 제시하고 있다(〈그림 2.8〉 참조).

허위 · 과장 광고	기만 광고	(부당)비교 광고	비방 광고
사실이 아닌 정보를 전달하거나 사실을 근거 없이 부풀려서 전달하는 광고 ➡ Puffery(허풍) 광고	정보를 생략 혹은 축소하여 소비자가 그릇된 이해나 해석을 하도록 영향을 미치는 광고 ➡ 특성, 효과, 숫자 등	자사 상품의 우월함을 알리기 위한 의도로 경쟁 상품과 직/간접 비교하는 광고 ➡ 객관적 근거가 필요	경쟁 상표의 문제점/열등함을 부각시켜 경쟁 회사에 불이익을 줄 수 있는 광고 ➡ 허위/기만 적용 가능

그림 2.8 부당 광고의 유형

(1) 허위 · 과장 광고

그림 2.9 과학적으로 입증되지 않은 제품의 효과를 강조한 허위 광고 사례

허위 · 과장 광고는 사실이 아닌 정보를 거짓으로 제공하거나 사실을 근거없이 과장하여 광고의 주장과 실제 사이의 차이가 발생하는 광고를 의미한다. 허위 광고(false advertising)는 소비자에게 의도적으로 거짓정보를 제공하는 관계로 윤리적 비난이나 법적 처벌까지 받을 수 있다. 표시광고법에서는 허위 · 과장 광고 여부를 적용할 수 있는 기준이 제시되어 있다. 이러한 관련법에 근거하여 특정 광고에서 제시하고 있는 정보 및 제품이나 서비스를 사용한 이후에 생기는 결과에 관하여 소비자가 피해를 받을 수 있는 거짓 정보가 제시되는 경우 허위 광고 판정을 받을 수 있다. 〈그림 2.9〉의 광고와 같이 공정거래위원회로 부터 허위 광고 판정을 받는 경우, 해당 광고 내용이나 그림을 수정하거나, 광고 집행을 중지하거나, 주요 인론에 사과문을 게재하거나, 소비자나 경쟁사에게 피해를 보상하거나, 심한 경우 영업을 정지당할 수도 있다. 한편 과장 광고(exaggerated advertising)는 제품이나 서비스에 대해서 실제 보다 긍정적인 측면을 부풀려서 전달하는 광고를 의미한다. 과장은 광고의 본질적인 성격이라 할 수 있으므로, 엄밀히 말해 모든 광고는 최소한의 수준에서는 과장이 포함되어 있다. 예컨대 식품 광고에서 실제보다 좀 더 맛있게 보이는 제품의 이미지나 제품을 먹고나서 맛있는 반응을 보여주는 모델의 행동 등도 과장에 해당될 수 있으며, 테마파크 광고에서 어린이가 동물을 타고 다니는 그림 또한 현실에서 나타날 수 없는 과장의 사례이다. 하지만 일반 소비자의 상식선에서 이러한 과장은 쉽게 판단할 수 있으며, 이러한 과장으로 인해 소비자가 피해를 받지 않는다면 광고의 표현 기법으로 이용하는 과장 요소는 일정 수준 이내에서 허용될 수 있다. 이처럼 과장 광고 중 소비자가 과장임을 쉽게 확인할 수 있는 경우 허풍(puffery) 광고로 분류되어 허용되지만 그 범위가 지나치면 허위 광고로 제재를 받을 수도 있다. 광고에서 허용할 수 있는 과장과 허용할 수 없는 허위 여부에 대한 판단은 불분명하여 자로 재는 듯한 판결은 어렵지만 일반적으로 소비자를 오도할 만한 근거가 있거나 이로 인해 소비자가 피해를 받을 수 있다면 허위 광고로 분류된다.

(2) 기만 광고

기만 광고(deceptive advertising)는 정보를 생략하거나 축소하여 소비자가 그릇된 이해나 해석을 하도록 영향을 미치는 광고를 의미한다. 기만 광고는 제품의 특성, 효과, 수치 등에 대해서 거짓 정보를 제시하는 대신 정보를 숨기거나 잘못된 판단을 유도하는 방식으로 소비자에게 피해를 입힐 수 있다. 앞서 소개한 허위 광고와 기만 광고의 가장 큰 차이로 허위 광고가 의도적으로 거짓 정보를 제공하여 소비자에게 피해를 준다면, 기만 광고는 사실을 은폐하거나 축소하는 방법으로 소비자에게 그릇된 판단을 유도한다. 예컨대 사진에 소개된 오피스텔 분양 광고에서 제시되는 "OO역으로부터 걸어서 2분 거리"라는 문구는 실제로 거짓 정보는 아닐 수 있지만 소비자로 하여금 해당 오피스텔이 지하철역과 매우 가깝다는 그릇된 판단을 하게 만들 수 있다. 보다 구체적으로 오피스텔부터 지하철역까지 2분 내로 걸어가기 위해선 성인의 매우 빠른 걸음을 통해서만 가능할 수 있고, 일반적으로 이용할 수 있는 큰 길 대신 빌딩과 빌딩 사이의 작은 길을 이용해야만 가능할 수 있다. 따라서 이 광고는 걸어서 2분이라는 약속을 실현시킬 수 있는 걸음의 속도라던가 오피스텔과 지하철역 사이에 어떤 경로를 이용해야되는지 여부를 명확하게 전달하지 않아 소비자를 기만할 수 있는 여지를 제공하고 있다.

그림 2.10 기만 광고 사례

(3) 부당 비교 광고

비교 광고(comparative advertising)는 자사 상품이나 서비스의 우월함을 알리기 위한 목적으로 광고에 단수나 복수의 경쟁 브랜드를 직접적으로 노출시켜 비교하거나 혹은 간접적으로 특정 브랜드를 알 수 있는 상징이나 특징을 제시하며 비교하는 광고이다. 비교 광고 자체는 법적으로 문제가 없으나, 표시광고법에 따르면 비교 대상 및 기준을 명확하게 밝히지 않거나 객관적인 근거 없이 자사의 상품이나 서비스를 경쟁사와 비교하여 우월하다고 광고하는 경우에는 부당 비교 광고에 해당된다(〈그림 2.11〉 참조). 비교 광고가 부당 광고로 판정받지 않기 위해서 가장 중요한 것은 광고에서 주장하는 내용에 대해서 객관적인 근

그림 2.11 제품의 비교 기준에 대해서 부당 판정을 받은 비교 광고 사례

거를 반드시 제시해야 된다는 점이다. 비교 광고에서 객관적 근거가 입증되지 못하거나 허위 정보로 판정이 나는 경우, 경쟁사로부터 소송이 제기되거나 광고 통제 기관으로부터 제재를 받을 수 있다. 이와 관련해서 공정거래위원회는 "비교 표시 · 광고에 관한 심사 지침"을 통해서 비교 광고에서 제시하는 비교 대상, 비교 기준, 비교 내용, 비교 방법 등에 대한 가이드라인을 제시하고 있다.

(4) 비방 광고

비방 광고(defamation advertising)는 경쟁사 제품이나 서비스에 대하여 객관적인 근거없이 문제점이나 불리한 요소를 강조하며 경쟁사에 불이익을 줄 수 있는 광고를 의미한다. 앞서 소개한 비교 광고와 비방 광고 모두 경쟁사를 광고에 직접적이나 간접적으로 노출시키는 공통점이 있다. 하지만 비교 광고가 광고주 상품이나 서비스의 우수성이나 우월함을 알리기 위한 목적에서 집행하는 광고라면, 비방 광고는 경쟁 상품의 문제점이나 열등함을 부각시키려는 의도가 강하다. 따라서 비방 광고는 비교 광고에 해당될 수 있지만 광고 내용에 따라서 앞서 소개한 허위, 과장, 기만 광고에도 적용될 수 있다. 비방 광고는 부당 광고 유형 중에서 경쟁사와의 법적 소송이나 광고로 인한 제재의 가능성이 상대적으로 높으며, 경쟁사와 상호 비방 광고를 집행하는 경우도 발생할 수 있다(〈그림 2.12〉 참조).

그림 2.12 경쟁업체를 비하하여 제재를 받은 비방 광고 사례

광고 산업의 구성과 기능

1. 한국 광고 산업
2. 광고주
3. 광고 조성 기관
4. 광고 통제 기관
5. 매체사
6. 광고 대행사의 역할

3

도입사례

광고주 vs 광고 대행사 '아이디어 주도권' 분쟁… 그 오랜 침묵을 깨다

기사 주소: http://www.brandbrief.co.kr/news/articleView.html?idxno=4041

국내 유수의 독립 광고 대행사 '스튜디오좋'의 대표는 최근 공식 인스타그램에 장문의 글을 올렸다.

"캠페인 종료 후엔 이 모든 기획이 광고주분의 생각이었다고 한다.
그리고 잔인하게 덧붙인다. 스좋(스튜디오좋)이 사진을 찍었다고, 작사를 했다고, 디자인을 했다고
업무의 일부분을 나눠주는 그 구절, 그것을 통해 우린 확실하게 낙인된다.
'그 기획 파트'는 우리가 참여한게 아닌걸로.
(중략)
승리를 이끌어 준 멤버들에게 좌절감을 상 대신 줘야한다.
잊을만하면 반복된다.
이걸 어떻게 받아들여야 광고계에서 오래오래 일할 수 있을까."

▶▶

▶▶ 스튜디오좋의 글은 국내 광고업계에 뿌리깊게 박혀있는 광고주와 광고 대행사 간 '아이디어 주도권' 분쟁에 대한 광고 대행사의 속내를 가감없이 보여주며 화제를 모았다. 계약상 '갑'인 광고주의 눈치를 보느라 쉬이 자신의 목소리를 내지 못하는 철저한 '을'인 광고 대행사의 이례적인 외침에 업계의 이목이 집중된 것이다.

광고 대행사의 노고와 기여도를 제대로 인정하지 않는 듯한 광고주의 태도에 스튜디오좋은 좌절감을 표했다. 스튜디오좋의 글은 비단 특정 광고주를 겨냥한 저격글이 아닌, 반복되는 두 번째 전쟁에서 패배하지 않고 광고계에서 오래오래 일하고 싶은 광고 대행사의 오랜 속마음을 대변하고 있다.

▶ 광고의 전쟁

계약상 '을'인 광고 대행사는 '갑'인 광고주의 고민에 대한 솔루션을 제공하고, 비즈니스를 성공시키기 위한 광고와 마케팅 활동 전반을 대행하는 역할을 맡는다. 그 대가로 광고주는 그에 합당한 광고계약 대금을 광고 대행사 측에 제공하게 된다.

그러나 정식 계약을 체결하기 위해서는 경쟁 프리젠테이션(PT)라는 예선을 통과해야만 한다. 한 기업의 광고 대행 계약을 따내기 위해 여러 광고 대행사들이 경쟁 PT에 참여한다. 적게는 2~3개, 많게는 그 이상의 광고 대행사들이 각자 준비해 온 제안서를 바탕으로 광고주 앞에서 경쟁 PT를 펼치게 된다. 제안서 작성에는 수많은 인력과 시간, 비용이 투입되지만 경쟁PT의 승자는 오직 한 곳이다.

경쟁PT에서 우승한 광고 대행사는 광고 대행 계약을 맺은 뒤에야 비로소 진짜 광고의 전쟁에 뛰어들게 된다. 광고 대행사가 대행한 광고와 캠페인은 광고주를 만족시키는 것은 물론, 시장과 소비자의 마음을 사로잡고 구체적인 비즈니스 성과까지 내야한다는 과제를 안고 있다.

하루에도 수백개의 광고와 마케팅, 캠페인이 소비자들에게 전달되지만, 그 중 성공적인 광고는 전체의 10%도 되지 않는다. 막대한 광고비를 쏟아 부어 단순 노출도를 높이는 것과, 모두가 인정하는 '잘 만든 광고'로 인정받는 것은 별개다.

스튜디오좋이 대행한 홈플러스의 '소비패턴'과 빙그레의 '빙그레우스 더 마시스' 캠페인은 소비자들로부터 큰 호평을 이끌어낸 것은 물론 지난해 대한민국광고대상에서 소셜커뮤니케이션 부문 대상을 수상하는 등 크리에이티비티 능력까지 인정받으며 치열한 광고의 전쟁에서 승리의 기쁨을 누렸다.

▶ 보이지 않는 두 번째 전쟁의 시작

광고주와 광고 대행사는 독립된 개별 회사지만, 광고 대행 계약을 맺는 순간 마치 하나의 팀처럼 협업하는 체제를 이루게 된다. 최근 광고 대행사의 역할이 단순히 광고를 대행하는 것을 넘어, 광고주의 고민을 해결하고 비즈니스에 대한 전반적인 솔루션을 제공하는 기획 업무로까지 확대되면서 협업 체제는 더욱 공고해지는 추세다.

광고업계의 한 관계자는 "하나의 광고가 나오기까지 수많은 협의와 회의를 거치게 된다. 광고의 핵심이 되는 아이디어는 광고주와 대행사가 협업하는 과정에서 구체화되고 다듬어지기 때문에 어느 한 쪽의 아이디어라고 단정짓는 것은 무리가 있다"며 "대행사에서 제안한 아이디어 그대로 광고가 만들어지는 것도 아니고, 광고주의 의견이라고 해서 무조건 다 반영되는 것도 아니"라고 말했다.

광고주와 광고 대행사가 서로 협업해 핵심 아이디어를 완성해나가기 때문에 단순 갑을 관계가 아닌, 파트너 관계로 봐야 한다는 설명이다. 또한 'A는 광고주의 아이디어, B는 대행사의 아이디어'와 같이 아이디어의 주도권을 무 자르듯 명확하게 나누는 것도 애매하기 때문에 양측의 배려와 예의가 필요하다고 지적했다.

> *"스튜디오좋엔 AE, CD, 아트디렉터, 카피라이터가 존재한다.*
> *그들은 기획만을 위해 존재하는 사람들이다. 그런 PR이 세상에 퍼지는 순간,*
> *그들의 시간과 존재는 한 순간에 아지랑이처럼 사라진다."*
> *(스튜디오좋 인스타그램 게시글 일부)*

스튜디오좋은 광고의 전쟁에서 이긴 승리감을 만끽하기도 전에 두 번째 전쟁을 마주하며 좌절감을 느끼게 된다고 고백했다. 기획에 대한 핵심적인 공은 광고주 자신의 것으로 돌리고, 광고 대행사는 협업 파트너가 아닌 부수적 업무를 도운 조력자 쯤으로 표현한 언론 인터뷰에 자신들의 시간과 존재가 사라지는 것 같은 느낌이 든다는 것이다.

한 광고 대행사 관계자는 "스튜디오좋뿐만 아니라 많은 광고 대행사들이 비슷한 일을 자주 겪는다"며 "음지에서 일하는 대행사의 숙명이라며 이를 받아들이는 것이 자연스럽지만, 이런 일이 있을때마다 회의감이 드는 것이 사실"이라고 말했다.

이어 "광고업계의 아주 오래된 불편한 관행에 반기를 들고 용감하게 목소리를 낸 스튜디오좋의 용기가 한편으론 고맙게 느껴진다"며 "갑을 관계에서 탈피해, 파트너로서 인정하고 존중해주는 구조와 태도가 필요하다"고 전했다.

▶ "광고주는 주님?" 관례와 악습 사이

광고업계에는 광고주를 '주님(광고주님의 줄임말)'이라고 부르는 우스갯소리가 있다. 그만큼 대행사에게 있어 광고주의 파워는 막강하다. 특히 재계약을 바라는 대행사들은 광고주의 무리한 요구도 어쩔 수 없이 받아들여야 하는 경우가 비일비재하다.

명확한 기준이 없거나 납득할 수 없는 수정 요구를 수차례 막무가내로 요청하는 광고주, 퇴근 시간 후나 주말에도 업무 지시를 내리는 광고주, 해외 광고제에 작품을 출품할 때 대행사 대신 본인들이 직접 출품하겠다고 요구하는 광고주, 경쟁PT 때 제시했던 계약 내용과 달리 수차례 운영비를 삭감하거나 캠페인 진행 전략을 무리하게 수정하려는 광고주 등 부당한 사례는 무수히 많다.

광고 대행사의 한 관계자는 "광고주의 무리한 요구에도 대행사는 침묵하고 따를 수 밖에 없다. 대부분 그러려니 하고 참고 넘기는 분위기였다"며 "하지만 최근 들어 잘못된 것은 바로잡아야 한다는 목소리가 커지고 있다. 광고주의 부당한 요구는 참고 견뎌야 할 관례가 아닌 악습"이라고 지적했다.

▶ 대행사가 달라진다

보수적인 광고업계에 최근 변화의 바람이 일고 있다. 자신의 목소리를 내는 데 주저함이 없는 MZ세대(밀레니얼 세대+Z세대)들이 광고업계에 새로운 피로 유입되면서 업계의 오래된 관행에 반기를 들고 그들의 목소리를 내기 시작한 것이다.

대기업 계열 광고 대행사의 한 관계자는 "광고업계에서 오래 일해 온 사람들은 광고주의 부당한 요구에 그리 민감하게 반응하지 않지만 MZ세대들은 다른 태도를 취한다"며 "자신의 아이디어, 자신의 ▶▶

노력에 합당한 대가를 요구하고, 업무에서 마주하게되는 부당함과 타협하지 않는다"고 말했다.

이어 "광고주가 무리한 요구를 할 경우, 합리적인 설득 과정을 거치고 만족할만한 다른 대안을 제시하는 등 새로운 업무 트렌드를 보여준다"며 "최근에는 대행사를 파트너로서 존중해주는 광고주들도 많아지고 있어 분위기가 달라지고 있다"고 밝혔다.

일반적인 광고 대신 브랜드의 숨은 가치를 스토리텔링 형식으로 풀어내는 브랜드PT(Presentation)를 선보이는 29cm(이십구센티미터)는 광고 대행사와 비슷한 업무를 진행하지만, 광고주와의 갑을 관계를 벗어나 새로운 파트너십을 성공적으로 구축해가고 있다.

29cm는 브랜드PT를 진행하는 업체를 '광고주'가 아닌 '협력사'라고 표현하고, 자료 수정 횟수도 사전에 협의하는 등 수직구조를 탈피해 수평적 관계를 확립했다. 또한 29cm가 추구하는 가치관과 맞지 않는 브랜드와의 협업은 정중히 거절하는 전략을 고수하면서 대행사가 아닌 독립 브랜드로서의 색깔을 보여주고 있다.

HS애드의 광고주인 우아한형제들은 '배달의민족' 광고 캠페인을 대행한 HS애드에 대한 고마움을 담아 지난 2019년 헌정 광고를 집행했다. 우아한형제들은 '배달의민족' 카피를 패러디한 'HS애드도 우리 민족이었어'라는 감사 문구와 함께 기획과 제작을 담당한 HS애드 직원들의 이름을 모두 광고에 담았다. 이는 광고주가 대행사에 헌정 광고를 낸 사상 최초의 사례로 주목받으며 업계에 신선한 감동을 선사했다.

▲ 우아한형제들의 HS애드 헌정 광고. ©HS애드

▶ 광고계에서 오래오래 일하려면

반복되는 전쟁 속에서 살아남아 광고계에서 오래오래 일하기 위해, 광고업계는 새로운 변화를 준비하고 있다. 광고 대행 계약시 불공정하고 부당한 업무 지시 금지에 대한 내용을 추가하고, 광고 기획이나 저작권 등과 관련한 별첨 계약서를 요구하는 등 정당한 대우를 받기 위한 최소한의 장치를 마련하려는 움직임을 보이고 있다.

한 광고 대행사 관계자는 “기준없는 수정 요청 금지, 커뮤니케이션 채널 단일화, 수정 횟수 제한과 같은 내용을 담은 계약 조건을 추가하는 등 대행사가 존중받을 수 있는 구조를 만들기 위한 제도적 장치가 필요하다”며 “모든 광고 대행사들이 함께 머리를 맞대고 고민해봐야 할 문제”라고 말했다.

또 다른 관계자는 “광고주와 광고 대행사의 건강한 관계는 결과적으로 광고주에게 더 좋은 결과물을 제공할 수 있는 초석이 된다”며 “앞으로도 협력하고 공생해야하는 파트너로서 존중하고 배려하는 문화가 하루 빨리 자리잡기를 바란다”고 전했다.

출처: 브랜드브리프, 김수경 기자(2021.03.18.) ■

1. 한국 광고 산업

1) 광고 산업의 이해

산업은 생활에서 사용하는 제품이나 서비스 생산과 관련된 모든 활동을 의미한다. 일반적으로 산업은 공업이나 농업과 같은 유형(tangible)의 제품을 생산하는 활동으로 인식하고 있으나 사회가 발전하면서 점차 무형(intangible)의 서비스나 콘텐츠를 제공하는 활동의 중요성이 부각되고 있다. 광고 산업은 광고주의 의뢰를 받아서 광고라는 무형의 콘텐츠를 제작하여 매체를 통해 소비자에게 전달하는 서비스를 제공하는 활동이다. 광고 산업은 업무의 성격에 따라서 다음과 같은 특징을 갖고 있다. 첫째, 광고 산업은 제품을 생산하기 위한 시설이나 장비가 필요하지 않은 지식 정보 산업에 해당된다. 광고는 인적 자원의 지식이나 통찰력을 바탕으로 정보나 콘텐츠를 제공하는 활동이다. 따라서 광고 산업에 해당되는 산업체는 제품 생산에 필요한 공장 등의 시설이 필요하지 않으며, 인적 자원과 업무에 필요한 공간 및 기본적인 하드웨어나 소프트웨어 정도만 요구된다. 둘째, 광고 산업은 기본적으로 광고주를 위한 서비스나 콘텐츠를 제공하는 서비스 산업에 해당된다. 광고 산업을 구성하는 대표적인 기관인 광고 대행사에서 대행(代行)의 의미가 "광고를 (광고주)대신 실행한다"라는 점을 감안할 때, 광고 산업은 다른 산업을 지원하는 서비스 산업에 해당된다. 실제로 법적이나 통계 측면에서 모든 산업 활동을 분류하기 위해서 발표하는 통계청의 "한국표준산업분류"에서 광고업은 법무 관련 서비스업, 회계 및 세무 관련 서비스업, 기타 컨설팅 서비스와 함께 "전문 서비스업"으로 분류된다. 마지막으로, 광고 산업은 매우 다양한 관련 산업이 참여하는 대표적인 복합 산업이다. 광고 대행사가 광고 산업의 중심에 자리잡고 있지만, 이외에도 광고 제작이나 실행에 관련된 광고 조성 기관과 광고를 감독하고 규제하는 광고 통제 기관, 그리고 소비자에게 광고를 전달하는 매체사와 언론사도 광고 산업을 구성하고 있다.

2) 한국 광고 산업의 규모

우리나라의 광고 산업은 2020년을 기준으로 연간 약 12조원에서 14조 5천억원대의 규모를 나타내고 있으며 세계 광고 시장에서 미국, 일본, 중국, 유럽의 국가에 이어서 상위 10위권 이내에 들어가는 규모를 형성하고 있다. 국가 경제에서 광고가 차지하는 비중을 파악할 수 있는 국내총생산(GDP) 대비 총광고비 비율에서 세계 광고 시장의 상위권에 위치한 국가는 대략 1%를 넘었거나 1%에 근접한 비율을 나타내고 있으나, 우리나라 광고시장 규모는 최근 몇 년 동안 약 0.7% 수준에 머물고 있다. 참고로 미국은 GDP 대비 총광고비 비율에서 약 1.5%를 차지하며, 일본은 1% 수준, 그리고 OECD 국가의 평균 비율은 약 0.9% 수준을 형성하고 있다. 따라서 우리나라의 GDP 대비 총광고비의 점유율은 세계 광고 시장에서 상위권에 위치한 국가와 비교해서 상대적으로 낮은 수치이며, 광고 산업이 지속적으로 성장할 필요성을 나타내고 있다.

한국 광고 산업의 규모를 파악할 수 있는 통계 수치와 관련하여 우리나라에서 광고 관련 업무를 주관하는 공공기관인 한국방송광고진흥공사(코바코)와 우리나라의 대표적인 광고 대행사인 제일기획에서는 매년 광고를 집행하는 모든 매체의 광고비를 집계하여 국내 총 광고비를 발표한다. 한국방송광고진흥공사에서는 주로 연말에 "방송통신광고비 조사 보고서"를 발표하며 이 해에 각 매체사의 광고매출액을 조사한 결과를 발표한다. 이 보고서에서는 광고비를 크게 방송매체, 인쇄매체, 온라인 매체, 옥외 매체, 기타 매체로 구분하여 집계한 결과를 총광고비와 전년 대비 매체별 광고비 증감률을 중심으로 발표한다. 한편 제일기획에서는 주로 연초에 "광고연감"을 발간하면서 이전 연도에 발생했던 광고비를 방송매체, 인쇄매체, 디지털매체, OOH(옥외)매체로 구분하여 매체 유형별로 성장률과 전체 광고비에서 차지하는 구성비를 함께 발표한다.

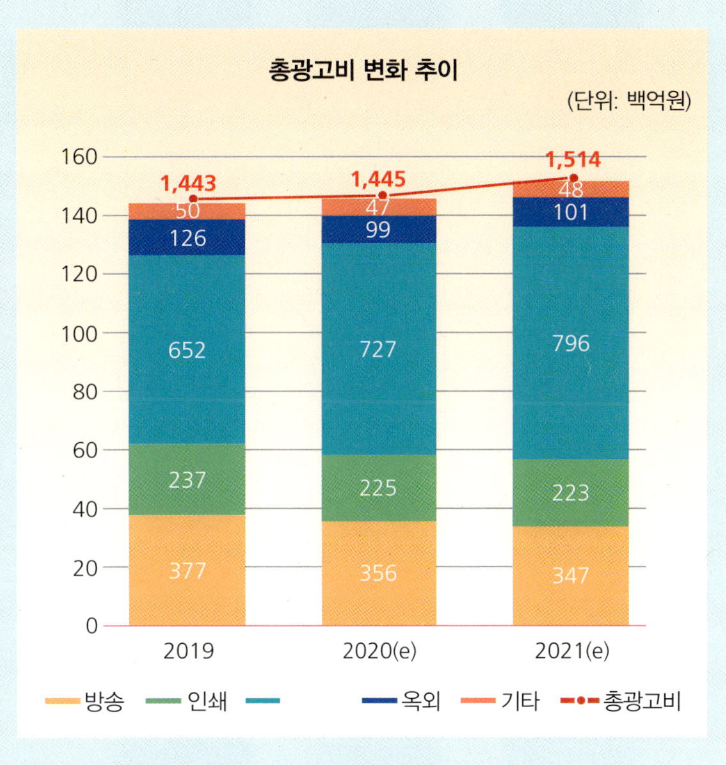

그림 3.1 한국방송광고진흥공사가 발표한 2020년 총광고비

2020년 국내 총 광고비에 대해서 한국방송광고진흥공사(코바코)는 전년대비 0.8% 증가한 14조 5천5백억원이라고 발표한 반면, 제일기획은 오히려 0.8% 감소한 11조 9천9백억원으로 발표했다(〈그림 3.1〉, 〈표 3.1〉 참조). 두 기관이 발표한 우리나라의 2020년 총광고비는 약 2조원 이상의 높은 차이를 나타내고 있으나, 두 기관이 집계 과정에서 포함하는 매체의 범위 및 광고매출액을 인정하는 기준에 따른 차이를 감안해야한다. 두 기관의 집계에서 총광고비는 차이가 있으나, 반면 각 광고 매체의 전년 대비 성장률과 매체별 구성비는 유사하게 나타나고 있다.

전반적으로 우리나라 광고 산업은 경제와 밀접한 관계를 맺고 있다. 다시 말해서 광고는 시장경제를 반영하는 중요한 지표라 할 수 있다. 2020년은 코로나 바이러스로 인해서 전반적인 외부 활동이 크게 제약을 받았고, 이로 인하여 경제 활동의 모든 분야가 영향을 받으면서 우리나라의 광고 산업 또한 매출이 감소하거나 매우 소폭으로 증가하는 결과가

표 3.1 제일기획이 발표한 2020년 총광고비 (단위: 억 원, %)

구분	매체	광고비(원)			성장률(%)		구성비(%)	
		19년	20년	21년(F)	20년	21년(F)	20년	21년(F)
방송	지상파 TV	12,321	11,369	11,555	−7.7	1.6	9.5	9.2
	라디오	2,374	2,092	2,120	−11.9	1.3	1.7	1.7
	케이블/종편	20,017	18,606	19,223	−7.0	3.3	15.5	15.3
	IPTV	1,232	1,121	1.138	−9.0	1.5	0.9	0.9
	위성, DMB 등 기타	1,908	1,463	1,441	−23.3	−1.5	1.2	1.1
	방송 계	37,852	34,651	35,477	−8.5	2.4	28.9	28.3
인쇄	신문	14,229	13,891	13,620	−2.4	−2.0	11.6	10.9
	잡지	2,832	2,256	2,238	−16.8	−5.0	2.0	1.8
	인쇄 계	17,061	16,250	15,858	−4.8	−2.4	13.5	12.6
Digital	PC	17,708	18,548	19,410	4.7	4.6	15.5	15.5
	모바일	32,824	38,558	42,570	17.5	10.4	32.1	33.8
	Digital 계	50,532	57,106	61,980	13.0	8.5	47.6	49.4
OOH	옥외	3,583	3,378	3,200	−5.7	−5.3	2.8	2.5
	극장	2,143	601	900	−72.0	49.8	0.5	0.7
	교통	4,654	3,581	3,500	−23.1	−2.3	3.0	2.8
	OOH 계	10,380	7,560	7,600	−27.2	0.5	6.3	6.1
제작		5,742	4,384	4,585	−14.1	4.6	3.7	3.7
총계		120,926	119,951	125,500	−0.8	4.6	100.0	100.0

나타났다. 두 기관이 발표한 자료에 따르면 모바일을 중심으로 형성된 디지털 매체의 광고비를 제외하고는 TV와 라디오가 포함된 방송 매체의 광고비, 신문과 잡지가 포함된 인쇄 매체의 광고비, 빌보드, 극장, 교통 수단이나 시설이 포함된 OOH 매체의 광고비가 모두 전년 대비 감소하는 현상이 나타났다. 이는 코로나 바이러스로 인한 특수한 상황이 반영된 결과라고도 해석할 수 있지만, 디지털 매체를 제외한 다른 주요 광고 매체는 2020년 이전에도 꾸준한 감소 추세를 나타내고 있다. 결론적으로 현재 우리나라 광고 시장에서 스마트폰을 중심으로 디지털 매체의 광고비는 최근 몇 년간 꾸준히 상승하고 있으며 동시에 TV나 신문으로 대표되는 전통적인 매체의 광고비는 감소하고 있다. 이에 따라서 디지털 매체의 구성비는 전체 광고비에서 약 50%에 근접한 비중을 차지하며 우리나라 광고 산업에서 대표적인 광고 매체로 자리매김 하고 있다.

3) 한국 광고 산업의 구성

광고 산업은 매우 다양한 관련 기관의 참여를 통해서 이루어진다. 일반적으로 광고는 광고 대행사가 광고주의 의뢰를 받아 집행된다. 이 과정에서 광고주의 의도를 반영하여 제작된 하나의 광고가 소비자에게 전달되기까지 다양한 회사와 조직의 상호 작용이 이루어지며 관련 기관에 종사하는 수많은 사람이 광고 집행에 참여하게 된다. 광고 산업은 제품이나 서비스를 위하여 광고를 집행하고자 하는 광고주를 중심으로 광고 제작이나 실행 관련 업무를 진행하는 광고 조성 기관과 광고가 올바르게 집행되도록 관리하는 광고 통제 기관과의 상호 작용으로 이루어진다. 광고 조성 기관에서는 광고 대행사가 핵심적인 역할을 맡고 있으며, 광고 통제 기관에서는 정부가 광고와 관련된 정책을 실행하는 차원에서 중심에 위치한다. 한편 소비자는 광고에서 전달하는 메시지를 처리하고나서 제품 구매나 서비스 이용 등을 통해서 광고주에 영향을 직접적으로 미칠 수 있으며, 이러한 과정은 시장에서 이루어진다. 마지막으로 매체사와 언론사는 광고 조성 기관이 제작한 광고를 소비자에게 전달하는 역할을 담당하게 된다(〈그림 3.2〉 참조). 다음 장에서는 광고 산업을 구성하는 주요 기관에 대해서 소개하고자 한다.

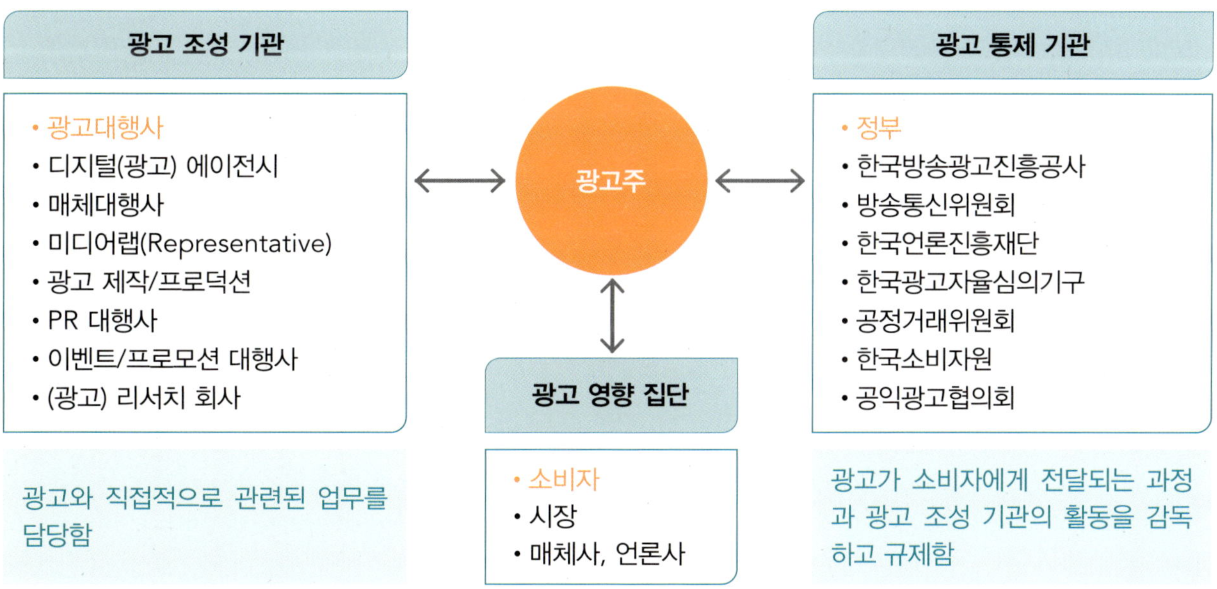

그림 3.2 한국 광고 산업의 주요 기관

2. 광고주

광고주는 광고 산업에서 가장 핵심적인 기관으로서 모든 상업적 광고는 광고주가 생산하거나 제공하는 제품이나 서비스를 판매하기 위한 목적에서 시작한다. 광고주가 광고 제작이나 집행을 위해서 광고 조성 기관이나 매체사에 지불하는 광고비는 광고 산업의 규모를 가늠하게 하는 광고비로 집계된다. 광고를 실행하고자 하는 광고주는 큰 규모의 회사부터 개인까지 모두 해당될 수 있으며, 광고주의 능력이나 상황에 따라서 광고를 직접 제작, 집행하거나 또는 광고 대행사를 중심으로 광고 조성 기관에 광고를 의뢰하기도 한다. 광고주가 광고를 직접 집행하는 경우에는 조직 차원에서 광고 제작부터 집행까지 광고주 조직 내 관련 부서나 담당 직원을 보유하고 있다. 한편 광고주가 광고 대행사에 광고를 의뢰하는 경우에는 광고주 조직 내의 관련 사업 부서나 마케팅팀에서 광고 대행사에 광고주의 의사를 전달하고 광고 집행의 전반적인 과정에 참여한다. 이 과정에서 광고주는 광고 대행사에 클라이언트(client)가 되며, 광고 대행사는 광고주의 에이전시(agency)가 된다.

1) 광고주의 분류

우리나라 산업의 거의 모든 분야에서는 사업 영역이나 규모를 가리지 않고 의도한 목적에 따라서 광고를 집행하고 있다. 이러한 배경에서 광고주 또한 사업 목적, 사업 영역, 사업 규모, 사업 지역 등 다양한 기준에 따라 분류할 수 있다. 먼저 사업 목적에 따라서 광고주는 이익을 추구하는 민간 사업 분야의 영리 기관 광고주와 공익을 추구하는 공공 기관, 학교, 사회 단체 등의 비영리 기관 광고주로 구분할 수 있다. 일반적으로 광고는 제품이나 서비스를 판매하기 위한 상업적 목적으로 집행하는 경우가 많은 것으로 알려져있으나, 학교나 공공 기관과 같은 비영리 기관에서도 자신을 알리거나 공익을 위한 목적에서 광고를 집행하는 경우도 많다. 이러한 비영리 기관 광고주도 일반 사업체와 마찬가지로 광고 대행사를 선정하고 광고를 집행하는 과정에서 광고비를 지불한다. 둘째, 사업 영역에 따라서 광고주는 그들이 판매하는 제품 및 서비스의 대상에 따라 분류할 수 있다. 광고주는 자사의 제품 및 서비스를 소비자를 대상으로 판매하는 경우 소비재 광고주로, 기업을 대상으로 판매하는 경우 산업재 광고주로 구분된다. 일반적으로 많이 알려진 광고주는 소비재 광고주이며 소비자를 대상으로 자사의 제품과 서비스를 다양한 매체를 이용하여 광고한다. 기업을 대상으로 광고를 집행하는 산업재 광고주는 B2B (business to business) 시장에서 대중 매체를 이용하여 광고를 하기도 하지만, 주로 트레이드쇼, 인적 판매나 전문지 등을 이용하여 광고를 집행한다. 한편 광고주는 그들이 판매하는 제품 및 서비스의 종류에 따라서도 분류할 수 있다. 이러한 업종별 분류는 광고비 관련 자료를 세부적으로 제시할 때 주로 이용되는 기준이며 다른 경제 지표와도 연결 지어 특정 업종이 어느 정도 성과를 올렸는지 판단할 수 있는 자료로도 활용된다. 셋째, 광고주는 사업 및 광고비 지출 규모에 따라 대형, 중형, 소형 광고주로 나누어진다. 규모에 따라 광고주를 구분하는 명확한 기준은 없으나 광고를 집행하는 매체에서 차이가 발생한다. 일반적으로 대형 광고주가 상대적으로 광고비가 높은 TV와 신문 전면 광고 등을 이용하여 광고를 집행하며, 중소형 규모의 광고주는 상대적으로 광고비가 저렴한 인쇄, 라디오, 온라인, 옥외 광고 등을 주로 집행한다. 한 해 동안 인터넷 검색 광고를 집행하는 광고주가 4만개 이상인 것을 감안할 때 다른 매체 광고를 집행하는 광고주를 모두 포함할 경우 우리나라 광고 산업에서 광고주의 숫자는 대략 10만개 이상을 상회할 것으로 추정된다. 이러한 중, 소형 규모의 광고주 대부 분은 광고 대행사를 통하여 광고를 집행하기 보다는 직접 광고물을 제작하거나 소규모 광고 제작사 혹은 매체사에 광고 제작과 집행을 동시에 의뢰하는 경우가 많다. 대형 광고주 중에서 광고비를 많이 지출하는 최상위 그룹에 해당되는 회사는 크게 변동이 없으며, 삼성전자, 현대자동차, LG전자, KT 등이 지난 몇 년 동안 높은 광고비 지출을 나타내고 있다. 마지막으로 광고주는 사업 기반을 두고 있는 지역 및 범위에 따라서 지역 광고주, 전국 광고주, 글로벌 광고주 등으로 구분할 수 있다. 일반적으로 중소형 광고주는 기업이 위치하고 있는 지역 내의 매체를 이용하며 광고를 집행하는 지역 광고주에 해당되며, 대형 광고주는 전국적으로 제품이나 서비스를 유통시킬 수 있으며 이와 함께 전국의 소비자에게 메시지를 전달할 수 있는 매체를 이용하는 전국 광고주에 해당된다. 한편 코카콜라나 나이키와 같은 해외 기업이 사업 기반을 두고 있는 나라에서 우리나라 시장에 진출하여 광고를 집행하는 경우 글로벌 광고주에 해당된다.

2) 광고주의 업종별 매체 광고비

한국광고총연합회에서 발간하는 광고계동향에서는 매년 광고주의 업종에 따른 광고비를 TV, 신문, 라디오, 잡지를 중심으로 집계한 전통적 광고 매체와 PC와 모바일을 중심으로 집계한 디지털 광고 매체를 구분하여 발표하고 있다. 이 과정에서 다양한 광고주의 업종을 크게 21개의 유형으로 구분하여 업종별 매체 광고비를 집계하고 있다(〈표 3.2〉, 〈표 3.3〉 참조).

위의 표에 따르면 TV와 신문과 같은 전통 매체를 이용하는 광고주의 업종은 '금융, 보험 및 증권', '컴퓨터 및 정보 통신', '관공서 및 단체', '가정용 전기전자', '식품' 업종이 상위에 랭크됐으며, 전체 광고비에서 60% 이상의 비중을 차지하고 있다. 특히 관공서 및 단체는 비영리 기관 광고주에 해당되지만 정책을 알리거나 공익을 위한 목적에서 신문을 이용해서 상대적으로 많은 광고를 집행하는 것으로 나타난다. 한편 PC와 모바일과 같은 디지

표 3.2 한국광고총연합회에서 발표한 2020년 업종별 전통 매체 광고비(단위: 천 원)

업종명	TV	RADIO	신문(무가지有)	계(무가지有)
기초재	5,852,289	3,687,408	41,295,993	51,913,700
식품	230,704,080	22,937,845	129,841,670	387,767,321
음료 및 기호식품	178,450,577	5,384,500	21,992,897	209,881,324
제약 및 의료	263,386,294	25,982,962	57,863,098	350,413,074
화장품 및 보건용품	89,774,076	3,915,499	36,864,948	169,548,038
출판	9,179,816	780,776	59,378,868	70,865,695
패션	39,533,052	6,014,133	57,297,585	162,759,625
산업기기	4,085,329	927,200	23,549,401	30,481,450
정밀기기 및 사무기기	3,988,027	3,817,793	24,460,648	51,247,923
가정용전기전자	270,464,805	6,975,220	106,209,484	243,171,683
컴퓨터 및 정보통신	281,004,565	15,949,689	211,980,953	295,620,237
수송기기	159,383,285	22,711,670	53,391,623	16,636,678
가정용품	169,749,470	15,922,569	97,472,703	266,375,341
화학공업	12,743,653	1,248,737	1,862,638	106,030,811
건설, 건재 및 부동산	70,990,465	27,479,524	165,093,333	266,375,341
유통	37,698,887	11,134,420	55,426,034	106,030,811
금융, 보험 및 증권	159,830,501	18,905,190	473,794,453	662,781,665
서비스	162,441,835	33,707,408	98,298,422	301,886,299
광고서 및 단체	140,939,126	5,454,708	301,329,938	452,544,807
교육 및 복지후생	23,478,291,	12,004,418	35,825,534	73,181,988
그룹 및 기업광고	19,042,225	362,542	108,862,949	130,390,516
총계	**2,332,729,647**	**245,304,210**	**2,162,093,173**	**4,939,153,910**

표 3.3 한국광고총연합회에서 발표한 2020년 업종별 디지털 매체 광고비(단위: 천 원)

	PC 광고비	MOBILE 광고비	VIDEO 광고비	합계
컴퓨터 및 정보통신	111,078,641	130,319,630	119,690,475	361,088,746
유통	105,857,648	158,516,247	86,939,505	351,313,400
서비스	47,995,321	78,670,011	106,633,816	233,299,148
금융, 보험 및 증권	67,407,248	96,249,495	55,899,448	219,556,191
화장품 및 보건용품	28,593,377	62,427,361	122,446,949	213,467,687

< 계속 >

	PC 광고비	MOBILE 광고비	VIDEO 광고비	합계
광고서 및 단체	67,703,156	25,626,355	71,169,554	164,499,065
제약 및 의료	35,555,155	55,361,373	70,608,060	161,524,588
식품	27,819,046	47,352,353	82,582,530	157,753,929
건설, 건재 및 부동산	73,639,824	42,684,435	15,211,258	131,535,517
교육 및 복지후생	48,001,322	40,485,111	40,547,986	129,034,419
가정용 전기전자	30,328,089	27034,791	51,259,381	108,622,261
가정용품	19,020,115	29,413,109	57,359,405	105,792,629
패션/의류	12,661,945	27,446,191	51,422,942	91,531,078
수송기기	13,616,789	24,126,895	35,733,242	73,476,926
음료 및 기호식품	3,446,918	8,959,960	59,365,239	71,772,117
출판	2,283,884	7,637,136	16,611,857	26,532,877
정밀기기 및 사무기기	2,804,410	6,870,936	12,251,941	21,924,314
그룹 및 기업광고	2,421,951	1,223,203	10,856,470	14,501,624
기초재/소재/에너지	1,462,762	4,173,067	8,083,258	13,719,087
산업기기	3,526,594	2,362,631	2,460,877	8,350,102
화학공업	533,981	828,411	4,392,098	5,754,490

털 매체를 이용하는 광고주의 업종은 '컴퓨터 및 정보통신', '유통', '서비스', '금융, 보험 및 증권', '화장품 및 보건용품'이 상위를 차지하고 있으며 업무의 성격상 인터넷 플랫폼을 통해서 동영상 광고나 배너 광고를 활발하게 집행하는 것으로 나타난다.

3. 광고 조성 기관

광고 조성 기관은 실질적으로 광고와 직접적으로 관련된 업무를 담당하는 회사들로 구성되어있다. 광고 조성 기관을 구성하는 주요 회사로는 광고 대행사, 디지털 광고 에이전시, 매체 대행사, 미디어렙(media representative), 광고 제작/프로덕션, PR 대행사, 이벤트/프로모션 대행사, 리서치 회사 등이 있다. 광고 대행사는 가장 대표적인 광고 조성 기관으로 광고주의 의뢰를 받아 광고주 제품이나 서비스의 마케팅 목표 달성에 도움을 줄 수 있는 다양한 서비스를 제공한다. 특히 규모가 큰 종합광고 대행사의 경우 광고주에게 광고 기획, 제작, 매체 집행 등 광고 집행과 관련된 모든 서비스를 제공한다. 디지털 광고 에이전시는 디지털 분야에 전문성을 가지고 온라인 마케팅이나 디지털 매체 광고 집행과 관련된 서비스를 제공한다. 매체 대행사는 특정 매체에 광고를 집행하기 위하여 효과적인 시간대나 지면을 파악하는 매체 기획이나 매체 구매를 대행한다. 미디어렙은 방송사나 온라인 플랫폼을 대신하여 광고 시간대나 공간의 판매를 대행한다. 광고 제작/프로덕션은 광고 제작과 관련된 다양한 작업을 전문으로 진행하는 회사로 구성되어있다. 대표적인 제작회사로는 방송 광고를 제작하는 광고 프로덕션, 그래픽이나 사진 등 광고 인쇄물을 제작하는 광고 디자인 회사 및 광고 스튜디오, 광고에 출연하는 모델을 관리하는 모델 에이전시, 제품명을 제작하는 브랜드 네이밍 회사 등이 있다. 현재 종합광고 대행사는 영상 광고 제작에 있어서 외부의 제작 회사에 의뢰하는 경우가 많아 앞으로도 제작과 관련된 다양한 전문 회사가 증가할 것으로 예상된다. PR 대행사는 홍보 분야에 전문성을 가지고 기업, 기관, 개인 등을 위한 PR 업무를 대행하는 회사로 구성되어있다. 이벤트/프로모션 대행사는 기업이나 기관이 주관하는 다양한 대내외적인 행사를 진행하거나 소비자를 대상으로 판매촉진 활동을 실행한다. 리서치 회사는 광고물이나 제품 및 서비스에 대한 소비자 반응을 파악하고 분석하는 역할을 한다. 리서치 회사에서는 광고주로부터 직접 혹은 광고 대행사를 통해서 소비자 분석에 대한 의뢰를 받아 설문 조사나 그룹 좌담회 등을 진행하고 분석 결과를 제공하는 업무를 진행한다.

1) 광고 대행사

광고 대행사는 광고 산업을 대표하며 광고 조성 기관에서 광고와 관련된 가장 핵심적인 역할을 담당하고 있다. 광고 대행사는 광고 기획 단계부터 광고 제작에 관여하며 최종 결과물을 다양한 매체를 통해서 소비자에게 전달하는 역할을 수행한다. 세부적으로 살펴보면 광고 대행사는 광고주로부터 광고와 관련된 업무를 의뢰받아 광고주를 대신하여 광고를 집행하는 기능을 수행한다. 물론 광고주의 규모나 상황에 따라서 광고 대행사에 의뢰를 하지않고 직접 광고를 집행하는 경우도 있지만, 일반적으로 광고주는 제품이나 서비스의 생산 및 제공에 집중하고 광고에 전문성을 갖고 있는 광고 대행사가 광고주를 대신하여 광고를 집행하게 된다. 특히 광고 대행사 중에서도 상대적으로 규모가 큰 종합광고 대행사는 광고 조성 기관이 개별적으로 수행할 수 있는 매체 대행, 광고 제작, PR 대행, 이벤트 등의 업무를 조직 내에서 종합적으로 수행할 수 있는 장점이 있다. 광고 대행사의 주요 업무나 직종에 대해서는 이 장의 뒷부분에서 좀더 구체적으로 다루어보기로 한다.

2) 디지털 광고 에이전시

디지털 광고 에이전시는 디지털 분야에 전문성을 가지고 온라인 마케팅이나 광고를 전문적으로 대행하는 회사이다. 디지털 광고 에이전시는 광고주가 적절한 디지털 매체에 광고를 집행할 수 있도록 다양한 데이터를 분석한 결과를 반영한다. 종합광고 대행사에서도 온라인 광고팀이 디지털 관련 업무를 처리하기도 하지만 디지털 매체와 빅데이터 분석 그리고 새롭게 등장하는 맞춤형 광고 분야에서 전문성이 요구되며 디지털 에이전시의 영향력이 점점 높아지고 있다. 특히 디지털 매체의 광고비가 전체 광고비에서 가장 큰 부분을 차지하면서 디지털 분야에 특화된 디지털 에이전시의 역할도 점점 비중이 높아졌으며, 기존 광고 대행사와 경쟁을 벌이고 있다.

3) 매체 대행사

매체 대행사는 미디어 에이전시(media agency)라고도 불리우며, 광고주나 다른 광고 대행사를 대신하여 매체 기획과 구매를 대행하는 회사이다. 매체 대행사는 종합광고 대행사가 진행하는 광고의 전반적인 업무 중에서 매체 부문에 특화하여 서비스를 제공하는 회사라고 할 수 있다. 매체 대행사의 이러한 업무 형태는 광고 제작만을 전문적으로 하는 소규모 광고제작사와 함께 협업 형식으로 광고주 서비스를 가능하게 한다. 특히 소규모 광고주의 경우 종합광고 대행사를 이용할 만큼 광고예산이 충분하지 못하므로 각각 특화된 업무를 수행하는 매체 대행사나 광고제작사와 개별적으로 계약을 맺어 종합광고 대행사가 제공하는 서비스와 비슷한 결과를 제공받을 수 있다. 특히 다양한 매체가 등장하고 각 매체별 광고 집행이 복잡해지면서 광고 산업에서 매체 대행사의 역할은 앞으로 더욱 확대될 것으로 전망된다.

4) 미디어렙

미디어렙은 매체사를 의미하는 media와 대리인을 의미하는 representative가 합쳐진 단어를 줄여서 나타내는 용어이며 주로 방송국이나 온라인플랫폼과 같은 매체사를 대신하여 광고주, 광고 대행사, 매체 대행사 등을 대상으로 광고 시간이나 공간을 판매하고 이에 대한 판매 대행 수수료를 받는다. 방송 광고를 담당하는 미디어렙은 방송사를 대신하여 광고 시간 판매를 전담하면서, 광고주와 방송사가 직접 거래를 하면서 발생할 수 있는 문제를 줄이면서 방송 광고를 효율적으로 집행할 수 있도록 한다. 우리나라는 인쇄 매체나 종합편성채널(종편) 이외의 케이블 TV는 광고 대행사나 매체 대행사가 직접 매체사와 거래를 하고, 공중파TV, 종편, 라디오, 극장, 옥외, 온라인, DMB, IPTV 등의 매체는 미디어렙을 통해서 광고 시간대나 지면의 거래가 이루어진다. 방송 매체와 관련하여 우리나라는 현재 한국방송광고진흥공사(코바코)가 공영방송인 KBS, MBC, EBS, 종교방송의 광고시간대를 판매하며, 민영방송인 SBS와 종합 편성 채널(TV조선, JTBC, MBN, 채널A)은 각각 자회사 형식의 민영 미디어렙을 운영하고 있다.

5) 광고 제작사/프로덕션

광고 제작사는 프로덕션(production)이나 크리에이티브 부티크(creative boutique)라고도 불리우며 실제 광고물을 제작하는 회사이다. 광고 대행사에도 크리에이티브를 담당하는 부서가 있지만 촬영 장비나 전문적인 스태프가 필요한 영상 광고 제작은 이러한 프로덕션에 외주를 맡기는 경우가 많다. 따라서 일반적으로 광고 대행사의 크리에이티브 디렉터가 제작 관련 방향을 제시하고 프로덕션에서는 촬영 작업과 관련된 실질적인 진행을 담당한다. 한편 직접 광고를 집행하는 광고주나 크리에이티브팀이 없는 소규모의 광고 대행사는 광고 제작을 전담하는 크리에이티브 부티크에 의뢰하여 광고물을 제작하기도 한다.

6) PR 대행사

PR 대행사는 기업이나 기관과 다양한 관계를 형성하고 있는 공중(publics)을 대상으로 다양한 커뮤니케이션 활동을 통해 호의적 연상을 구축하는 회사이다. 기업, 정부, 기관 등은 규모나 영리 활동 여부에 관계없이 모두 조직 내부에 홍보 활동을 담당하는 부서 혹은 담당자를 보유하고 있다. 이와 같은 조직 내부의 홍보 담당 부서 혹은 담당자가 PR 업무를 진행하고 있으나, PR의 중요성이 높아지고 업무가 다양하게 발전하면서 외부 PR 대행사에 업무를 의뢰하기도 한다. PR 대행사는 의뢰를 받은 광고주 조직의 대내외적인 커뮤니케이션 활동을 기획, 진행하며 다양한 공중들을 대상으로 좋은 관계를 형성하기 위한 활동을 진행한다.

7) 이벤트/프로모션 대행사

이벤트/프로모션 대행사는 광고주의 제품이나 서비스를 위한 외부 행사를 주로 대행하는 회사로서 이벤트 대행, 판매촉진 행사 대행, 전시 대행 등을 주로 담당하고 있다. 광고주가 진행하고자 하는 제품, 서비스 혹은 기업 관련 행사의 기획, 실행, 운영 등을 담당하게 된다. 이 과정에서 이벤트/프로모션 대행사는 행사 진행과 관련된 전문성을 살려서 기존 광고 대행사와 협업으로 프로젝트를 진행하는 경우도 많다. 이벤트와 판매촉진을 통한 마케팅의 중요성이 높아지면서 이벤트/프로모션 대행사의 규모도 커지고 광고주와 직접적으로 거래하는 경우가 많아지고 있는 추세이다.

8) 리서치 회사

리서치 회사는 조사 회사라고도 불리우며 광고주나 광고 대행사를 위하여 광고와 관련된 모든 문제에 대해서 주로 소비자를 대상으로 자료를 수집하여 이를 분석하고 제공하는 기능을 담당하고 있다. 리서치 회사는 직접적으로 특정 광고의 효과를 파악하는 업무를 주로 진행하지만, 보다 큰 범위에서 시장의 동향이나 소비자의 행태 등에 대한 자료를 설문조사, 인터뷰, 좌담회(Focus Group Interview) 등을 실행하며 수집한다. 일반적으로 리서치 회사는 광고주와 광고 대행사의 의뢰를 받아 소비자를 대상으로 자료를 수집하고, 이를 바탕으로 분석한 데이터를 제공하며, 광고주나 광고 대행사의 담당자는 리서치 회사로부터 제공받은 데이터를 의사 결정이나 평가에 활용한다.

4. 광고 통제 기관

광고 통제 기관은 광고주와 광고 조성 기관이 광고를 집행하는 과정에서 일정 수준의 질서를 유지하고 광고로 인해 발생할 수 있는 폐해를 감시하고 대비하는 역할을 한다. 다시 말하자면 다양한 제품이나 서비스가 시장에서 치열한 경쟁을 벌이면서 다양한 광고나 마케팅 수단을 이용하고 있는 상황에서 광고 통제 기관은 경쟁이 공정하게 이루어질 수 있도록 관련법이나 규칙을 제정하고 실행하는 심판의 역할을 담당한다. 예컨대 허위 광고나 기만 광고를 집행하여 소비자나 경쟁 회사에 피해를 주는 광고주에 제재를 가하기도 하며, 개인 정보 침해나 미성년자 보호와 같은 광고와 직접적으로 관련된 법을 변화된 환경에 맞게 개정하여 적용하고, 광고가 집행되기 전이나 집행되고 난 다음에 광고를 심의하는 업무도 담당한다.

가장 대표적인 광고 통제 기관은 정부이며, 정부 산하의 수많은 관련 부서에서는 광고와 관련된 직간접적인 업무를 담당하고 있다. 예를 들어서 행정안전부와 각 지방자치단체에서는 옥외광고물 관리 및 진흥법을 통해서 특정 장소에 광고를 설치하도록 승인하고, 여성가족부에서는 청소년보호법을 통해서 미성년 소비자에게 부정적인 영향을 미칠 수 있는 광고를 규제하고, 과학기술부에서는 정보통신망법을 통해서 온라인 광고의 부정적 영향을 방지하는 역할을 담당한다. 이외의 주요 광고 통제 기관으로 먼저 정부 산하 기관인 방송통신위원회에서는 방송과 온라인 광고와 관련된 전반적인 사안을 주관하고 있다. 다음으로 한국방송광고진흥공사(코바코)에서는 공영 방송사의 미디어렙 역할과 함께 우리나라 광고 산업의 진흥을 위하여 중소 광고 회사를 지원하거나 광고 관련 연구를 후원하고 있다. 특히 한국방송광고진흥공사는 공익광고협의회를 운영하며 우리나라에서 집행하는 공익광고를 담당하고 있다. 한편 한국광고자율심의기구에서는 방송광고물 및 인쇄매체 광고와 기타 매체 광고에 대한 심의를 진행하고 있고, 공정거래위원회에서는 광고와 관련된 대표적인 법이라 할 수 있는 "표시 · 광고의 공정화에 관한 법률"을 주관하여 부당 광고나 광고주의 불공정 거래 등을 방지하고 있고, 한국소비자원에서는 그릇된 광고 등으로 인하여 피해를 받는 소비자에게 도움을 제공한다.

5. 매체사

매체사는 자사가 보유한 광고 매체(channel)를 통해서 광고주나 광고 대행사로 매체 집행을 위한 광고비를 받고 완성된 광고물을 소비자에게 전달하는 역할을 한다. 일반적으로 광고를 집행하는 모든 언론사는 매체사에 해당되며, 보다 구체적으로 TV, 신문, 라디오, 잡지 등과 같은 전통적인 매체를 운영하는 SBS나 조선일보 등의 언론사와 인터넷 신문, 소셜 네트워크 플랫폼, 검색 플랫폼 등의 온라인 채널을 운영하는 오마이뉴스, 페이스북, 네이버와 같은 회사도 매체사에 해당된다. 한편 옥외광고의 경우에는 빌딩, 지하철 역사, 공항 등에서 옥외광고물을 부착할 수 있는 공간을 관리하는 회사 혹은 개인도 매체사에 해당된다. 일반적으로 옥외광고의 매체사는 광고가 설치된 장소를 소유한 시설소유권자로부터 위임을 받아 매체 관리를 대행한다. 다시 말해서 매체사는 자신이 운영하거나 관리하는 광고 매체의 공간 혹은 시간을 통해서 광고주와 소비자를 연결시켜주며 광고주로부터 광고비를 받는다. 이와 같이 광고주가 광고를 집행하기 위해서 매체사에 지급하는 비용이 해당 매체의 광고비로 집계되며, 앞서 한국 광고산업의 규모에서 제시한 각 매체별 광고매출액이 이에 해당된다. 이 과정에서 광고 대행사나 미디어렙사는 매체사에 지급된 광고비의 일부분을 대행수수료로 받게 된다.

6. 광고 대행사의 역할

광고 대행사는 대행(代行)이라는 이름 자체에서 알 수 있듯이 광고주를 대신해서 광고 업무를 실행하는 역할을 맡고 있다. 이러한 대행 업무를 통해서 수수료라는 수입을 얻게 된다. 현재 우리 사회에서는 누군가를 위해서 대행 업무를 담당하는 여러 유형의 회사가 있다. 먼저 심부름 대행사라는 것을 들어 본 적이 있을 것이다. 이는 소비자가 직접하기 어려운 일을 대신해주고 그에 상응하는 수수료를 받는 것이다. 또한 해외여행을 갈 때 여행사를 통해서 항공권을 구매하는 경우에도 여행사는 항공권 발급 대행에 해당되는 수수료를 받게 된다. 이러한 대행사의 수익 모델은 광고 대행사의 것과 기본적으로 크게 다르지 않다. 다른 차이라고 하면 수수료의 성격이 광고와 연관되어 있다는 것이다.

광고 대행사는 광고 제작에 대한 수수료와 함께 광고 매체 집행에 대한 대행 수수료(commission)를 받아서 사업을 운영해 나간다. 이중 광고 매체 집행비의 약 15%를 받게 되는 대행 수수료가 광고 대행사 수입의 대부분을 차지하고 있다. 한편 제작 수수료는 광고물 제작에 들어가는 비용에 광고 대행사의 수익을 포함하여 청구하는 방식으로 산정된다. 〈그림 3.3〉에서 소개하는 것과 같이 광고 대행사는 광고주로부터 광고 집행에 대한 의뢰를 받으면 신문이나 잡지와 같은 인쇄광고를 집행하는 경우에는 광고 대행사가 매체사로부터 직접 지면을 확보하여 광고비를 매체사에 지급하고 총 광고비의 약 15%를 대행 수수료로 받는다. 한편 TV나 온라인 광고를 집행하는 경우에는 광고 대행사가 매체사로부터 직접 광고 시간대나 공간을 구매하지 못하고 미디어렙을 통해서 매매가 이루어진다. 이 과정에서 내체사에 지급된 광고비의 약 15%가 미디어렙에 매체 수수료로 지급이 되고 이러한 매체 수수료의 약 70~80%가 광고 대행사에 대행수수료로 지급이 된다. 전통적으로 광고 대행사는 이와 같은 대행수수료를 기반으로 운영되어왔지만 점차 대행 수수료에서 광고주로부터 직접 수임료(fee)를 받는 방식으로 전환이 이루어지고 있다. 수임료는 광고물 제작과 매체 집행에 대한 광고 대행사의 업무에 대해서 소속 직원들이 들인 수고와 시간에 따른 비용을 광고주에게 청구하는 제도이다. 미국을 중심으로 광고 대행사가 제공하는 서비스에 대한 수임료 제도가 정착이 되면서 점차 우리나라 광고업계에서도 일부 광고주를 중심으로 실행되고 있다.

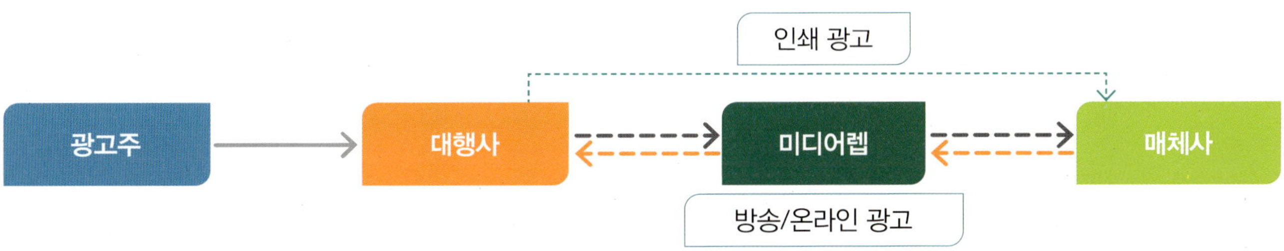

그림 3.3 광고의 집행 과정

1) 광고 대행사의 주요 업무

광고 대행사의 업무는 광고주를 위한 서비스를 제공한다는 측면에서 광고 기획(account service), 마케팅(marketing service), 온라인(digital service), 광고 제작(creative service), 매체 기획(media planning service), 홍보(public relations service), 판매 촉진 및 이벤

트(promotion service) 등의 주요 업무로 구분되며, 광고주와는 별도로 광고 대행사 운영과 관련된 경영 관리 업무 등으로 크게 나누어진다. 광고 대행사의 다양한 업무를 수행하기 위해서 분야별로 전문가가 필요하며, 이를 수용하기 위한 조직의 규모도 매우 크다. 이와 같은 주요 업무를 모두 소화할 수 있는 규모의 회사를 종합광고 대행사라고 한다. 종합광고 대행사는 이러한 업무를 실행하기 위한 세부 부서로 구성되어 있으며, 회사에 따라서 조직이나 부서의 이름에는 차이가 있지만 일반적으로 위의 업무를 모두 다루고 있다. 하지만 종합광고 대행사에서도 회사의 규모나 기타 상황에 따라 일부 업무는 대행사 내부에 조직을 구성하는 대신 외부 전문회사에 의뢰를 하는 경우도 있다.

종합광고 대행사는 담당하는 업무에 따라서 조직이 구성되어 있으며, 대부분 광고 대행사는 조직의 규모와 관계없이 광고 기획을 주관하는 본부, 광고 제작을 담당하는 본부, 경영 관리를 담당하는 본부는 필수적으로 구성되어 있고, 나머지 업무는 필요에 따라서 하나의 본부 혹은 부서로 구성되어 있다. 〈그림 3.4〉는 모 종합광고 대행사의 실제 조직도이며, 광고 기획을 주관하는 전략총괄본부 아래 6개의 기획팀이 전략 O팀이라는 이름으로 구성되어있고, 광고 제작을 담당하는 캠페인 본부 아래 5개의 광고 제작팀이 캠페인 O팀이라는 이름으로 구성되어있다. 한편 기타 업무는 IMC 총괄본부 아래 세부 부서가 구성되어있고, 경영 관리를 담당하는 경영지원본부에서 조직 운영에 필요한 인사나 재무 관리 등을 담당하고 있다.

2) 광고 대행사의 주요 직종

광고 대행사는 주요 업무를 담당하는 다양한 전문가로 구성되어있다. 광고 대행사에 따라서 직종을 나타내는 용어는 차이가 있지만, 일반적으로 광고 기획 업무를 담당하는 AE (Account Executive), 광고의 전략 방향을 분석하고 제시하는 AP (Account Planner), 광고 제작을 총괄하는 CD (Creative Director), 광고의 시각적 요소를 담당하는 아트디렉터(Art Director)와 그래픽 디자이너(Graphic Designer), 광고의 언어적 요소를 담당하는 카피라이터(Copy Writer), 매체 기획을 담당하는 미디어플래너(Media Planner) 등이 광고를 집행하기 위한 주요 역할을 담당하고 있다. 이외에도 PR, 디지털 광고, 이벤트, 프로모션 등 종합광고 대행사에서 다루고 있는 주요 업무에 대해서도 주요 업무 뒤에 Planner라는 명칭을 붙이며 직종을 구분한다. 한편 광고 대행사도 하나의 회사라는 차원에서 총무팀, 인사팀, 재무/회계팀 등의 직종도 광고 업무와는 직접적으로 관련되어 있지않지만 경영 관리 차원에서 필수적으로 필요하다. 다음에는 광고 대행사의 대표적인 직종에 대해서 구체적으로 소개하고자 한다.

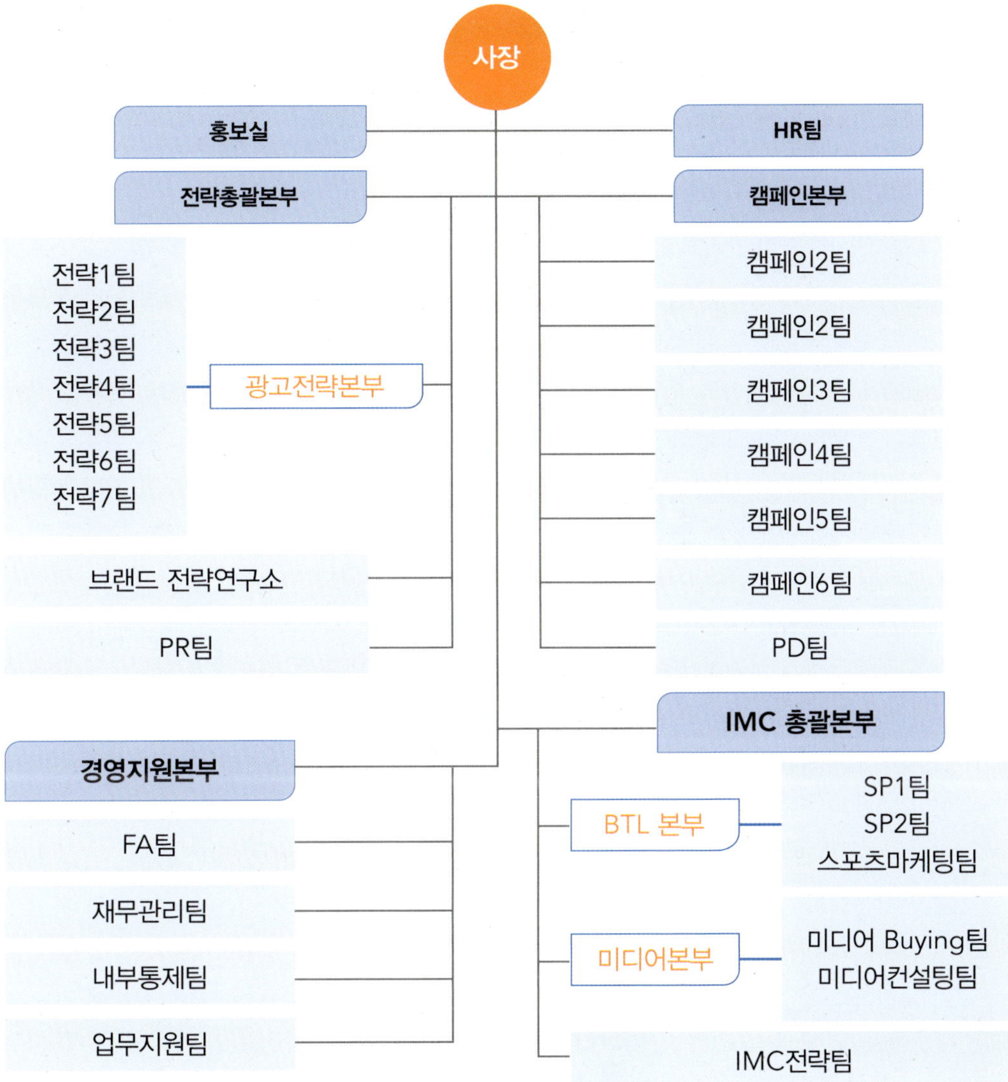

그림 3.4 종합 광고 대행사의 조직도

(1) AE (Accout Executive)

광고 대행사에서 일반적으로 AE로 불리는 광고기획자는 특정 광고주와 관련된 어카운트(account)를 집행하는 기획자(executive)라는 의미를 나타내며, 광고주의 광고 담당자와 직접적으로 의사를 소통하며 광고 대행사의 입장을 전달하며 광고 집행에 있어서 주도적인 역할을 담당하고 있다. 또한 AE는 업무별 다양한 전문가로 구성된 광고 대행사 내부의 광고주를 위한 전담팀에서 광고주의 의사를 전달하며 전체 광고 업무의 조정 역할을 맡고 있기도 하다. 업무의 성격을 감안하여 AE는 광고와 관련된 모든 부분을 헤아릴 수 있는 능력과 다양한 분야의 전문가 및 광고주와 직접적으로 접촉하는 과정에서 필수적인 대인 관계 능력이 매우 중요하다.

(2) AP (Account Planner)

광고 대행사에서 일반적으로 AP로 불리는 어카운트 플래너는 광고의 방향 설정에 필요한 기본적인 분석 및 전략 수립 역할을 담당하고 있다. AP는 광고주를 직접 접촉하기 보다는 주로 광고주와 관련된 분석을 소비자를 대상으로 진행하여 기획 방향에 대한 기본 자료를 제공한다. 광고 대행사의 규모에 따라서 AE가 AP 역할까지 맡고있는 경우도 있지만, 상대적으로 규모가 큰 종합광고 대행사에서는 AE와 AP의 업무를 구분하고 있다. 업무의 성격을 감안하여 AP는 광고주를 위한 컨설팅 능력과 광고주의 제품이나 서비스가 처한 상황을 분석하고 이를 바탕으로 솔루션을 찾아낼 수 있는 인사이트가 매우 중요하다.

(3) CD (Creative Director)

광고 대행사에서 일반적으로 CD로 불리는 크리에이티브 디렉터는 광고 대행사의 크리에이티브팀을 대표하며 광고 제작을 총괄하는 역할을 담당하고 있다. 하나의 광고를 제작하는 과정에는 시각적 요소, 청각적 요소, 언어적 요소를 담당하는 다양한 전문가가 참여하고 있다. CD는 이러한 다양한 제작 인력을 관리하며 동시에 AE 혹은 광고주와 협의를 통해서 광고 제작 방향을 전달하고 광고물 제작을 전반적으로 진행한다. 또한 CD는 주로 외부 제작사에 의뢰하는 영상 광고물 제작 과정에서도 광고 대행사를 대표하여 의도한 광고물이 완성될 수 있도록 의사를 전달하고 최종 광고물을 결정한다. CD는 일반적으로 임원급의 책임자로서 그래픽디자이너나 카피라이터 등의 광고 제작 업무를 직접 경험한 다음에 맡게 된다.

(4) Art Director/Graphic Designer

아트디렉터는 광고물의 시각적 표현 및 디자인을 총괄하며 대행사에 따라서는 그래픽 디자이너를 관리하는 역할을 맡거나 그래픽 디자이너의 역할을 직접 담당하기도 한다. 광고 대행사 업무의 대부분은 전공과 관계없이 입사한 이후라도 본인의 노력에 따라서 충분히 담당할 수 있지만, 아트디렉터는 미술이나 디자인 관련 전공자가 많으며, 입사 과정에서 관련 소프트웨어를 다루는 능력이나 디자인 능력을 입증할 수 있는 포트폴리오가 필요하다.

(5) Copy Writer

카피라이터는 광고물의 언어적 표현을 총괄하며, 광고의 헤드 카피나 광고 문구를 작성하는 역할을 맡는다. 카피라이터는 특정 대상에 대하여 다양한 표현을 할 수 있는 능력이 요구되는 관계로 어문계열이나 인문사회계열 전공자가 상대적으로 많지만, 특정 전공에 제한되지는 않는다.

(6) Media Planner

미디어 플래너는 광고를 집행하기 위한 매체를 기획하고, 선정한 매체를 구매하고 집행하는 매체 관련 업무를 담당하고 있다. 종합광고 대행사는 주로 매체 기획 업무와 매체 구매 업무를 분리하여 전담팀을 운영하고 있다. 광고 매체가 점점 세분화되고 새로운 형태의 매체가 지속적으로 등장하면서 주어진 광고 예산을 효율적으로 운영하는 미디어 플래너의 역할은 매우 중요하다. 미디어 플래너는 광고비와 직접적으로 연관된 업무를 담당하는 관계로 수리적인 능력이 요구되며, 다양한 매체를 폭넓게 파악하는 시각도 필요하다.

3) 광고 대행사의 업무 집행 과정

광고 대행사는 광고주로부터 선정이 되어야 특정 제품이나 서비스에 대한 광고를 집행할 수 있다. 일반적으로 광고주는 복수의 광고 대행사에 특정 제품이나 서비스에 대한 광고를 의뢰하고, 이에 동의한 광고 대행사가 일정 기간 동안 준비한 광고 전략이나 광고 제작물을 프레젠테이션 형식으로 광고주에게 평가를 받아 최종적으로 선정된 광고 대행사가 해당 제품이나 서비스의 광고를 제작하여 집행하는 과정을 거치게 된다. 〈그림 3.5〉에서는 이러한 과정을 3단계로 나타내고 있으며, 다음에는 각 단계에 대해서 구체적으로 소개하고자 한다.

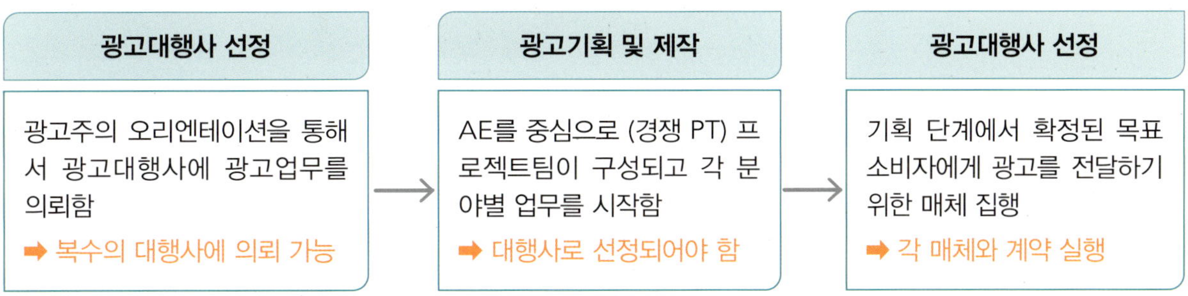

그림 3.5 광고의 집행 과정

1) 광고 대행사 선정

광고주는 자사의 제품이나 서비스에 대하여 최적의 솔루션을 제공할 수 있는 광고 대행사를 선정하여 광고를 의뢰한다. 이러한 목적을 위하여 광고주는 복수의 광고 대행사를 후보군으로 선정하고 각 광고 대행사에게 경쟁 PT (presentation)에 참여할 의사를 묻고 이에 동의하는 광고 대행사를 초청하여 경쟁 PT와 관련된 오리엔테이션(orientation)을 실시한다. 광고주가 진행하는 오리엔테이션에서는 해당 제품이나 서비스와 관련하여 현재 상황과 문제를 설명하고, 경쟁 PT 관련 일정이나 형식 등을 참여하는 모든 광고 대행사에 동일하게 전달한다. 한편 경쟁 PT에 참여하기로 결정한 광고 대행사에서는 담당 광고기획팀과 AE를 선정하고, 이들을 중심으로 광고제작팀과 매체 기획팀 등이 참여하며 경쟁 PT를 준비하는 전담팀이 구성된다. 경쟁 PT까지 주어진 기간 동안 광고 대행사의 전담팀에서는 광고주가 요구하는 양식과 형식에 맞춰 광고 기획안을 준비하고, 해당 날짜에 추첨으로 결정한 순서에 따라서 준비한 내용을 프레젠테이션 형식으로 발표한다(〈그림 3.6〉 참조). 모든 광고 대행사의 발표가 완료된 이후, 광고주는 바로 결과를 발표하고 최종 선정된 광고 대행사가 주어진 기간(주로 1년 단위 계약) 동안 광고 대행 업무를 맡게 된다.

그림 3.6 광고 대행사의 프레젠테이션

2) 광고 기획 및 제작

경쟁 PT에서 선정된 광고 대행사는 바로 해당 광고주를 위한 전담팀을 구성하며, 경쟁 PT에 참여했던 팀이 그대로 유지되면서 광고를 집행하게된다. 하지만 광고 대행사의 상황에 따라서 광고기획팀은 그대로 유지되면서 일부 담당자가 교체되는 경우도 있다. 광고 대행사에서 특정 광고주를 위한 전담팀이 최종 확정되면, 광고 업무를 시작하기 전에 광고주의 광고 담당자와 함께 워크샵 형식의 킥오프 미팅을 실시한다. 킥오프 미팅에서는 담당한 제품이나 서비스의 문제점과 목표를 파트너 차원에서 논의하고 향후 계획을 설정한다. 이후 담당 AE의 주도 아래, 각자 담당한 분야에서 광고 기획과 제작 업무가 시작된다. 일반적으로 광고 대행사의 분야별 업무는 동시에 진행이 되며, 주기적으로 회의를 통해서 결과물을 공유하면서 광고 목표와 광고 컨셉 등을 확정짓는다. 광고 컨셉이 확정되면 먼저 광고 시안을 제작하며, 이에 대해서 광고주 보고를 통해 승인을 받은 후 본격적으로 광고물 제작에 들어가게 된다.

3) 광고 매체 집행

광고물은 다양한 버전으로 완성되어 대행사 내부 심사와 광고주 및 소비자 사전 심사를 거쳐 실제 집행할 최종 광고물이 선정된다. 광고 대행사의 미디어 플래너는 광고주가 집행하고자하는 광고 예산의 범위 내에서 최적의 광고 매체 조합을 선정하여 기획 단계에서 확정된 목표 소비자를 대상으로 어느 정도의 효과를 거둘 수 있는지 추정한다. 이러한 매체 목표에 따라 매체 기획팀은 세부적인 매체 집행 계획을 설정한 후 각각의 광고 매체를 확보하여 제작한 광고물을 집행하게 된다.

한국 광고의 역사

1. 근대시기의 광고
2. 한국 광고대행사의 역사
3. 한국 미디어 발달사
4. 광고 전략의 시대적 변화
5. 시대에 따른 광고 표현의 특징
6. BTL 광고의 역사
7. 한국 광고의 새로운 역사

4

도입사례

대중들의 마음에 힐링을 선물하는 복고 트렌드–방탄소년단과 레트로

▶▶ 그룹 방탄소년단의 빌보드 싱글차트 '핫 100' 1위곡인 '다이너마이트'(Dynamite)만 봐도 레트로가 대새라는 느낌이다. 국내에서도 1970년대 말부터 1980년대 초반까지 전 세계를 강타했던 디스코 리듬의 신곡들이 쏟아지고 있다.

▶ 과거의 회상 'Retrospect'의 준말, 레트로

'Retro'(레트로)는 회상, 회고, 추억이라는 뜻의 'Retrospect'의 준말로, 과거의 기억을 그리워하며 그 시절로 돌아가려는 흐름을 말한다. 즉 '복고'라고 할 수 있는데, 사실 이러한 유행은 과거에도 있었다. 주로 패션 분야에서 하나의 트렌드로 주목을 받았는데, 그러던 것이 최근에는 다양한 분야에 걸쳐 레트로 열풍이 일고 있다. 사물인터넷(IoT)과 인공지능(AI) 등 디지털 전환(Digital Transformation)의 시대에 과거로 회귀하는 레트로 열풍은 참 아이러니하기도 하다.

▶ 전반적 문화현상, 복고풍이 대세

예전에 유행했던 '청청패션'의 데님 소재 스타일과 도트 무늬 등 패션 트렌드도 다시 인기를 끌고 있다. 뿐만 아니라 카세트테이프가 젊은층의 호기심을 끌고 있고, 게임업계도 추억 속 게임을 되살려 내는데 주력하고 있다. 이런 흐름은 대중문화와 패션 등 젊은층이 더욱 민감하게 반응하는 분야에 그치지 않는다. 식품, 유통, 제약 등 다양하게 확산되고 있다. 1970~80년대 추억의 옛 먹거리를 재포장하거나 약품 광고에 향수를 떠올리게 하는 옛 콘셉트를 적용하고 있다.

▶ 세계는 지금, 레트로 열풍

1970~80년대로 영역을 확장하고 있는 레트로는 세계적 열풍이라 해도 과언이 아닌 셈이다. 이달 말 개봉할 예정인 할리우드 블록버스터나 온라인 동영상 서비스 플랫폼(OTT) 넷플릭스도 1970년대, 1980년대 시대를 배경으로 하는 작품을 대거 준비하면서 레트로 물결에 합류하고 있다.

▶ 레트로 트렌드가 지속되는 이유

여러 가지 이유가 있을 것이다. 하지만 특히 최근 코로나19의 세계적 대유행과 경기 침체 등 현실에 힘겨워하는 많은 이들이 과거 유행했던 콘텐츠와 스타일을 그리워하기 때문이라는 전문가들의 의견이 많다. 레트로를 통해서 향수를 불러일으키고자 하는 욕구가 작용한다는 의미다. 또한 유튜브 등을 통해 젊은층이 과거 콘텐츠를 접할 수 있는 통로가 많아지면서 자연스럽게 레트로를 보다 쉽게 받아들인다는 의견도 적지 않다.

▶ 바쁘고 빠른 문화에 지친 현대인들의 과거의 향수

바쁜 현대인들이 빠른 문화 트렌드에 피로감을 느껴 오히려 과거로 역행하는 소비심리라는 해석도 있다. 교통의 발달은 공간적 개념의 향수 즉 고향을 그리워하는 마음을 해소시켰다. 그러나 과거로 돌아갈 수는 없기에 시간적 개념의 향수는 해소할 수 없었고, 이를 대중문화를 통해 간접적으로 해소하고 있다는 의견도 있다. 레트로에는 이처럼 시공간 측면에서 과거의 추억이라는 공통분모가 있다. 한 설문조사 결과를 보면 응답자의 약 90%가 '과거로 돌아가고 싶다'라고 했다. 돌아가고 싶은 시절로는 55.8%를 획득한 고등학교 시절로 나왔다.

▶ **대중들의 마음에 힐링을 선물하는 복고 트렌드**

'복고 트렌드는 60년대에서 7 · 80년대, 최근의 90년대까지 복고의 대상을 달리하며 대중들의 마음에 힐링을 주는 것 같다. LG경제연구원에 의하면 복고 코드와 문화 상품의 결합은 효과적인 복고의 활용 방식이다. 영화, 드라마, 뮤지컬 등의 문화상품은 그 시대의 가치관, 주거, 거리, 음식 등 다양한 측면에서 자세한 시대 재현이 가능하기 때문이다. 한편 마케팅에서도 레트로의 인기를 실감할 수 있다. 1970~1980년대 디자인을 복원해 재출시한 한 주류상품은 레트로의 열풍과 함께 2030세대를 열광케 하며 13개월만에 3억 병 이상이 팔리기도 했다.

▶ **레트로에 가장 열광하는 세대의 특징**

이들은 가족 중심적 가치관을 가지고 있으면서도 개인적인 즐거움을 추구하는 사람들이다. 아날로그적인 감성을 가지고 있으면서도 디지털 기기에도 익숙한 세대라고 할 수 있다. 이들은 일을 우선 시하는 특성과 동시에 여가에 대한 요구가 높은 특성을 가진 세대이다.

▶ **뉴시니어와 엑티브시니어**

전문적인 자원봉사, 자신의 취향에 맞는 문화예술 및 교양강좌 참여, 젊은 세대의 취미 습득 등 새로운 실버문화를 형성하고 있는 세대로 평가받고 있다. 최근 자신의 경제력을 기반으로 은퇴 후 하고 싶은 일에 도전하는 이들이 많은 세대라고 할 수 있다. '뉴시니어'라고 하기도 하고 엑티브시니어라고도 한다. 여러 가지 레트로 문화상품중에서 '추억의 수학여행'이 이들의 기호와 취향, 특성을 파악하고 이를 반영하여 탄생한 상품이다. 코로나19 이전에는 꽤 인기였다.

▶ **교복을 통해 소환되는 노스탤지어**

1970년대 중 · 고등학교를 다녔던 소위 '교복 세대'를 겨냥한 것 같다. 추억 여행에 등장하는 교복이란 이들이 입었던 교복 획일화 시대 교복을 다시 입어봄으로써 향수를 일으키는 것이다. 옛 교복은 이들의 학창시절을 소환하는 가장 빠르고 강력한 수단이다. 교복을 통해 소환되는 중 · 고등학교 학창시절에 대한 노스탤지어(Nostalgia)가 추억여행의 핵심이었다.

▶ **'노스탤지어'의 정의**

nostalgia(노스탤지어)는 향수를 의미한다. 과거에 대한 동경, 회고의 정을 뜻한다. 1688년 오스트리아의 의학도 요하네스 호퍼(Johannes Hofer, 1669~1752)가 산 속에 주둔한 스위스 용병들의 고향에 대한 그리움을 묘사하기 위해 그리스어 nostos (return)와 algos (pain)를 합쳐 만든 말이다.

▶ **코로나블루를 이기는 뉴트로**

요즘 많은 이들이 코로나 이전의 소중한 일상을 그리워한다. 우리는 최근 우리가 지금껏 경험해보지 못 한 세상에 살고 있다. 막연한 미래에 대한 불안과 현재의 불황에 지친 사람들이 아날로그와 인간미가 느껴지는 '레트로'에 빠져 '새로움(New)과 복고(Retro)를 합친 신조어인 '뉴트로'를 즐기고 있다. 비록 사람들과 물적인 거리는 멀어진 요즘이지만 따뜻한 음성이 담긴 전화 한통으로 마음의 거리를 좁혀보는 하루를 만들어보자!

출처: 한경닷컴, 박영실 칼럼, 2020. 9. 15. ■

▶▶

1. 근대시기의 광고

1) 광고의 출현

광고는 초기에 주로 간판에서 시작되었다. 이렇게 정의해 보면 고려시대에서도 광고라는 것을 살펴볼 수 있다. 그렇지만 근대적 의미에서 광고라는 낱말이 기록에 나타난 것은 〈한성순보〉 제3호(1883.11.20)에 나온 '회사설'이라는 기사이다. 이 기사에서는 '처음으로 회사를 설립하고자 하는 자는 주지를 세상 사람들에게 광고하여 동지를 얻는다'라는 부분이 나온다. 일반적으로 한국 최초의 근대광고가 게재된 것은 1886년 2월 22일자 제4호 〈한성주보〉에 실린 '덕상 세창양행 고백'이라는 24줄 광고였다.

재미난 것은 광고라는 말을 사용한 광고를 맨 먼저 낸 것은 일본상인이었다. 1886년 6월 28일(22호) 〈한성주보〉에 오사카의 야마자키 쇼지로의 염색에 관한 책 광고와 인천, 부산, 원산에서 장사하던 하마다 상점의 광고에 광고란 말이 사용되었다고 한다. 이와 같이 된 배경에는 1876년 한 · 일 수교조약이 체결된 후 미국, 영국, 러시아, 독일 등 서구 여러 나라와 수교를 맺으면서 변화가 있었고 1880년대 초에 이르러 일본상인, 독일상인, 영국상인 등의 회사가 인천항에 진출하면서 무역량의 증가가 있었다.

2) 광고의 정착(성숙)

〈독립신문〉에 1896년 4월 7일에 많은 광고가 국 · 영문으로 게재되었다. 1896년부터 1899년 까지 〈독립신문〉과 〈황성신문〉에 총지면에 광고 비율이 10~14% 정도 였고 상품광고는 주로 약품과 책이었다. 이 때에 광고수입이 전체수입에서 차지하는 비율은 11%정도였다. 국.영문 신문을 따로 발행한 1897년의 경우 국문판을 보면, 아직 광고는 미미했다. 그러나 영문판에는 광고가 상당한 지면을 차지하고 있었다.

1896년 4월 〈독립신문〉의 창간부터 1910년 한일합방까지 15년간은 한국근대광고가 몇 가지 면에서 정착한 시기였다. 첫째, 〈황성신문〉, 〈제국신문〉, 〈독립신문〉, 〈대한매일신보〉 등 민간신문들이 생겼다. 국문뿐만 아니라 영문에서도 광고를 실을 수 있었다. 두번째, 서구식 신문광고 요금제도가 도입되었다. 이것은 여러 신문에 발표된 광고요금표에서 나타나고 있다. 세번째, 광고대행업이 생겼다. 한성광고사는 1910년 7월부터 대한매일신보에 여러 차례 광고를 냈다. 그리고 이 광고대행사가 광고를 대행한다는 광고를 낸 적도 있다. 네번째, 청심보명단광고에서 전문적 광고카피가 등장하고 로고타입, 레이아웃, 스페이스 이용 등 제작수준도 높았다. 다섯째, 1910년에 통신판매제도가 있었다. 1910년 2월 16일자 〈대한매일신보〉에 나타났다. 여섯째, 신문 뿐만 아니라 잡지, 전차, 옥상간판, 신문전단 등 다양한 매체가 이용되었다(신인섭, 서범석, 1998).

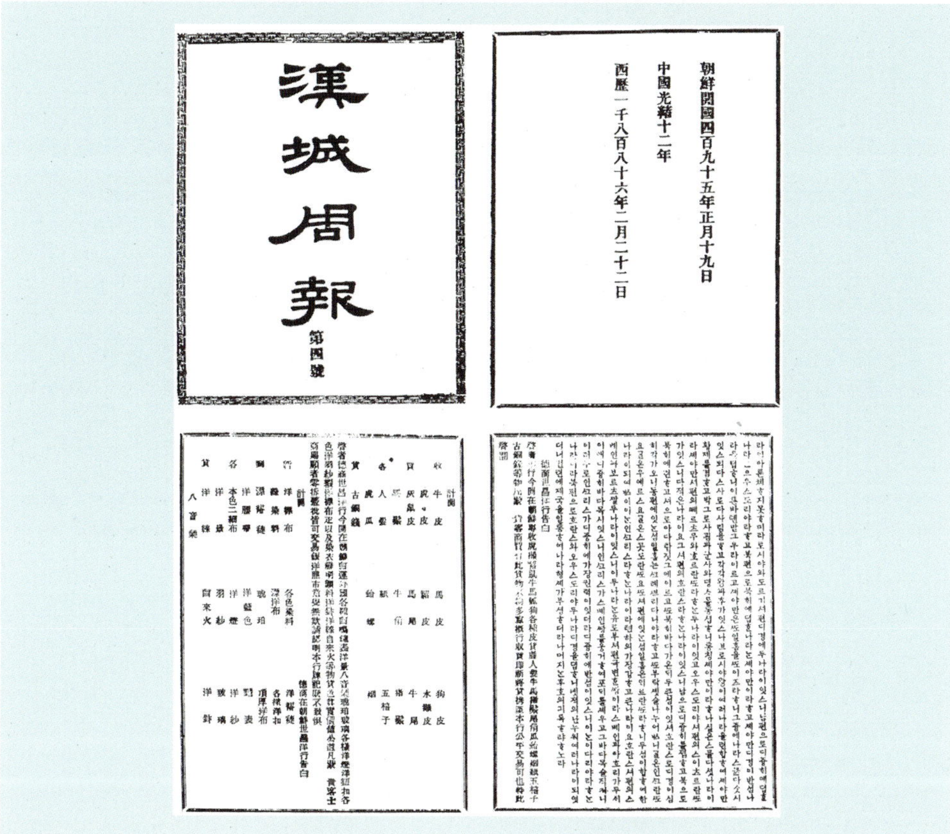
漢城周報
第四號

朝鮮開國四百九十五年正月十九日
中國光緖十二年
西曆一千八百八十六年二月二十二日

그림 4.1 독일의 상사 세창양행 광고가 실린 《한성주보》 제4호(1886.2.22). 표지, 연도표시

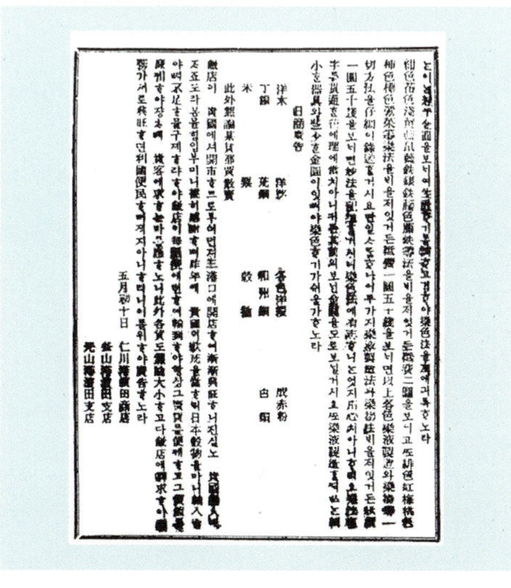

그림 4.2 《한성주보》 제22호(1886.6.28)에 실린 일본 하마다 상점 광고

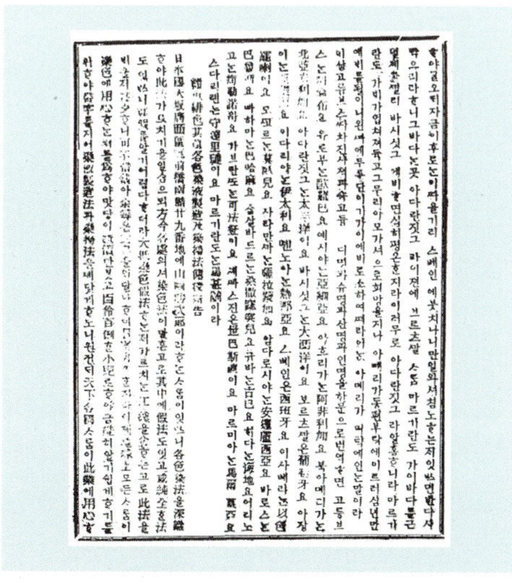

그림 4.3 《한성주보》 제22호(1886.6.28)에 실린 일본 오사카의 염색서적 광고

독닙신문

그림 4.4 《독립신문》 창간호(1896.4.7) 표지

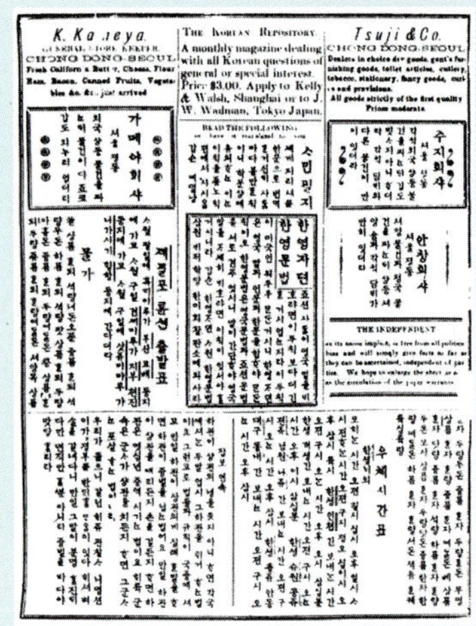

그림 4.5 《독립신문》 창간호 제 3면의 광고

Vol. 2 No. I

THE INDEPENDENT.

AN EXPONENT OF KOREAN NEWS, POLITICS, COMMERCE, LITERATURE, EDUCATION, RELIGION AND PROGRESS.

SEOUL, KOREA, TUESDAY, JANUARY 5TH, 1897.

J. GAILLARD JEUNE.

Chemulpo, Korea.

Prices very moderate.

J. Giacinti,

TELEGRAMS.

QUININE! QUININE!

E. MEYER, & Co.

CHEMULPO.

그림 4.6 《독립신문》 영문판인 The Independent 첫 호(1887.1.5)표지. 3단 중 1단에 광고료 표시가 있고 광고도 실려있다.

3) 광고의 성장(변화)

1920년 봄에 〈조선일보〉, 〈동아일보〉 두 신문이 창간되었다. 이 시대는 광고의 중요성은 크지 않았으나 광고성장이 있었다. 1926년 11월 3일 〈동아일보〉는 '광고도안 현상투표'를 발표했다. 이것은 한국 최초의 광고상과 관련된 내용이었다. 1921년 3월 1일 부터는 현재

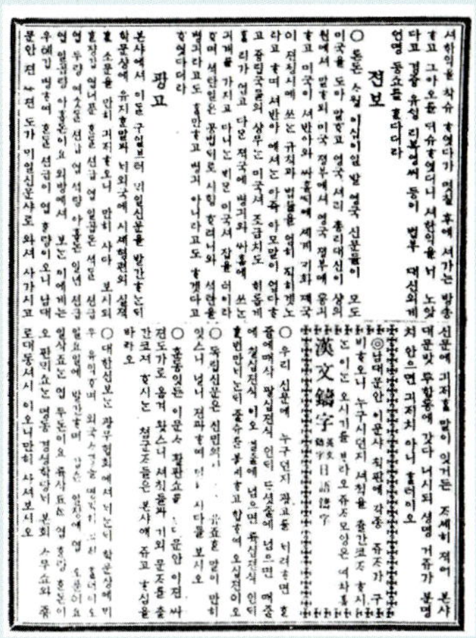

그림 4.7 《매일신문》(1898.4.28)에 실린 이문사 광고가 테두리 안에 있고, 뒤이어 광고료가 나와있다.

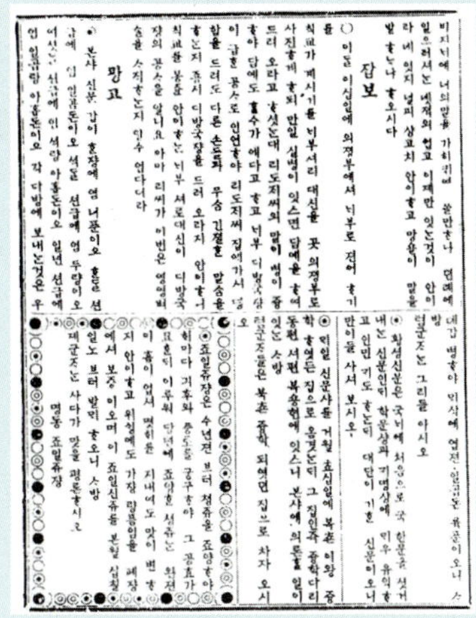

그림 4.8 《매일신문》(1898.11.22)에 실린 조일주장 광고(오른쪽)

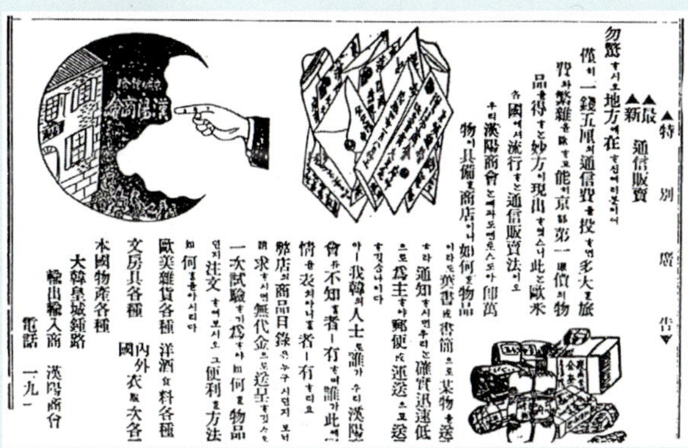

그림 4.9 한성상회의 통신판매 광고(《대한매일신보》 1910.2.16)

의 안내광고란을 두게 되었다. '소개란'이라고 되어 있었고 현재 안내광고와 같은 체제를 갖추고 있었다.

이 때에 광고표현을 살펴보면 다음과 같다. 〈조선일보〉와 〈동아일보〉는 1면이 12단으로 되어 있었다. 매일 4면을 발행하면서 제1면에 6~7단, 2면에 2~3단, 3면에 3~4단, 4면에 6단의 광고가 게재되었다. 1925년에 이르러 활자로만 된 광고가 많았으나 일러스트레이션, 로고타입, 사진을 쓴 광고도 늘어났다.

이 당시 일본광고도 늘어났는데, 이는 한국시장을 타켓으로 한 광고여서 광고의 한국화를 꾀하기도 했다. 광고카피는 일반적으로 세로로 된 것이 많았으나 가로로 쓴 광고도 있었고 오른쪽에서 왼쪽으로 쓰는 경우가 많았다.

1920년대 초에 한국 광고의 특징은 조선매약주식회사, 화평당약방의 광고 캠페인에서 잘 나타난다. 두 약회사의 광고표현은 다양성, 기동성, 창의성에서 두드러졌다. 이 밖에 증언광고 기법이 쓰였다. 1930년대에 약이 아닌 영업광고를 낸 회사는 화신백화점이다. 1937년 12월 1일자 전국연쇄점 연말대매출광고에서는 전면광고에 대담한 일러스트레이션과 독특한 레터링을 활용하였다. 그리고 신문지면이 늘어나면서 1일 발행 12면에 이르렀다. 그래서 광고는 양적으로 늘어나게 되면서 질적인 향상도 보였다. 선화(Line Drawing) 방식이 많이 쓰였다.

1937년 중일전쟁이 있은 후에 1941년 일본의 진주만 공격으로 태평양전쟁이 시작되면서 1940년에는 〈조선일보〉, 〈동아일보〉가 폐간되고 〈매일신보〉만이 국문, 총독부 기관지로 남게되었다. 이 때에 가장 주요한 대중매체인 신문면수도 급격히 줄어들면서 1945년에는 타블로이드 2면에 몇몇 광고가 남게 되었다.

4) 1950년대–1960년대

일간신문이 8면이 된 것은 1958년부터였다. 이 시기에 '한국광고사' 라는 광고대행사가 나타났고, 1960년에는 《새광고》라는 월간 광고전문지가 발행되었다. 민간 통신사인 '합동통신' 안에 광고기획실이 생겨 광고대행을 시작하였고, 《합동광고(合同廣告)》란 월간지를 냈으며, 해방 후 처음으로 본격적인 광고량 조사를 실시하였다. 그 결과가 1968년에 처음으로 한국의 광고량이 국제광고협회의 세계 광고비 조사보고서에 소개되었다. 그 외에 국제광고협회(IAA) 한국지부창립, 광고대행사인 만보사 출범, 코카콜라, 펩시콜라의 한국 진출, 일본의 TV · 라디오 광고상 ACC의 국내소개, 세계적인 광고상 클리오(CLIO) 소개, 광고 세미나 개최, 신문의 컬러 인쇄, 광고인의 국제광고회의 참석, 경인고속도로 완공과 야립간판(野立看板)의 출현, 신문잡지 구독 실태조사 등 여러 측면에서 다양한 변화가 있었다.

5) 1970년대–1980년대

1970년대에는 한국경제의 성장과 함께 광고계도 규모와 내용면에서 엄청난 발전을 하였다. 1971년에는 한국광고협의회가 창설되었고, 1974년까지는 3개의 대형 광고대행사와 5개의 광고상이 생겼으며, 광고에 대한 연구도 활발해졌다. 또한 광고대행사가 본격적으로 사업을 하는 시대가 되었다. 1970년대 후반부터는 한국이 게재하는 국제광고비가 연간 수백만 달러가 되었다. 1976년부터는 대한항공이 미국의 광고대행사에 광고를 대행시키게 됨으로써 한국광고계가 양적인 성장을 이루었다.

1980년 5공화국이 들어들면서 미디어에 있어 많은 변화가 있었다. 1980년 12월 언론이 통폐합 되었고 KBS가 공영화 되면서 한국의 방송광고는 큰 변화를 겪었다. 공영화된 KBS가 유럽 방식인 블록(bloc) 광고를 하였다. 이는 미국과 다른 방식이었다. 신문은 하루 12면으로 늘어났다. 한국방송광고공사라는 정부기관이 방송광고 판매를 독점하고 광고대행 위탁권을 갖게 되었다. 이것이 2009년까지 지속되고 있다. 1987년 언론기본법 폐기에 따라 일간신문을 포함한 정기간행물의 수는 급격히 증가했고, 일간지 발행면수도 늘어났다. 광고시장도 1987년부터 외국에 부분개방, 1991년에 완전개방에 이르렀다.

2. 한국 광고대행사의 역사

1) 광고대행사의 출현

근대적 의미에서 최초의 광고대행사는 1910년에 설립된 '한성광고사'이다. 그 후 1967년 합동통신사 광고기획실이 설치 되었고 1969년에 만보사가 설립되었다. 이 때부터 실질적인 광고대행업이 시작되었다고 볼 수 있겠다.

2) 광고주 계열 대행사

1970년에 접어 들면서 흔히 '인하우스(In-house) 에이전시'로 불리우는 대기업계열 대행사가 설립되었다. 1973년에 삼성그룹의 제일기획이 설립되었고 1979년 두산그룹의 오리콤, 1982년에 롯데그룹의 대홍기획, 1983년에 현대그룹의 금강기획, 1984년에 엘지그룹의 엘지애드가 만들어졌다.

이 때에 광고주 계열 대행사가 많이 나타나게 된 이유는 1981년 광고대행사의 광고대행에 관한 규칙에서 살펴볼 수 있다. 이 규칙은 총 매출액 100억원 이상, 연간 50억 이상의 방송광고 대행실적, 30개 이상의 광고주 확보를 방송광고 대행사의 인정기준으로 두고 있었다. 따라서 광고주 계열 대행사가 나타날 수 밖에 없었다. 1980년대 초반에는 제일기획과 오리콤이 국내 광고대행사업을 주도하고 1990년대에는 제일기획, 엘지애드가 선두를 유지하고 있었고 국내광고가 외국에 개방이 되면서 외국광고대행사가 등장하였다. 맥켄에릭슨, FCB한인, 제일 보젤 등이 경쟁하고 있었다. 그 후 독립광고대행사도 많이 만들어지면서 한국광고시장은 세계10대 광고시장에 진입할 정도로 양적 성장을 이루었다.

2000년대에 들어서면서 TBWA가 SK텔레콤를 광고주로 영입하면서 가장 큰 성장세에 있었다. 현재는 제일기획(삼성), 이노션(현대자동차), 대홍기획(롯데), HS애드(LG) 등이 10위권을 유지하면서 다시 광고주 계열 대행사가 성장세에 있다.

3) 현대적 종합대행사(외국대행사 진출)

현대적 종합대행사는 외국대행사가 진출하면서 지금의 체제를 갖추게 되었다. 광고의 과학화가 체계를 갖추게 되었으며 인적 구성에서도 효율성을 강조하여 전보다 적은 인원으로 많은 효과를 가져오도록 하고 있다. 한편 1인당 빌링을 토대로 인적자원을 평가하여 더욱더 경쟁적인 체제로 바뀌어 가고 있다.

1990년대 광고시장 개방 이후 2000년대에 국내에 진출한 외국광고 회사의 점유율이 높았었다. 외국계 광고회사의 2000년 현황을 살펴보면 맥켄에릭슨이 매체 전문회사인 유니버설 맥켄을 설립하고, DDB와 대홍기획, LEE & Partners가 LEE & DDB를 설립하였으며, 제휴형태로 진출했던 Grey사도 단독 진출하여 Grey월드와이드 코리아를 설립하였고 2000년 12월에는 서울광고기획이 서울다씨로, 동방커뮤니케이션즈가 지분양도로 BBDO 동방으로 사명을 각각 변경하는 등 기존 광고회사에 대한 지분확장 및 중견 광고회사의 지분을 인수하였다(조병량 & 한상필, 2001). 2001년에는 일본 1위의 광고회사인 '덴츠'와 '인터내셔널 큐'가 합작하여 '덴츠이노벡'이 탄생하였으며, 외국계 회사인 'JWT코리아'와 국내의 '애드벤처월드와이드'가 합병하여 'WPPMC코리아'가 만들어져 약 20개의 다국적 광고회사가 지분양도 및 합작투자 혹은 단독투자의 형태로 국내에 활동하였다(광고계동향, 2002).

2001년의 외국 광고회사의 성장세를 본다면 TBWA가 2000년도 48.9%에 이어 2001년에도 40.1% 성장하였고 그 외에도 다이아몬드베이츠(12.2%), 덴쯔영앤드루비컴 코리아(37.5%), 리앤디디비(3.8), 퍼블리시스 웰콤(39.6%) 등이 성장세를 나타내었다. 2002년의 경우, 휘닉스 커뮤니케이션(52.9%), 덴츠이노백(97.2%), TBWA(38.2%), 하쿠오도 제일(35.2%), 유로넥스트(33.8%), BBDO동방(31.5%) 등이 성장세를 나타내었다(광고계 동향, 2003).

2003년 2월의 방송광고비를 광고회사별로 살펴보면 상위 10대 광고회사 중 외국계 광고회사는 TBWA코리아(3위), 금강기획(5위), 웰콤(6위), 휘니스커뮤니케이션(7위), BBDO코리아(8위), JWT애드밴처(9위), 코래드(10위) 등 7개사에 이르고 있다. 이들 외국계 광고회사들은 다국적 광고주를 안정적으로 확보하고 있는 실정이다(광고정보, 2003).

2009년에는 그레이월드와이드코리아, 금강오길비, 레오버넷, 리엔디디비, 맥켄에릭슨, 비비디오코리아, 웰콤, 유로넥스트, 제이더브유티어드벤처, 하코호도제일, 휘닉스커뮤니케이션, TBWA 등이 남아있게 되었다.

2021년 현재는 외국계 광고대행사는 몇몇 미디어 대행사와 소규모 전문 대행사를 제외하면 거의 한국 시장에서 철수한 실정이다. 과거 WPP에 매각되었던 HS애드(기존 LG애드)도 다시 LG그룹 계열사로 편입되었다.

4) 광고전문 대행사로서 업무확장, 변화

1990년대 접어 들면서 국내 광고대행사도 업무영역이 확장되어 갔다. 마케팅 분야에서 IMC개념이 도입되면서 기업들은 광고중심에서 다양한 커뮤니케이션 도구들의 통합적 운영으로 전환되기 시작하였다. 이를 계기로 광고대행사는 판매촉진활동을 기획하는 전담부서나 팀을 구성하여 서비스를 하기 시작했다. 광고와 연계된 판매촉진활동을 통해 광고의 효과를 배가시키는 역할을 하고자 하였다. 그리고 광고대행사는 이벤트나 스포츠 사업에도 참여하기 시작했다. 올림픽, 엑스포 등 이벤트를 기획하고 진행하였다. 이 밖에도 박람회, 컨벤션 이벤트, 지역 이벤트, 스포츠 이벤트 등에 참여하였다.

그 외 오디오 소프트사업, 홈 비디오 사업 등에도 참여하고 있다. 외국에서 프로그램 수입도 하였다. 방송국 프로그램의 타이틀제작에도 참여하여 광고대행사의 잇점을 십분 발휘했다. 음반사업에도 진출하였다. 오리콤이 〈For M〉이라는 상표로 음반시장에 참여한 바 있다. 제일기획도 따로 사업부서를 두고 기획한 바 있다. 그 밖에 살펴보면 캐릭터사업에도 진출하고 있다. 캐릭터와 브랜드 인지도를 연관시킬 수 있기 때문에 이 사업에도 적극적이었다.

최근에는 오디오사업, 음반사업 등 몇 가지는 사업분야에서 제외되었고 또 다른 방향으로의 전환을 꾀하고 있다. 한국 광고시장의 1위인 제일기획의 경우 '제3기획'이라는 온라인 쇼핑몰을 운영하고 있다. 또한 패션, 뷰티, 정보기술(IT) 제품 등을 취급하는 전자상거래 플랫폼인 '겟트(GETTT)'를 오픈하였다. 다른 쇼핑몰과의 차별점은 입고, 사용해 보고 구매할 수 있는 대여(렌털) 서비스라는 점이다. 대홍기획은 모바일 쿠폰 서비스인 '기프티엘 비즈' 사업을 운영하고 있다. 상암 커뮤니케이션의 경우 온라인 기프숍인 '이거바다'를 운영하고 있다.

3. 한국 미디어 발달사

1) 미디어의 등장

1886년 한성주보에 세창양행광고가 실린 이후 독립신문, 매일신문, 제국신문, 황성신문, 대한매일신보 등 민간신문이 생겨났다. 1910년 한일합방이후 매일신보만이 총독부기관지로 남게 되었다. 조선일보와 동아일보는 1920년 창간되었다가 폐간되었다. 1945년 해방이후 동아일보와 조선일보가 복간되었다. 1954년 한국일보가 창간되었고 1965년에는 중앙일보가 창간되었다.

1956년에는 HLKZ-TV가 민간 상업방송으로 창립되었으나, 오래 계속되지 못하였다.

1959년에는 부산 MBC 라디오 방송이 시작되었고, 1963년에는 국영인 KBS가 광고방송을 시작하였다. 뒤이어 동양방송 · 동아방송국이 창설되어서 이른바, 4매체가 갖추어졌다.

2) 전통 미디어의 변화

1950년대에 신문들이 창간되었다. 1980년 언론통폐합이후 미디어에 대한 변화들이 있었다. 신문사의 경우 11개가 통폐합되어 21개사가 새로이 시작되었다. 1987년 6공화국이 들어서면서 신문양이 대폭적으로 증면되게 된다. 16면에서 32면, 40면까지 증가하게 되었다. 그 후 1988년 65개, 1989년 70개, 1992년에는 100개를 넘게 되었다. 정기간행물의 수도 1987년 말 2,412개에서 1995년는 9,729개로 4배나 늘게 되었다. 잡지의 경우는 창간들이 많이 되어 1990년대에는 전문화된 잡지가 탄생하게 된다. 시사지, 경제지, 여성지, 레저 등 많은 잡지들이 창간되었다. 1991년의 〈뉴스위크〉, 〈엘르〉, 〈마리끌레르〉, 〈피가로〉 등 외국잡지가 라이선스로 발행되었다.

현재로는 방송의 경우 TV 방송국은 KBS, KBS-2, MBC, SBS, EBS 가 있으며 지역민방은 PCB, TBC, KBC, TJB, JTV, UBC, ITV 등 8개 방송국이 있다. 라디오방송국은 KBS-2, MBC (AM, FM), SBS (AM, FM), 지역민방(PBS-FM, TBC-FM, TJB-FM, KFM) 그리고 종교방송국(CBS AM, FM, PBC, BBS, FEBC, WBS) 등이 있다.

신문매체는 일간지, 경제지, 스포츠지, 지방지, 소년지, 영자지, 기타로 나뉘고 있고 대표적인 신문으로는 조선, 중앙, 동아, 경향, 한겨레, 매일경제, 일간스포츠, 부산, 매일 등이 있다. 잡지는 2000년을 기준으로 한다면 정기간행물 등록숫자가 7000여개가 넘고 있다. 시사, 종합교양지, 전문지, 스포츠, 학생지, 문예, 여성종합교양지로 분류된다.

3) 뉴미디어의 변화

1995년 이후 우리나라는 케이블방송이 시작되면서 소위 뉴미디어시대에 들어서게 된다. 케이블방송은 다채널 방송구조로 되어 있고 기존 공중파 방송과 비교해보면 다음과 같은 특징을 가진다. 다채널이라는 것과 세분화된 시청자층을 대상으로 한다는 점과 양방향서비스가 가능하다는 점 등이다. 현재 케이블방송의 시청률이 기존 공중파방송과 비교하여 높아지고 있기 때문에 경쟁이 더 심화되고 있다.

그 후 위성방송이 시작되었다. 다양화된 채널들이 생겨났다. 영화, 드라마, 스포츠, 코미디 등 채널들이 생겨나 새로운 소비자 욕구를 충족시키게 되었다. 90년대 후반부터 시작된 인터넷광고는 현재 검색광고를 거쳐 모바일 광고로 진화하고 있다. 과거에는 배너광고를 중심으로 발전되어 왔지만 지금은 인터넷 동영상광고를 비롯 새로운 포맷의 인터넷광고가 등장하고 있다.

2008년에는 지상파DMB, 위성DMB등이 생겨나 빠르게 새로운 미디어를 도입하였다. 마찬가지로 IPTV상용화가 시작되어 소비자가 방송물을 실시간으로 보지 않더라고 아무 시간대에 볼 수 있는 시대가 되었다. 이와 같이 뉴미디어의 시작으로 소비자에게 변화가 생겼다. 집에 머무르는 시간이 적어지고 야외에서 활동하는 시간이 많아짐으로써 뉴미디어는 이러한 변화에 적합한 매체로써 이용되고 있다.

2008년 11월에 시작된 IPTV는 기존 초고속 인터넷 망을 기반으로 고선명(HD) 동영상 서비스를 각 가정의 TV와 연결하는 서비스 및 장비를 말하는 것으로 방송 전파가 아닌 인터넷 프로토콜을 이용하여 인터넷 방송처럼 스트리밍 방식의 방송 프로그램을 시청하도록 한다. 이것은 기존의 아날로그 시대의 단 방향적 방송이 갖는 시공간적 제약을 붕괴시킨 새로운 개념의 미디어인 것이다(안종배, 2006).

방송과 통신이 융합된 뉴미디어의 등장으로 새로운 포맷의 인터액티브광고가 가능해졌다는 것이 중요하다. 이러한 뉴미디어는 DMB, IPTV, Mobile 등으로 양방향성을 갖추고 있다. 양방향에 따라 송신자와 수신자 사이에 즉각적인 피드백(feedback)이 가능하게 하며, 이용의 다양성(diversity)이 있게 되었다(변상규, 여재현, 2004). 또한 디지털화 되면서 새로운 형태의 광고효과측정이 가능해졌다. 양방향성에 기초한 인터랙티브 광고는 현재의 광고와는 많은 차이점을 가지고 있다. 방송광고는 현재 짧은 15초 안에 광고주의 메시지를 담기 때문에 간단한 이미지와 슬로건으로 끝날 수밖에 없었다. 그렇지만 디지털 방송의 등장으로 기존의 광고에 양방향 아이콘을 연결함으로 광고주는 더 긴 광고를 제공할 수 있게 되었다. 그리고 소비자의 입장에서도 인터랙티브 광고로 제공되는 정보를 계속 볼 것인지, 혹은 보다 상세한 정보를 볼 것인지, 보지 않을 것인지를 선택할 수 있게 되었다. 이것은 새로운 패러다임의 광고시대가 도래함을 의미한다.

4. 광고 전략의 시대적 변화

한국의 광고는 광고전략 수립과 광고주 서비스라는 관점에 있어 여러 가지 변화를 겪어 왔다. 이러한 변화의 시기를 연도별로 정확히 구분한다는 것은 가능하지도 않고 큰 의미를 지니기도 어렵지만 한국 사회에서 광고 출현과 성장, 발전의 단계를 거치면서 광고대행사가 정착을 한 시기 이후 어떠한 변화가 있어 왔는지에 대해 하나의 연결된 스펙트럼으로 바라보는 것은 의미 있는 일이라 생각된다. 한국의 광고 서비스는 크게 마케팅 위주의 시대, 기획 위주의 시대, 매체 위주의 시대로 구분할 수 있겠다. 각각의 시대별 흐름을 파악하고 특성을 알아보면 현재의 관점에서 미래 변화를 예측하는 데에 도움을 줄 수 있다.

1) 기획 위주의 시대

1980년대는 언론 통폐합이라는 미디어 시장의 변화와 함께 한국의 광고 산업도 많은 변화를 경험한 시기이다. 여러 가지 정치적 변화에도 광고산업은 성장을 계속하였고 새로운 접근도 많이 시도되었다. 이 당시를 정치 경제적으로 다양하게 표현할 수 있지만 한국의 광고 역사의 관점으로는 기획 위주의 시대라고 평가할 수 있다. 지금도 광고인들 사이에 종종 회자되는 AE는 '광고의 꽃'이라는 표현은 기획이 광고제작에서 중요한 역할을 하게 되면서 나온 표현의 대표적인 사례이다. 광고의 수주와 제작, 집행의 모든 단계에서 AE의 역할은 절대적이었으며 실적부서로서 매출에 대한 책임도 AE가 소속된 기획팀이 지는 경우가 대부분이었다. 그에 따른 책임도 막중하였지만 광고대행사 내에서의 위상은 최고였다. 따라서 이 당시 광고관련 학과 졸업생들에게 있어 광고를 평생을 업으로 하고자 하는 학생들은 광고대행사에 입사하면 AE직종을 택하는 것을 당연하게 생각하였다. 지금도 AE는 광고주와의 커뮤니케이션에 있어 핵심에 위치하고 사내에서 업무 조정의 주축이 되고 있는 등 AE의 역할이 중요하긴 하지만 제작 및 매체, 마케팅, BTL, 뉴미디어 등 그 동안 지원 부서로만 인식되었던 여타 직종의 역할이 상대적으로 중요해지면서 AE의 역할이 이전만큼의 위상이라고 평가하기에는 무리가 있다. 대행사에 따라서는 기획서를 AP (account planner)가 작성하고 제작은 크리에이티브팀이 담당하고 AE는 최종 제작물을 광고주에게 전달하는 역할만 하는 경우도 있기 때문이다.

2) 마케팅 위주의 시대

광고 산업이 안정적으로 정착하면서 AE가 모든 업무의 핵심으로 활동하던 기획 위주의 시대를 지나 1990년대는 마케팅의 시대라고 할 수 있다. 광고 산업이 발전되고 고도화되면서 광고에 있어 마케팅적인 접근이 중요하게 인식되어 각 대행사들이 마케팅 관련 팀을 설치하고 광고주에 대한 서비스를 정교화시켜 나가던 시점이었다. 외국의 다양한 이론들을 접목하고 단순히 임팩트있는 메시지 제작에서 벗어나 좀더 효과적이고 전략적인 광고 제작의 기틀을 다진 시기라고 할 수 있다. 대행사에 따라서 마케팅 연구소라던지 브랜드 전략 연구소 등을 설치하여 광고 제작에 있어 마케팅과 브랜드적인 접근을 구체화한 시기라고 할 수 있다.

3) 매체 위주의 시대

역사적으로 광고에 있어 최종 제작물이 집행되는 매체가 중요하지 않은 시기는 없었지만 특히 2000년 들어 매체의 중요성은 더욱 부각되고 있다. 이는 미디어 시장이 복잡화되면서 다양하고 새로운 매체가 시장에 진출한 것이 가장 큰 이유가 된다. 광고주의 요구가 까다

로워지고 매체가 다양해지면서 효과적인 매체 기획을 위해서는 더욱 전문적인 매체 부문의 역할이 요구되기 때문이다. 또한 기존 미디어의 경우도 그 동안은 구매하기 어려운 지면이나 시간을 인간관계와 영업을 통해 확보하던 시대가 지나갔다는 것과도 무관하지 않다. 예전에는 조선일보, 중앙일보, 동아일보로 대표되는 중앙일간지의 경우 1면 혹은 마지막 면의 경우 광고주의 요구로 집행하려면 지면 확보를 위한 매체 구매자의 노력이 많이 요구되었지만 시대가 변화면서 비즈니스의 주도권은 구매자 입장인 광고대행사로 넘어간 것이 현실이다. 지상파 TV의 경우도 드라마와 9시 뉴스와 같은 SA급 시간은 다른 시간을 동시에 구매해야만 일정을 잡을 수 있는 등 집행에 제약이 많았지만 여러 외부적인 환경의 변화와 대안 미디어의 성장으로 매체 집행의 주도권은 광고대행사 특히 매체 구매자로 이동한 것이 현실이다. 앞으로 IPTV 등 더욱 많은 미디어가 시장에 등장하고 보다 전문적인 능력이 요구되는 매체 현실에서 광고에 있어 매체의 역할은 더욱 중요해질 것으로 보인다.

특히 한국방송광고진흥공사(KOBACO)가 미디어 렙으로서의 독점적인 지위를 잃고 미디어 렙 시장이 경쟁으로 돌입하게 되면 광고에 있어 매체 기획은 업무상에 있어 난이도가 높아지는 것은 물론 매체 기획자들에게 커다란 변화와 기회의 시기가 도래한다고 할 수 있다. 현재 SBS의 민영 미디어렙이 도입되었고 한국방송광고진흥공사의 위상에도 많은 변화가 일어나는 과정에 있다. 이 또한 매체기획이나 매체 집행과 관련한 직종의 역할의 중요성에 관심이 쏠리는 이유 중의 하나이다.

4) 최근의 변화

한국 광고 산업이 발전하던 초창기의 기획 중심의 시기에서 더 나아가 이제는 광고주들이 더욱 고품질의 서비스를 광고대행사로부터 요구하는 시기가 도래하였다. 예전에는 AE들이 유창한 말 솜씨로 제작 광고물을 광고주에게 설득시켜 허락을 받는 경우가 많았으나 현재는 그러한 일은 예전의 이야기로 많이 일어나지 않는다. 따라서 통합적 마케팅 커뮤니케이션이나 브랜드라는 개념을 광고에 도입하여 광고 집행의 정당성을 확보하는 등 대행사들의 노력에도 양적인 면에서나 질적인 면에서나 많은 변화를 가져오게 된다. 대행사 내부에 광고주 만족을 위한 다양한 연구소를 수립하여 광고주 서비스를 더욱 강화하는 등의 노력도 그 일환이라 할 수 있다.

특히, 1990년대에 각광을 받았던 통합마케팅커뮤니케이션(IMC, Integrated Marketing Communication)이 최근에 다시 관심을 받고 있다. 이는 BTL의 성장과도 깊은 관련이 있다. 예전과 같이 광고 집행이 매체별로 따로따로 진행되는 것이 아니라 광고주의 궁극적인 목표를 달성하기 위해 광고대행사의 입장에서 가능한 모든 수단을 동원하여 광고주의 만족도를 높여준다는 것이다. 이는 대행사의 내부 조직의 변화에서도 그 의미를 찾아 낼 수 있다. 조직 내에서 BTL관련 팀의 숫자가 증가하고 취급하는 업무 또한 다양해 지고 있다. 프로모션관련 연구소를 따로 수립하는 대행사도 있고 기업이나 제품에 국한되어 있던 광고대행사의 순수한 비즈니스 영역을 넘어 정부 또는 지방자치단체의 프로젝트에도 능동적으로 참여하고 있다. 이는 순수한 광고관련 업무를 취급하던 광고대행사의 업무 영역이 넓은 의미의 대행사로 확대되어 비즈니스를 수행하게 된다는 의미이기도 하다.

또한 광고집행에 있어서 디지털이 키워드가 되면서 새로운 형식의 광고가 많이 집행되고 있고 데이터에 기반한 광고집행도 새로운 트랜드라고 할 수 있다. 모바일 광고는 이제 광고에 있어 핵심적인 매체이다. 인공지능을 활용한 매체 집행도 시도되는 등 디지털을 기반으로 한 광고의 변화는 이제 시작이라고 할 수 있다.

5. 시대에 따른 광고 표현의 특징

1) 초창기 광고 크리에이티브

한국의 광고 산업이 성장 발전하면서 크리에이티브도 많은 변화를 겪어 왔다. 한국의 광고 제품 중 럭키 치약의 예를 들어 보자. 럭키 치약은 한국의 소비재 중에 역사가 가장 오래된 제품 중의 하나로 광고 표현의 역사에서 차지하는 비중이 크다고 할 수 있다. 럭키치약의 초창기 광고의 크리에이티브를 살펴보면 그 당시의 광고 크리에이티브에 관한 이해를 구체화 할 수 있다. 먼저 아래 광고의 카피를 보면 '미제와 꼭 같은'이라는 문구가 눈에 띈다. 이는 국산 제품의 품질이 당시 품질의 대명사였던 미국산 제품과 차이가 없다는 것을 강조하여 미국 제품과 동일시 전략을 구사했던 경우이다. 현재 광고 전략에서 신제품이 하나의 제품 카테고리에 들어가기 위해 구사하는 Points of Parity라는 전략의 일환으로 해석할 수 있다.

럭키 치약은 또한 한국 광고의 역사에서 애니메이션을 최초로 사용한 것으로 알려져 있다. 광고의 내용은 춘향이가 이몽룡이 한양에 과거 시험을 보러 갈 때 자신을 본 듯이 사용하라며 건네준 럭키치약이라는 내용을 중심으로 그려지고 있다. 현재의 관점에서 보면 광고의 완성도는 많이 떨어지지만 애니메이션을 활용한 광고라는 역사적인 측면에서 의미가 있는 광고이다.

2) 한국적인 특수성에 기인한 광고 크리에이티브

군사정권 시절의 광고도 현재에 와서 살펴보면 재미있는 것이 많다. 당시의 상황을 고려하여 대통령이 해외 순방을 마치고 귀국할 즈음에 대기업 총수의 이름으로 다음과 같은 광고를 집행하는 경우도 있었다. 마케팅 커뮤니케이션의 효과 측면을 고려하면 이해하기 힘든 광고 집행이지만 당시의 상황을 감안하면 소비자에게 집행하는 광고 못지않게 기업에서 관심을 기울인 광고이다.

3) 경제 위기와 광고 크리에이티브

경제위기의 대명사로 불리는 1997년 IMF 구제금융 시기를 맞아 한국 광고계는 크리에이티브에도 큰 변화를 겪게 된다. 그 대표적인 예가 선풍적인 인기를 끌었던 현대증권의 'Buy Korea'라는 광고이다. 출시 이후 성공적인 수신고를 기록한 바이코리아 광고는 경제가 어려운 시기에 애국심에 호소하는 크리에이티브가 효과를 본 대표적인 사례로 기록된다. 또한 경제적인 문제로 미디어들이 광고 물량이 감소하자 기존에 볼 수 없었던 변형 광고가 많이 나타났다는 점도 눈에 띈다. 신문의 경우 기존 전면 광고나 5단 외에 기둥형 돌출 광고나 기역자형 광고 등 소비자의 눈길을 끌기 위한 변형 광고가 많이 등장한 시기였다.

2008년 시작된 경제위기로 인해 다시 한번 광고 산업은 위기를 겪은 바 있다. IMF 시기와 마찬가지로 경기가 어려우면 광고의 크리에이티브도 변화하게 된는데 최근의 경제위기에서 주목할만한 광고 표현은 흑백 광고의 출현과 향수를 자극하는 크리에이티브가 많이 사용된다는 것이다. 경제가 어려워지면 사람들은 과거를 추억하게 된다는 보고가 있다. 따라서 경기 침체기에는 현재의 어려움을 잊고 과거를 추억하게 되는 소비자의 성향을 파고드는 노스탤지어 마케팅이 많이 이용된다. 이러한 노스탤지어 마케팅에 있어 표현전략으로 사용되는 대표적인 것이 흑백 크리에이티브를 이용한 표현이다.

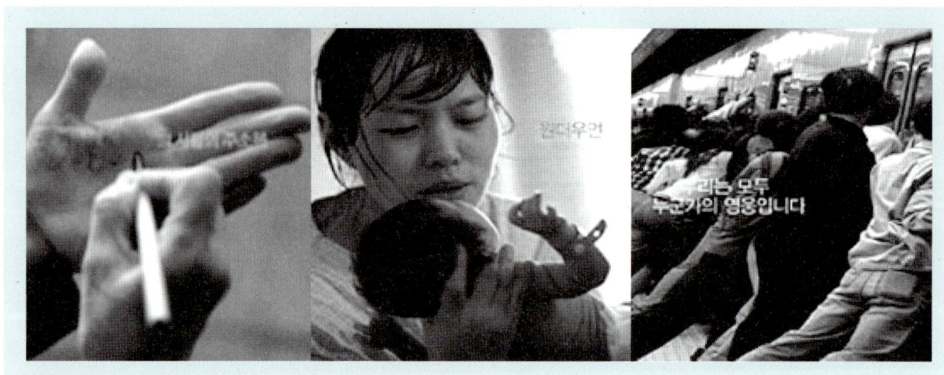

그림 4.10 흑백광고 SKT 사람을 향합니다

6. BTL 광고의 역사

한국의 광고 역사에서 가장 중요한 변화는 NMMC (Non-Mass Media Communication)로도 불리는 BTL 광고 부문의 성장이다. 기존 ATL광고의 성장과 더불어 새롭게 등장하여 광고 산업에 있어 독립적인 부분으로 자리를 잡았다. 초창기에는 프로모션의 한 부분인 세일즈 프로모션(sales promotion)으로 시작하여 전통적인 광고를 보완하는 소극적인 기능으로 한정되어 이해되어 왔다. 이후 광고 산업의 트렌드가 바뀌고 1986년 아시안 게임과 1988년 올림픽, 1993년 대전 엑스포 등 몇 가지 BTL 광고를 성장시킬 계기가 있었기에 BTL의 성장은 가능한 일이었다. 또한 삼성의 올림픽 공식 파트너 참여와 현대자동차의 월드컵 스폰서 참여 등의 시장 확대 요소에 의해 BTL이 성장하였다고도 할 수 있다. 거기에 더해 2002년 월드컵 개최는 한국의 BTL 산업 발전에 다시금 활력을 불어 넣었다. 2012년 여수엑스포를 개최하고 2018년 평창 올림픽을 통해 산업으로서의 가능성을 인정받았다.

1) 프로모션 부문의 등장

한국의 대부분 주요 대행사들은 프로모션관련 인력을 보유하고 있다. 회사의 특성에 따라 명칭은 BTL기획팀, SP팀, 전시팀, 프로모션팀, 뉴미디어팀, 옥외광고팀, 크로스 미디어 팀 등 다양하게 존재하지만 기본적으로 4대 매체 이외의 업무를 담당하는 조직의 특성은 큰 차이를 보이지 않는다. 기존 광고대행사는 방송과 인쇄 매체 위주의 전통적인 광고업무를 주로 담당해 왔으며 수익도 그러한 전통 광고 부분에서 주로 창출하였다. SP라는 별도의 이름으로 조직이 대행사 내에 설치가 된 것도 그리 오래된 일이 아니다. 대부분 1990년대에 들어서 그러한 프로모션 조직을 구체화시켜 나갔던 것이다. 하지만 광고 시장이 다변화하고 광고주의 요구가 다양해지면서 기존의 4대 매체만으로는 충분한 광고주 만족이 어렵게 되어 다양한 대안 미디어가 등장하게 된 것이다. 하나하나 구체적인 BTL 도구에 대해 알아보기로 하자.

2) 이벤트/전시

한국에 있어 이벤트라는 단어가 광고업계에서 등장한 것은 1986년 아시안 게임과 1988년 올림픽부터라고 할 수 있다. 그전에는 사내 체육대회를 소규모 이벤트 회사가 대행하거나 응원 등을 중심으로 이벤트가 소규모로 있어 왔다. 물론 1982년 한국에 프로야구가 출범하면서 스포츠를 매개로 한 마케팅 커뮤니케이션이 이용되기 시작하였으나 엄밀히 말하면 한국의 프로야구 출범은 정치적인 결정으로 시작된 것으로 기업들이 자발적으로 BTL마케팅 커뮤니케이션을 시작하였다고 보기에는 무리가 있는 것도 사실이다. 1986년 아시안 게임과 1988년 올림픽을 개최하게 되면서 스포츠를 활용한 마케팅 커뮤니케이션에 본격적인 관심을 가지게 되었다고 할 수 있다. 또한 개막식과 폐막식 등 이벤트 자체를 위한 산업 구분도 이때에 이르러 가능해졌다고 볼 수 있다. 그 후 1993년 대전 엑스포를 거치면서 광고 이외의 BTL 마케팅 커뮤니케이션이 본격적으로 하나의 독립적인 광고 산업으로 자리를 잡아나가게 된다. 올림픽과 같은 스포츠가 이벤트의 발전을 위한 초석을 놓았다면 엑스포의 경우 대규모 전시를 하나의 BTL업무 영역으로 올려 놓았다. 이는 엑스포 기업관과 같은 대규모 전시가 광고주의 메시지를 소비자에 전달하게 하는 중요한 매개물로서 인정을 받게 된 출발점이다. 또한 2002년의 월드컵은 한국의 BTL산업의 새로운 도약을 이루었다.

이때에 등장한 거리 응원은 기업들에게 거리에서 활용할 수 있는 새로운 BTL 도구들을 개발할 관심을 증폭시켜 주었으며 그러한 BTL 컨셉트를 4대 매체 광고의 핵심 크리에이티브로 활용하게 하는 등 기존의 광고 방식에 많은 변화를 준 사건이었다 하겠다.

3) 스폰서십/PPL

한국의 BTL광고 산업 역사에 있어 스폰서십의 측면에서 중요한 두 가지 사건이 삼성의 올림픽 파트너 참여와 현대자동차의 월드컵 공식 스폰서 참여이다. 삼성과 현대의 이러한 스폰서십 전략은 한국의 광고 산업에 있어 스폰서십에 대한 관심을 불러 일으키기에 충분했다. 결과적으로 삼성과 현대가 세계적인 스포츠의 공식 스폰서 기업으로서 글로벌 탑 브랜드(Top brand)로 도약할 수 있는 계기를 제공하였다는 평가를 받고 있다.

BTL을 구성하는 핵심적인 도구 중 하나가 PPL (Product placement)이다. 광고에 대한 소비자 회피 정도가 심해지고 있는 상황에서 프로그램 내에 기업이나 제품의 광고 메시지를 삽입할 수 있는 PPL은 기업의 마케팅 담당자들에 의해 그 효용 가치를 인정 받고 있다. 과거에는 프로그램과 광고가 분리되어야 한다는 방송법 상의 규정으로 인해 TV프로그램에서의 PPL은 불법으로 규정되어 영화에서만 제한적으로 PPL이 이루어져 오다가 방송관련법 개정으로 인해 공중파 방송에서도 일정부분의 PPL이 허용되어 실시되고 있다. 여기에 가상광고와 같은 새로운 프로모션 도구들도 방송에 허용되면서 좀 더 다양한 방식의 간접광고가 도입되었다. 특히 한국방송광고진흥공사가 방송 PPL을 대행하는 현재의 제도에 대해서도 프로그램 제작사들과의 이견이 있어 PPL의 활성화를 위해 다양한 고민이 필요한 시점이다.

4) 뉴미디어광고

BTL 마케팅 커뮤니케이션에 있어 또 하나의 핵심적인 부분이 뉴미디어 광고라고 할 수 있다. 인터넷이 처음 시장에 등장하였을 때 각 대행사에 뉴미디어팀이 생기고 4대 매체를 보완하는 또 하나의 매체로서 접근되었지만 현재에 이르러 상호작용성(Interactivity)을 바탕으로 하는 뉴미디어는 하나의 독립적인 매체 영역으로 인정받고 있다. 초창기에 배너광고, 텍스트 광고 등의 제한적인 광고 형태는 기술의 발전과 규제의 변화로 인해 계속 진화하고 있다. 이후 전통적인 인터넷광고가 검색광고를 위주로 재편되어 검색광고의 전성시대가 도래하였다. 이제는 모바일을 중심으로 시장이 이동하면서 새로운 형식의 광고가 시장에 도입되고 있다. IPTV와 같은 매체는 방송과 온라인을 모두 포함할 수 있게 되면서 그 동안 방송광고라는 독립적인 지위를 누려왔던 TV라는 매체가 근본적으로 변화하고 있다. 소비자와의 상호작용이 확대되고 TV를 통한 직접적인 구매(T-commerce)가 이루어지게 되면 전통적인 방송광고로 구분하기가 불가능하게 된다. 따라서 뉴미디어 광고는 지속적인 성장이 예견되며 BTL 부문의 핵심적인 분야로 기능하게 된다.

7. 한국 광고의 새로운 역사

한국 광고는 태동과 함께 꾸준한 성장을 해 왔지만 1997년 IMF라는 경제 위기와 2009년 경기 침체로 부침을 거듭하고 있다. 2018년 글로벌 금융위기로 광고 산업이 어려움을 겪었고 2021년 현재도 감염병 사태로 인해 피부로 느끼기 경기는 어려운 실정이다. 경기라는 것이 순환하는 것이지만 경기 상황에 가장 민감한 업종인 광고의 경우 외적인 환경 변화에 크게 좌우될 수 밖에 없는 것이 현실이다. 불황기일수록 광고 지출을 늘려 경기 회복기에 더욱 큰 성장을 이룰 수 있다는 것은 학문적으로도 그렇고 경험적으로도 인지하는 것이다. 하지만 외부 환경이 어려운 현실에서 기업의 입장에서 선뜻 그러한 결정을 내리기는 쉽지 않은 것이 현실이다. 이렇듯 여러 가지 어려운 상황을 극복하고 꾸준한 산업적인 성장을 기록하려 하면 과거의 경험으로부터 학습된 것을 바탕으로 미래를 설계하여 나가는 노력이 필요할 것이다.

1) 변화하는 광고 제작 환경

이제 한국의 광고 산업도 규모면에서나 내용 면에서나 많은 성장을 거두었다. GNP에서 차지하는 광고 산업의 비중도 갈수록 높아지고 있으며 선진국의 GNP대비 광고시장의 비중에 다가가고 있는 실정이다. 하지만 외형적인 성상뿐 아니라 향후 한국의 광고 산업의 성장을 담보하기 위해 좀더 과학적이고 고도화된 전략과 메시지 제작이 요구된다. 이제 경쟁은 국내에서만 이루어지는 것이 아니라 전세계적인 경쟁 상황을 염두에 두어야 한다. 따라서 광고 제작 방식이나 광고 대행사의 운영 방식도 선진화된 틀에서 성장 발전시켜야 할 것이다. 국제적인 광고상의 경우도 우리의 광고 산업 규모에 비추어 보아 좀더 많은 수상을 해야 함에도 불구하고 아직까지는 그에 못 미치는 실정이다. 이는 동남아시아 국가들의 광고상 수상 실적과 비교해 보아도 상대적으로 아쉬움이 있음을 쉽게 알 수 있다. 물론 광고 크리에이티브와 제작에 있어서 한국의 현실에서는 많은 제약이 따르기도 한다. 하지만 광고주와, 광고 대행사 또는 매체사들과 같은 광고 산업 참여자들의 노력으로 극복할 수 있는 과제라 생각된다.

예를 들어 해외 대행사의 경우와 같이 각각의 전문분야를 담당하는 전문대행사가 성장하기 위한 정책적 산업적 뒷받침이 필요하다 하겠다. 향후 한국의 광고 산업은 대형 종합대행사가 모든 광고주 서비스를 처리하는 구조는 변화가 불가피하다. 이는 더더욱 복잡해는 미디어 환경과 다양해지는 광고주의 요구로 인해 좀더 전문적인 서비스에 대한 요구가 늘어날 것이기 때문이다. 또한 소규모 대행사들이 자리를 잡을 수 있도록 산업적인 배려도 필요할 것 같다. 미국의 경우 소규모 크리에이티브 부띠끄가 적은 인원으로 각종 광고상을 수상하고 매출도 상당한 규모를 일으키는 경우가 많다. 최근에는 디지털 광고대행사가 성장하면서 다양성을 갖추어 나가고 있지만 디지털이라는 새로운 분야에 한정된 것이다. 광고계에 진입하려는 신규 인력의 수용측면과 더불어 광고 제작물의 질적 성장을 이루기 위해 소규모 대행사의 성장은 중요한 부분이라 하겠다.

2) 변화하는 미디어 환경

현재 한국의 미디어 시장은 새로운 미디어의 등장과 함께 많은 변화를 경험하고 있다. 이러한 뉴미디어 시대에 대처하는 것은 광고 또한 피할 수 없는 과제이다. 디지털화된 미디어 환경에서는 기존에 이루어졌던 프로그램을 중심으로 한 광고 수익 모델은 위기에 빠질 수도 있다. 변화하는 환경에 맞추어 새로운 광고 모델을 개발하거나 변화의 시기에 새로운 기회를 창출할 수 있는 적극적인 대처가 요구된다 하겠다. 특히 향후 디지털화된 환경에서 프로그램과 광고의 경계가 무너지게 되면 모바일 매체를 활용한 개인별 광고에 대한 관심이 더욱 높아질 것으로 예상된다. 현재 한국의 광고 한경은 전통적인 광고와 함께 새로운 형식의 광고 시장이 지속적으로 성장하고 있지만 이벤트와 전시, 프로모션과 같은 산업은 외적인 성장에도 불구하고 그 기반은 열악한 것이 사실이다. 따라서 모바일 미디어 시대에 프로모션 산업이 좀더 확고한 산업으로서 자리를 잡기 위해서는 내실을 다져야 할 것이다.

PART II

광고의 이론적 접근

커뮤니케이션 과정에서의 광고

1. 커뮤니케이션 과정 모형
2. 정보원천의 효과
3. 정보원천과 관련된 광고전략
4. 메시지효과

5

도입사례

신한금융, 디지털 광고 플랫폼 선보여.. 기발한 광고 론칭

파이낸셜뉴스입력
2021.03.19 10:09

신한금융은 인기 유튜브 채널 라이프타임과 협업을 통해 스타트업 기발한광고를 선보인다.

▶ 파이낸셜뉴스

신한금융이 19일 그룹의 새로운 브랜드 채널 '기발한 프로덕션'을 통해 첫번째 캠페인인 '스타트업의 기발한광고' 시리즈를 진행한다고 밝혔다.

▶▶

'기발한 프로덕션'은 '대한민국의 기회를 발견하는 프로덕션'의 줄임 말로 스타트업, 청년, 소상공인, 지역사회 등 대한민국의 다양한 구성원들의 성장을 돕고 새로운 기회를 제공 및 가능성을 응원하기 위해 기획한 디지털 광고 커뮤니케이션 플랫폼이다.

신한금융은 '기발한 프로덕션'의 첫번째 캠페인 스타트업의 기발한광고시리즈를 론칭하고 혁신성장 플랫폼 'S^2 Bridge'에 입주한 스타트업들을 대상으로 광고 및 홍보를 지원하기 위한 SNS 캠페인을 진행하기로 했다.

신한금융은 인기 유튜브 채널인 '라이프타임'과 협업을 통해 다양한 광고 컨텐츠를 제작하는 과정을 예능 방식으로 담아 총 8편의 스타트업의 기발한광고 영상을 제작했다. 특히 영상에는 연예인 김종민과 신지가 각각 '기발한 프로덕션'의 메인 PD, 조연출로 출연해, 스타트업 관계자들과 함께 아이디어 미팅, 홍보물 제작 등 전 과정에 참여해 보는 이들의 흥미를 더할 예정이다.

출처: 파이낸셜뉴스(2021).

https://www.fnnews.com/news/202103191006037253

커뮤니케이션 모델을 살펴보면 송신자(Sender), 메시지(Message), 채널(Channel), 수신자(Receiver)로 이루어진다. 이것은 SMCR 모델이라 불리운다. 자세히 살펴보면 송신자는 메시지를 보내려는 주체이며, 광고의 관점에서는 광고주가 될 것이다. 메시지는 송신자가 수신자에게 보낼 내용을 뜻한다. 채널은 메시지를 담을 그릇이라 표현할 수 있으며, 메시지를 보내기 위한 수단으로 매체가 될 것이다. 수신자는 메시지를 받아들이는 주체로서 때로는 메시지를 거부하기도 한다. 이것이 전통적인 커뮤니케이션 모델이다.

송신자는 광고메시지를 보내는 주체로써 광고료를 지불한다. 따라서 비용을 지불하는 주체이기 때문에 의사결정과정에서 제일 중요하다. 송신자는 광고를 내보내기 위해 제품 컨셉을 정하고 광고방향을 결정하게 되며 이를 광고대행사에게 대행을 시켜 광고 목표를 달성하고자 한다.

메시지는 광고에 들어갈 내용으로 소비자에게 전달될 주요 핵심 개념이 포함되어 있다. 사실상 짧은 시간에 보내지기 때문에 광고주나 광고대행사나 중요하게 생각하고 있으며 이것을 어떻게 표현할 것인가에 초점을 맞추게 된다. 이것이 크리에이티브로 최근에는 워낙 많은 광고 속에서 주목을 받아야 하기 때문에 더욱 중요하게 되었다. 크리에이티브 전문회사인 부띠크가 증가하는 것도 이를 뒷받침해준다.

채널은 광고메시지가 담아지는 그릇으로 신문, TV방송, 잡지, 라디오 방송 등을 가리킨다. 물론 이 밖에도 이벤트, 스폰서십 등도 포함될 수 있다. 채널은 한편 실제로 비용이 지불되는 것이기 때문에 어떤 매체를 통해 얼마나 광고가 될 것인가는 매우 중요하다. 오늘날 실내보다는 야외 활동이 많아지는 때에 이제는 소위 4대 전통매체보다는 그 외의 매체 활용이 중요하게 되었다.

수신자는 메시지를 받아들이는 입장에서 최종 도달점이 된다. 사실상 광고의 효과가 나타나는 주체로서 메시지를 수신사가 얼마나, 어느 정도 받아들이는 지는 중요하다. 이 수신자는 과거 수동적인 태도에서 능동적인 태도로 바뀌었으며 메시지를 소비하는 형태도 매우 다양하게 나타나 현재에서는 이 소비자의 특성이 파악하는 것이 중요하게 되었다.

한편, 커뮤니케이션 모델 과정에서 커뮤니케이션 효과는 결국 정의에서 나타나듯이 의미공유(Sharing of Meaning)의 정도를 가리킨다. 송신자와 수신자의 의미공유가 많이 나타난다면 커뮤니케이션 효과가 일어난 것이며 결국 광고관점에선 광고효과가 나타난 것이다. 브랜드명을 인지하고 제품의 기능, 특성을 기억해 낸다면 이는 광고캠페인이 성공한 것이다. 이를 위해 광고주나 광고대행사는 매번 고심하며 광고 컨셉을 만들며 크리에이티브에 골몰하는 이유가 된다.

의미공유를 위해서는 송신자가 메시지를 담아내는 부호화와 수신자가 메시지를 해독하는 해독화가 얼마나 잘 일어나는가에 달렸다. 송신자가 메시지를 어렵게 하여 부호화가 힘들게 되면 수신자가 이를 이해하는데 있어 어려움이 있고 해독화를 제대로 할 수 없게 될 것이다. 반면 수신자 측면에서 해독화를 송신자가 전달한 메시지의 부호화와 다르게 진행된다면 이것도 또한 광고메시지가 제대로 전달된 것이 아니다. 따라서 광고메시지를 이해시키는 것이 매우 어려운 과정인 것이다. 물론 때로는 부호화를 더욱 어렵게 하여 수신자가 더욱 호기심을 가지게 하여 메시지를 몰입시키는 때도 있다. 그렇지만 이는 자주 활용되지는 않는다.

1. 커뮤니케이션 과정 모형

1) 정보원과 기호화

정보원(또는 발신자, 송신자)는 커뮤니케이션 과정에서 메시지를 보내는 주체가 된다. 정보원은 광고주가 될 수 있는데, 광고주는 송신자의 역할을 하는 것이다. 그리고 이 주체는 커뮤니케이션 과정에서 통제할 수 없는 주체가 된다.

정보원이 메시지를 전송하면서 기호화(또는 부호화)를 하게 된다. 기호화는 메시지를 만들어내는 과정이다. 이는 광고에서 광고모델, 광고음악 등으로 전달된다. 기호화는 메시지를 어떻게 구성하는가에 대한 과정으로 정보원의 입장에서 고려하지만 메시지의 도달점인 소비자도 동시에 고려하면서 진행된다(〈그림 5.1〉 참조) .

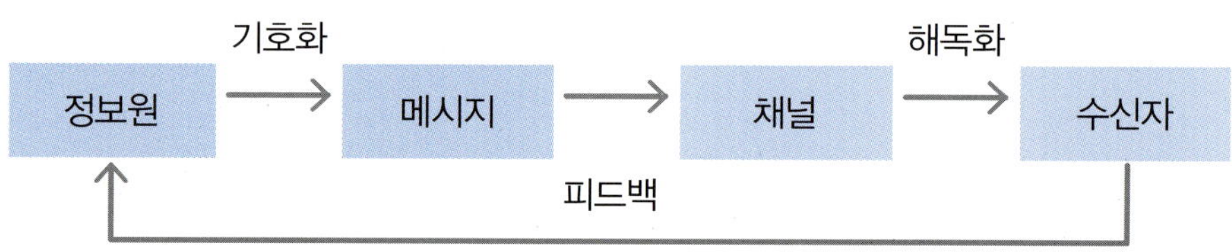

그림 5.1 커뮤니케이션 모델

2) 메시지

메시지는 발신자가 수신자에게 전달하고 싶은 정보를 의미한다. 메시지는 언어, 그림 등으로 나타나며 메시지는 크리에이티브로 표현된다. 메시지는 인쇄광고의 문자, 방송광고의 동영상, 인터넷의 배넛 등으로 다양하게 표현된다. 크리에이티브는 광고 컨셉트를 어떻게 설명할 것인가에 대한 부분으로 커뮤니케이션 과정에서 중요한 부분이다. 결국 광고의 핵심을 담게 되는 과정이다.

3) 채널

커뮤니케이션 채널은 우리가 광고를 전달하는 매체를 의미한다. 이 채널은 4대 매체를 포함하며 WOM(Word of Mouth)라 불리우는 구전커뮤니케이션의 경우, 메시지를 전달하는 친구나 동료도 채널이 될 수 있다.

요즘은 채널이 많아지고 있어 수신자에게 전달되기 어렵운 혼잡(Clutter)현상이 나타나고 있다. 이 혼잡을 넘어서 수신자에게 메시지를 전달하는 것이 매우 중요하게 되었다. 그래서 창의적인 크리에이티브가 필요하다.

4) 수신자와 해독화

수신자는 메시지에 반응하는 주체를 의미한다. 수신자는 해독화를 메시지를 이해하게 된다. 수신자가 메시지를 잘 이해한다는 것은 부호화와 해독화의 공유된 부분이 크다는 것을 의미한다. 부호화와 해독화의 의미공유로 인해 커뮤니케이션이 되는 것이다. 의미공유가 곧 커뮤니케이션으로 수신자를 잘 파악하는 것이 매우 중요하다(〈그림 5.1〉 참조) .

2. 정보원천의 효과

우리나라의 광고는 광고모델을 많이 활용한다. 특히나 정보원천의 효과가 크다고 생각하기 때문이다. 광고메시지를 전달하는 방법이 여러 가지가 있겠지만 광고모델이 주 메시지를 전달하는 방식을 많이 채택한다. 우리가 잘 아는 김연아, 김태희, 전지현, 이영애, 유재석 등 연예인들이 많은 제품광고에 등장하면서 광고에 반응을 보이기 때문이다. 때로는 제품, 브랜드 보다 ㅇㅇㅇ의 광고라 불리 우는 정도까지이다. 광고주도 제품광고에서 메시지보다는 광고모델을 활용한 광고를 선호하는 경향이 있다.

많은 연구자들은 정보원으로서 모델이 수용자에 미치는 영향에 초점을 맞추어, 과연 모델의 어떠한 측면이 광고에 대한 수용자의 태도에 영향을 미치는지에 대해 연구하였다. 결과로써 정보원의 신뢰성과 매력성이 수용자에 크게 영향을 미치며 메시지를 보다 설득적으로 전달하고 있다는 것을 밝혔다.

1) 정보원천의 신뢰성

정보원천의 신뢰성은 광고모델이 광고하는 제품에 대해서 얼마나 전문성을 지녔는지 또는 메시지를 전달하는 과정에서 얼마나 진실성을 지녔는지 평가된다. 여기서 전문성은 모델이 해당 제품에 대해 가지고 있는 지식이나 경험 등으로 인한 객관적인 전문정보제공 능력을 말하게 되는데 예를 들어 치약광고에 치과의사가 등장하여 치약에 대해 메시지를 전달한다면 치과의사가 가진 전문성이 나타난 것이다. 한편, 진실성은 모델이 가진 진실한 이미지로 정직성이나 성실성을 말한다. 수용자가 광고모델을 진실성 있게 지각하면 제품에 대한 호의성이 높아질 수 있다. 여러 연구에서 이와 같은 효과가 나타났는데, 일반적 광고에서 진실성 있게 또한 매력이 있게 지각할수록 효과가 높은 것으로 나타났다.

광고모델에 대한 신뢰성을 아커(Aker, 1987) 등은 인지적(cognitive) 차원과 정감적 차원으로 구분하여, 인지적 차원은 모델의 권한 · 명성 · 능력 · 불편성 등을 포함하고, 정감적 차원은 진실성, 매력도, 역동성(dynamic) 등을 포함한다고 하였다. 이와 같이 광고모델들은 제품에 대한 옹호인(endorser)으로서 소비자들에게 진실성과 전문성을 가지고 있는 모델들이 신뢰성이 높으며 이 두 가지 지각 정도가 설득 커뮤니케이션 효과를 나타낸다고 말하고 있다(심상윤, 1995).

2) 정보원천의 매력도

정보원천의 매력도는 광고모델이 신체적, 심리적 매력을 통해서 광고효과를 높이는 것을 의미한다. 매력도를 높이는 세 가지 중요 요인은 유사성(Similarity), 친숙성(familiarity), 호감성(likability)을 들 수 있다. 세 가지 요인이 높을수록 소비자들은 정보원천의 매력도가 높으며 결과적으로 광고태도가 높아지게 된다.

먼저, 유사성을 살펴보자. 유사성은 정보원천인 광고모델과 소비자 간의 관계를 의미한다. 광고모델을 소비자가 자신과 비슷하게 느낄수록 광고모델에게 매력을 느끼는 것이다. 이것은 유명연예인을 통해 자신도 광고모델과 비슷하다고 느낄 수도 있으며 반면에 일반인이 나와서 소비자가 자신과 비슷하다고 느낄 수도 있는 것이다. 예를 들어, 가수 그룹인 소녀시대의 경우 여러 제품광고에 많이 모델로 나오는데, 이들은 일반 소비자들이 이상형으로 여길 수 있는 대상이거나 자신과 비슷하다고 생각할 수 있는 대상이 된다. 또 다른 예로 일반인 모델이 자주 등장하는 유한킴벌리 생리대 브랜드인 '화이트' 제품광고는 소비자로 하여금 광고 모델을 소비자 자신과 비슷하게 여기도록 한다.

두 번째, 친숙성을 살펴보자. 친숙성은 정보원천인 광고모델이 소비자와 얼마나 가까운가를 가리킨다. 광고모델이 친숙하다고 여겨질 때, 소비자들은 광고모델에게 매력을 느끼게 된다. 특히나 우리나라 광고에서 유명연예인들이 광고모델로 활용되는 이유 중의 하나가 친숙성 때문인 것 같다. 광고에서 제품의 컨셉 전달에 있어, 소비자들은 광고모델이 가진 친숙성을 통해 광고모델이 전달하는 메시지를 많이 받아들이게 된다.

세 번째, 호감성을 살펴보면, 호감성은 정보원천인 광고모델을 좋아하는 정도를 의미한다. 광고모델을 좋아하게 되면 광고모델의 매력도가 높아지게 됨을 의미한다. 광고모델로 많이 활용되는 연예인의 경우, 이미 호감도가 높은 사람들이기 때문에 소비자들은 이미 형성된 호감도를 통해 광고를 좋아하게 된다. 때로는 신인으로 나오는 광고모델이 광고 속에서 새로운 이미지형성을 통해 호감도가 높아져 광고의 효과가 높아지게도 된다. 호감성은 광고모델을 고려할 때, 중요하게 생각할 수밖에 없는 요인이다.

3. 정보원천과 관련된 광고전략

1) 신뢰성과 관련된 광고전략

정보원천인 광고모델의 신뢰성이 높을 때, 광고효과가 높기 때문에 신뢰성을 높은 광고모델을 선택하거나 신뢰성을 높이기 위한 전략이 필요하다. 이를 위해 세 가지 전략을 활용하게 된다.

첫 번째, 최고경영자(CEO: Chief Executive Officer)를 광고 모델로 활용하는 추세다. 그들의 전문성뿐만 아니라 신뢰성을 이용하여 광고 모델로 등장하는 것이다. 일반적으로 소비자들은 CEO가 회사에 대해 거짓말을 하지는 않을 것이라 여기기 때문에 신뢰성을 확보하는데 있어 CEO광고모델은 기업광고에 효과적이다. 그 밖에도 지방자치단체장들이 관광이나 농산품을 광고하기 위해 많이 등장한다. 이제 많이 보편화되면서 오히려 효과가 반감되는 면도 없지 않으나 지방자치단체를 광고하는데 있어 효과적이다.

두 번째, 전문가를 통해 신뢰성을 내세우는 전략이다. 일반적으로 치약광고에는 치과의사가 많이 등장했다. 같은 치약이라도 치과의사가 전달하면 메시지에 신뢰성이 실리게 된다. 의사라는 전문가를 통해 소비자는 그 광고를 신뢰하게 되는 것이다. 그 밖에도 생명과학자가 요구르트 광고에 나오는 경우도 이에 해당된다.

세 번째, 연예인을 통해 신뢰성을 확보하기도 한다. 금융광고의 경우는 금융기관의 신뢰성이 중요하다. 따라서 주로 안성기, 한석규, 지진희 등 평소에 좋은 이미지를 가지며 일관성을 가지는 모델들이 기용된다. 이들은 일반적으로 신뢰성에 대해 높은 점수를 받은 모델들이다. 이들이 가진 신뢰성이 광고태도에 적용된다.

2) 매력성과 관련된 광고전략

정보원천의 매력성이 높을수록 광고효과가 크기 때문에 기업은 매력성이 높은 광고모델을 활용하고자 한다. 이와 관련된 전략을 보자. 먼저, 소비자에게 호감을 주는 유명 탤런트, 영화배우 등 유명 연예인을 활용하는 경우이다. 실제로 이들이 나오는 광고는 효과가 큰 것으로 나타났다. 2009년 피겨스타인 김연아가 광고모델로 등장한 '매일유업'은 김연아가 출연한 저지방 우유의 매출이 광고 전에 비해 무려 400%나 올랐다. 김연아 선수의 매력성과 '매일유업' 제품이미지가 적합하게 맞아 광고효과가 더욱 컸었다(〈그림 5.2〉 참조) . LG생활건강의 화장품 브랜드 '라끄베르', KB(국민)의 'KB국민은행', 삼성의 에어컨 브랜드 '하우젠' 등 여러 기업이 김연아를 광고모델로 기용하여 큰 매출 상승효과를 보이기도 했다.

▲ 매일유업 TV광고 '신선함만 담는다. 매일우유 ESL' 스크린샷

▲ KB국민은행 동영상광고 'KB ONE 컬렉션' 스크린샷

그림 5.2 매력성과 관련된 광고전략 사례

이러한 유명인 모델의 대한 효과는 연구 결과에서도 나타나는데 Atkin과 Block(1983)은 유명인, 비유명인 두 가지 유형의 모델을 등장시켜 주류 제품 광고에 대한 반응을 조사한 결과 유명을 모델을 사용하였을 경우에 청소년층의 피험자들에게서 긍정적인 반응을 볼 수 있었고 제품 이미지도 호의적으로 평가한 것으로 나타났다

유명인을 광고모델로 쓰는 경우 다음과 같은 장점이 있다. 첫 번째, 경쟁 제품 간에 속성이나 기능이 같거나 비슷해 두드러진 특징이나 차별점이 없을 때나 객관적인 비교가 어려울 때, 신제품이나 충동 구매의 비중이 높은 제품인 경우 모델의 유명도나 이미지가 차별점을 만들어 낼 수 있다.

두 번째, 서비스 광고 등은 모델의 성격이나 이미지 등을 통해 추상적인 서비스 개념에 구체적인 성격이나 이미지를 부여할 수 있다. 세 번째, 특정 유명인 모델과 결합된 이미지를 갖는 한 상표로부터 상표확장을 할 경우 동일인물을 계속 기용함으로써 일관된 이미지를 부여할 수 있다. 네 번째, 단일 소구점 광고의 경우 단일 정보의 전달에 효과적이다. 다섯 번째, 특히 광고 메시지를 적극적으로 처리하려는 소비자의 동기 부여가 낮을 때(호의적인 브랜드 태도 형성에) 효과적이다.

그렇지만 이와 같은 유명인을 광고모델로 내세운 광고가 언제나 효과가 있는 것이 아니다. 우리나라는 유명인을 광고모델로 활용하는 빈도가 높은 나라다. 그러다 보니 유명인 여러 제품을 동시다발적으로 나오는 경향이 있다. 이럴 경우 소비자들은 때때로 혼동을 가지게 된다. 제품이 지닌 이미지가 있음에도 불구하고 유명연예인이 이미지가 맞지 않아도 나온다면 소비자들은 그 제품에 호감을 갖지 않을 수도 있다. 이것은 조화가설(match-up theory)라고도 불리운다. 케일과 호머(Kahle & Homer, 1985)에 따르면, 유명인의 신체적 매력이 광고된 상품의 매력성과 조화될 때, 상품과 광고 평가에 대한 긍정적인 효과를 기대하게 된다. 그러나 만일 상품과 유명인의 매력성이 조화를 이루지 못 하면 평가는 나빠질 것이다.

이와 같이 유명인을 광고모델로 활용하는데 있어 주의해야 할 점이 있다. 첫 번째, 유명인이 나오는 제품광고를 우선 파악해야 한다. 만약에 유명인 너무 많은 광고에 나온다면 아무리 광고효과가 좋을 것으로 예측된다 해도 주의해야 한다. 중복출연으로 인해 소비자가 제품을 오인지할 수 있고 광고가 전달하려는 메시지가 약해질 수 있다. 많이 나오는 경우 한 광고모델이 7~8개 제품광고에 등장한다. 그렇지만 이럴 경우 광고효과에 대해 누구도 단정 지을 수는 없을 것 같다. 오히려 한 광고모델이 10년 이상 한 제품광고에 등장하여 일관된 제품이미지를 심어줄 수 있다면 더욱 더 강력한 제품이미지를 가질 수 있으며 광고효과도 배가가 될 것이다.

두 번째, 광고가 전달하려는 메시지가 광고모델로 인해 방해가 되는지에 대해 고려해 보아야 한다. 광고모델의 이미지가 너무 강해 광고의 메시지를 전달하는데 있어 방해가 된다면 오히려 다른 제품광고에 이득이 될 것이다. 때로는 모델을 기억하고 브랜드를 기억하지 못하는 경우도 생기기 때문이다. 일반적으로 아이스크림, 음료수에 유명인이 광고모델로 나오게 되는데, 이 경우 모델을 기억하지만 그 모델이 나온 다른 제품을 기억할 수 없는 점도 있기에 주의를 기울여야 한다.

이러한 점에도 불구하고 광고업계에서 빅 모델 전략이라고 부르는 유명인 광고모델 전략은 분명 효과가 있다. 유명인 모델이 신뢰도 측면이나 매력도 측면에서 일반인보다는 더 나은 평가를 받는다는 점에서 보면 쉽게 알 수 있다. 다만 어떤 경우에 더 효과적인가에 대해서는 고려할 필요가 있다.

광고의 매력성을 높이는 데에 유명연예인을 활동하는 것 외에 또 다른 방법으로는 새로운 신인 연예인을 활용하는 것이다. 1990년대 후반 나온 전지현의 경우 광고모델로 나와 유명인이 되었지만 동시에 나온 삼성전자 제품도 동시에 효과가 컸었다. SK텔레콤의 경우도 TTL 모델로 임은경도 마찬가지로 신비롭고 매력적인 이미지로 인해 광고효과를 높일 수 있었다.

4. 메시지효과

광고가 전달되는 과정 중에 메시지가 주는 효과가 있다. 메시지 내용이 가장 중요하겠지만 메시지 제시구조, 제시방법, 소구방법 등에 의해서도 영향을 받을 수 있다. 광고메시지가 잘 전달될 수 있도록 위와 같은 방법을 다양하게 활용하고 있다.

1) 메시지구조

메시지구조란 타겟 청중에게 전달될 메시지내용을 어떻게 구성하는지에 대한 내용이다. 경우에 따라서는 가장 중요한 내용을 먼저 제시하는 것이 효과적일 수 있다. 일반적으로 광고메시지의 핵심내용이 처음에 위치하거나 마지막에 위치하는 것이 효과적이다. 이와 같이 처음에 위치하는 것이 초기효과(Primacy effect)라 하며 마지막에 위치하는 것이 최근효과(Recency)라 한다. 주로 브랜드명은 초기에 그리고 마지막에 반복 노출되어 소비자에게 기억될 수 있도록 한다.

만약 광고메시지 핵심내용이 처음과 마지막 중 어디에 위치할 것인가는 여러 요인에 의해 영향을 받는다. 광고메시지에 타겟 청중이 반대위치에 있을 것이라 예상되면, 핵심내용이 처음에 제시하는 것이 낫고 중립적이라면 핵심내용을 마지막에 제시하는 것이 효과적일 수 있다.

2) 제시방법

특정한 주제에 대해 한 가지 측면을 제시할 것인가 아니면 두 가지 측면을 제시할 것인가에 대한 문제가 있을 수 있다. 한 가지 측면을 제시하는 일면적 메시지는 제품의 장점을 제시하는 것이고 두 가지 측면을 제시하는 양면적 메시지는 제품의 장점과 단점을 동시에 제시하는 것을 말한다. 이것을 타겟 청중의 성격과 관련지어 얘기할 수 있다. 타겟 청중의 교육수준이 낮을 경우는 일면적 메시지를 제시하는 것이 효과적일 수 있으며 타겟 청중의 교육수준이 높을 경우는 양면적 메시지를 제시하는 것이 효과적이다. 교육수준이 높은 집단은 일면적 메시지에 대해 반감을 가질 가능성이 크기 때문에 장점과 단점을 동시에 얘기하는 메시지에 대해 설득력을 느낄 수 있다. 양면적 메시지는 반박소구형태로 많이 쓰이게 된다. 비교 광고를 통해 경쟁사가 제시할 자사 제품의 부정적 메시지와 자사의 긍정적 메시지를 동시에 활용함으로써 경쟁제품의 광고효과를 무력화할 수 있다.

또한 양면적 메시지는 자사 제품에 대해 소비자들이 이미 부정적 신념이나 태도를 형성하고 있을 경우나 또는 소비자들을 설득하기 어려운 상황에서 효과적일 수 있다. 예를 들면, 렌터카 시장에서 2위의 위치를 차지하고 있던 Avis는 "우리는 2등입니다. 그래서 더 열심히 일합니다."라는 광고 캠페인을 통해서 1위의 위치를 차지하고 있는 Hertz보다 더 열심히 노력한다는 것을 설득력 있게 전달할 수 있었다. 이것은 양면적 메시지를 사용하는 광고가 일면적 광고보다 더 효과적일 수 있음을 보여주고 있다(Aaker et al. 1992).

이러한 양면광고 기법은 제품의 장점만을 제시하는 대부분의 광고와는 달리 광고주가 자사 제품의 단점을 솔직히 드러내기 때문에 광고주에 대한 신뢰도를 높이게 되고, 결과적으로 광고태도, 상표태도, 구매의도를 향상시킬 수 있다는 점에서 효과적인 광고기법으로 제시되어 왔다(Crowley and Hoyer 1994; Etgar and Goodwin 1983; Golden and Alpert 1987).

메시지 전달 형태에 있어서 양면적 메시지가 일면적 메시지 보다 효과적이라는 것을 밝히려는 시도가 많이 되었는데 이를 설명하는 것으로는 면역이론(Inoculation Theory)과 귀인이론(Attribution Theory), 그리고 적정환기이론(Optimal Arousal Theory)이 있다. 이러한 이론을 살펴보면 양면적 메시지는 일면적 메시지보다 효과적인 것으로 나타나지만 양면적 메시지는 자사제품에 대한 부정적인 정보를 제시해야만 하기 때문에 일면적 메시지에 비해 광고효과가 반드시 우월하다고는 할 수 없을 것이다. 또 다른 연구에서는 일면적 메시지와 양면적 메시지의 광고효과의 차이가 나타나지 않은 결과들도 보고되어 왔다.

(1) 면역이론

McGuire(1961)가 생물학적 측면의 면역이론을 통해 설명한 양면적 메시지에 관한 효과로서 양면적 메시지로부터 제시되는 부정적 정보가 외부로부터 유입되는 부정적 정보에 대한 면역력을 높인다고 제시되었다. 즉, 양면적 메시지에 노출되어 제품에 대해 긍정적인 태도를 지닌 소비자들은 양면적 메시지에서 제시한 부정적 측면에 이미 면역이 되어있기 때문에 이후에 제품에 대한 부정적 정보를 듣게 되더라도 쉽게 영향을 받지 않는다는 것이다.

(2) 귀인이론

Heider(1958)에 의해 연구된 귀인이론은 양면메지시가 처리되는 소비자의 심리적인 과정에 대해 설명한다. 소비자들은 일반적인 일면적 메시지에 대해서는 광고주가 제품을 판매하기 위해 과장하여 만들어 낸 것이라고 귀인하는 반면, 양면적 메시지를 통해 제품의 부정적 측면을 제시하는 광고는 광고주가 솔직해서 만들어낸 것이라고 귀인한다. 따라서 귀인이론은 양면적 메시지를 통해 광고주가 소비자에게 진실을 말한다고 생각하게 함으로써 광고주에 대한 신뢰성을 높이는 효과가 있다고 주장된다.

(3) 적정환기이론

Berlyne(1971)의 적정환기이론은 소비자의 적응수준(adaptation level)에서 적당히 벗어나는 기이함이나 놀라운 자극은 긍정적인 효과가 있다고 설명한다. 즉, 제품의 편익을 말하는 일반적인 일면적 메시지는 소비자의 적응수준 내에 있는 반면 제품의 부정적인 면을 함께 제시하는 양면적 메시지는 소비자의 적응수준에서 벗어나는 자극인 것이다. 따라서 양면적 메시지는 소비자들의 관심을 끌어내고 선호도를 높여 제품에 대해 긍정적인 태도를 취할 수 있다. 그러나 양면적 메시지에서 부정적인 정보가 과해 소비자의 적응수준에서 크게 벗어날 경우는 오히려 부정적인 효과를 낳을 수도 있다.

3) 소구방법

광고메시지를 전달하려면 소구방식을 선택해야 한다. 소구방법은 크게 보면 이성적소구와 감성적소구로 나눠지게 된다. 그리고 광고에서 많이 활용되는 소구는 비교 광고, 위협소구 광고, 유머소구 광고 등이 있다. 이에 알아보면 다음과 같다.

(1) 비교 광고

비교 광고는 경쟁브랜드를 광고 속에서 자사브랜드와 동시에 제시하면서 경쟁브랜드를 공격하는 형태를 취한다. 예를 들어, 냉장고 제품에서 타사의 제품과 비교해서 특장 점을 제시하고 자사가 가지고 있는 차별 점을 제시하는 형태이다. 미국에서는 1972년 연방거래위원회(Federal Trade Commission)에 의해 비교 광고가 허용되어 왔으며 비교 광고가 활발히 진행되고 있으며 우리나라는 1995년에 비교 광고가 제도상으로 허용되었지만 2001년에 공정거래위원회가 비교 광고 허용 지침을 마련하면서 본격적으로 시작되었다고 볼 수 있다. 이에 과거에는 우리나라에서 비교 광고를 찾아보기 어려웠지만, 최근에는 간혹 비교 광고를 활용한 광고를 접할 수 있다.

비교 광고의 장점으로는 소비자가 알고자 하는 내용을 비교적 쉽게 접할 수 있다는 것이다. 자사 제품과 비교제품이 비교가 되기 때문에 소비자는 차별점이 무엇인지를 쉽게 알 수 있다는 것이다. 그러나 단점으로는 우리나라 소비자들이 남을 공격하는 문화에 익숙하지 않기 때문에 비교 광고 자체를 받아들이지 않을 수 있다는 것이다. 미국에서도 가끔 이러한 현상들이 벌어지지만 우리나라의 문화적 특성상 비교 광고의 공격하는 문화에 익숙하지 않을 수 있음으로 이점을 유념하여 비교 광고를 실시해야 한다.

아래 〈그림 5.3〉에서 '배달통'과 '배달의 민족' 광고는 같은 버스정류장에 설치었으며, '배달의 민족' 광고의 카피에서 언급되는 "경희야, 넌 먹을 때가 제일 이뻐"에 대응하듯 "경희야, 그래서 넌 배달통이 답이거든"이라는 카피를 통해 '배달통'은 1위 업체인 '배달의 민족'을 겨냥하여 비교 광고를 실시하였다.

다른 사례로는 펩시콜라와 Fedex 광고도 있다

▲ 맥도날드의 상징적인 모델이 버거킹에서 주문을 하는 모습을 표현한 '버거킹' 광고

▲ 1위 업체인 배달의 민족을 겨냥한 '배달통' 광고

▲ 펩시에는 빨대가 잘 꽂혀있는 반면 코카콜라에는 빨대가 거부하는 있는 듯한 모습을 표현한 '펩시콜라' 광고

▲ DHL보다는 빠르게 배달한다는 의미를 지닌 Fedex광고

그림 5.3 비교 광고 사례

(2) 공포소구 광고

공포소구는 소비자가 메시지에 나오는 내용을 받아들이지 않으면 소비자에게 오히려 해가 될 수 있음을 암시하는 것이다. 일반적으로 담배, 술 등 공익광고 캠페인에서 많이 나타난다. 그리고 구강청정제, 비듬용 상품에서도 제품을 사용하지 않음으로써 생기는 손해를 암시하는 공포소구 광고가 있다. 위협소구 광고는 부정적인 정서 반응을 일으켜서 제품이나 기업에 대한 태도에 부정적 영향을 미칠 것으로 생각하지만, 사람들은 온정적이거나 유머러스한 광고보다는 오히려 위협소구 광고를 더 많이 기억하고, 더 자주 회상한다는 결과도

있다.

공포소구 광고의 전제조건으로는 공포수준의 적절성에 달려 있다. 일반적으로 공포수준이 높아질수록 효과가 나타나다가 공포수준이 일정 수준을 넘어버리면 오히려 역효과가 일어난다. 따라서 공포수준을 어떻게 적절하게 하느냐가 중요하다. 즉, 광고가 묘사한 위협적인 상황이 소비자 자신에게 발생할 수 있다고 믿도록 만들어야 한다는 점이다. 공포수준이 너무 높아서 믿지 않을 수 도 있고 공포수준이 너무 낮아서 믿지 않을 수도 있다. 적정수준의 공포소구를 할 때, 공포소구 광고의 효과가 나타난다. 우리나라에서 공포소구 광고는 공익광고 캠페인에 많이 쓰이는 소구형태로써 수용자가 공포수준을 어떻게 받아들이는지가 중요한 핵심요인이 될 수 있다.

공포소구 광고가 효과적으로 작용하기 위해서는 다음과 같은 조건을 충족해야 한다. 먼저, 메시지를 통해 위협의 심각성을 인식해야 한다, 두 번째, 메시지를 통해 소비자들이 위협적 상황이 발생될 수 있음을 인식해야 한다. 세 번째, 위협을 제거할 수 있는 해결책이 언급되어야 한다. 네 번째, 그 해결책이 쉽게 실천될 수 있어야 한다.

아래 〈그림 5.4〉의 보건복지부 금연캠페인 '흡연은 스스로 구입한 질병입니다'는 담배를 구입하는 사람이 "담배 주세요" 라고 말하는 것이 아니라, "뇌졸증 2갑 주세요"라고 정확하게 질병을 언급한다. 자막과 나레이션으로 "오늘도 당신이 스스로 구입한 질병, 흡연. 치료하지 않으면 죽음에 이를 수 있습니다. 흡연은 질병입니다, 치료는 금연입니다" 라고 말한다. 이 캠페인은 '죽음'이라는 공포소구를 활용한 광고이다.

▲ 2015년 보건복지부 TV 금연캠페인 '흡연은 스스로 구입한 질병입니다' 스크린샷

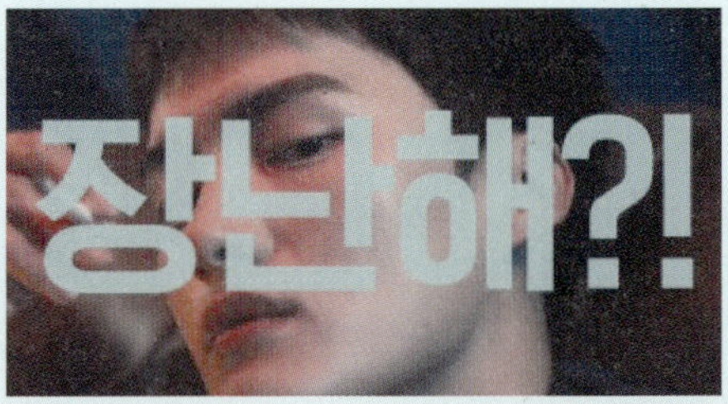

▲ 2019년 보건복지부 온라인 금연캠페인 '인생을 낭비합시다' 편

그림 5.4 공포소구 광고 사례

(3) 유머소구 광고

유머소구는 재미를 주는 목적으로 만들어진 방법이다. 재미를 통해 소비자에게 소구하여

좋은 감정을 유발하고 궁극적으로 긍정적 광고태도를 형성케 한다. 이러한 유머소구는 우리나라 광고에서도 많이 나타나고 있다. 특히 유머소구 광고는 어린이를 대상으로 하는 제품에서 많이 이용된다. 그러나 유머소구 광고의 유머수준이 너무 높다면 오히려 소비자가 제품명을 기억하지 못할 수도 있음으로 적절하게 유머소구를 활용해야 한다(〈그림 5.5〉 참조).

▲ 2014년 팔도 비락식혜 바이럴 광고 '으리의 김보성' 스크린샷

▲ 2020년 맘스터치 내슈빌 콤보 광고컷

그림 5.5 유머소구 광고 사례

여러 연구자들의 연구에서 언급되어온 유머소구의 특징을 정리하면 다음과 같다(구승희, 2000; 노영송, 1999; 박희랑, 2000; 이철, 1991; 진정희, 2000; 한창희, 1998, G. J. Gorn, 1982). 첫 번째, 유머광고는 수용자로 하여금 호감도를 상승시키고 친근감을 느끼게 하여 비유머광고보다 기억이 오랫동안 지속된다는 이점이 있다.

두 번째, 유머광고는 주의에 대한 효과가 있다. 많은 양의 광고로부터 노출이 되면 수용자는 불쾌감이 생기고, 결국 광고 기피 현상까지 일으킬 수 있는데, 유머광고는 이런 소비자의 반감을 중화시키고 주의를 끌 수 있어 결국 노출 증대의 이점이 있다. 그렇다고 해서 동일한 소재로 지나친 반복을 하면 오히려 역효과가 나기 때문에 주의해야 할 것이다.

세 번째, 유머광고는 무조건적 자극(유머소구)을 일으켜 활력적인 정보와 배경을 창출해낼 수 있고, 음악, 색깔과 같은 각성적 자극(Arousal stimulus)을 일으켜 정보를 강화시키는 이점이 있다.

네 번째, 지나친 유머소구는 비호의적인 사람에게 거부반응을 일으킬 수 있어서 이해를 하는데 어려움을 줄 수 있다. 따라서 적절한 핵심 타겟을 선정하여 소구해야 할 것이다. 많은 학자들이 인구통계학적 특성으로 적절한 핵심 타겟을 선정해 본 결과, 젊은 집단, 교육수준이 높은 집단, 사회적 지위를 가진 집단, 전문가 집단 등에 적합하다고 하였다.

다섯 번째, 유머광고는 소비재와 서비스 광고에 많이 사용되고 산업재와 기업광고에는 적합하지 않아서 사용이 기피되고 있다. 상품별로는 청량음료, 식품, 주류, 장난감, 게임 등에서 많이 사용되고 있다.

여섯 번째, 유머광고는 매체별로 TV, 라디오 광고에 가장 많이 사용되고 그 다음으로 옥외, 잡지광고에 많이 사용되고 있다. 왜냐하면 유머를 생동감 있게 전달하기 위해서는 시각적, 청각적, 언어적 특성을 잘 살려야 하기 때문이다. 반면 DM(Direct Mail), 신문광고에는 유머광고가 적합하지 않은 것으로 알려져 있다.

일곱 번째, 유머광고는 비유머광고에 비해 제작에 있어(유머를 창출하는) 어려움이 있고 잘못 사용되면 광고자체가 유치하게 되는 위험이 있다. 또한 비유머광고에 비하여 수명이 짧기 때문에 반복된 노출은 지루함을 유발할 수 있다.

스탕달과 크레이그(Sternthal and Craig, 1973)는 기존의 문헌들을 분석하여 유머광고의 효과를 커뮤니케이션 효과에 맞게 체계적으로 정리하였으며, 상세 내용은 아래 〈표 5.1〉와 같다.

표 5.1 스탕달과 크레이그의 유머광고 기능

긍정적 기능	부정적 기능
- 오디언스의 주의를 집중시킨다. - 유머러스한 배경이 긍정적 강화제(Positive Reinforcer)로 설득효과를 높여준다. - 유머는 경쟁제품의 사용자로 하여금 설득적 광고 메시지에 반응을 방해하여 메시지의 수용을 용이하게 한다.	- 빈번한 노출로 인한 정적인 감정의 둔화는 오히려 효과를 감소시킨다. - 제품의 효익을 제대로 전달하지 못하면 효율적인 광고가 될 수 없다.

출처: 한창희, 1998

4) 채널효과

광고메시지를 보내려면 채널(매체)을 이용해야 한다. 매체는 TV, 라디오, 신문, 잡지 등 4대 매체를 비롯하여 케이블, 인터넷, 옥외광고 등이 있다. 각 매체마다 특성이 다르기 때문에 타켓 소비자에게 메시지를 전달하기 위해서는 어떤 매체를 선택하느냐가 중요하다. 그리고 이러한 매체를 어떻게 믹스하느냐도 중요하다. 그리고 매체들은 각각 다른 특성을 가지고 있다. 인쇄매체는 많은 정보를 제공할 수 있다. 그렇지만 방송매체는 많은 정보를 제공할 수 가 없기 때문에 이미지를 전달할 수 있다. 인쇄매체는 긴 카피로 메시지를 제시하지만 방송매체는 짧은 카피로 단번에 어떤 태도를 가질 수 있게 해주어야 한다.

이러한 채널에서는 혼잡현상이 일어나기도 한다. 너무나 많은 매체가 있기 때문에 소비자는 특정의 동기가 있지 않는 한 하나의 매체를 접하는 기회가 쉽지 않다. 이러한 혼잡상황에서 송신자는 혼잡을 넘어서 자사의 광고메시지를 보내기 위해 창의적인 크리에이티브를 만들어야 하며 적당한 시간대에 광고를 송출해야 한다.

5) 피드백

피드백은 커뮤니케이션의 과정에서 소비자가 메시지 송신자에게 반응을 보이는 것을 말한다. 이러한 피드백에서는 긍정적 반응도 있지만 의도했던 효과가 달리 다른 효과가 나타나는 부정적 반응도 있다. 이러한 반응을 통해 송신자는 다음에 전달한 메시지를 수정하여 보내게 된다. 이 과정에서 소비자는 커뮤니케이션 과정에서 하나의 주체로서 역할을 하게 되며 지금 인터랙티브 광고, 소셜미디어 광고 시대에서는 피드백과정이 더욱 중요하게 되었다. 친구들에게 광고가 좋다며 메시지를 보내면 이것에 대한 파급효과는 매우 크다. 온라인상에서 광고에 대한 피드백으로 긍정적 의미의 댓글이 많이 달리면 온라인상에서 구전효과가 있게 되어 기존의 매체보다도 커뮤니케이션 효과를 배가시킬 수 있다.

마케팅 관점에서의 광고

6

도입사례

B급 홍보 성과는 A급…병맛나는 충주시 영상, 클릭을 부르고
같은 옷을 입은 남자 네 명를 세워놓고 교관으로 보이는 한 남자가 물었다.

"자 이제 눈치 게임 시작하겠다. 충주야, 청주야?"

네 사람 입에서 충주와 청주가 뒤섞여 "청주"라는 대답이 나오자 교관은
"청주라고 한 XX 누구야. 당장 나와"라고 소리를 질렀다.

유튜브에서 인기를 끌었던 예능 프로그램 '가짜 사나이'를 패러디한 '가짜, 가짜 사나이'의 한 장면. 교관은 '충주시 홍보맨'으로 알려진 시청 공무원 김선태 주무관, 훈련생으로 등장한 사람은 모두 유튜브를 통해 모집한 일반인이다. 김 주무관이 '가짜 사나이'의 유행어 "너 인성에 문제 있어"와 "4번은 이기주의야"를 써가며 일반인에게 기합을 주는 이 영상은 유튜브의 충주시 공식 채널 '충 TV'에 올라왔다. 대체 이 영상과 충주시 홍보는 무슨 관계가 있을까. 조회 수 46만이 넘는 이 영상에서 훈련생은 충주시 특산물인 산척 고구마가 새겨진 티셔츠를 입고 있었다.

▶▶ 충주시를 홍보하는 소셜 미디어에는 관공서에서 내놨다기엔 너무 재기가 넘치고, 공무원이 만들었다기엔 꽤나 발랄한 콘텐츠들이 있다. '양반의 도시'로 잘 알려진 충주에서 대체 무슨 일이 벌어지고 있는 것일까.

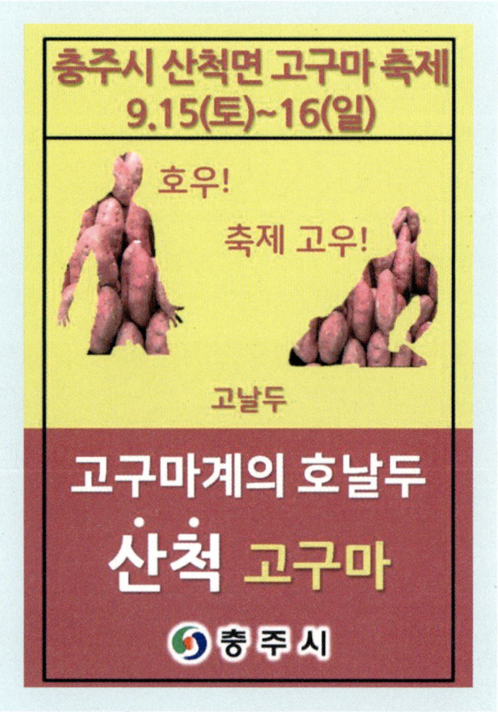

충 TV가 있기 전에 충주시 페이스북이 있었다. "충성할 때 충! 충주시청" "믿음, 소망, 사과. 사과는 충주 사과" 등 말장난 같은 홍보 문구와 대충 그린 듯한 그림이 합쳐진 홍보 포스터가 페이스북의 충주시청 페이지에서 인기를 끌었다. 그다음에 나온 게 시청 홍보팀 김선태 주무관이 운영하는 충 TV와 농정과 유통팀이 만든 '충주씨' 유튜브 채널이다. 충주씨는 충주시를 대표하는 캐릭터 수달의 이름으로 사과, 고구마, 밤 등 특산품 홍보에 특화가 됐다.

충주시 유튜브에는 주로 B급 패러디 영상과 공무원 인터뷰, 먹방 콘텐츠가 올라오고, 김선태 주무관의 브이로그(개인의 일상을 담은 셀프 카메라)와 상황극도 있다. 여느 유튜브 예능 프로그램과 다를 게 없지만 충주시 홍보가 빠지지 않고 들어간다. 김 주무관이 충주시 하수처리장에서 밥을 먹는 먹방을 선보이면서 하수처리장 공무원이 하는 일을 보여주고, '가짜 사나이2' 지원 영상을 찍으면서 체력 테스트를 하는 과정에선 보건소 홍보를 함께하는 식이다. 지금까지 가장 인기가 많았던 영상은 관짝 소년단 밈(가나에서 관을 든 상여꾼들이 춤을 추는 영상을 패러디한 것)을 만들어서 코로나 예방법을 홍보한 것으로 조회 수 400만이 넘었다. 충주시 채널의 구독자는 12만 6000명. 13만 7000 구독자를 보유한 서울시 채널에 이어 지자체 유튜브 중에서 2위를 차지했다. 서울시 채널의 유튜브 1년 예산이 6억원인데, 충 TV는 60만 원에 불과하다.

충주씨도 B급과 병맛(맥락 없고 어이없음)으론 만만치 않다. 충주씨는 주로 노래를 통해서 홍보를 많이 하는데, 대표곡 '사과하십쇼'는 오규석 부산 기장 군수가 군정 질의 도중에 "사과하십쇼"를 400번 이상 외친 것을 패러디한 것. 나이트클럽에서나 들을 수 있을 법한 박자와 선율로 이뤄졌지만 묘하게 중독성이 있는 곡으로 '사과'의 중의적인 의미를 살렸다. '사과하십쇼'를 반복하다가 어물쩍 '사과 사십쇼'로 넘어가는 게 포인트. 조회 수가 50만 가까이 됐고, "일하면서 듣고 싶다"는 청원이 이어

지자 9시간 동안 이 노래를 무한 반복하는 음원도 만들었다. 이 외에도 가수 배기성과 함께 부른 트로트 '비겁하다 옥수수다', 래퍼 지코의 '아무 노래'를 패러디한 힙합 '아무 고구마' 등이 있다.

충주는 재미나 유흥 하면 떠오르는 도시는 아니기 때문에 B급 · 병맛 홍보물이 가져오는 충격과 반전 효과가 더 크다. 교육방송이 '펭수' 같은 캐릭터를 만든 게 흥미를 끄는 것과 비슷한 이치다. 충주씨를 만든 공무원 중 한 명인 이래관 주무관은 차분하고 담담한 말투로 "충주는 양반의 도시이고, 충주인들은 감정을 밖으로 드러내지 않는다고 알려져 있다. 그것은 편견이다"라고 했다. 그와 동료들은 지자체에서 농산물을 홍보하기 위해 만든 문구가 하나같이 '푸른 물, 맑은 공기'로 시작하는 것을 보고 이를 탈피하기 위해 노래를 만들었다. 이 주무관은 "사과와 관련된 단어를 찾기 위해 시도 때도 없이 '사과, 사과'를 되뇌다가 '사과하십쇼'가 떠올랐다"고 했다.

김 주무관은 "충 TV가 '개인 유튜브처럼 재미만 강조한다', '시정을 더 많이 반영해야 한다'는 내부적인 비판도 있지만, 일단 충주시를 알려야 한다고 생각한다. 충주는 존재감이 크지 않고, 재미 없단 인상을 주는 도시이기 때문에 눈길부터 끌어야 했다"고 했다. "결재를 받고 올리는 게 맞냐"는 댓글 반응에 대해선 "결재 과정이 거의 없다. 예를 들어 홍보물의 글씨 크기 갖고 누군가는 크다고, 누군가는 작다고 지적한다. 그들의 취향을 다 맞추려면 너무 무난하고 지루한 결과물이 나온다"고 했다. 충 TV와 충주씨는 충주를 '노잼'(재미 없음) 도시에서 묘한 매력이 있는 도시, 독특한 도시로 만들었다. '사과하십쇼' 영상에는 이런 댓글이 있다. "진짜 코로나 끝나면 충주 여행 간다. 그곳은 어떤 곳일까."

출처: 조선일보, 변희원 기자, 2020. 9. 26. ■

흔히 광고를 말할 때 마케팅이라는 개념이 함께 떠오르게 된다. 마케팅과 광고는 어떤 차이가 있을까? 마케팅이 광고보다 고차원적인 개념일까? 기본적으로 광고를 마케팅적인 측면에서 바라보면 마케팅 믹스의 하나인 프로모션에 광고가 포함되는 개념으로 이해된다. 이럴 경우 광고는 마케팅에 있어 핵심적인 부분이기는 하지만 마케팅의 하부 요소 중 하나로 다루어지게 된다. 하지만 현대의 마케팅 환경이 복잡해지고 미디어 환경 또한 많은 변화를 보이면서 마케팅과 광고는 서로 보완적인 관계를 형성하며 때에 따라서는 광고가 마케팅과는 별개로 독자적인 영역을 구축하기도 한다. 특히 광고를 독립적인 학문 분야로 이해하려는 노력이 이루어지고 있고 광고만의 관점으로 광고를 바라보아야 한다는 견해도 존재한다. 따라서 본 장에서는 마케팅에 대한 이해와 함께 통합적 마케팅 커뮤니케이션에 대해 살펴보고 전반적인 광고에 대한 이해를 넓히고자 한다.

1. 마케팅이란 무엇인가?

마케팅에 대한 이해를 넓히기 위해 먼저 마케팅의 개념을 살펴보기로 하자. 개념에 대한 이해를 한 후 마케팅 환경, 마케팅 구성원, 마케팅 관리, 마케팅 믹스에 대해 차례대로 알아보기로 한다.

1) 마케팅 개념

마케팅은 역사가 꽤 오래된 개념으로 기업 활동에 핵심적인 요소로 이해되어 왔다. 마케팅에 대한 정의는 학자마다 또는 각각의 기관마다 조금은 상이한 표현을 사용하지만 기본적으로 마케팅은 "기업이 소비자를 위해 가치를 창출하고 소비자로부터 가치를 얻기 위해 강력한 소비자 관계를 구축하는 과정"을 말한다(Kotler, Philip & Armstrong, Gary, 2006). 여기서 마케팅은 소비자를 중심에 두고 소비자와의 관계 구축을 궁극적인 목표로 한다는 것을 알 수 있다.

과거에 생산자가 우위를 점하는 시장상황에서는 마케팅이라는 개념은 필요가 없었다. 물건을 만들어 놓으면 팔리는 시대에는 소비자 위주의 사고를 할 필요성을 느끼지 못했던 것이다. 1960년대 한국의 전자제품 시장을 예로 들어 보기로 하자. 이 당시는 한국 시장에 소비자가 필요로 하는 물건들이 많지 않았던 시기로 한국 기업에 의해 라디오가 처음 만들어져 가정에 보급되던 시기였다. 이때 라디오를 구매하고 싶어하는 소비자는 다수 존재하였지만 시장에 공급되는 국산 라디오의 수는 수요를 따라가지 못하였다. 물론 경제적으로 여유 있는 계층은 미국이나 일본에서 생산된 라디오를 구매하기도 하였으나 이는 제한된 일부 계층의 경우일 뿐이었다. 따라서 당시 소비자가 라디오를 구매하기 위해서 선금을 주고 제품 출하를 기다리는 경우도 흔하였다. 이럴 경우 라디오 생산자는 마케팅이라는 개념의 필요는 전혀 느낄 수 없었고 오직 매출을 증대시켜 이윤을 확대하기 위해서는 더 빨리, 더 많이 제품을 공급하기 위해 생산이라는 개념에 집중하였던 시기였다. 하지만 시장이 성숙되고 경쟁자가 늘어나면서 시장은 수요와 공급이 균형을 이루게 된다. 더 나아가 생산량이 늘어나고 새로운 경쟁자가 시장에 진입하면서 제품 공급은 많은데 수요가 그에 미치지 못하는 경우가 발생하게 된다. 이때 비로소 제품 판매를 확대하기 위해 새로운 노력이 필요하게 되었고 생산자들이 제품을 소비자에게 판매하기 위한 기술로서의 마케팅을 필요로 하게 되었다. 광고는 이러한 마케팅 노력의 일환으로 생산자의 제품 판매를 도와주는 핵심적인 기능으로써 시장에 등장하게 된 것이다.

예전에 마케팅은 시장의 경쟁이 심화되면서 제품 판매를 도와주기 위한 단순한 전략적 과정을 지칭하였지만 현재는 고객의 욕구를 충족시키는 과정으로 새롭게 이해되고 있다. 현대의 마케팅에서 가장 중요한 개념으로 이해되는 것이 소비자 효용(utility)이다. 효용이라는 개념은 소비자의 욕구를 기능적으로 혹은 상징적으로 만족시켜주는 제품의 제공 혜택이라 할 수 있다. 궁극적으로 마케팅은 소비자가 만족할 수 있는 효용을 창출하는데 중점을 두고 있다. 이러한 마케팅이 이루어지기 위해서 기본적인 개념인 교환, 지각, 만족을 이해하여야 한다.

(1) 교환

교환(exchange)은 마케팅과 광고의 목적으로 기능한다. 교환은 한 개인이나 조직이 처한 상황을 개선하기 위해 시행하는 활동으로 인간의 본원적인 본능의 일부로 해석할 수 있다. 마케팅은 이러한 교환을 촉진하고 소비자 만족에 기여한다.

(2) 지각

지각(perception)이라는 개념은 교환을 시작하기 위해 필요한 개념이다. 크게 고객의 입장에서 바라본 제품과 서비스에 대한 지각과 마케터의 입장에서 바라본 고객의 욕구, 기호, 목표에 대한 지각이 있다.

(3) 만족

만족(satisfaction)은 고객의 입장에서 가장 본원적인 목표로 교환이라는 행위도 본질적으로 만족을 추구하기 위한 행위이다. 이러한 만족은 고객이 제품을 사용할 때마다 이루어져야 하며 만족한 고객은 제품을 다른 사람에게 추천하기도 한다. 기업의 궁극적인 목표가 고객만족이라 할 수 있으며 기업에 따라서는 고객만족을 넘어 고객감동(delight)을 기업 목표로 하는 경우도 있다. 고객감동은 소비자의 기대보다 만족이 클 경우 발생하게 된다.

2) 마케팅 환경

마케팅에 대한 이해를 하려면 현재 한국의 시장환경을 이해하는 것이 필수적이다. 보통의 마케팅에서는 마케터가 다양한 요인들을 통제하여 이루어진다. 하지만 환경은 마케팅에 있어 통제가 쉽지 않은 것으로 마케터의 입장에서는 자신을 환경에 적응시키는 노력이 필요하다. 마케팅 환경은 다양한 구성요인들이 존재하지만 크게 거시적인 환경과 미시적인 환경으로 구분할 수 있다.

(1) 거시적 환경

마케팅의 거시적인 환경에는 다양한 요인들이 존재한다. 가장 대표적인 것이 인구통계적 요인으로 시장을 이해하는 데에 1차적인 정보를 제공한다. 인구통계적 요인 외에 지리적 환경, 경제적 환경, 기술적 환경, 자연 환경, 문화, 규제 등도 마케팅 전략 수립에 있어 중요하게 고려해야 할 사항들이다.

– 인구통계

인구통계는 나이, 성별, 교육수준, 가구소득 등으로 구성된다. 특히 나이라는 개념은 한 시장을 이해하고 시장의 변화를 읽어내는데 있어 핵심적인 사항이다. 한국의 경우 한국 전쟁 이후로 태어난 베이비 붐 세대가 현재 은퇴하는 시기이다. 따라서 급속도로 고령화 사회로 진입하면서 은퇴자들을 대상으로 하는 실버 산업에 대한 관심이 높아지고 있다. 또한 결혼을 늦게 하고 아이 가지기를 꺼려하면서 출생률의 저하로 인해 인구 분포에도 많은 변화가 일어나고 있다. 이러한 인구 분포의 변화는 제품이나 서비스를 제공하는 기업의 입장에서는 새로운 시장이 형성되기도 하고 기존 시장이 사라지는 등 시장 변화에 중요한 요인이 되기에 관심을 가지고 지켜봐야 한다. 특히 밀레니얼 세대가 소비의 중심에 등장하면서 세대 차이도 마케팅에서 중요한 고려요인이다.

교육 수준의 변화도 중요한 요인으로 이해하여야 한다. 한국의 경우 대학 진학률이 하락하고는 있지만 고등학교 졸업자의 70% 이상이 대학에 진학하는 고학력 사회이다. 이러한 사회는 교육관련 시장의 성장과 함께 소비자의 특성에서도 고학력 사회가 아닌 다른 국가들과는 차이를 보이게 된다.

– 지리적 환경

지리적 환경도 중요한 환경 요인이다. 그 동안 도시화가 진행되면서 서울을 비롯한 대도시로 인구 유입이 증가하면서 농촌 지역과 도시 지역이 상이한 모습을 띄게 되었다. 또한 각 지방별로 독특한 문화를 구성하면서 하나의 시장으로 바라보기보다 지역의 특성에 맞는 접근이 요구되기도 한다.

반대로 지리적인 한계가 희미해져 시장이 통합되는 경우도 있다. 고속철도가 개통되고 비행기를 이용하는 승객들이 늘어나면서 어떤 부분에 있어서는 과거에 존재하였던 지리적인 한계가 많이 사라지고 있는 것이 현실이다. 신도시에 거주하는 사람들도 결국은 경제활동의 대부분을 서울에서 하고 있어 수도권 신도시를 각각의 시장으로 보기 보다는 서울과 연결된 광역시장으로 이해하는 것이 타당하다. 따라서 지리적인 환경도 마케팅 프로그램을 실시할 때 목표달성에 영향을 미치는 요인으로 간주하고 충분히 고려하여야 한다.

– 경제 환경

마케팅 환경을 이해하는데 있어 경제적인 환경은 비즈니스에 있어 가장 핵심적인 요소로 이해할 수 있다. 한국경제가 겪은 IMF와 2008년 미국의 서브 프라임(sub-prime) 사태 등은 경제를 위기로 몰아 넣으며 시장 환경에 많은 변화를 일으킨다. 먼저 경제가 위기를 맞게 되면 소득이 줄게 되어 소비자들이 소비하는 제품에도 변화가 일어나며 결국 소비패턴이 변화하게 한다. 할인점 매출이 늘어나거나 저가 제품이 잘 팔리는 등의 변화가 경제적 상황이 악화하면 나타나는 대표적인 변화라 할 수 있다. 생활용품 매장인 '다이소'가 한국시장에서 폭발적인 성장을 하는 것이 그 예이다. 반대로 경제가 회복기에 접어 들면 기업은 소비자의 지출 수준에 맞는 전략적 마케팅을 고려하여야 한다.

– 기술적 환경

새로운 기술이 시장에 속속 등장하면서 기술적인 환경의 변화에도 주목하여야 한다. 컴퓨터나 인터넷이 시장에 들어 온지 오래지 않아 마케팅 환경 자체를 많이 변화시켰다. 기술적 환경의 발전은 제품 개발부터 유통, 광고에 이르기까지 마케팅 전반에 영향을 미치고 있다. 기술의 발전은 미디어 환경도 변화를 시키고 있다. 스마트폰과 같은 모바일 미디어의 경우 이동성을 기반으로 시장 환경의 변화를 추동하고 있으며 IPTV와 디지털케이블 TV와 같은 양방향 TV는 인터넷과 방송이 결합되어 미디어 환경에 많은 변화를 가져오고 있다. 4차 산업혁명에 대한 관심이 증가하고 기술을 기반으로 한 마케팅이 도입되면서 기술이 미디어 환경과 사회를 변화시키는 속도는 더욱 증가할 것으로 예상된다.

– 자연 환경

자연환경의 경우 공해와 지속 가능한 개발이라는 측면에서 이해되어야 한다. 이산화탄소를 줄이기 위한 전세계적인 노력이 그 대표적인 예라 할 수 있다. 따라서 환경 친화적인 제품의 매출이 꾸준히 증가하고 유기농 먹거리에 대한 관심도 높아지고 있다. 예를 들어 이

산화탄소 배출량을 줄이기 위해 전기자동차에 대해 많은 투자를 하고 있다. 충전용 전기자동차는 물론 수소전기차에 대한 관심도 증가하는 실정이다. 유럽의 경우 특정한 시한을 정해 놓고 내연기관 자동차 판매를 제한할 움직임도 일고 있다. 이러한 변화에 대처하는 과정에서 자동차 산업의 지형에 큰 변화가 있을 것이다.

반면 자원이 세계 각국의 중요한 이슈로 부각되면서 새로운 자원 탐구도 필요하다. 자원이 풍부한 국가의 경우 현재 저개발 국가로 어려움을 겪고 있지만 향후 국가발전의 잠재력을 보유하고 있다고 평가할 수 있다. 한국의 경우 제한된 자원으로 인해 친환경 에너지 개발을 포함한 에너지 자급 노력이 향후 국가 발전에 핵심적인 주제로 관심을 모으고 있다.

– 문화

한 시장을 이해하는데 문화는 중요한 정보를 제공해 준다. 기본적으로 서구 문화와 동양 문화가 다르기 때문에 미국이나 유럽에서 성공한 제품이 한국에서의 성공을 보장해 주지는 않는다. 이에 따라 제품을 다른 문화권에서 마케팅하기 위해서는 제품의 브랜드 이름뿐 아니라 디자인과 색상 등의 요소를 다른 문화권에서 수용 가능한 형태로 수정하는 것 또한 필요하다. 좀더 세부적으로 보면 서구의 시각에서 한국을 비롯한 아시아 국가들의 문화를 동양문화라고 일괄적으로 지칭하고 있지만 아시아를 구성하는 핵심 국가인 한국과 일본, 중국도 외형적으로 동양적인 특성은 상당부분 공유하지만 세부적으로 들어가면 각국이 고유한 문화적 특성을 나타내며 하나의 문화권으로 구분하기 힘든 경우가 많다.

또한 이민의 증가로 인해 하나의 국가에도 다양한 하위 문화가 존재하게 된다. 미국의 경우 이민자들의 국가라는 전통으로 인해 유럽계, 아프리카계, 남아메리카계, 아시아계 등 다양한 민족이 거주하면서 자신들의 고유한 문화를 이어가고 있다. 전통적으로 단일민족을 표방해 왔던 한국도 외국인 노동자의 유입과 결혼 이주민으로 인해 다문화 사회(multicultural society)로 진입하고 있다. 이렇듯 한국 사회의 문화가 다양해지면서 이에 걸맞은 마케팅 노력이 필요하다 하겠다. 특히 이민자들이 거주 국가(host country) 문화에 적응하는 문화적응(acculturation)이라는 개념은 하위 문화와 호스트 문화와의 융합이라는 차원에서 하위 문화권의 소비자에 대한 이해에 많은 정보를 제공해 준다.

– 규제

기업의 입장에서 규제는 사업을 영위하는 데 있어 결정적인 기회나 위협을 제공하게 된다. 한국은 시장의 집중을 막기 위해 대기업에 대한 여러 가지 규제를 시행하고 있다. 특정 산업에 대한 출자 제한이나 계열사간의 부당 거래행위에 대한 제한 등이 그 예이다. 또한 광고 측면에서 방송통신위원회 등의 정부 기관이 소비자의 권리를 보호하기 위해 여러 가지 규제를 하고 있다. 정부 기관 뿐 아니라 소비자 단체와 같은 시민 단체도 기업의 사업 방향성에 영향을 미칠 정도의 위력을 발휘한다. 기업이나 마케터의 입장에서는 이러한 규제 및 정책에 대한 이해가 사업을 영위하는데 절대적이라 할 수 있다.

규제에 대한 이해를 바탕으로 하는 소극적 대응과 달리 기업의 입장에서 좀더 적극적으로 대응하는 경우도 있다. 기업의 윤리적인 행위에 대해 소비자의 동의를 구하는 전략을 구사하기도 하고 기업의 사회적 책임(CSR: corporate social responsibility)이라는 개념을 기업 경영에 도입하여 기업의 핵심 목표로 삼아 소비자와 커뮤니케이션하기도 한다. 최근에는 ESG (Environment, Social & Governance) 경영이 키워드로 등장하며 보다 적극적인 기업의 역할을 기대하고 있다.

(2) 미시적 환경

앞서 언급한 기업의 입장에서 거시적인 고려를 필요로 하는 환경 외에 기업 내부적 환경과 함께 기업이 비즈니스를 운영함에 있어 관계되는 환경을 중심으로 좀더 미시적인 시각으로 마케팅 환경을 바라볼 수 있다.

– 회사 내부

마케팅 담당자의 경우 회사 내부의 환경도 마케팅 전략을 수립함에 있어 고려하여야 할 중요한 환경으로 작용한다. 회사의 최고경영자의 비전이나 마케팅 담당 임원의 생각 자체가 마케팅 프로그램의 성공을 가늠할 정도로 크게 영향을 미치는 것이 현실이기 때문이다. 또한 업무를 진행함에 있어 타 부서와의 협력도 중요한 요인이 된다. 아무리 마케팅 프로그램을 잘 설계하였다 하더라도 생산 부서의 차질로 인해 제품 출하가 늦어지면 마케팅 프로그램의 성공을 담보할 수 없기 때문이다. 더욱 관련 부서와의 원활한 업무 협조는 마케팅 성공의 핵심적인 내부 요인이 될 수 있다.

– 협력 업체

협력업체도 한 회사의 마케팅 성공에 영향을 미치게 된다. 현대사회의 기업경영 환경에서 한 회사가 모든 것을 생산하고 관리할 수 없기에 외주를 주어 일을 처리하는 경우가 많다. 이럴 경우 능력 있는 협력업체를 선정하여 업무를 처리하는 것이 중요하고 협력 업체와의 관계 설정도 기업의 성공에 중요한 요인이 될 수 있다. 광고대행사의 경우도 모든 광고물을 대행사가 직접 제작하는 경우는 드물다. 마케팅 조사나 크리에이티브를 외부 전문업체에 맡겨 일을 처리하는 경우가 많이 있고 인쇄와 같은 마지막 단계의 일은 대부분의 광고대행사가 외부 업체를 활용하게 된다. 이럴 경우도 협력업체와의 긴밀한 협조 체계를 구축하고 능력 있는 회사와 일을 하는 것이 경쟁력을 높이는 핵심 요인이 될 수 있다. 특히, 협력회사를 갑을 관계를 기반으로 한 종속적인 주체로 바라보는 것이 아니라 성공을 위한 동반자로 인식하는 것이 무엇보다 중요하다.

– 경쟁자

마케팅 활동을 전개함에 있어 항상 경쟁자를 의식하여야 한다. 자신이 아무리 좋은 품질의 제품을 제공하여 소비자 만족을 추구한다고 할지라도 소비자의 입장에서는 항상 다른 선택과의 비교를 통해 그러한 효용을 인식하기 때문이다. 절대적으로 좋은 품질이란 현실에서 존재하지 않는다. 소비자의 마음속에서는 경쟁사와의 비교를 통해 상대적으로 자사의 제품이나 서비스가 우월한 지 여부를 판가름할 수 있을 따름이다.

– 공중

마케팅 환경에서 볼 때 다양한 공중들도 중요한 고려 요인이 된다. 기업의 제품과 서비스의 판매 대상인 고객은 물론 기업의 목표를 달성하는데 있어 영향을 미치는 개인이나 집단이 여럿 존재한다. 이러한 공중은 기업과 이해관계가 있는 개인이나 집단으로 정의할 수 있으며 금융관련 공중, 미디어관련 공중, 정부, 시민단체, 지역 사회, 일반인, 내부인 등을 포함한다. 광고에서의 소비자와 같이 PR전략을 수립할 경우 공중을 핵심 대상으로 한다.

3) 마케팅 구성원

마케팅 과정에서 세가지 유형의 핵심 구성원이 존재한다. 이는 고객, 시장, 마케터로 표현된다. 광고를 집행하는 경우도 이 세 가지 구성원들이 핵심적으로 기능하며 마케터의 경우 광고대행사의 입장에서 광고주(clients)라는 명칭으로 불리기도 한다.

(1) 고객

고객은 기본적으로 제품이나 서비스를 구매하고 소비하는 사람들을 말한다. 이러한 고객은 현재 고객과 미래 고객 그리고 영향을 미치는 사람들로 구분 가능하다. 고객은 필요(need)와 욕구(want)를 창출한다. 필요는 어떤 것이 결핍되었을 때 필요로 하는 기본적인 것이고 욕구는 구체적으로 필요로 하는 대상이 결정되어 있는 경우를 말한다. 예를 들어 목이 마를 경우 소비자는 갈증을 해소할 필요를 느끼게 된다. 이러한 갈증해소라는 기본적인 필요는 여러 가지 방법으로 해결이 가능하다. 이때 소비자가 콜라를 통해 갈증을 해결하고자 한다면 콜라가 소비자의 욕구 대상이 되고 더욱 코카콜라와 펩시콜라 중 한 가지를 선택하는 더욱 세부적인 욕구 해결 방법을 찾게 된다.

궁극적으로 고객은 효용(utility)을 목적으로 구매 활동을 하게 된다. 효용이란 제품이나 서비스가 소비자에게 제공하는 혜택으로 정의된다. 효용은 다양한 형태로 제공되며 때에 따라서는 제품의 물리적인 속성이 효용을 나타내기도 하고 소비자의 심리적인 만족이 효용이 되기도 한다.

(2) 시장

마케팅 과정에서 두 번째 구성원은 시장이다. 이는 유사한 관심과 욕구를 가진 고객들의 집단으로 넓은 의미에서 다음과 같은 네 가지 시장으로 구분할 수 있다.

– 소비자 시장

소비자 시장은 개인으로 구성되어 있으며 자신이 스스로 사용할 목적으로 제품을 구매하는 경우를 지칭한다. 소비자 시장도 여러 가지 세분 시장으로 구분 가능하며 제품에 따라서도 상이한 특성을 보인다. 광고의 경우 주로 소비자 시장을 대상으로 하는 경우가 많다.

– 비즈니스 시장

비즈니스 시장은 B2B (business to business) 시장으로 흔히 표현되며 제품의 고객이 기업이나 조직인 경우를 말한다. 이는 재판매업 시장과 산업 시장으로 구분할 수 있다. 산업재의 경우도 광고를 집행하는 경우가 있으며 주로 해당분야를 다루는 전문지와 같은 특수 매체를 이용하게 된다.

– 정부 시장

정부 시장은 G2B (government to business)로 표현되며 중앙 정부 및 지방 정부 모두를 포함하는 개념으로 정부가 필요로 하는 물건을 조달하는 시장을 말한다. 일반적으로 조달청에서 일괄적으로 구매하기도 하지만 각각의 정부 단체에서 필요에 따라 물건 및 서비스를 구매하기도 한다. 정부가 광고를 집행하는 경우 광고대행사를 선정하여 일을 맡기는 경우도 광고 업종에서 정부 시장의 하나이다. 현재 정부 광고는 한국언론진흥재단에서 독점적으로 대행한다. 일반 시장과는 달리 특수한 형태의 입찰로 진행되며 무기와 같은 특수한 제품이 거래되는 시장이기도 하다.

– 글로벌 시장

앞서 설명한 시장이 모두 한 나라 내에서 이루어지는 시장이라면 글로벌 시장은 그러한 다양한 시장이 다른 나라에서 형성되어 비즈니스가 이루어지는 경우를 통칭한다. 글로벌 시장은 나라마다 문화와 환경이 다르기 때문에 상이한 접근이 필요하다. 특히 한 나라에서도 다양한 문화가 공존하는 미국과 같은 시장은 미국 내에서도 각각의 하위 문화 집단에 맞는 다문화 광고 전략이 필요하다고 할 수 있다.

(3) 마케터

마케터는 제품이나 서비스를 제공하는 개인이나 조직을 말한다. 따라서 마케팅 프로그램을 실행하는 주체가 된다. 광고대행사의 입장에서 흔히 광고주로 표현되며 마케팅 및 광고 비용을 지출하는 광고 비즈니스 시장의 고객이기도 하다.

4) 마케팅 관리

(1) 생산 개념

소비자에게 저렴하고 편리하게 제품을 공급하기 위해 생산과 유통에 주된 관심을 두는 사고를 말한다. 생산관리와 유통의 효율성이 중요한 목표가 된다. 가격을 낮추기 위해 해외로 생산기지를 옮기는 등의 활동도 생산 개념에 중점을 둔 전략이다.

(2) 제품 개념

소비자에게 최고의 제품을 제공하기 위해 지속적으로 제품을 향상시키고 추가적인 효용을 제공하는 일에 마케팅의 중점을 두는 접근이다. 신기술을 활용한 제품 개발 및 브랜드 가치 창출 등이 핵심 가치이다.

(3) 판매 개념

판매와 촉진을 통해 소비자들이 자사의 제품을 충분히 구매할 수 있도록 한다는 사고를 말한다. 기업의 활동에서 수익을 창출하는 것이 판매이고 매출이 가장 핵심적인 개념이긴 하지만 판매량에만 관심을 둘 경우 장기적인 고객 관계 구축에는 악영향을 끼칠 수 있다.

(4) 마케팅 개념

마케팅 개념은 목표 시장에 대한 이해를 바탕으로 경쟁사와의 관계를 고려하여 소비자 만족을 추구하는 개념이다. 생산 개념과 판매 개념에서 더 진화된 개념으로 전략적 목표 하에 진행된다.

(5) 사회 마케팅 개념

사회 마케팅(social marketing)은 소비자와 기업의 관계뿐 아니라 사회적 영향을 고려한 접근이다. 예를 들어 패스트푸드와 같은 제품은 사회적으로 부정적인 시각이 존재한다. 따라서 사회적인 인식에 도움을 주기 위해 좀더 건강을 고려하는 제품 개발이나 소비자의 우려를 덜어줄 수 있는 커뮤니케이션 활동을 하게 된다. 결함이 있는 제품을 리콜(recall)하는 등의 노력도 사회 마케팅의 한 종류라 할 수 있다.

5) 마케팅 믹스

기업이 기본적인 마케팅 전략을 수립하면 마케팅 전략을 구체화하기 위해 마케팅 믹스를 하게 된다. 마케팅 믹스는 기업이 고객으로부터 반응을 유도하기 위해 사용하는 마케팅 도구들을 가리키는 말로 4Ps라고 일컬어진다. 이는 제품(product), 가격(price), 유통(place), 프로모션(promotion)을 이르는 말로 마케팅 믹스 상에서 각각 중요한 역할을 하게 된다. 기업이 제공하는 제품이 복잡해지면서 현재의 시장 상황에서 4P만으로 마케팅의 모든 요소를 설명할 수는 없다는 비판을 받기도 하지만 기본적인 전략 수립에 가이드라인을 제공하는 효과적인 개념이라 할 수 있다.

– 제품

마케팅 믹스의 첫 번째 요소가 제품으로 기업이 시장에서 제공하는 재화와 서비스를 말한다. 제품은 소비자에게 제공되는 가장 기본적인 요소로 브랜드, 품질, 디자인, 포장 등이 주요한 요인으로 포함된다. 하나의 제품에는 수 많은 부품들이 존재하고 각각의 제품들도 모델에 따라 변형된 제품을 만들어 낼 수도 있다. 또한 구매 후 서비스와 보증을 제공하는데 이러한 요소도 제품의 구성요인으로 보기도 한다.

표 6.1 마케팅 믹스의 4Ps

제품	가격
브랜드 품질 디자인 포장	가격 결정 가격 할인 공제 지불 기간
프로모션	**유통**
광고 PR 세일즈 프로모션 인적 판매	경로 점포 위치 재고 물류

특히 제품 수명 주기(product life cycle) 개념은 제품에 대한 이해를 도와준다. 각각의 단계에 따라 도입기(introduction), 성장기(growth), 성숙기(maturity), 쇠퇴기(decline)로 나눌 수 있다. 이는 제품을 수명을 가진 대상으로 보고 새롭게 시장에 등장하여 성장하고 성숙한 뒤 쇠퇴하는 과정에서 각각의 단계에 맞는 마케팅 전략을 구사해야 한다는 시각이다.

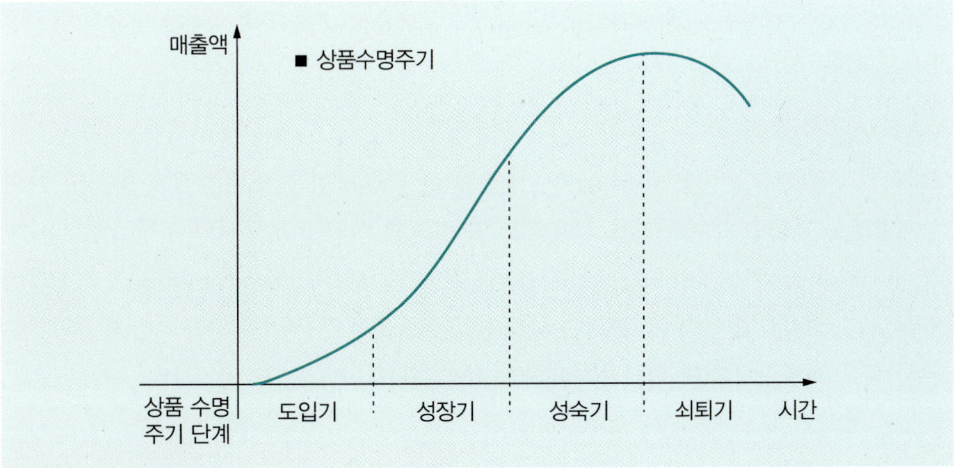

그림 6.1 제품 수명 주기

– 가격

가격은 제품이나 서비스를 구매하는데 있어 지불해야 하는 금액을 말한다. 가격 요소는 소비자의 지각에 막대한 영향을 미치기 때문에 마케팅은 물론 광고의 집행에 있어 중요한 요인이 된다. 예를 들어 높은 가격이 붙어 있는 제품은 소비자가 좋은 제품으로 인식할 확률이 높아지기 때문이다. 기본적으로 수요와 공급을 통해 가격이 형성되지만 마케팅 전략의 일환으로 가격이 전략적으로 결정되기도 한다. 광고 또한 기업의 가격전략을 고려하여 전략을 수립하고 집행하여야 한다.

특히 이동통신과 같은 상품에 있어서 가격은 또 다른 의미를 지니게 된다. 이동통신의 서비스의 경우 여러 가지 이름으로 브랜드화 되어 있기는 하지만 물리적인 제품이 존재하지 않는다. 따라서 이동통신 서비스에 있어서 각각의 이동통신사들이 제공하는 가격 제도가 제품으로서 기능하기도 한다.

– 유통

마케팅 믹스의 세 번째 요인은 유통으로 소비자가 제품을 손쉽게 이용할 수 있도록 기업이 제공하는 모든 노력을 일컫는다. 할인점으로 대표되는 대형 소매상들의 힘이 지속적으로 커지면서 유통이라는 개념은 마케팅에 있어 매우 중요한 요인이 되어 가고 있다. 유통사가 직접 제품을 개발하여 자기 브랜드로 판매하기도 한다.

광고와 유통 간의 관계를 보면 광고가 아무리 소비자에게 정보를 제공하고 설득에 성공하여 매장으로 인도하더라도 제품이 유통 채널 상의 적소에 배치가 되어 있지 않으면 소비자가 제품을 접하기가 불가능하여 매출로 이어지기 힘들다. 이러한 경우 광고는 제 기능을 다 하였지만 유통과의 레버리지(leverage)가 부족하여 궁극적인 마케팅 목표를 달성하기 힘들어 진 경우라 할 수 있다.

– 프로모션

마지막으로 프로모션(promotion)은 제품의 특징과 장점을 소비자에게 알리고 기업이 제공하는 제품을 구매하도록 설득하는 작업을 말한다. 프로모션의 구성요소로는 광고(advertising), 홍보(public relations), 세일즈 프로모션(sales promotion), 직접판매(personal selling) 등이 있다. 광고는 마케팅의 관점에서 접근할 때 프로모션에 포함되는 개념으로 프로모션에 있어 핵심적인 기능을 하게 된다.

2. 시장세분화와 표적시장

어떠한 기업도 모든 소비자를 만족시키는 것은 불가능하다. 기업이 가지고 있는 제한된 자원을 활용하여 좀더 세분화된 시장으로 구분하여 자사 제품을 핵심 소비자를 대상으로 마케팅하게 된다. 따라서 기업이 소비자 집단을 세분 시장으로 정의하고 집중하는데 많은 전략적인 사고가 요구된다. 여기서는 시장을 세분화하고 세분화된 시장을 표적화하는 작업에 대해 설명하기로 한다.

표 6.2 가치 창출을 위한 시장 세분화와 포지셔닝

고객 선정	가치 제안
시장 세분화	차별화
표적 시장 선정	포지셔닝

1) 소비자 시장의 세분화

시장은 기본적으로 사람으로 구성되어 있다. 따라서 시장을 세분화한다는 것은 사람인 소비자를 세부적인 집단으로 나눈다는 것을 의미한다. 사람은 기본적으로 많은 공통점을 가지고 있지만 각자의 고유한 특성 또한 존재한다. 이러한 공통점과 차이를 기본으로 시장을 세분화하게 된다. 같은 그룹으로 세분화된 시장은 내부적으로 동질한 특성(within similarity)을 보유하여야 하고 다른 그룹과는 차이(between differences)를 보여야 한다는 것이 기본적인 가이드라인이다. 소비자 집단을 작은 시장으로 나누기 위해 지리적, 인구통계적, 심리학적, 행동적 세분화 방법을 사용한다.

(1) 지리적 세분화

지리적 세분화(geographic segmentation)는 시장을 국가, 지역, 도시, 마을과 같은 지리적 단위를 사용하여 구분하는 것을 말한다. 기본적으로 국가끼리는 경제적으로나 문화적으로나 다른 점이 많기 때문에 글로벌 마케팅의 경우 국가를 단위로 시장을 세분화하여 사용하게 된다. 하지만 한 국가 안에서도 각각의 지역을 세분시장으로 활용하기도 한다. 미국과 같이 시장이 광대하고 지리적으로 많이 떨어져 있는 경우 지역별로 독특한 특징을 나타내므로 이러한 지역적인 시장 구분이 매우 중요하다. 이는 한국의 경우도 크게 다르지는 않다. 한국의 경우도 지역별로 지방색을 띄고 고유한 문화를 가지고 있는 경우가 많아 때에 따라 지역적으로 세분화하여 접근하는 것이 효과적인 경우가 많다. 더욱 지역에 기반을 두고 있는 기업이라면 지역 안에서도 소규모 도시나 마을과 같은 세분 시장 구분을 하여 마케팅에 활용하기도 한다.

(2) 인구통계적 세분화

인구통계적 세분화(demographic segmentation)는 시장을 나이, 성별, 가족의 크기, 소득, 직업, 교육 수준, 종교 등과 같은 요인을 기반으로 나누는 것을 말한다. 시장을 세분화할 때 인구통계적 세분화가 가장 많이 사용되어 왔다. 이는 인구통계적 변인들이 사용하기에 용이하기 때문이다. 한국의 경우 급속도로 고령화 사회로 진입하고 출산율이 하락하는 상황에서 인구통계적 세분화가 중요한 방법이 될 수 있다. 하지만 현대의 복잡한 마케팅 환경에서 단순한 인구통계적 세분화 만을 사용하게 되면 세분화를 통한 소비자의 그룹화에 있어 그릇된 방향을 제시하기도 하기에 다른 세분화 요인들과 함께 고려하는 노력이 필요하다.

(3) 심리학적 세분화

심리학적 세분화(psychographic segmentation)는 소비자를 사회 계층, 개성 등과 같은 소비자 심리적 변수를 중심으로 나누는 것을 말한다. 생활양식(life style)에 따른 구분이 심리학적 세분화의 대표적인 것으로 소비자가 추구하는 생활양식을 메시지의 소구점으로 활용하여 제품이나 서비스의 효용을 전달할 수 있다. 소비자의 개성의 경우 자아 표현의 관점에서 제품이 만족시켜 줄 수 있는 효용을 소구하여 독특한 개성의 소비자 집단으로 분류할 수 있다.

물리적인 요인과 달리 심리학적 세분화는 시간과 노력이 많이 소요되기도 한다. 하지만 현대의 마케팅 환경에서 좀더 자기 표현에 충실하고 독특한 삶을 추구하는 소비자가 늘어나면서 심리학적 접근은 중요한 세분화 방법으로 떠오르는 개념이다. 미국에서는 VALS(Values and Lifestyles)라는 소비자 분류 시스템을 활용하여 심리적인 요인을 중심으로 소비자를 분류하고 있다.

(4) 행동적 세분화

행동적 세분화(behavioral segmentation)는 소비자를 제품과 관련한 행동을 근거로 나눈 것을 말한다. 여기에는 사용 상황, 소비자 혜택, 사용자의 지위, 사용률, 충성도 정도 등이 포함된다. 사용 상황은 소비자가 제품을 구매하는 상황에 초점을 맞추는 것을 말한다. 발렌타인 데이에 초콜릿과 사탕이 많이 팔리는 것과 같은 사용 상황이 소비자와 관련된 것이다. 소비자 혜택은 소비자가 어떠한 혜택을 추구하면서 제품을 구매하는지에 따라 세분화하는 것이다. 소비자들은 같은 제품이더라도 기능적인 이유로 구매하기도 하고 감성적인 이유로 구매하기도 한다. 이러한 차이에 기반하여 소비자를 구분할 수 있다. 사용자의 지위는 주사용자, 비사용자, 과거 사용자, 잠재고객 등으로 구분하는 것이다. 사용률에 따른 구분은 제품의 사용량에 따른 것으로 대량 사용자(heavy user)의 경우 중요한 고객이 되므로 1차적인 세분시장으로 관리할 필요가 있다. 이는 20/80 법칙에서 설명하는 것과 같이 20%의 소비자가 제품 소비의 80%를 담당하는 경우가 많기 때문이다.

2) 표적 시장의 선정

표적 시장은 시장 세분화를 거쳐 자사의 제품이나 서비스의 핵심 시장을 확정하는 것을 말한다. 표적 시장은 기본적으로 측정 가능해야 하고, 도달 가능하며 이윤을 낼 만큼 규모가 있어야 한다. 또한 각각의 시장 안에서는 동질성을 보여주며 다른 시장과는 차별화되어야 한다. 마지막으로 그러한 표적 시장은 소비자 반응에 있어 차이를 보여야 한다는 것이 기본적인 전제이다.

3) 차별화와 포지셔닝

차별화라는 것은 앞서 제품 브랜드가 강력하고, 호의적이며, 독특한 브랜드 연상으로 경쟁 브랜드와 차별화되는 속성을 의미한다. 이러한 차별화는 제품의 물리적인 속성을 기반으로 할 수도 있고 소비자의 인식에 자리잡은 눈에 보이지 않는 것을 차별화 포인트로 할 수 있다. 흔히 USP (unique selling proposition)를 강조하는 이유도 차별화의 중요성을 의미한다고 할 수 있다. 예를 들어 맥주나 음료수의 경우 깨끗한 물이라는 것을 차별화 포인트로 많이 사용한다. 하지만 경쟁사가 맥주나 음료수를 만들 때 깨끗하지 않은 물을 사용하는 것은 아니다. 이럴 경우 경쟁력이 있는 차별화 포인트를 먼저 선점하는 것이 중요하다.

차별화가 중요하지만 시장에 새롭게 진입하는 브랜드의 경우 제품군에서 인정되는 유사점(points of parity)을 가져야 한다. 예를 들어 콜라 제품을 출시하려면 기본적으로 소비자에게 콜라 제품으로 인정받기 위해서는 검은색의 단맛을 내는 탄산음료라는 속성을 보유하여야 한다. 예전에 한국시장에 '옐로우 콜라'라는 제품이 소개되었지만 시장에서 성공을 거두지는 못 하였다. 제품이 시장에 나와 실패하는 이유는 셀 수 없이 많겠지만 기본적으로 소비자에게 차별화를 강조하다가 유사점을 간과한 것 또한 중요한 이유가 된다고 하겠다. 지금은 스마트폰이 일상화되었지만 과거 PDA와 같이 기존에 없던 신제품의 경우도 시장에 처음 도입되어 소비자의 인식 속에 존재하는 적당한 제품군을 형성하지 못해 초기에 고생한 사례도 제품군 유사점의 중요성을 보여준다.

그림 6.2 옐로우 콜라의 색상 차별화 전략

브랜드 포지셔닝은 "목표 고객들의 마음속에 하나의 독특하고 가치 있는 장소를 점유하고자 회사의 제공물과 이미지를 계획하는 행동"으로 정의할 수 있다(켈러, 2001). 브랜드 포지셔닝은 브랜드 차별화의 연장선상에서 소비자의 인식 속의 한 부분을 차지하는 것이다. 하지만 후발 브랜드의 경우 선발 브랜드와의 유사점을 강조하여 1위 기업과 똑 같은 제품이라고 소비자에게 소구할 수도 있다. 이러한 경우도 브랜드 포지셔닝 전략이라 말할 수 있으며 때에 따라 중요한 전략이 되기도 한다.

브랜드 포지셔닝에 사용할 수 있는 것으로는 제품의 물리적인 속성, 제품의 효용, 사용자 카테고리, 경쟁 브랜드와 관계, 제품 카테고리, 특정한 사용 환경 등을 들 수 있다.

광고와 소비자 행동

1. 소비자 행동의 개념
2. 소비자의 유형
3. 소비자 의사 결정의 과정
4. 소비자 의사 결정의 유형
5. 소비자 의사 결정에 영향을 미치는 내적 요인
6. 소비자 의사 결정에 영향을 미치는 상황적 요인과 사회적 요인

7

도입사례

펀슈머 넘어 팬슈머가 뜬다

[머니S리포트-소비자 의견에 업계 판도가 바뀐다고?]
소비자가 선택한 광고모델에 매출도 '쑥쑥'

기사 주소: https://moneys.mt.co.kr/news/mwView.php?no=2021061114538035784

'팬슈머'(Fansumer). 팬(fan)과 소비자를 뜻하는 컨슈머(consumer)의 합성어로 상품이나 브랜드 생산 과정에 적극적으로 참여하는 신종 소비자를 뜻하는 말이다. 이들은 디지털 환경에 익숙해 모바일을 활용한 정보수집 능력이 뛰어나며 상품의 브랜드와 서비스에 적극적으로 관여한다. 팬슈머의 영향력이 갈수록 커지자 유통업체는 소비 시장의 다양한 취향을 파악하고 적극적으로 제품에 반영하기 위해 노력하고 있다.

▶▶

▶ 주체적인 소비자의 탄생 '광고 모델도 직접 정한다'

트렌드모니터의 '2020년 트렌드 관련 인식 조사'에서 조사대상자의 73.7%는 요즘은 트렌드를 잘 알아야 하는 시대라고 응답했다. 앞으로 트렌드를 공부하는 사람이 늘어날 것이라는 답변도 77%에 달했다. 이처럼 디지털 환경에 익숙한 MZ세대(1980년대 초~2000년대 초 출생한 밀레니얼 세대와 1990년대 중반~2000년대 초반 출생한 Z세대를 통칭)는 최신 트렌드와 이색적이고 특별한 경험을 추구한다.

이들은 기업에서 공급하는 제품을 수동적으로 사용하고 평가하는 단계를 넘어서는 영향력을 발휘한다. 제품 광고 모델 선정 과정에도 직접 참여해 특정 연예인을 추천하기도 한다. 기업은 이들의 의견을 적극적으로 반영해 매출 증대 효과를 낸다.

오리온은 지난 3월 아이돌그룹 브레이브걸스 멤버 유정을 꼬북칩 모델로 발탁했다. 한 팬이 '꼬북좌'(만화 '포켓몬스터'의 캐릭터 꼬부기를 닮았다는 뜻)로 불리는 유정을 모델로 써달라며 오리온 주식을 3000만원어치 매수하는 인증샷을 남기기도 했다. 수많은 팬의 성원이 이어지자 담당 마케터가 온라인 커뮤니티에 브레이브걸스 응원 글을 올렸고 해당 게시물이 100만회가 넘는 조회수를 기록하면서 실제 광고모델 계약 체결로 이어졌다. 오리온은 지난해 같은 분기보다 매출은 11.5%, 영업이익은 5.1% 증가했다. 꼬북칩의 인기가 이어져 스낵 부문 매출이 7.6% 증가해 전체 매출 성장을 이끌어 괄목한 성과를 이뤘다.

▲ 오리온 꼬북칩 모델 브레이브걸스 유정./사진제공=오리온

빙그레 아이스크림 '슈퍼콘'은 출시한 지 약 3년 만에 연 매출 200억원대 브랜드로 성장했다. 단기간에 빠르게 성장한 요인으로 소비자가 열광하는 모델을 알맞게 선정했다는 점이 꼽힌다. 2019년에는 축구선수 손흥민을 모델로 발탁해 매출 180억원을 기록했고 지난해에는 트로트 가수 유산슬을 슈퍼콘 모델로 썼다. 유산슬은 유재석이 트로트 가수에 도전하면서 새로 만든 캐릭터로 지난해 슈퍼콘 매출 200억원을 기록하는 데 공헌했다.

최근 빙그레가 오마이걸을 슈퍼콘 모델로 발탁한 이유도 흥미롭다. 아이돌그룹 오마이걸 멤버인 미미는 본인의 유튜브 채널에 정기적으로 업로드하는 영상에서 빙그레 슈퍼콘을 수차례 등장시키며 호감을 나타냈다. 이에 빙그레 마케팅팀에서는 댓글을 통해 감사인사를 전하고 오마이걸 소속사 사무실로 아이스크림 냉동고와 제품을 보내기도 했다. 미미가 아이스크림 냉동고와 함께 찍은 사진을 본인의 인스타그램 계정에 올리며 양측의 랜선 인연이 맺어졌다. 이어 오마이걸을 광고 모델로도 발탁하며 시너지 효과를 내겠다는 게 업체의 설명이다.

롯데푸드는 지난달 말 래퍼 마미손과 모델 계약을 맺었다. 래퍼 마미손은 인스타그램에 돼지바를 보고 있는 자신의 사진을 올리며 "핑크색이라는 공통점이 있으니 나를 모델로 쓰라"는 다소 장난스러운 콘텐츠를 올려 컬래버레이션을 제안했다. 팬들은 '우리 형을 모델로 발탁해주세요'라는 댓글을 다수 남겼다. 때마침 MZ세대를 겨냥한 마케팅을 준비하던 롯데푸드가 이를 받아들였다.

▶ 팬슈머 의견 적극 반영한 제품 재출시 하기도

기업은 소비자를 제품 판매의 대상인 컨슈머가 아닌 제품과 서비스 충성도가 높은 팬슈머로 바꾸고자 노력하고 있다. 과거 기업이 일방적으로 결정해 대량생산 · 판매하던 체제를 벗어나 소비자의 의견을 적극 반영해 상품을 출시한다. 과거 상품 재출시 또한 이런 변화에 호응한 결과다. 재출시 상품은 연령대가 높은 소비자에겐 향수를 불러일으키고 SNS 소통문화 익숙한 MZ세대들에겐 재미를 선사한다.

오리온은 15년 만에 '와클'을 재출시했다. 와클은 바삭한 식감과 단짠(달콤하고 짭짤한) 맛이 나는 과자다. 여러 소비자들은 지난해 와클을 다시 출시해달라며 오리온 공식 홈페이지와 사회관계망서비스(SNS) 및 고객센터 등에 150여건 이상 문의했고 그 결과 본사에서 재출시를 결정하기도 했다. 와클은 재출시 5주 만에 누적판매량 180만 개를 돌파하고 10억원의 매출을 올리기도 했다. '태양의 맛 썬'도 3년 만에 재출시해 1억개 판매와 940억원 매출을 달성했다. 지난해 월평균 매출은 단종 이전 대비 36% 증가한 수치다. 2019년 다시 선보인 치킨팝도 재출시 이후 4700만 개가 넘게 판매되며 1020세대의 인기 과자로 자리 잡았다.

▲ 롯데푸드 돼지바 핑크 광고모델 마미손. /사진제공=롯데푸드

팬슈머들의 요청에 따라 비빔면 소스만 따로 병입해 출시된 '팔도비빔면 비빔장'의 누적판매량은 1400만 개에 이른다. 최근에는 시그니처 · 버터간장소스 · 매운맛소스 등 소비자의 입맛에 맞춰 꾸준히 리뉴얼하고 있다.

이 제품은 SNS에서부터 기획됐다. 2017년 만우절에 팔도는 기업 블로그를 통해 '팔도만능비빔장 출시!'라며 가상의 제품을 올렸다. 만우절 하루를 위한 이벤트였음에도 네티즌들은 해당 이벤트에 큰 관심을 보였고 실제 제품화 요청이 꾸준히 이어졌다. 소비자의 폭발적 반응에 팔도는 '팔도 만능비빔장' 정식 출시를 결정했고 판매 시작 22일 만에 15만 개가 판매됐다.

최지혜 서울대학교 소비트렌드분석센터 연구위원은 "팬슈머 현상은 소비자가 아이돌의 팬처럼 기업을 응원하고 질책도 하는 등 능동적인 소비주체다"라며 "블랙 컨슈머가 발생하는 등 부작용도 있지만 소비자끼리 서로 자정작용을 하는 과정을 거치기 때문에 팬슈머가 기업에 긍정적 영향을 미치는 현상은 지속될 것이라 본다"고 말했다.

출처: MoneyS, 한영선 기자(2021.06.15.) ■

▶▶

1. 소비자 행동의 개념

광고는 광고주 또는 광고주의 의뢰를 받은 광고대행사가 의도한 메시지를 소비자에게 전달하여 일정한 반응을 유도하는 커뮤니케이션 활동을 의미한다. 이 과정에서 가장 중요한 주체라고 할 수 있는 소비자와 소비자의 행동을 이해하지 않고서는 광고를 효과적으로 기획하고 의도한 결과를 얻기가 쉽지 않다. 소비자 행동은 소비자가 자신의 특정한 욕구나 기호를 충족시키기 위하여 제품 및 서비스의 구매에 관련된 모든 정신적 및 신체적 활동을 의미한다. 다시 말해서 소비자가 특정 제품이나 서비스를 갖거나 이용하기 위해서 자신이 소유하고 있는 자산을 어떻게 배분하는지에 관해서 결정하는 행위를 의미한다. 따라서 소비자 행동에는 제품이나 서비스와 관련해서 직접적으로 해당되는 구매 행위 자체와 더불어 구매 전 준비 과정부터 구매 후 이용 및 평가에 이르기까지 발생하는 소비자의 모든 행동이 포함된다. 예를 들어 소비자가 고가의 노트북을 구입하기 위하여 오랜 시간 동안 정보를 탐색하고, 여러 브랜드의 노트북을 비교해 보고, 매장을 방문해서 구매하고, 구매한 제품을 사용한 결과에 대하여 판단하는 모든 행동이 소비자 행동에 해당된다. 한편 〈그림 7.1〉에서와 같이 편의점에서 간식 거리를 선택하는 과정이나 갈증을 해소하기 위해서 학교 복도에 설치된 자동판매기에 동전을 넣고 자신이 마시고 싶은 음료를 바로 선택한 뒤 버튼을 눌러 음료를 마시는 짧은 과정 또한 소비자 행동에 해당된다.

이러한 구매의 전과정에 걸쳐서 광고는 소비자 행동에 영향을 미칠 수 있으며, 이러한 소비자 행동 중 제품이나 서비스에 대한 인지, 제품이나 서비스에 대한 선호, 제품이나 서

그림 7.1 매장에서의 소비자 행동

비스의 구매 여부 등을 광고 효과로 파악할 수 있다. 일반적으로 소비자 행동 측면에서 다음과 같은 항목이 광고와 직접적으로 관련된 질문이 될 수 있다.

- 어떤 광고가 소비자의 눈에 잘 띄는 것일까?
- 어떻게 하면 소비자가 우리 광고를 잘 기억할 수 있을까?
- 어떤 광고 메시지가 소비자의 마음을 움직여서 의도한 반응(구매)을 이끌어 낼 수 있을까?
- 소비자 개개인의 관여도에 따라 광고에 대한 반응은 어떻게 다른 것일까?
- 광고는 소비자의 구매 의사 결정 과정에서 어떤 역할을 할 수 있을까?
- 소비자를 둘러싸고 있는 어떤 외적 환경 요인이 광고 효과에 영향을 미치는 것일까?

소비자가 제품이나 서비스에 대해서 필요성을 인식하는 순간부터, 해당 제품군의 다양한 브랜드를 평가하고, 이 중에서 가장 적절하다고 판단되는 브랜드를 선택하여 구매하고, 자신이 선택한 브랜드를 사용한 이후에 평가가 이루어지는 순간까지 광고는 소비자에게 영향을 미칠 수 있다. 따라서 소비자가 누구인지 그리고 구매 과정에서 나타나는 소비자 행동을 파악하는 것은 매우 중요하며, 이처럼 광고 효과와 직접적으로 관련 있는 소비자 및 소비자 행동에 대한 이해 없이는 광고를 기획하고 집행할 수는 없다.

2. 소비자의 유형

소비자 행동을 이해하기 위해서는 우선 '소비자'가 누구인지에 대해서 명확한 정의가 필요하다. 소비의 주체가 개인이나 가족을 위해서인지 혹은 소속하고 있는 조직을 위해서인지에 따라 소비자를 구분할 수 있다. 또한 특정 제품이나 서비스를 구매하는 과정에서 구매를 하는 사람, 제품을 사용하는 사람, 그리고 이들에 영향을 미치는 사람 모두 소비자로서 일정 역할을 담당하고 있으므로 소비 과정의 역할에 따라서도 소비자를 분류할 수 있다.

1) 소비의 주체에 따른 소비자 유형

소비자는 소비의 주체가 누구인지에 따라 개인 소비자와 조직 소비자로 구분할 수 있다. 개인 소비자는 자신과 가족을 위해 제품이나 서비스를 구매하는 소비자를 의미하며, 조직 소비자는 어떤 집단이나 기관에 소속된 소비자가 해당 조직을 위해 구매하는 소비자를 의미한다. 예를 들어, 자신이 마시기 위해서나 가족을 위해서 커피믹스를 구입하는 경우, 이러한 구매를 결정하고 실행하는 사람을 개인 소비자라고 할 수 있다. 한편 같은 커피믹스를 구매하는 경우라도 학과에서 엠티를 갈 때 친구들을 위해서 대표로 커피믹스를 구매하거나 근무하고 있는 회사에서 다른 직원들과 마시기 위해서 커피믹스를 구매하게 된다면, 이러한 구매를 결정하고 실행하는 사람은 조직 소비자에 해당된다.

소비의 주체에 따른 두 가지 유형의 소비자에 의해서 시장의 성격이 구분될 수 있으며, 개인 소비자들이 주로 구매하는 제품 및 서비스의 시장을 B2C (Business-to-Consumer)라 하고, 조직 소비자가 주요 고객이 되는 시장을 B2B (Business-to-Business)라고 한다. 따라서 개인 소비자를 대상으로 광고와 마케팅에서 주로 고려하게 되는 시장은 B2C에 해당되며, 한편 조직이나 회사에서 필요한 제품을 납품하거나 판매하기 위해 고려하게 되는 시장은 B2B에 해당된다. 일반적으로 B2C에서 개인 소비자는 자신 혹은 가족의 이익을 고려하며 감성적인 사고와 이성적인 사고를 복합적으로 하는 반면, B2B에서의 조직 소비자는 조직의 이익을 철저하게 이성적으로 고려하여 구매 의사 결정을 내리게 되고 대개는 의사결정 과정에 복수의 사람들이 개입하게 된다.

개인 소비자는 자신의 욕구 및 수요를 충족시키기 위해 제품을 평가하고 구매 결정을 내리게 되며, 자신 또는 가족을 비롯한 소수의 주변인이 그 제품을 사용하게 되는 것이 일반적이다. 이에 따라 대체로 구매자 본인이 해당 제품의 소비자 역할을 하게 되며, 이들을 설득하기 위한 광고 및 마케팅 활동이 필요하게 된다. 반면 하나의 기관 내에서 각기 다른 역할을 담당하는 복수의 조직 소비자가 이성적으로 제품 구매에 대한 의사 결정을 하게 되는 B2B 시장에서의 소비자 행동은 이러한 다수의 소비자들이 각자 역할을 분담하여 구매와 관련된 의사 결정이 이루어진다. 따라서 복수의 조직 소비자가 어떻게 역할을 분담하고 누가 각각의 역할을 담당하는지 파악하는 것이 B2B 시장에서의 소비자 행동 분석을 위한 중요한 사항이 된다.

2) 소비 과정의 역할에 따른 분류

일반적인 소비 과정에서는 한 사람이 제품을 선택하고 구입하고 사용하는 구매자와 사용자의 역할을 모두 실행하는 경우가 많지만, 제품이나 상황에 따라 이러한 역할이 복수의 관련자들에게 나누어지는 경우가 있다. 예컨대 미성년자가 이용하는 제품의 경우, 구매 능력이 있는 부모가 구매자 역할을 하지만 구매한 제품의 사용은 어린이가 하게 된다. 한편 조직을 위한 제품 구매에서는 제품에 대한 정보 탐색, 제품 선택, 최종 구매 결정, 판매자로부터 구매, 실제 사용 등의 역할을 모두 다른 사람이 맡아서 진행할 수도 있다. 따라서 소비자를 단순히 제품이나 서비스를 구매하는 행동에만 국한하는 것이 아니라, 구매 초기부터 구매 이후에 이르는 전 과정을 포괄하는 관점에서 파악하여야 한다. 이러한 관점을 바탕으로 소비자를 소비 과정의 역할에 따라 분류하면 문제제기자(initiator), 영향력자

(influencer), 의사결정자(decider), 구매자(buyer), 사용자(user) 등의 5가지 역할 주체로 구분할 수 있다.

첫째, 문제제기자는 최초로 제품에 대한 필요를 제시하는 역할을 하는 소비자이다. 문제제기자는 어떤 유형의 제품이 필요하다는 욕구를 개진하거나 이러한 상황을 만들어 내는 역할을 하게 된다. 소비자 의사결정 과정에서 가장 첫 번째 역할을 하는 사람이며, 해당 제품군에 대한 구매를 통해서 욕구를 충족시키기 위한 의견을 제시한다. 예컨대 회사에서 사용하는 복사기가 오래되어 새로운 제품으로 교체를 건의하는 사람을 문제제기자라고 할 수 있다. 이처럼 분명하게 의견을 제시하지 않더라도 해당 제품군이 필요한 상황을 발생시키는 역할을 하는 사람을 문제제기자로 볼 수 있다.

둘째, 영향력자는 의사결정 과정에서 제품과 관련된 정보를 제공하거나, 제품에 대한 의견을 제시하는 등의 역할을 하여 제품이나 서비스의 정보 탐색이나 선택에 영향을 미치는 역할을 한다. 이러한 역할을 담당하는 사람을 정보전달자라고도 하며, 영향력자는 제품을 선택하거나 구매를 결정하는 과정에서 다른 역할을 담당하는 소비자에게 영향을 미치는 경우가 많다. 광고 또한 정보를 제공하는 역할을 담당하며 소비자의 선택에 영향을 미치기도 하지만, 일반적으로 직접적인 의사 소통이 가능한 주변의 동료, 친구, 가족 등이 의사결정에 미치는 영향이 직접적으로 크게 작용한다.

셋째, 의사결정자는 구매에 대한 결정을 내리는 역할을 담당한다. 의사결정자는 어떤 제품을 구매할 것인지 최종적으로 결정하는 과정에서 제품 관련 정보를 검토하고, 이를 바탕으로 유사한 경쟁 제품들을 평가하며, 이들 중 가장 가치가 높은 제품을 선택하는 역할을 하게 된다. 대개 제품의 실제 사용자가 의사결정자의 역할을 담당하게 되지만, 유아용품, 선물, 조직 구매의 경우 등은 의사결정자와 사용자가 전혀 다를 수 있다. 또한 일반적으로 조직 구매에서 의사결정자는 구매에 대한 책임을 지는 역할도 수행한다.

넷째, 구매자는 실제 구매를 담당한다. 제품이나 서비스의 구매를 위한 돈을 지불하는 행동이 구매자의 핵심적인 역할이지만, 이외에도 구매자는 특정 제품을 구매하기로 결정이 이루어진 이후동일한 제품을 판매하는 여러 매장을 비교하고 가장 좋은 조건으로 구매할 수 있는 매장을 선택하는 역할을 담당하기도 한다. 따라서 구매자에게는 제품이나 서비스를 구매하기 위한 매장에 대한 판단이 요구될 수도 있다. 또한 구매자는 구매 과정에서 의사 결정 단계에서 미처 파악하지 못했던 정보를 추가로 습득할 수 있으며, 이러한 정보를 바탕으로 의사결정자에게 구매하기로 결정한 제품의 교체를 제안할 수도 있다.

마지막으로, 사용자는 구매한 제품을 직접 소비하며 해당 제품의 실질적인 효용을 경험하게 된다. 사용자는 제품의 구매 이후 제품을 사용하는 역할에만 머무르는 것이 아니라 직접적인 경험을 바탕으로 제품의 장단점을 파악하며 최종 평가자로서의 역할을 담당하게 된다. 이러한 사용자의 최종 평가는 향후 재구매를 위한 의사결정에 있어서 결정적 요소로 작용하게 된다. 부모가 자녀를 위해서 구매한 과자의 사용자인 아이들이 해당 과자에 대해서 '맛이 없다'라는 평가를 내리게 되면, 구매자 입장에서 부모는 해당 과자를 다시 구매하기를 꺼릴 수 밖에 없다.

이러한 다섯 가지 역할들이 모두 다른 사람들로 구성되는 경우는 그리 흔하지는 않지만, 이해를 돕기 위해 학교에서 구매가 이루어지는 상황을 통해서 각각의 역할을 다음과 같이 구분할 수 있다(〈그림 7.2〉 참조). 모 대학 광고홍보학과에서 운영하는 광고 제작 실습실에서는 영상 광고를 제작하기 위해서 높은 사양의 컴퓨터를 사용하고 있다. 하지만 실습실 소속 학생들이 수년간 컴퓨터를 사용하면서 성능 저하 현상이 발생했고, 높은 퀄리티의 영상 광고 콘텐츠를 제작하기 위해서는 컴퓨터 교체가 필요하다는 판단 아래 실습실의 실장은 학과에 건의를 한다(실습실장: 문제제기자 역할). 이 과정에서 실습실장은 주변에서 영상 제작과 관련된 컴퓨터에 대해서 잘 알고 있는 친구들이나 실습실 선배 등으로부터 학과에 구매를 요청하고자 하는 컴퓨터에 대한 구체적인 정보를 파악한다(친구 및 실습실 선배: 영향력자 역할). 광고홍보학과 학과장을 담당하고 있는 교수는 광고 제작 실습실의 건의 사항을 검토하고 새로운 컴퓨터를 학과 예산으로 구입하도록 승인한다(전공 학과장: 의사결정자 역할). 학과장의 승인이 내려지고 난 뒤, 학과 운영을 담당하는 교직원은 학교에서 정한 비품 구입 절차에 따라 해당 대학에 컴퓨터를 납품하는 업체와 접촉하고 학과 법인 카드로 새로운 컴퓨터를 구입한다(전공 교직원: 구매자 역할). 며칠 후 실습실에 새로운 컴퓨터가 설치되고 실습실 학생들은 광고 제작을 위해 이 컴퓨터를 사용한다(실습실 학생: 사용자 역할).

위와 같은 상황에서 각각의 역할이 모두 다른 사람들로 구성되고 구매가 순차적으로 발생하지만, 실제 구매 결정 과정에서는 동일한 사람이 다양한 역할을 중복해서 맡거나 특정 역할의 비중이 상대적으로 높게 작용하거나 반대로 중요하게 작용하지 않는 경우도 발생한다. 광고 전략을 실행하는 과정에서 중요한 것은 구매 과정에서 어떤 역할을 맡은 소

문제 제기자 (Initiator)	영향력자 (Influencer)	의사결정자 (Decider)	구매자 (Buyer)	사용자 (User)
최초로 제품에 대한 필요 제기 ➡ 실습실장	제품관련 정보/의견을 제시 ➡ 선배, 친구 등	구매에 대한 결정을 내림 ➡ 전공 학과장	실제 구매를 진행함 ➡ 전공 교직원	구매한 제품을 직접 소비함 ➡ 실습실 학생

그림 7.2 소비 과정의 역할에 따른 소비자 분류(광고제작 실습실의 컴퓨터 구입 상황)

비자가 상대적으로 중요한 비중을 차지하는지에 대한 이해이다. 예컨대 어린이를 대상으로 하는 제품을 광고하는 경우, 구매자인 부모님을 대상으로 광고를 집행하는 것과 사용자인 어린이를 대상으로 광고를 집행하는 것에 대한 선택이 필요할 수 있다. 따라서 소비과정의 역할에 따라서 소비자를 파악하여 가장 중요한 역할을 맡은 소비자를 목표 청중(target audience)으로 설정하여 겨냥하는 것이 성공적인 광고 집행을 위해서 중요하게 작용한다.

3. 소비자 의사 결정의 과정

소비자는 높은 가격대의 제품을 신중하게 구매하는 경우나 상대적으로 낮은 가격의 제품을 가볍게 구매하는 경우 모두 일련의 과정을 거쳐서 제품을 구매한다. 따라서 소비자 의사 결정 과정은 각각의 단계별로 소비자 행동에서 중요하게 다루어지는 다양한 기준을 제공한다. 이것은 앞서 이야기한 것과 같이, 소비자 행동이 '구매' 자체에 국한된 것이 아닌 구매에 이르는 과정은 물론 구매 이후의 제품/서비스 사용 과정을 모두 포괄하는 광범위한 개념이기 때문이다. 다음은 소비자가 제품을 신중하게 구매하는 경우 발생하는 소비자 구매 의사 결정의 5단계이며, 문제 인식부터 구매 후 평가에 이르기까지 밟아나갈 수 있는 모든 단계를 나타내고 있다. 물론 소비자의 성향, 제품의 성격, 구매 시점의 상황 등과 같은 여러 가지 요인에 따라 구매 의사 결정 과정에서 특정 단계를 건너뛰고 진행되거나 단계별 순서가 변경될 수 있지만, 일반적으로 소비자는 이러한 다섯 단계를 하나씩 거쳐 가면서 구매를 진행하게 된다.

위의 〈그림 7.3〉에서 나타나듯이 소비자 의사결정의 과정은 크게 다섯 단계로 나누어

문제인식	정보탐색	대안평가	구매결정	구매 후 평가
소비자 구매 의사 결정의 5단계				
동기, 욕구, 자극 등의 요인으로 구매에 대한 필요성 인식	제품/구매 관련 정보에 대하여 내적 탐색 및 외적 탐색 실시	상표 선택에 도달하기 위하여 대안들에 대한 정보를 처리	각 상표에 대한 평가를 바탕으로 가장 좋은 조건의 상표를 선택/구매	제품 구매나 이용 경험을 통해 상표를 평가하고 특정 행동 표출

그림 7.3 소비자 구매 의사 결정 과정

지며, 이 과정은 최초에 제품이나 서비스에 대한 필요를 인지하는 순간부터 구매 이후 사용을 바탕으로 제품이나 서비스에 대한 평가를 내리는 단계까지를 포괄한다. 이 과정에서 광고는 각각의 단계에서 이루어지는 소비자의 구매 의사 결정에 직접적인 영향을 미칠 수 있으므로 소비자 구매 의사 결정의 모든 단계별로 소비자의 행동을 이해하고 대응 전략을 마련하는 것이 매우 중요하다. 다시 말해서 소비자가 특정 제품이나 서비스를 구매하는 과정에 있어서 어떤 단계의 행동이 가장 중요하게 작용하고 광고가 어떻게 영향을 미칠 수 있을지를 파악해야 한다. 이에 따라 각 단계별 광고 및 마케팅 활동을 각각 차이를 두어 실행할 수 있으며, 이 과정에서 가장 중요하다고 생각하는 소비자 의사결정의 단계를 겨냥해서 효율적으로 광고 전략을 집행해야 하는 것이 중요하다. 다음에는 소비자 구매 의사 결정의 다섯 단계가 각각 어떤 성격을 나타내고 있으며, 각 단계에서 나타나는 소비자 행동과 이에 따른 광고 전략에 대해서 소개하고자 한다.

1단계. 문제 인식

문제 인식은 소비자가 어떤 제품이나 서비스에 대해서 동기, 욕구, 자극 등이 발생해서 구매의 필요성을 느끼는 단계이다. 먼저 욕구(desire)는 소비자가 특정 제품이나 서비스를 구매하거나 이용하게된다면 자신의 현재 상태와 비교하여 이상적으로 생각하는 결과를 얻는다고 생각하는 경우에 발생한다. 보다 구체적으로 소비자가 자신의 현재 상태와 이상적인 결과 사이의 차이를 인식할 때 욕구 측면에서 가장 먼저 필요(needs)를 느끼게 된다. 예를 들어 더운 날씨에 목이 마르는 상황에서 소비자는 자신의 현재 상태(갈증)와 이상적인 결과(갈증 해소)와의 차이를 느끼면서 물이나 음료수를 마시고 싶다는 필요를 느끼게 된다. 소비자는 필요를 느끼는 단계에서 현재 상태를 이상적인 수준으로 맞추고 싶다는 의지를 갖게 되고, 이러한 생각은 자연스럽게 구체적으로 어떤 제품이라면 이런 상황을 해결해줄 수 있을 것이라는 바람(wants)으로 형성된다. 예컨대 현재 느껴지는 갈증이 편의점에서 생수 한 병을 구입하면 해결될 것이라는 구체적인 바람으로 발전한다. 필요나 바람으로 형성되는 소비자의 욕구는 소비자의 마음 속에서 일종의 내적 긴장 상태가 발생하는 것을 의미하며, 이러한 긴장 상태를 줄이기 위한 행동을 유발시키는 것이 바로 동기(motivation)이다. 새로운 노트북을 구매하기 위해서 열심히 아르바이트 하는 것이나 좋아하는 아티스트의 콘서트를 보기 위해 티켓 예매 사이트를 자주 방문하는 것 등은 소비자가 제품이나 서비스에 대한 필요나 바람을 바탕으로 형성된 긴장 상태를 해소시키기 위한 동기의 결과가 된다. 한편 소비자는 광고나 프로모션 등 외부의 의도적인 자극을 통해서도 문제를 인식할 수 있다. 예컨대 운동화에 대해서 필요를 인식하지 못하다가 우연히 동영상 플랫폼에서 운동화 광고를 보고 새로운 운동화가 필요하다는 문제를 인식할 수 있다. 이처럼 문제 인식

단계에서 광고의 역할은 소비자에게 제품이나 서비스에 대한 욕구를 형성시키거나 동기를 부여하는 메시지를 전달하는 것이다. 소비자의 현재 상태가 이상적이지 않다는 사실을 인지하도록 한다거나, 특정 제품이나 서비스가 소비자가 이상적으로 생각하는 상황에 최적의 수단이라는 점을 강조함으로써 소비자가 인식하는 문제를 해결할 수 있음을 확신시켜 주는 일은 광고가 효과적으로 실행할 수 있는 소비자 설득 방법 중 하나이다.

2단계. 정보 탐색

정보 탐색은 욕구와 연관되어 인식하고 있는 문제를 해결하기 위해서 제품 및 서비스 혹은 구매와 관련된 구체적인 정보를 탐색하는 단계이다. 모든 구매에서는 구입하고자하는 제품이나 서비스에 대한 정보가 구매의 중요성이나 제품에 대한 사전 지식 여부와 관계없이 항상 필요하며, 소비자는 다양한 정보 원천을 통해 정보를 수집하고 적용한다. 이 과정에서 소비자는 해당 제품군에 대한 일반적인 정보에서부터 개별 경쟁 브랜드에 대한 세부적인 정보에 이르기까지 다양한 수준의 정보를 취득할 수 있으며, 탐색하게 되는 정보의 양은 소비자의 의사 결정에 필요한 정보 수준에 따라 다르게 나타난다. 정보 탐색은 크게 두 가지 유형으로 구분할 수 있으며 구매하려는 제품과 관련된 과거 경험이나 축적한 지식 등을 바탕으로 머리에서 기억하고 있는 기존 정보를 인출하는 내적 정보 탐색과 인터넷이나 주변 사람들과 같은 외부 정보 원천을 이용하여 알고 있지 않거나 새로운 정보를 파악하는 외적 정보 탐색이 있다. 소비자는 일반적으로 먼저 자신이 이미 알고 있는 지식에 의존하는 내적 정보 탐색을 통해 정보를 수집하며, 이 과정에서 자신이 의도하는 정보가 충분하게 확보되지 않았다고 판단하는 경우 외적 정보 탐색을 진행한다. 광고는 외적 정보 탐색 과정에서 이용할 수 있는 다양한 외부 정보 원천 중 하나의 역할을 하며, 광고를 통해서 브랜드의 존재나 장점을 알리는 것은 소비자의 정보 탐색 과정에서 매우 중요한 외적 정보가 될 수 있다. 이제는 〈그림 7.4〉와 같이 시간과 장소에 제한을 받지 않고 스마트폰을 이용하여 외적 정보 탐색이 활발하게 이루어지고 있으며, 관심있는 제품이나 서비스를 이미 경험한 다른 사람들로부터 확보하는 구전(WOM: Words-of-Mouths)을 통한 외적 정보 탐색도 구매 의사 결정 과정에서 매우 영향력이 크게 작용한다.

3단계. 대안 평가

대안 평가는 소비자가 구매할 상표를 최종 선택하기 전에 정보 탐색 과정에서 파악했던 복수의 경쟁 제품에 대한 비교와 평가를 진행하는 단계이다. 대부분의 제품군에서는 유사한 용도로 선택할 수 있는 브랜드가 복수로 구성되어 있으며 소비자는 자신의 욕구를 충족시킬 수 있는 다양한 대안에 대해서 비교를 하고 이중에서 가장 좋은 조건에 해당하는 하나의 상표를 선택한다. 대안 평가 과정에서 소비자가 특정 제품군에서 알고 있는 모든 상표

그림 7.4 자동차 구매와 관련된 외적 정보 탐색

를 환기 상표군(evoked set)이라고 하며, 모든 상표는 소비자 인식상 환기 상표군에 포함되는 것이 매우 중요하다. 환기 상표군에 포함되지 않는다는 것은 소비자에게 제품의 존재가 알려지지 않은 것을 의미하므로 특히 신규 브랜드는 소비자를 대상으로 인지도를 확보하여 적어도 환기 상표군에 포함되어야만 한다. 예컨대 소비자가 아웃도어 의류를 구입하는 경우, 다음 〈그림 7.5〉의 브랜드를 모두 알고 있다면 이 브랜드는 모두 환기 상표군에 포함된다.

그림 7.5 아웃도어 의류의 환기 상표군 사례

하지만 실제 구매 과정에서 소비자가 이 많은 브랜드에 대해서 모두 정보를 탐색할 수는 없으므로 이 중에서 하나 또는 2개 이상 복수의 브랜드를 선정하여 대안을 평가하게되며, 이렇게 평가의 대상으로 선정되는 상표군을 고려 상표군(consideration set)이라고 한다. 앞서 다양한 아웃도어 브랜드를 알고 있던 소비자가 구매를 위해서 노스페이스, K2, 네파, 코오롱 스포츠만을 대상으로 평가를 진행한다면 〈그림 7.6〉에서 나타나는 4개의 브랜드는 소비자의 고려 상표군이 된다. 소비자는 정보 탐색 과정에서 파악한 각각의 브랜드 관련 정보와 해당 제품군에서 중요하게 감안해야하는 정보를 바탕으로 고려 상표군에 포함되는 복수의 브랜드를 대상으로 평가를 진행한다.

그림 7.6 아웃도어 의류의 고려 상표군 사례

이러한 고려 상표군 중에서 소비자가 가장 먼저 떠올리는 브랜드를 최초 상기 상표 혹은 TOM (Top-of-Mind) 브랜드라고 한다. 소비자는 자신이 생각하는 가장 중요한 제품 관련 속성을 중심으로 고려 상표군에 포함된 브랜드의 우열을 평가하는데, 소비자가 중요하게 생각하는 속성에서 상대적으로 우수한 평가를 받는 제품이 다음 단계인 구매 결정 단계에서 선택될 가능성이 높다. 이러한 대안 평가 과정에서 최초 상기 상표는 소비자가 해당 상표를 구매할 의사가 없더라도 다른 경쟁 상표와 비교의 대상이 될 수 있으며 경쟁 상표 대비 비교 우위를 확보할 경우 구매의 가능성이 높아지므로, 특정 제품군에서 최초 상기 상표가 되는 것은 매우 중요하다. 예컨대 소비자가 K2를 구매할 계획이 있더라도 해당 소비자의 최초 상기 상표가 노스페이스라면 고려 상표군의 다양한 브랜드 중에서도 두 개의 브랜드를 중심으로 평가가 이루어지며, 평가 결과 노스페이스가 더 좋은 조건을 제공한다고 판단되면 소비자는 기존에 생각했던 K2 대신 노스페이스를 최종 구매 상표로 선택할 수 있다.

4단계. 구매 결정

구매 결정은 각 상표에 대한 평가를 바탕으로 가장 높은 평가를 받았거나 가장 좋은 조건에 해당되는 상표를 최종 선택하여 해당 상표의 구매가 가능한 오프라인 또는 온라인 경로를 통해서 선택한 제품을 구매하는 단계이다. 이 과정에서 대안 평가 결과는 구매에 결정적인 요인으로 작용하지만, 대안 평가 결과가 최종 구매로 이어지지 않고 실제 구매에서 다른 상표를 선택할 수도 있다. 다시 말해서 구매 결정 단계에서는 이전 단계에서 이루어진 각 제품에 대한 평가가 결정적인 영향을 미치지만, 실제 매장 내에서 다양한 요인들로 인해서 소비자의 최종 선택 상표가 변경될 수도 있다. 예컨대 매장에 들어가기 전에 구매할 제품을 결정했더라도 매장에 들어가서 제품을 실제로 살펴보고, 매장에서 제공하는 할인 혜택과 같은 프로모션을 새롭게 발견하거나 판매원이 추가로 제시하는 정보에 의해 대안 평가가 다시 이루어지면서 최종 구매 결정에 변화가 생길 수 있다. 한편 음료수나 과자 등 상대적으로 낮은 가격대로 제공되는 일상적 제품의 구매는 일반적으로 매장에 들어가서 진열된 제품을 보면서 구매할 브랜드를 결정하므로, 구매 현장에서 소비자의 최종 구매 결정에 직접적으로 영향을 미칠 수 있는 매장 내 구매시점(POP: Point-of-Purchase) 광고의 효과는 매우 높은 편이다. 〈그림 7.7〉은 할인마트에서 집행되고 있는 라면 브랜드의 POP 광고물이다.

소비자가 구매를 진행하는 매장은 편의점이나 할인마트와 같은 오프라인 경로나 인터넷과 모바일로 주문이 이루어지는 온라인 경로로 크게 구분할 수 있다. 오프라인 매장은 제품을 직접 볼 수 있고 구매 즉시 제품을 확보할 수 있다는 장점이 있는 반면, 매장까지 직접 방문하고 제품을 직접 가져가야 하는 수고가 필요하다는 단점이 있다. 한편 온라인 매장은 제품에 대한 정보나 먼저 구매한 다른 소비자의 의견을 쉽게 파악할 수 있다는 장점이 있는 반면, 판매자를 만날 수 있는 물리적인 공간이 존재하지 않는 것에 대한 불안감 및 제품을 받기까지 걸리는 시간이나 교환 및 환불이 번거롭다는 단점이 있다. 최근에는 이러한 두 가지 구매 경로의 장단점을 보완하는 차원에서 온라인에서 주문한 상품을 오프라인 매장에서 받을 수 있거나, 오프라인 매장에서 직접 살펴본 제품을 온라인 매장에서 주문하는 오프라인과 온라인의 교차 판매도 많이 이루어지고 있다.

그림 7.7 매장 내 구매시점(POP) 광고

5단계. 구매 후 평가

구매 후 평가는 실제 구매나 사용 경험을 바탕으로 구매한 제품이나 서비스를 평가하고 이에 대해서 긍정적인 혹은 부정적인 반응을 나타내는 단계이다. 구매 이전까지는 제품에 대한 다른 사람들의 반응과 같은 외적 정보 원천에서 제공된 평가 결과가 해당 제품에 대한 소비자의 평가에 많은 영향을 미쳤다면, 구매 이후 시점부터는 소비자 본인의 평가가 진행된다. 이 단계에서 소비자는 구매 전에 기대했던 요소와 구매 후 사용을 통해 실제 경험한 결과를 비교하게 된다. 소비자가 자신이 구입한 제품이 구매 전에 기대했던 요소를 충족시킨다고 생각하면 제품에 대해서 만족하며 향후 재구매까지 이어질 수 있다. 반면 구입한 제품이 소비자가 구매 이전에 기대했던 요소를 충족시키지 못한다고 판단하는 경우에는 소비자는 불편한 심리적 상태에 놓이게 되며 이와 같이 구매 전 기대와 구매 후 결과의 차이를 인식하는 현상을 인지부조화(cognitive dissonance)라고 한다. 인지부조화 현상이 소비자가 제품이나 서비스에 대해시 심리적으로 허용할 수 있는 한계를 초과했다고 판단하는 경우, 소비자는 구입한 제품이나 서비스에 대한 환불 혹은 교환을 요청하게 된다. 특히 제품 가격이 높거나 구매 결정 과정에서 선택할 수 있는 대안이 많을수록 소비자가 인지부조화를 경험할 수 있는 가능성이 높아지므로 광고나 고객 서비스를 통해서 이러한 소비자의 인지부조화 정도를 약화시키거나 긍정적인 방향으로 유도해야 한다. 구매 후 평가는 실제 마케팅 및 광고 집행에서 상대적으로 낮은 비중으로 다루어졌지만, 장기적인 관점에서 이 단계가 향후 재구매에 직접적인 영향을 미치기 때문에 점점 중요성이 높아지고 있다. 인지부조화 현상과 관련하여 광고는 소비자에게 구매 결정이 올바로 이루어진 것임을 확신시켜줄 수 있는 정보를 제시하거나 교환이나 환불을 편리하게 진행할 수 있다는 점을 알려주며 소비자의 불편한 심리적 상태를 감소시킬 수 있다. 인지부조화로 인한 소비자의 불만은 모든 구매 상황에서 발생할 수 있으므로 이러한 불만에 내해서 항상 대비를 하고 소비자의 불만을 더 높은 수준의 만족으로 전환시킬 수 있도록 기존 고객을 위한 사후 서비스 프로그램을 강화하는 노력이 필요하다.

4. 소비자 의사 결정의 유형

소비자 행동의 모든 과정이 앞서 소개된 구매 의사 결정의 다섯 단계를 충실하게 이행하면서 진행되는 것은 아니다. 소비자가 밟아나가는 구매 단계는 제품이나 서비스를 구매하기 위한 의사 결정의 유형에 따라 다르게 나타난다. 예컨대 소비자가 고가격대의 노트북을 새로 구매하는 경우 진행하는 구매 의사 결정 과정과 집으로 가는 길에 편의점에 들러서 컵라면 하나를 구매하는 경우에 진행하는 구매 의사 결정 과정은 걸리는 시간과 단계별 행동에서 크게 차이가 나타날 것이다. 이와 같이 다양한 소비자 의사 결정의 유형은 소비자의 관여도(involvement)에 따라 크게 두 가지로 나눠진다. 관여도는 소비자가 제품이나 서비스와 같은 특정 대상에 대해서 주어진 상황에 따라 형성되는 개인적 관심 및 중요성을 지각하는 정도를 의미한다. 보다 구체적으로 소비자가 제품에 대해서 높은 관심을 가지고 있거나 제품의 구매 결과가 소비자에게 중요하게 영향을 미친다고 생각하는 고관여 상황에서는 구매 의사 결정에 투입하는 노력의 정도가 높아지는 확장적 문제 해결에 따라 구매 과정을 진행하게 된다. 한편 소비자가 제품에 대해서 관심이 그다지 높지 않거나 제품을 잘못 선택하여 구입하더라도 구매 결과가 그다지 중요하지 않은 저관여 상황에서는 구매 의사 결정에 투입하는 노력의 정도가 낮아지는 습관적 의사 결정에 따라 구매 과정을 진행하게 된다(〈표 7.1〉 참조). 이와 관련하여 제품이나 서비스의 가격은 소비자가 인식하는 관여도 및 의사 결정의 유형에 절대적인 영향을 미치지만 가격대가 소비자의 관여도 정도를 결정하는 유일한 요인으로 작용하지는 않는다. 다시 말해서 제품이나 서비스의 가격이 높은 경우에는 일반적으로 소비자는 확장적 문제 해결을 통한 고관여 구매행동을 진행하고, 가격대가 낮은 경우에는 습관적 의사 결정을 통한 저관여 구매행동을 나타낸다. 하지만 소비자의 특성이나 구매 상황에 따라 낮은 가격의 제품이나 서비스에 대해서도 높은 관여도를 바탕으로 확정적 문제 해결 과정이 진행될 수 있으며, 반대로 높은 가격의 제품이나 서비스에 대해서도 습관적 의사 결정을 통해 구매가 이루어질 수 있다.

표 7.1 확장적 문제 해결과 습관적 의사 결정 비교

	확장적 문제 해결	습관적 의사 결정
해당 제품	노트북	컵라면
관여도	고관여	저관여
인지된 위험	높음(고가의 복잡한 제품)	낮음(단순하며 낮은 가격)
정보 처리	외적 정보 탐색(외부 정보 원천)	내적 정보 탐색(기존 지식 활용)
광고 목표	지식을 증가시키고 신뢰를 구축	인지도와 친숙도 증가
마케팅 전략	광고를 포함한 다양한 정보원을 통해 세부적인 정보를 제공	구매시점, 진열대 광고 등을 통한 주변적 단서 제공

1) 확장적 문제 해결

확장적 문제 해결(Extended Problem Solving)은 높은 관여도와 인지된 위험을 동반한 의사 결정이 특징이다. 대체로 고가격대 제품에 대한 구매 결정이 확장적 문제 해결에 해당

하며, 잘못된 구매 결정이 큰 손해를 동반할 수 있다는 가능성을 소비자는 고려하게 된다. 소비자가 특정 제품의 구매에 앞서 이 제품을 한 번 구매하면 되돌리기가 힘들고, 잘못된 구매로 인한 손실이 크다고 생각하면 할수록 구매를 결정하기 전에 심사숙고하며 보다 많은 정보를 찾게 되면서 의사 결정에 소요되는 시간이 비교적 길어지게 된다. 위의 표에서 확장적 문제 해결에 새로운 노트북을 구매하는 경우를 대입해 보면, 백만 원 단위에서 구매가 이루어지는 대표적인 고가 제품인 노트북은 다음 제품까지 구매 주기가 대체로 몇년 이상 소요되며 이미 개봉한 제품은 환불이나 교환이 비교적 쉽지 않다. 더구나 노트북을 새로 구입하기 위해서 오랜 기간에 걸쳐서 필요한 금액을 모아왔다던가, 제한된 예산 범위 안에서 최상의 선택을 해야한다고 가정할 경우에는 구매 의사 결정의 중요성은 더욱 높아질 수밖에 없으며 자신의 선택으로 인한 구매 결과에 대한 위험 부담 또한 매우 높을 것이다. 이러한 상황을 감안하여 새로운 노트북을 구매하는 의사 결정은 다음과 같이 진행될 수 있다. 먼저 소비자는 새로운 노트북이 필요하다는 문제를 인식한 후, 자신이 알고 있던 지식을 통한 내적 정보 탐색과 다양한 외부 정보 원천을 통해서 외적 정보 탐색을 병행한다. 외적 정보 탐색 과정에서는 주로 인터넷과 모바일을 이용하여 노트북 관련 정보를 탐색해보고, 주변 사람들에게 노트북에 대한 의견도 듣고, 〈그림 7.8〉과 같이 매장을 직접 방문해서 노트북을 직접 살펴보고, 매장에 있는 판매원과도 이야기를 나누어 보면서 노트북에 대한 보다 전문적이고 세부적인 정보를 파악한다. 이러한 정보 탐색 단계를 바탕으로 구매를 고려하는 노트북 브랜드나 모델을 좁혀서 좀더 심층적인 평가를 진행한다. 이와 같

그림 7.8 노트북 구매 관련 확장적 문제 해결

이 꽤 오랜 시간이 소요되는 과정을 거쳐서 최종적으로 구매하고자 하는 노트북을 선택하고, 온라인이나 오프라인 매장 중 좋은 조건으로 구매할 수 있는 곳을 선택하여 노트북을 구입한다. 구매 이후 노트북을 사용하면서 지속적으로 제품의 성능을 파악하며 구입 전에 예상했던 것과 실제 결과가 차이가 있는지 여부를 세심하게 평가하게 된다. 이러한 과정이 진행되면서 소비자는 자신이 선택한 노트북에 대해서 만족 여부를 결정하고 이는 향후 재구매에 영향을 미치게 된다. 노트북 구매의 예에서 나타나듯이 확장적 문제 해결의 과정은 일상적인 수준의 구매 과정과 비교하여 소비자가 매우 높은 관심을 갖고 신중하게 결정이 이루어진다. 이러한 유형의 구매 의사 결정에 대한 광고 전략은 소비자의 정보 탐색에 도움이 될 수 있도록 제품 관련 지식을 증가시키고 동시에 브랜드에 대한 신뢰를 구축하는 방향으로 수립되어야 하며, 다양한 매체를 통해 여러 수준의 정보를 차별적으로 제공하는 것이 필요하다. 또한 인지된 위험을 줄이기 위한 구매 결정에 대한 신뢰, 안정성 등을 강조하는 것도 매우 중요하다.

2) 습관적 의사 결정

습관적 의사 결정(habitual decision making)은 비교적 낮은 관여도와 구매 결과가 그렇게 중요하게 영향을 미치지는 않는다는 판단 아래 진행된다. 일반적으로 가격이 낮으면서 자주 구매하게 되는 제품에 대한 구매 결정이 습관적 의사 결정에 해당되므로 한 번의 구매 결정이 잘못되었다고 하더라도 이로 인해 소비자가 입는 손해는 그렇게 크지않고 비교적 빠른 시간 내에 다른 제품으로 대체할 수 있다는 점에서 확장적 문제 해결과 차이를 나타낸다. 또한 제품의 특성 또한 대체로 단순한 편이어서 구매 결정 과정에서 제품에 대한 정보가 많이 필요하지 않다. 이로 인해 의사 결정에 소요되는 시간은 비교적 짧은 편이다. 〈그림 7.9〉와 같이 컵라면을 구매하는 상황을 대입해 보면, 간식이나 빠른 식사를 목적으로 주변에 있는 편의점에 가서 진열되어있는 컵라면 중 익숙한 브랜드나 새롭게 눈에 들어오는 브랜드를 빠르게 선택해서 1000원 안팎의 가격을 지불하고 구입하는 경우를 의미한다. 이러한 제품의 구매 주기는 매우 짧으며, 세밀한 정보 처리를 통해 구매하는 대신 컵라면을 생각할 때 떠오르는 익숙한 브랜드를 찾거나 매장 내에서 진행하는 프로모션 행사와 같은 주변적 단서에 영향을 받아 습관적으로 구매하는

그림 7.9 컵라면 구매 관련 습관적 문제 해결

경우가 많다. 습관적 의사 결정에 해당되는 제품에 대해서는 한 번의 구매가 만족스럽지 못하거나 잘못되었다고 판단하더라도 이로 인한 피해는 그다지 크지 않다. 금전적인 피해는 노트북을 구매하는 경우와 비교할 수 없을 만큼 적은 수준이며, 자주 구매했던 제품일수록 경험을 통한 일정 수준 이상의 만족이 확보되었기 때문에 구매에 따른 후회가 발생할 확률도 낮은 편이다. 이에 따라 습관적 의사 결정에서는 적극적인 정보 탐색 활동이 거의 발생하지 않으며, 오히려 평소에 봤던 TV나 모바일의 광고 또는 매장 내의 판매 촉진 수단 등이 최종 제품 선택에 결정적인 역할을 할 가능성이 높다. 습관적 의사 결정에 해당되는 제품은 주로 소비자가 일상생활에서 자주 사용하거나 소비하는 제품이므로, 이러한 제품을 실제 사용해 보고 그 경험을 바탕으로 재구매가 이루어지는 시험 구매의 역할이 상대적으로 중요하다. 예컨대 대형마트의 식품 코너에서 소비자에게 제공하는 시식 서비스는 소비자에게 제품을 미리 경험하게하면서 습관적 의사결정에 영향을 미칠 수 있다. 습관적 의사 결정에서는 말 그대로 습관적이고, 낮은 수준의 관여와 빠른 정보처리가 이루어진다는 점을 감안하여 이러한 의사 결정 방식에 적합한 광고 전략으로는 보다 쉽게 기억할 수 있는 정보의 단서를 제공하여 브랜드에 대한 인지도 및 친숙도를 증가시키거나 실제 구매 시점에서 의사결정을 돕는 주변적 단서 제공 및 판매촉진 활동을 벌이는 것이 효과적이다.

5. 소비자 의사 결정에 영향을 미치는 내적 요인

소비자 의사 결정 과정에서 영향을 미치는 요인은 매우 다양하다. 이러한 요인 중에서 내적 요인은 소비자의 마음속에서 형성되며, 이는 소비자의 성향이나 소비자가 겪은 과거의 경험 등을 통해서 소비사 의사 결정에 영향을 비치게 된다. 주요 내적 요인으로는 인지, 학습, 태도, 동기, 개성, 연령, 라이프 스타일 등이 있으며, 이러한 내적 요인이 소비자가 제품이나 서비스에 대해서 욕구를 느끼거나 특정 브랜드를 선택하는 과정에서 결정적인 역할을 한다. 이러한 요인은 소비자 의사 결정을 이해하고 예측할 수 있는 수단으로 매우 중요하게 작용한다.

1) 인지(Recognition)

인지는 취득한 정보에 대해 선택하고, 체계화하며, 해석하는 과정을 의미한다. 소비자는 신체의 감각 기관을 통해서 문자, 언어, 소리, 색채, 냄새 등으로 이루어진 정보를 얻게 되며, 이렇게 습득한 정보는 특정 분야에 대한 인지로 형성된다. 인지는 각 소비자의 신체적 능력, 성향, 경험에 따라서 다르게 나타날 수 있다. 마케팅의 다양한 수단은 소비자의 감각 기관을 자극하여 특정 제품이나 서비스를 위한 인지를 형성하려고 시도하며, 광고를 통해 시각적 혹은 청각적 자극을 준다거나, 화장품 샘플을 제공하여 소비자의 촉감을 자극하고, 시식 코너에서 후각을 자극하는 냄새는 소비자의 인지를 유리하게 형성하려는 전략적인 시도이다. 일상생활에서 만날 수 있는 수많은 광고 중에 실제 우리가 인지하는 광고는 그 중 극히 일부에 지나지 않으며 이러한 광고는 대개 높은 주목성을 나타내고 있다. 광고에 대한 노출(exposure)은 소비자의 눈에 광고가 들어오는 기계적 노출을 의미하며, 광고를 인식하는 단계의 노출은 인지적 노출을 의미한다. 이러한 두 가지 형태의 노출은 명확하게 구분되며 기계적 노출은 우리의 감각 기관을 통해서 받아들여지는 광고물에 대한 노출을 말하며, 인지적 노출은 감각 기관으로부터 전달된 자극을 머리에서 인지할 수 있는 수준으로 노출되는 것을 의미한다.

2) 학습(Learning)

학습은 소비자가 직간접적으로 획득한 정보와 경험을 통해 나타나는 신념, 태도, 행동 등의 변화를 의미한다. 학습은 특정 대상과 관련된 지각과 이를 저장하는 기억 과정을 거쳐서 이루어지며, 장기적이고 지속적으로 형성되는 특징이 있다. 학습의 결과는 소비자의 내적 정보 탐색에 중요한 요인으로 작용하므로 광고나 마케팅을 통해서 소비자에게 의도한 학습 효과를 유도할 수도 있다. 일반적으로 학습은 소비자의 지식과 신념을 형성하는 사고 과정에 의해서 이루어지는 인지적 학습과 외부 자극에 대해서 후속 행동이 발생하는 반응을 통해서 나타나는 행동적 학습으로 구분된다. 예컨대 평소에 호감을 갖고 있던 기업의 브랜드를 매장에서 우선적으로 선택하는 행위는 인지적 학습을 통한 결과에 해당되며, 커피 전문점에서 제공하는 사은품을 받기 위하여 해당 커피 전문점을 지속적으로 방문하여 필요한 조건을 충족시키는 행위는 행동적 학습을 통한 결과에 해당된다.

3) 태도(Attitude)

태도는 특정 대상에 대해 일관성 있게 긍정적, 부정적 혹은 중립적인 반응을 나타내는 심리적인 경향을 의미한다. 태도는 특정 대상에 대한 종합적인 판단의 결과이면서 바로 행동으로 연결될 수 있으므로 광고와 관련된 매우 중요한 내적 요인 중 하나이다. 특히 소비자가 특정 광고에 대해서 나타내는 태도는 광고에서 전달하는 브랜드에 대한 태도에 직접적인 영향을 미치고 더 나아가서 해당 브랜드의 구매에도 영향을 미칠 수 있다. 다시 말해서 소비자가 특정 광고에 대해서 긍정적인 생각을 하게 되면 해당 광고에 나오는 브랜드에 대해서도 긍정적인 생각으로 이어지면서 해당 브랜드를 구매할 가능성이 높아지게 되는 것이다. 이에 따라 소비자가 광고를 좋아하게 만드는 것으로 소비자의 행동을 의도한 방향으로 유도할 수 있으므로 광고 전략에 있어서 광고 및 브랜드에 대한 호감 또는 선호는 브랜드에 대한 인지와 더불어 광고 캠페인의 중요한 목표로 설정되는 경우가 많다.

4) 동기(Motivation)

동기는 소비자의 목표 지향적 행동을 활성화함으로써 욕구를 만족시키도록 이끌어내는 내적 상태를 의미한다. 소비자 의사 결정 과정의 첫 단계인 문제 인식에서 특정 욕구가 활성화되면, 소비자는 목표, 즉 구매를 통한 욕구의 충족이 이루어지도록 하려는 내적 긴장감을 갖는다. 이러한 긴장감이 동기이며 동기가 크면 클수록 욕구를 충족하기 위한 노력의 수준도 높아진다. 예컨대 좋은 성적을 받기 위한 동기 부여가 크게 작용하는 경우, 공부에 투자하는 시간이나 노력은 증가하게 된다. 동기는 여러 가지 유형으로 분류할 수 있으며 매슬로우의 다섯 가지 단계로 구성된 욕구가 동기를 분류하는 대표적인 모형 중 하나이다. 이 다섯 단계는 중요성의 정도에 따라 하위 단계의 욕구가 충족되면 상위 단계의 욕구가 형성된다는 위계적 모형의 형태를 나타낸다. 아래의 〈그림 7.10〉에서 볼 수 있듯이 가장 기초적인 갈증이나 배고픔과 같은 생리적 욕구가 해결되면 안전에 대한 욕구를 갖게 되며 이어서 소유, 자아 욕구, 자아실현 욕구 등이 순차적으로 형성된다. 광고의 대상이 되는 제품이나 서비스가 소비자의 어떤 욕구를 해결할 수 있는지 파악하여, 광고를 통해 해당 제품이나 서비스가 소비자의 욕구를 해결시켜줄 수 있다는 메시지를 전달하는 것도 광고 전략의 중요한 과제가 될 수 있다.

5) 개성(Personality)

개성은 각 개인마다 갖고 있는 고유의 독특한 심리적 특성이며, 외부 환경에 대해 저마다 다른 인식과 반응을 하는 원인이 된다. 새로운 것을 추구하는 경향이 있는 소비자는 신제품이 출시되는 초기에 구매를 할 가능성이 높으며, 다른 사람들에게 보이는 면을 중시하는 소비자들은 의류나 자동차 등에 관심이 많을 수 있다. 광고 전략 과정에서도 브랜드의 성격과 조화를 이루는 소비자의 개성을 파악하여 적절한 소비자 집단을 목표 청중으로 겨냥할 수 있다. 따라서 광고 조사 과정에서 소비자의 개성을 파악하여 특정 개성을 공유하는 집단을 구분하는 경우도 많다. 이처럼 개성은 개인이 가지고 있는 사회성, 혁신성, 물질주의, 성취욕 등과 같은 대표적인 특성으로 구분할 수 있으며 광고에서 겨냥하고 있는 특정 소비자 집단과 그들의 제품 구매 특성을 고려하여 기준을 마련하는 것이 보통이다.

6) 연령(Age)

연령은 인간이 태어나면서부터 확정되는 소비자의 가장 기본적인 내적 특성이다. 연령은 구매 결정에 가장 강력한 영향력을 미치는 요인 중 하나로서 소비자 연령의 변화에 따라 개인의 구매 경향에도 차이가 발생한다. 일반적으로 소비자는 20대나 40대와 같은 10년 단위의 연령대에 맞추어 자신과 같은 연령대가 선호하거나 추구하는 소비 성향을 자연스럽게 나타낸다. 이에 따라 제품이나 서비스는 일반적으로 신제품 개발 과정에서부터 마케팅 전략에 이르기까지 일정 연령층을 겨냥하여 기획되는 경우가 많다. 또한 브랜드 전략 차원에서 특정 제품이 겨냥하는 기존 연령층 이외의 다른 연령층을 겨냥하여 새로운 마케팅 전략을 시도하는 경우도 있다. 박카스가 기존의 중 · 장년층 이외에 20대 젊은 소비자를 공략하거나 반대로 아반떼가 기존 20대 소비자에서 50대 이상의 중장년층을 겨냥하여 〈그림 7.10〉의 광고를 집행한 사례가 대표적이다. 따라서 광고 실무자는 소비자가 연령대별로 어떤 성향을 공유하며 어떤 관심사가 있는지 파악하는 것이 중요하다.

그림 7.10 새로운 연령대를 겨냥한 광고 사례

7) 라이프스타일(Lifestyle)

라이프스타일은 소비자가 자신의 가치, 취향, 선호 등을 반영하여 어떻게 시간, 돈, 노력 등을 소비하는지를 결정하는 삶의 방식이라고 할 수 있다. 소비자는 자신의 라이프스타일을 반영하여 구매나 취미 활동 등을 진행하는 경향이 있다. 예컨대 레저 활동을 즐기는 라이프스타일의 소비자와 실내에서 즐길 수 있는 취미를 중요하게 생각하는 라이프스타일의 소비자는 성별과 연령대가 동일하더라도 다른 구매 경향을 나타낼 것이다. 이처럼 소비자가 나타내는 고유의 삶의 방식을 라이프스타일이라고 하며 소비자는 자신의 라이프스타일에 따라 소비가 이루어질 수 있다. 소비자 개개인의 라이프스타일은 광고나 제품에 대한 선호 및 구매에 많은 영향을 미치게 된다. 따라서 광고에서는 소비자를 성별이나 연령 등의 인구통계학적 기준에 의해서 세분화하는 방식과 더불어 라이프스타일의 유사함 정도에 따라서도 소비자를 구분하기도 한다. 예컨대 레저 활동을 즐기는 라이프스타일을 갖고 있는 사람들은 서로 성별과 연령대가 달라도 등산이나 아웃도어 제품에 관심이 많다거나 자동차는 SUV를 선호한다거나 여행 상품에 관심이 있다거나 하는 공통된 성향을 나타낸다. 따라서 시장세분화 전략을 실행하는 과정에서 동일한 라이프스타일이나 가치관을 공유하는 집단을 구분하여 브랜드의 성격과 맞는 집단을 목표 소비자로 설정하는 것이 중요하다.

6. 소비자 의사 결정에 영향을 미치는 상황적 요인과 사회적 요인

소비자 의사 결정에는 소비자의 태도나 동기와 같은 내부적 요인뿐만 아니라 소비자를 둘러싸고 있는 외부적 요인도 중요한 영향을 미친다. 주요 외부적 요인으로는 매장의 물리적 환경, 문화, 사회 계층, 준거 집단 등이 있으며, 이러한 외부적 요인은 주로 소비자와 관련된 상황이나 사회적 환경에 의해서 형성되어 구매에 다양한 형태로 영향을 미치게 된다. 예컨대 소비자가 방문한 매장이 깨끗하지 않거나 매우 시끄러운 경우, 소비자의 구매 욕구가 감소되어 구매가 이루어지지 않을 가능성이 높아진다. 또한 소비자가 속한 사회의 문화적 특성에 따라 구매가 많이 이루어지는 제품이 있거나 반대로 구매를 꺼리게 되는 제품이 있다. 한편 소비자가 사회에서 차지하는 위치나 소비자가 소속한 집단에 따라서 구매 행동에 영향을 받을 수 있다.

1) 물리적 환경(Physical Environment)

주변 환경은 소비자의 생각, 감정, 행동 등에 영향을 미칠 수 있다. 주위가 시끄럽거나 어수선하면 주목이나 집중을 할 수 없어 구매 결정에 어려움을 겪을 수 있다. 동일한 장소에서도 빠르고 밝은 음악이 나오는 경우와 조용하고 느린 음악이 나오는 경우, 각각의 음악에 따라 소비자가 느끼게 되는 감정이 다르게 형성되기 때문에 소비자 행동도 차이가 있을 수 있다. 〈그림 7.11〉과 같이 매장 내부의 물리적 환경은 소비자의 구매 결정에 영향을 미칠 수 있다. 보다 구체적으로 대형 마트의 매대와 매대 사이가 쇼핑 카트를 편하게 움직

그림 7.11 매장 내부의 물리적 환경

일 수 있을 만큼 충분히 넓은지, 전체 매장의 배치는 소비자의 일반적인 쇼핑 동선을 고려하여 효율적으로 구성되었는지, 매장의 제품들을 자세히 살펴볼 수 있을 정도로 충분히 밝은 조명을 사용하고 있는지 등은 매장 내 구매 행동에 많은 영향을 미치게 된다. 대형 백화점에 창문이 없는 이유에도 소비자가 시간이 흐름을 잘 인지하지 못하고 쇼핑에 집중할 수 있도록 유도하는 매장 측의 의도가 반영되어있다. 이러한 물리적 환경은 매장 내부의 시설에만 국한되지 않으며 매장을 이용하는 소비자를 위한 주차 공간, 매장 건물 주변의 환경, 매장을 이용하는 다른 소비자의 행동 등과 같은 요인도 오프라인 매장을 이용하는 소비자에 영향을 미치는 물리적 환경에 포함된다. 한편 온라인 쇼핑의 경우에도, 웹사이트의 디자인, 검색의 편리성, 지불 절차의 수월함 등도 물리적 환경에 해당되면서 소비에 영향을 미칠 수 있다.

2) 문화(Culture)

문화는 한 사회의 개성과 같은 것이며, 특정 사회에 속한 사람들의 행동과 사고에 영향을 미치는 사회적 규범과 양식의 종합적 체계이다. 각 사회 집단에는 오랜 시간 동안 공유한 언어, 종교, 가치, 신념, 관습, 종교 등이 문화로 축적되면서 해당 사회 구성원의 소비에도 강력한 영향을 미치는 외부적 요인으로 작용한다. 특정 문화권을 구분하는 기준은 지역, 종교, 언어, 직업, 연령 등에 따라서 다양하게 적용되며 같은 문화권에 소속한 구성원에게 행동의 기준이나 규범 등을 제공한다. 또한 문화는 소속한 구성원에 의해서 공유되면서 자연스럽게 해당 문화권에 태어나거나 새로 들어온 구성원에게 전달된다. 대학에 입학한 신입생은 선배들로부터 직접 전달받거나 혹은 관찰을 통해서 자신이 소속한 대학의 문화를 학습한다. 또한 문화는 각 집단에서 보편적이면서 다양하게 적용되고, 시간의 흐름에 따라 변화하는 특성이 있다. 따라서 이전에는 자연스럽게 받아들여진 행위가 시간이 지나면서 허용되지 않는 경우도 발생한다. 예컨대 이전에는 공공장소에서 흡연이 자연스럽게 허용이 되었으나, 사회 전반적으로 금연에 대한 인식이 높아지면서 흡연 문화도 몇년전과 비교하여 많은 변화가 이루어졌다. 사회적 기능 측면에서 광고 집행 시점의 사회 환경이나 기본적 생활 양식을 제시하는 광고는 목표 소비자가 거주하는 지역이나 소속한 집단의 문화를 시대의 흐름에 맞추어 적절하게 반영해야 한다.

3) 사회 계층(Social Class)

사회 계층은 소비자가 소속한 특정 사회나 집단 내부에서 중요하게 작용하는 일정 기준에 따라 구분되는 지위나 계급을 의미한다. 주요 기준으로는 일반적으로 교육, 직업, 소득 수준 등이 적용된다. 사회 계층이 중요한 이유는 동일 계층 내의 구성원들, 즉 교육, 직업, 소득 수준 등이 유사한 사람들은 제품의 구매에 있어서도 유사한 성향을 나타내기 때문이다. 이에 따라 시장 세분화에 의한 마케팅 전략을 수립하는 경우, 특정 사회 계층을 겨냥하여 설정한 제품을 출시하고 그들을 대상으로 광고 캠페인을 집행하기도 한다. 특정 사회 계층에 소속한 소비자의 유사성은 동일한 제품 선호 및 소비 가치를 보유한다는 측면에서 매우 중요한 기준이 된다.

4) 준거 집단(Reference Group)

준거 집단은 소비자 개인의 생각이나 행동에 기준이나 가치를 제공하며 직접적 혹은 간접적 영향을 미치는 집단을 의미한다. 다시 말해서 준거 집단은 개인이 이미 소속하고 있거나 미래에 소속하고 싶은 집단을 의미하며 정보적, 규범적, 가치표현적인 측면에서 영향을 미친다. 준거 집단은 소비자의 생각이나 행동에도 기준이나 가치를 제공하며 구매 의사 결정에도 영향을 미친다. 예컨대 대학에 재학 중인 학생에게는 소속 학과나 동아리가 준거 집단의 역할을 하며, 취업을 준비하는 사람들에게 자신이 입사하기를 희망하는 회사의 직장인이 준거 집단이 될 수 있다. 한편 소비자 의사 결정 과정에서 정보나 조언을 제공하며 영향력을 행사하는 사람을 의견 선도자(Opinion Leader)라고 부른다. 이들은 특정 분야에 대해서 전문적인 지식을 보유하며 다른 사람들의 태도나 행동에 영향을 주게 되며, 특히 구매 과정에서 자신의 지식이나 경험을 통해 직접적인 영향을 줄 수도 있다. 이에 따라 광고에서는 이러한 의견 선도자를 광고 모델로 이용하여 소비자에게 제품에 대한 신뢰를 구축할 수 있다. 예컨대 치약 제품 광고에 치과 전문의가 등장한다거나, 식품 광고에 식품영양학 교수 또는 요리전문가 등이 모델로 기용되는 것은 의견 선도자의 역할을 잘 보여주는 사례들이다.

PART III

광고 전략의 실행

광고 전략의 이해

1. 광고 전략의 개념
2. 광고 전략의 과정

8

도입사례

다 무신사랑해, 무신사는 TV광고를 왜 시작했을까?

기사 주소: https://www.edaily.co.kr/news/read?newsId=01446486629083360&mediaCodeNo=257&OutLnkChk=Y

무신사는 MZ세대들이 가장 선호하는 패션 쇼핑몰이자, 대한민국 유니콘을 대표하는 스타트업이다. 신발을 좋아하는 대학생이었던 조만호 대표가 '무지하게 신발 사진 많은 곳'이라는 커뮤니티로 시작해서, 커뮤니티의 고객들이 좋아할만한 컨텐츠를 발행하는 매거진을 발행하고, 그러한 상품들을 판매하는 쇼핑몰을 오픈했고, 무신사 스탠다드란 PB(유통업자 제조상품)상품을 판매하는 등 대한민국 패션 및 소비재 시장을 뒤흔든 브랜드다.

그런데 온라인 쇼핑몰인 무신사가 디지털마케팅이 아닌 엄청난 돈이 드는 TV 광고를 진행했을까.

▶▶

▶ 우리가 사랑한 패션의 모든 것, 다 무신사랑 해

무신사의 이런 발칙한(?) TV 광고를 한번쯤은 접했을 것이다. 패셔니스타 유아인의 멋진 비주얼과 함께 작년 말부터 지속적으로 TV에서 본 무신사의 TV 광고 카피이다. MZ세대들이 가장 선호하는 패션쇼핑몰이자, 대한민국 유니콘을 대표하는 쇼핑몰 무신사의 이런 발칙한 TV CF를 보며, 참 잘 만들었다고 생각했다.

타겟에 따라 다양하게 해석이 가능한 이 광고는 크게 3가지 타겟별 메시지 전략이 숨겨져 있다. 첫번째로 이미 무신사를 애용하는 MZ 고객들에게는 무신'사랑해'라는 메시지를 통해 고객 충성도 강화를 주고 있고, 두번째로 무신사를 알고는 있지만 이용하지 않는 3040 대상고객에게는 요즘 잘 나가는 브랜드는 '다 무신사에 있다'는 메시지로 브랜드 인지를 높이고 있다. 마지막으로 아직 입점하지 않은 패션 브랜드들에게는 무신사에 들어오지 않으면 그 '다'에 속하지 못해, MZ에게 소외받을 수 있다는 경고성 메세지를 통해 패션쇼핑몰로서 브랜드 입점을 다각화하기 위한 메시지를 준다. 보는 이에 따라 해석이 다양하게 되면서도, 그 방향은 무신사에 유리하게 돼있다.

고객 구매경험과 인지도 측면에서 보더라도 무신사는 주목할 만한 성과를 만들고 있다. 2020년 5월 오픈서베이가 발표한 패션 트렌드 리포트에 따르면 국내 멀티브랜드샵 · 쇼핑몰 중에서 무신사의 인지도(71.6%)와 구매경험률(37.1%)은 조사대상 쇼핑몰 중에서 가장 높으며, 재구매 의향 또한 39%로 조사대상 쇼핑몰 중에서 가장 높다. 하지만 10대와 20대에게 과반 이상의 열광적인 지지를 얻고 있는 것과는 달리 3040대에게는 아직까지 압도적이라고 말하기에는 어려운 상황이다.

무신사는 성장을 위해 1020대의 팬덤 같이 세련된 3040대들도 무신사에게 열광적인 지지를 보내주길 원했을 것이다.

충성도 높은 10대 20대만으로는 더 큰 성장이 어렵고, 구매력 높은 3040대에게 어필하기 위한 방법을 무신사는 다각도로 찾았을 것이다. 그리고 그들을 대상으로, 고객이 원하는 상품을 직접적으로 구매전환 시키는 다양한 디지털 채널들에 자원을 쏟아도 보았을 것이다. 그런데 퍼포먼스 마케팅을 하기만 하면 무조건 매출이 오를까.

이는 디지털 마케터들이 흔히 겪는 고민 중 하나이다. 퍼포먼스 마케팅을 집행하다보면, 아무리 광고비를 투입해도 매출이 오르지 않고, 오히려 광고비가 올라가는 현상이 발생한다. 광고비 투입대비 매출 성과를 나타내는 지표인 ROAS(Return on Ad Spend)가 떨어지는 결과는 누구도 원하지 않는다. 이러한 결과는 배너 블라인드니스(Banner Blindness · 배너광고무시현상)을 통해 유추해 볼 수 있다.

국내 마케팅에이전시 ㈜아이디어오븐이 출간한 'Marketing 101'에 따르면 사람들은 본능적으로 자신에게 필요하다고 느끼거나 생각하는 것을 먼저 보는 경험을 한다. 배너블라인드니스는 아무리 배너 광고를 노출하더라도 특정 고객들은 브랜드를 인지하지 못하는 현상을 말한다고 했다.

심리학에는 선택적 인지라는 개념이 있다. 즉 "인간이 외부의 정보를 받아들일 때 자기에게 유리한 것만을 받아들이고, 자신이 원하지 않는 정보는 무시하거나 외면한다는 것"이라고 배너블라인드니스 현상을 설명했다.

마케터는 소비자 구매의사결정을 항상 상기하고 있어야 한다. 무신사는 디지털 퍼포먼스 마케팅을 진행하며, 기존 고객이 아닌 신규고객 확대를 위해 브랜드인지 확대의 필요를 절실하게 느꼈을 것이다. 그리고 인지의 선택을 받기 위해 강제적으로 소비자들에게 메시지를 전달할 수 있는 TV광고에 과감히 투자했다.

마케터는 소비자가 브랜드를 인지하고 구매하는 프로세스인 '인지-흥미-고려-구매-재구매' 과정, 즉 소비자 구매의사결정를 살펴보며, 일련의 프로세스 중 타겟별로 우리가 강조해야 하는 부분은 어디일까를 항상 상기하고 있어야 한다.

예를 들면 '인지-흥미 단계'에서는 표적 및 잠재고객에게 효과적인 브랜드 캠페인을 생각하고 '고려-구매 단계'에서는 타켓 및 구매고객을 대상으로 한 퍼포먼스 마케팅을 집행해야 한다. 구체적으로는 기존 고객이라면 재구매율을 높이는데 유익하도록 락인(Lock in) 할 수 있는 특별한 혜택을, 신규로 가입한 고객이라면 구매를 유도할 수 있는 쇼핑 쿠폰 등의 혜택을, 아예 우리 쇼핑몰을 알지 못하거나 관심이 없는 고객에게는 인지를 일으키거나, 흥미를 줄 수 있는 브랜딩 캠페인을 고려해야 한다. 타겟별로 쇼핑몰이나 브랜드별로 메시지는 달라지기 때문에 무신사처럼 소비자 구매의사결정 과정을 살펴보며 창의력을 쏟아야 한다.

▶ 광고가 성공적이었을까? 이제 삼성전자도 무신사랑 한다

2009년 당시 100여개 브랜드가 소소하게 입점한 플랫폼이었던 무신사스토어는 2021년 현재 5700여개 패션 브랜드가 입점한 대형 플랫폼이 됐다. 그리고 이제는 삼성전자 입점 등 라이프스타일 커머스 플랫폼으로 변모하고 있다.

근래 안타깝게도 남혐논란 이슈 및 대표의 사퇴까지 크고 작은 이슈가 줄이어 나오고 있긴 하지만, 성장을 위한 성장통이라 생각한다. 그들의 시선은 단순히 지금에 머물러있지 않다. 대한민국을 대표하는 커뮤니티 커머스 '무신사'의 앞으로의 행보가 기대되고 응원하는 이유. 다 무신사랑해!

출처: 이데일리, 김만희 뉴에라캡코리아 마케팅팀장(2021.06.19.)

1. 광고 전략의 개념

광고에 관심이 있는 사람이라면 누구나 한 번쯤은 자신이 가지고 있는 아이디어를 이용하여 평소에 흥미를 갖고 있던 제품이나 서비스의 광고를 만들어 보는 것을 생각해 본 경험이 있을 것이다. 특히 다양한 매체를 통해서 전달되는 기발한 광고를 보게되는 경우에는 광고 제작에 대한 관심은 더욱 높아질 수 있다. 하지만 아무리 기발하고 창의적인 아이디어를 통해 제작된 광고라 할지라도 어떤 목적으로 누구를 대상으로 어떤 방식으로 전달할 수 있을 지에 대한 사전 계획이 없다면 매일매일 집행되는 광고의 홍수 속에서 광고를 만들기 전에 의도했던 목적을 달성하지 못하고 사라질 수 있다. 다시 말해서 뛰어난 크리에이티브를 통해서 제작한 광고라 할지라도 정작 그것이 필요한 소비자에게 전달되지 못하면 스쳐 지나가는 광고에 불과할 수 있으며 수많은 광고가 다양한 매체를 통해 소비자의 일상생활 곳곳에서 경쟁하고 있음을 감안할 때 누군가에게 정말 필요한 광고 메시지를 효과적인 매체를 통해 전달하는 것은 광고 집행에서 절대적으로 요구되는 성공의 주요 요인이라 할 수 있다.

광고 집행은 다양한 대안 중에서 최적의 해결책을 선택하는 과정이다. 이러한 과정에서 광고 대행사는 사전에 설정한 전략을 통해 최적의 대안을 선택하여 성공적으로 광고를 집행하고자 한다. '전략'이라는 개념은 원래 군사적 용어로 주로 사용되었으며 전쟁에서 승리를 위해 여러 전투를 계획, 조직, 수행하는 방법으로 정의된다. 현재 전략은 군사적 개념의 범위를 벗어나 다양한 분야에서 사용되고 있으며 국가 전략, 기업 전략, 마케팅 전략 등 특정한 목표 달성을 위하여 요구되는 방법이나 계획을 제시하는 상황에서 활용되고 있다. 광고 전략은 특정 제품이나 서비스의 적절한 목표 대상(target audience)을 찾아내서, 이들이 가장 잘 수용할 수 있는 적절한 메시지를 찾아내고, 이 메시지를 효과적으로 전달할 수 있는 적절한 시점과 매체를 찾아내는 계획을 의미한다. 따라서 광고 전략에는 실제 광고를 집행하는 과정에서 나타나는 모든 활동 및 계획이 언급되어 있으며 광고 집행에 참여하는 모든 사람들은 광고 전략에 명시된 세부 시행 계획에 따라 각자에게 부여된 임무를 수행하게 된다. 예컨대 소비자 집단 중에서 어떤 집단을 대상으로 광고를 집행할 것인지, 정보 위주의 광고 메시지를 전달할 것인지 아니면 이미지 위주로 광고를 제작할 것인지 등 광고 집행 과정의 중요 선택 시점에서 광고 전략은 어떤 선택이 가장 효과적인 결과를 가져다 줄 수 있는지에 대한 방향을 제시한다. 일반적으로 특정 제품이나 서비스를 위한 광고를 제작하기 전에 해당 제품이나 서비스와 관련된 핵심적 사실이나 정보를 파악하고, 이러한 사실과 정보 사이에서 유의미한 관계를 찾아내어야만 한다. 이렇게 찾아낸 의미있는 관계를 바탕으로 광고를 통해서 해결이 가능한 목표를 설정할 수 있으며, 광고 전략은 이와 같은 광고 목표를 달성하기 위해서 어떤 선택이 가장 효과적인 결과를 가져다 줄 수 있는지 방향이나 수단을 제시해준다. 예컨대 배달앱을 위한 광고를 제작한다고 가정할 경우, 배달앱을 누가 가장 많이 이용하는지, 어떤 상황에서 가장 많이 이용하는지, 어떤 혜택을 기대하며 이용하는지, 목표 청중 세대가 가장 관심을 갖고 있는 이슈나 대상은 무엇인지 등과 관련된 핵심적인 사실이나 정보를 파악할 필요가 있다. 이후 배달앱 이용과 관련하여 파악한 여러 사실과 정보를 묶어서 유의미한 관계를 찾아내고 이를 광고 제작을 위한 아이디어로 활용할 수 있다. 이 과정에서 광고 전략은 해당 제품이나 서비스의 마케팅 전략과 일관된 방향으로 수립되어야 한다. 마케팅 전략의 집행에서 광고 전략은 촉진(promotion) 분야를 해결하는 역할을 한다. 광고대행사는 구체적인 광고 전략 수립에 앞서 광고주가 설정한 마케팅 전략에 대한 이해와 분석을 선행해야 하며 광고 전략에서는 마케팅 전략에서 설정한 마케팅 목표를 달성하기 위하여 광고가 어떤 역할을 할 수 있는지 또한 명확하게 제시하여야 한다. 이에 따라서 광고 전략은 광고대행사가 광고주에게 약속할 수 있는 책임의 근거가 될 수 있다.

2. 광고 전략의 과정

광고 전략은 일반적으로 제품이나 서비스에 대한 분석으로 시작하여 광고가 해결할 수 있는 목표를 설정한 다음에 이를 달성하기 위한 구체적인 계획을 수립하고 집행한 뒤, 실행한 광고에 대한 평가의 순서로 진행된다. 물론 실무에서 광고 전략이 반드시 단계별로 순서에 따라 진행되지는 않으며 상황에 따라 특정 단계를 건너뛰거나 동시에 두 개 이상의 단계가 진행되는 경우도 있지만 일반적으로 광고 전략은 〈그림 8.1〉과 같이 6단계로 진행된다.

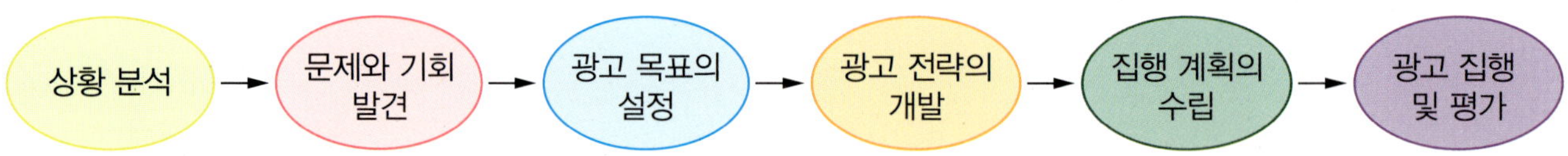

그림 8.1 광고 전략의 6단계

광고 전략에서 가장 먼저 실행되어야 하는 과정은 제품이나 서비스가 처한 대내외적인 상황을 분석하는 것이다. 이를 통하여 광고 대행사는 담당하는 제품이나 서비스에 대하여 지식을 갖게 되고 이를 통해 두 번째 단계인 제품이나 서비스가 당면한 문제와 기회를 발견한다. 세 번째 단계에서는 제품이나 서비스가 갖고 있는 문제를 해결하기 위하여 광고가 무엇을 할 수 있는 지를 제시하는 광고 목표를 설정한다. 네 번째 단계에서는 광고 목표를 달성하기 위한 목표 소비자, 광고 컨셉, 크리에이티브나 매체 기획 등 세부 전략을 개발한다. 다섯 번째 단계에서는 앞 단계에서 개발한 세부 전략을 실질적으로 집행하는 계획을 수립하며 마지막 단계에서는 앞서 모든 단계의 실행을 통해 집행된 광고의 효과를 평가하고 향후 새로운 광고 전략 수립을 위한 자료를 제공한다. 광고 집행은 결국 다양한 대안 중에서 최적의 해결책을 선택하는 과정이며, 광고 전략은 새로운 것을 창조하는 것이라기 보다는 기존 사실의 상호 관계를 새롭게 재구성하여 돌파구를 찾아내는 것이다.

1) 상황 분석

상황 분석은 광고 전략의 가장 기초적이자 필수적인 단계이며 광고 전략의 상위 단계를 성공적으로 완수하기 위한 자료를 제공한다. 다시 말해서 상황 분석은 어떤 요인이 광고 목표를 달성하기 위한 결정적인 이유로 작용할 것인지 파악하는 단계이다. 상황 분석 단계에서는 제품이나 서비스를 둘러싸고 있는 다양한 환경적 요인을 파악, 분석하고 어떠한 문제점과 기회 요인이 있는지 파악하는 것을 목적으로 한다. 광고 대행사에서 광고를 집행하기에 앞서 담당자는 자신이 담당한 제품이나 서비스에 대하여 광고주에 버금가는 수준의 지식을 확보해야 한다. 물론 특정 제품이나 서비스를 전담한 광고주가 가지고 있는 지식과 광고 대행사가 상황 분석을 통해 축적한 지식은 질과 양적 측면에서 차이가 있을 수 있지만 광고 대행사는 마케팅 커뮤니케이션과 소비자 측면에서의 전문성을 바탕으로 상황 분석을 진행해야 한다. 상황 분석에서 제품이나 서비스를 위한 리서치는 필수적으로 요구되며 크게 직접 소비자를 대상으로 리서치를 진행하는 1차 조사(primary research)와 기존 자료를 바탕으로 필요한 정보를 파악하는 2차 조사(secondary research)로 나눠진다(11장 참조). 일반적으로 광고주의 제품이나 서비스에 대하여 기존 자료(기사 자료, 논문, 출판물 등)를 통해 정보를 파악하는 2차 조사를 진행하며 기존 자료를 통해 확보하기 힘든 소비자 반응 등을 파악하기 위하여 설문이나 실험 등의 직접적인 조사를 통해 정보를 파악하는 1차 조사로 이어진다. 상황 분석에서 이루어지는 리서치 결과를 바탕으로 광고 대행사는 마케팅 목표를 달성하기 위하여 광고가 할 수 있는 역할을 규정 짓게 된다. 상황 분석에서 다루어지는 주요 분석 항목은 산업 분석, 제품 분석, 소비자 분석, 경쟁 분석, 광고 분석, 사회 환경 분석 등 크게 6개의 항목이 있다(〈그림 8.2〉 참조). 먼저 산업 분석에서는 광고주의 제품이나 서비스와 관련된 시장 상황을 분석한다. 두 번째, 제품 분석에서는 제품 자체에 대한 특성을 파악한다. 세 번째, 소비자 분석에서는 제품이나 서비스를 소비하는 소비자의 특성을 파악한다. 네 번째, 경쟁 분석에서는 광고주의 브랜드와 직접 혹은 간접적인 경쟁자에 대하여 분석한다. 다섯 번째, 광고 분석에서는 제품이나 서비스의 광고에 초점을 맞추어

산업 분석	제품 분석	소비자분석
• 시장 동향 • 시장 규모 • 경쟁 제품군 • 시장 전망	• 제품 특성 • 제품의 역사 • 제품군의 정리 • 제품 수명 주기	• 주요 소비자군 • 소비자 특성 • 구매 유형 • 구매 동기
경쟁 분석	**광고 분석**	**사회환경분석**
• 주요 경쟁사 • 경재 구도 • 경쟁사 비교 • Positioning	• 광고 활동 • 광고 컨셉트 • 광고 목표 청중 • 광고 전략	• 인구 동계 • 사회, 자연 • 기술, 법률 • 정치, 경제

그림 8.2 상황 분석의 6가지 요인

분석한다. 마지막으로 사회 환경 분석에서는 제품이나 서비스에 영향을 줄 수 있는 사회 분위기나 경제 상황 등 전반적인 환경 요인에 대하여 분석한다.

(1) 산업 분석

상황 분석은 일반적으로 제품이나 서비스의 시장에 대한 산업 분석으로 시작한다. 먼저 시장 동향 측면에서 지난 몇 년 동안 시장이 어떤 변화를 겪어왔는지 살펴본다. 관련 2차 자료 검색을 통해 시장의 변화를 파악한다. 또한 정량적인 측면에서 시장 규모를 파악해야 한다. 이 과정에서 전체 시장 매출액이나 성장률 등으로 시장 규모를 분석하고 이를 바탕으로 향후 시장이 어느 정도 발전할 수 있는지 예측한다. 또한 맡고 있는 제품이나 서비스와 경쟁하는 제품군을 파악해야 한다. 기술의 발전과 제품 영역 세분화로 인하여 제품군 내에서의 경쟁 보다는 제품군 간의 경쟁이 더 치열하게 전개됨에 따라 경쟁의 범위를 넓힐 필요가 있다. 예컨대 나이키의 경우, 경쟁 제품은 아디다스나 언더아머가 되겠지만 경쟁 제품군은 아웃도어 행위를 기반으로 한 제품군이나 패션 제품군까지 모두 포함할 수 있다. 이러한 경쟁 제품군 분석은 다음 분석 요인인 제품 분석이나 소비자 분석과도 모두 관련이 있다.

(2) 제품 분석

제품 분석에서는 먼저 제품이나 서비스 자체의 특성을 중심으로 강점과 약점을 파악한다.

또한 이미 출시된 기존 제품의 경우에는 지금까지 시장에서 어느 정도 성과를 나타내고 있는지 파악할 필요가 있으며, 한편 새롭게 출시하고자 하는 신제품의 경우에는 예상되는 시장의 반응을 파악해야 한다. 특히 제품 분석 과정에서 광고 대행사의 담당자는 반드시 제품이나 서비스를 직접 사용하거나 경험하면서 스스로 제품의 특성이나 장단점을 파악해야만 한다. 직접 경험하기 어려운 제품이나 서비스의 경우에는 이에 버금가는 간접적인 경험을 다양한 수단을 통해서 확보해야한다. 예컨대 식음료나 화장품과 같은 소비재는 당연히 직접 경험을 해야하지만, B2B 제품이나 금융 상품 같이 직접 경험하기가 어려운 제품은 실제로 이용한 경험이 있는 소비자를 만나거나 경험 후기를 통해서 제품이나 서비스에 대한 정보를 파악할 수 있다. 제품 특성과 더불어 제품군 내에서 어떤 개별 브랜드가 판매되고 있는지 상표군을 정리한다. 한편 지금까지 제품이 어떤 변화를 거쳤는지 브랜드의 역사를 파악하고 해당 제품이나 서비스가 제품 수명 주기(Product Life Cycle) 내에서 어디에 위치하고 있는지 분석한다.

(3) 소비자 분석

소비자 분석에서는 제품이나 서비스에 대한 주요 소비자 집단과 향후 소비를 유도할 수 있는 잠재 소비자 집단을 파악한다. 소비자 분석은 광고 전략의 중요 항목인 목표 청중 설정의 근거가 된다. 주요 소비자 집단의 특성을 먼저 인구통계학적 측면에서 연령, 성별, 거주 및 활동 지역, 교육, 직업 및 소득 중심으로 분류한다. 인구통계학적 분류는 가장 많이 이용되는 기준이지만 소비자의 심층적인 행동 규명에는 한계가 있다. 이에 따라 소비자의 라이프스타일, 개성, 욕구, 가치 등을 기준으로 심리적 특성을 파악한다. 또한 제품 사용 및 구매와 직접적으로 관련이 있는 행동적 특성을 소비자의 사용 경험, 사용률, 브랜드 인지도, 충성도, 브랜드에 대한 태도 등의 측면에서 파악한다. 특히 어린이 관련 제품과 같이 구매자와 사용자가 구분되는 제품이나 서비스에 대해서는 광고를 어느 집단에 초점을 맞추고 집행하는지에 대한 분석도 필요하다.

(4) 경쟁 분석

광고 전략은 필연적으로 경쟁자와의 상대적인 관점에서 설정된다. 이에 따라 제품이나 서비스의 직접적인 경쟁자 및 잠재적인 경쟁자의 파악은 필수적이다. 우선 겨냥하고자하는 시장에 어떤 경쟁자가 있으며 각 경쟁자는 어떤 브랜드를 판매하는지 파악한다. 이와 함께 경쟁 구도를 파악하기 위하여 시장 점유율을 통해 각 경쟁 제품이 제품군 내에서 어느 정도의 위치에 있는지 파악해야 한다. 이 과정에서 주요 경쟁자를 선정하여 제품의 성격, 제품의 경쟁력, 주요 소비자 등 중요 요인별로 비교, 분석한다. 앞서 산업 분석에서와 마찬가지로 직접적인 경쟁자와 더불어 경쟁의 범위를 넓혀서 잠재적으로 경쟁의 대상이 될 수 있는 브랜드도 파악할 필요가 있다. 한편 소비자 인식상 자사 제품이나 서비스의 이미지가 경쟁 제품과 비교하여 어디에 자리잡고 있는지 분석하여 경쟁사 대비 소비자 인식 측면에서 우위를 점할 수 있는 위치(position)를 파악하거나 설정한다.

(5) 광고 분석

광고 분석은 자사 및 경쟁사의 광고 관련 정보를 파악하는 것이다. 성공적인 광고 전략을 위하여 지금까지 집행된 광고를 분석하여 성공 요인과 실패 요인을 찾아낼 수 있다. 먼저 담당한 제품이나 서비스의 광고에 대해서 광고주나 소비자가 어떤 반응을 보였는지 파악하고, 이와 함께 주요 경쟁사의 광고에 대한 반응도 파악하여 광고 측면에서 상대적인 비교를 진행한다. 광고 분석을 바탕으로 지금까지 진행된 광고의 흐름을 파악하고 이와 더불어 향후 광고 전략의 방향을 예상할 수 있다. 특히 소비자 인식상 브랜드의 위치는 대부분 광고 집행을 통해 형성되므로 광고 분석에서 각 경쟁자별 포지셔닝 전략의 변화를 파악할 수 있다. 한편 광고비 분석에서는 자사 광고비를 포함하여 각 경쟁자가 동일한 기간 동안 어느 정도의 광고비를 사용했는지 비교할 수 있으며 이 과정에서 시장 점유율과 유사한 개념인 경쟁사 간의 광고 점유율(share of voice)을 파악하여 일정 기간 동안 각 경쟁사가 광고비를 상대적인 측면에서 어느 정도 집행했는지 비교한다. 또한 경쟁자가 주로 이용하는 광고 매체의 유형과 집행 패턴을 파악하여 향후 광고 매체 기획에 활용할 수 있다.

(6) 환경 분석

환경 분석에서는 제품이나 서비스와 직접적인 관련성은 높지 않지만 장기적으로 영향을 줄 수 있는 내외부적 영향 요인을 분석한다. 환경 분석은 광고주가 분석한 결과를 제공받을 수도 있지만, 광고대행사는 광고에 영향을 미칠 수 있는 요인에 초점을 맞추어 별도로 분석을 진행한다. 먼저 광고주 기업 내부를 분석하여 사업 영역, 기업의 전반적인 목표, 기업 문화 등을 파악한다. 이를 통해 광고 대행사가 제안하는 광고의 방향이 기존 기업의 철학이나 문화에 크게 어긋나지 않도록 조정한다. 한편 외적 환경 분석에서는 사회, 문화, 기술, 법률, 정치, 경제, 언론, 매체 등 다양한 측면에서 접근할 수 있다. 사회와 문화적 환경 분석에서는 소비에 영향을 미칠 수 있는 현 사회의 분위기나 동향 등을 파악한다. 기술적 환경 분석의 중요성은 제품에 따라 차이가 있으며 특히 IT 제품과 같이 기술의 변화가 빠른 속도로 이루어지는 제품일 경우 새로운 기술에 대한 정보를 광고에 효과적으로 반영할 수 있다. 한편 법률, 정치, 경제적 환경 분석을 통해 제품을 판매하거나 광고를 집행하는 과정에서 제한 요인이 발생하지 않는지 파악해야 한다. 마지막으로 언론과 매체 환경 분석을 통하여 특정 브랜드에 대한 기사 및 여론이 어떻게 형성되어있는지 파악하고 소비자가 현재 어떤 매체를 어떤 목적으로 어떻게 사용하고 있는지에 대한 정보를 파악하여 향후 광고 매체 기획의 기초 자료로 제공한다.

2) 문제와 기회 발견

광고주의 제품이나 서비스에 영향을 미칠 수 있는 다양한 외적, 내적 환경의 분석 결과를 바탕으로 광고 대행사는 해당 제품이나 서비스가 직면한 문제나 이를 통한 기회를 발견해야 한다. 광고 전략 과정에서 상황 분석은 단지 제품이나 서비스와 연관된 사실 만을 나열하는 수준에서 멈추는 것이 아니라 분석 결과를 이용하여 특정 제품이나 서비스의 주요 강점, 약점, 위협, 기회 요인을 제시할 수 있어야 한다. 이와 같은 과정은 일반적으로 Strengths(강점), Weaknesses(약점), Threats(위협), Opportunities(기회)의 앞 글자를 따서 SWOT 분석이라고 한다(〈표 8.1〉 참조).

표 8.1 SWOT 분석

	긍정적인 요인 (특정 목표를 달성하기 위한)	부정적인 요인 (특정 목표를 달성하기 위한)
내적 요인 (제품, 서비스, 조직 내부 관련)	**Strengths** (강점)	**Weaknesses** (약점)
외적 요인 (제품, 서비스, 조직 외부 관련)	**Opportunities** (기회)	**Threats** (위협)

SWOT 분석은 상황 분석의 결과에 따라 제품이나 서비스의 내적 환경 요인과 외적 환경 요인 중에서 특정 목표를 달성하기 위하여 긍정적인 요인과 부정적인 요인을 분류하는 것이다. 따라서 SWOT 분석은 상황 분석의 결과로서 광고 전략 과정에서 활용된다. SWOT 분석 중에서 S(강점)와 W(약점)는 제품이나 서비스 혹은 조직 자체의 강점과 약점 요인을 제시하는 것을 의미하며 이와는 대조적으로 O(기회)와 T(위협)는 외부적으로 제품이나 서비스가 기회로 삼을 수 있거나 위험 요소로 작용할 수 있는 요인을 의미한다. SWOT 분석 과정에서 내적 요인과 외적 요인을 구분하지 않고 강점과 기회 요인, 약점과 위협 요인을 혼동하여 제시하는 경우가 있으며, 제품이나 조직 자체에 관련된 내적 요인과 제품이나 조직을 둘러싸고 있는 외적 요인을 명확하게 구분할 필요가 있다. 예를 들어서 농심의 대표적인 브랜드인 신라면에 대한 SWOT 분석의 결과는 〈표 8.2〉와 같이 정리할 수 있다.

신라면의 SWOT 분석 결과에 의하면 신라면의 강점은 브랜드에 대한 높은 인지도와

표 8.2 SWOT 분석의 보기: 신라면

	긍정적인 요인	부정적인 요인
내적 요인	**Strengths** – 신라면의 높은 인지도 – 1위 브랜드에 대한 습관적 구매	**Weaknesses** – 브랜드 관련 새로운 요소의 부재 – 농심 브랜드간 자기 잠식 효과
외적 요인	**Opportunities** – 라면 시장의 꾸준한 성장 – 1인 가구 시장의 확대	**Threats** – 경쟁사의 다양한 라면 출시 – 라면을 대신하는 간편식 등장

라면이라는 제품 특성상 신라면과 같은 1위 브랜드에 대한 습관적 구매를 들 수 있다. 반면 신라면의 약점은 신라면이 오랜 기간 판매되면서 소비자가 인식할 수 있는 새로운 요소가 부족하다는 점과 농심에서 다양한 브랜드가 출시되는 과정에서 발생하는 자기 잠식 효과(cannibalization)를 들 수 있다. 한편 신라면의 외부 환경 측면에서 기회 요인으로는 전반적으로 라면 시장 규모는 지속적으로 성장한다는 점과 라면의 주요 소비층이 될 수 있는 1인 가구 시장이 확대된다는 점을 들 수 있으며, 반면 경쟁사에서 다양한 신제품이 출시된다는 점과 라면을 대체할 수 있는 도시락이나 밀키트와 같은 간편식이 시장에 등장하고 있다는 위협 요인 또한 존재하고 있음을 알 수 있다.

위와 같이 SWOT 분석을 통해서 특정 제품이나 서비스가 가지고 있는 문제와 기회 요인을 파악함으로써 광고 대행사는 광고주의 마케팅 목표 달성을 위해서 광고를 통해서 해결할 수 있는 문제가 어떤 것이 있는지를 찾아낼 수 있으며 아울러 어떠한 외적 요인이 위협이나 기회 요인으로 작용할 수 있는지 예측할 수 있다. SWOT 분석에서 명시되는 모든 요인이 반드시 광고와 직접적으로 연결되어야만 하는 것은 아니지만 가능한 다음 단계인 광고 목표의 설정이나 광고 전략의 개발을 위한 근거 자료로서 제시할 수 있는 결과를 명시할 필요가 있다. 분석 결과에서 나타난 문제와 기회 요인에 대한 해결 방법은 광고 대행사의 서비스를 통해 실행 가능한 방법을 제시하도록 한다.

3) 광고 목표의 설정

광고 전략 과정에서 광고 목표의 설정은 광고주에 대한 약속의 차원과 더불어 향후 광고 효과의 기준을 마련하는 측면에서 매우 중요하다. 광고 목표는 광고 대행사가 특정 제품이나 서비스를 위해서 광고를 통해서 일정 기한 내에 달성하고자 하는 최종적인 결과를 의미한다. 이러한 광고 목표는 좀 더 포괄적인 차원에서 만들어진 마케팅 목표의 맥락 안에서 설정되어야 한다. 다시 말해서 광고 목표는 사전에 설정한 마케팅 목표를 달성하기 위하여 광고가 해결할 수 있는 사안을 명시하는 것이라고도 할 수 있다. 마케팅 목표는 일반적으로 특정 제품이나 서비스가 일정 기간 시장 내에서 달성하고자 하는 판매량, 매출액이나 시장 점유율 등의 판매와 직접적으로 연관이 있는 내용을 포함하고 있다. 예컨대 내년 6월까지 판매량을 20% 이상 증가시키겠다고 명시하는 것이나, 혹은 시장 점유율을 5% 이상 증가시키겠다고 명시하는 것과 같은 내용을 마케팅 목표에서 명시할 수 있다. 간혹 광고 목표와 마케팅 목표를 같은 개념으로 인식하여 판매 증가나 시장 점유율 증대 등을 광고 목표로 설정하는 경우도 있지만 엄밀하게 이러한 내용은 마케팅 목표로서 명시되어야만 한다.

광고 목표는 소비자의 실질적인 반응에 초점을 맞추어 설정되어야 한다. 앞서 마케팅 목표가 제품이나 서비스의 매출이나 점유율에 초점을 맞추어 목표가 설정되는 것이라면 광고 목표는 제품을 구매하거나 서비스를 이용하는 소비자의 반응에 초점을 맞추어야 한다. 광고와 관련된 소비자의 반응은 매우 다양한 측면에서 나타나지만, 일반적으로 커뮤니케이션 효과나 소비자 행동 측면에서 대표적인 반응으로 언급되고 있는 인지적 반응, 감성적 반응, 행동적 반응을 중심으로 광고 목표를 설정할 수 있다. 보다 구체적으로 특정 광고가 다양한 감각 기관을 통하여 소비자에게 전달되면 소비자 개개인의 해석이나 이해 등을 통해서 인지적 반응이 나타나게 된다. 이러한 과정을 통해 소비자는 특정 광고나 브랜드에 대하여 일정한 감정이나 태도 등을 갖게 되는 감성적 반응을 나타내게 되며 광고주가 의도한 방향으로 설득되어 궁극적인 구매 등의 행동적 반응을 나타내게 된다. 이렇듯 다양한 소비자의 반응에서 광고 목표는 해당 시점에서 가장 중요하다고 생각되는 소비자의 반응을 의도한 수준까지 향상시키는 것을 의미한다. 예를 들자면 새로 출시된 제품의 경우 광고주는 물론 매출의 증진을 목표로 하겠지만 광고 대행사는 신제품에 대하여 아직 형성되지 않은 소비자의 인지도를 향상시키는데 목표를 두어야 한다. 또한 이미 시장에서 많이 알려진 기존 제품의 경우 광고를 통해서 인지도를 증진시키기 보다는 소비자의 긍정적인 태도를 유발시킨다던가 구매 욕구를 불러일으키는 등의 광고 목표를 설정할 수 있다. 앞서 SWOT 분석에서 언급한 신라면의 경우 높은 인지도와 습관적인 구매가 이루어지고는 있지만, 소비자들은 브랜드에 대해서 너무 익숙하게 느끼는 약점을 나타나고 있다. 이러한 분석 결과를 바탕으로 광고 목표에서는 신라면의 인지도는 어느 정도 확보하고 있다는 전제 아래 감성적 반응이나 행동적 반응을 분석 시점의 수준에서 일정 기간 내에 어느 정도 향상시킬 것인지에 초점을 맞추어 설정할 수 있다. 예를 들자면 신라면의 광고 목표는 다음과 같이 설정할 수 있다.

"신라면에 대한 소비자의 호감을 증가시키면서 간편한 식사가 필요한 상황에 우선적으로 고려할 수 있도록 유도하고, 이러한 반응을 이끌어낼 수 있도록 올해 12월까지 신라면의 선호도를 현재 수준에서 15% 이상 향상시킨다.”

이와 같이 신라면이라는 익숙한 브랜드에 호감을 불러오고 간편한 식사가 필요한 상황에서 가장 먼저 고려되는 제품으로 만들겠다는 광고 목표를 달성하기 위하여, 신라면은 광고 컨셉에 변화를 주거나 〈그림 8.3〉의 손흥민과 같은 스타를 광고 모델로 선정할 수 있다. 또는 다른 마케팅 요소와 연결시켜 패키지에 변화를 주거나 대대적인 프로모션 행사를 진행하면서 이러한 사실을 광고를 통해 대대적으로 알릴 수도 있다.

그림 8.3 브랜드 선호도를 향상시키기 위한 광고 목표에 따라 집행한 신라면 광고

바람직한 광고 목표는 다음과 같은 조건을 충족시켜야 한다.

첫째, 광고 대행사와 광고주 관련자 모두가 공유하고 있어야만 한다.

광고 목표는 광고 대행사 내에서 일관된 방향을 제시하는 역할을 한다. 하나의 광고가 제작되고 집행되는 과정은 광고 대행사 내에서 다양한 분야의 전문가가 각자에게 주어진 임무를 실행하는 것을 통해서 진행된다. 광고 기획, 제작, 매체 기획, 광고 조사 관련 등 각 분야별 업무를 주어진 기한 내에 실행하는 과정에서 광고 목표는 모두가 같은 방향으로 작업을 진행하고 있다는 것을 상기시켜주는 역할을 한다. 광고주 또한 대행사를 선정하는 초기 단계에서 광고 대행사가 제시하는 광고 목표를 최종적으로 확인하고 작업에 착수하도록 하여야 한다.

둘째, 목표를 달성하고자 하는 기간이 제시되어야 한다.

광고 목표는 광고 대행사가 광고주에게 제시하는 약속의 역할을 한다. 다시 말해서 명문화된 광고 목표를 통해서 광고 대행사는 일정 기한 내에 특정 목표를 달성하겠다는 것을 광고주에게 약속을 하고 이를 실행에 옮겨야 한다. "향후 인지도 상승"과 같이 막연하게 기간을 설정하는 것이 아니라 가능한 구체적으로 목표 달성 시점이 언제까지인지 명확하게 제시하여야 한다. 이렇게 사전에 대행사와 광고주에 의해서 상호 확인을 바탕으로 설정된 광고 목표는 광고 집행이 마무리된 시점에서 광고 효과의 기준 역할을 하게 된다.

셋째, 달성하고자 하는 목표가 정량적으로 명확하게 제시되어야 한다.

광고 목표에 기간이 명시되어야 하는 것과 마찬가지로 달성하고자 하는 목표 또한 숫자 형식(금액이나 퍼센트)으로 제시되어야 한다. 광고 목표에는 우선적으로 달성하고자 하는 목표를 명시해야 하며 상황 분석을 통해서 현재 수준을 파악할 수 있는 경우에는 같이 명시하는 것이 좋다. 예컨대 "올해 2월 현재 최초 상기도 3%에서 12월 말까지 최초 상기도 10% 달성"과 같이 현재 수준과 목표 수준을 명시하는 것이 바람직하다. 목표 설정에 있어서 기준이 되는 현재 지표와 광고 집행 이후 목표 지표 달성 여부는 광고주와 광고대행사가 공동으로 의뢰한 외부 리서치 회사를 통해서 파악할 수 있다.

넷째, 광고 목표는 현실성이 있어야 한다.

광고 목표는 대행사가 일방적으로 정해서 광고주에게 약속하거나 반대로 광고주가 일방적으로 광고 대행사에게 통보하는 것이 아니며, 일반적으로 광고 대행사가 정해진 기한 내에 달성하려는 목표를 현실성 있게 제시하고 광고주의 동의를 얻어야 한다. 이 과정에서 대행사와 광고주 실무자 사이에 광고 목표에 대한 사전 협의가 필요하며, 이후 의사 결정자 선에서 광고 목표에 대한 동의가 이루어져야만 한다. 이렇게 설정된 광고 목표는 광고가 완료되는 시점까지 유지되어야 하지만 불가피한 상황이 발생할 경우 광고주와의 협의를 거쳐 수정할 수 있다. 한편 두 가지 이상의 목표를 제시할 경우 달성하고자 하는 목표의 우선순위를 정해야만 하며 각각의 목표가 서로 충돌할 가능성은 없는지 파악하여야 한다.

4) 광고 전략의 개발

광고 전략의 개발 단계는 6단계 중에서 가장 직접적으로 광고 전략과 연결된 단계이다. 광고 전략은 사전에 설정한 광고 목표를 달성하기 위하여 실질적으로 필요한 사항을 설정하는 것이다. 광고 목표가 상대적으로 거시적인 측면에서 일정 기간 동안 달성하고자 하는 소비자 반응과 관련된 "무엇" (what)을 제시하는 것이라면 광고 전략은 보다 미시적인 측면에서 실질적으로 목표를 달성하기 위하여 필요한 수단 즉 "어떻게" (how to)를 설정하는 것이다. 따라서 이 단계에서는 "어떻게" 에 해당되는 주요 사항인 누구에게(목표 소비자),

무엇인가를(광고 메시지), 어떤 경로를 통해서(광고 매체), 언제(광고 집행 시기), 얼마만큼(광고 예산) 등에 대해서 구체적인 내용을 제시해야한다. 이러한 내용은 광고 전략에서 핵심 요소이며 광고 전략에서는 광고 목표를 달성하기 위한 다양한 대안 중에서 가장 최상의 수단을 선택하는 것을 원칙으로 한다. 다시 말해서, 우리 제품이 현재 처한 상황에서 누구에게 어떤 광고 메시지가 효과적이고 어떻게 전달할 수 있는지, 목표 소비자에게 접근할 수 있는 가장 효과적인 매체는 무엇인지, 광고 집행의 시기는 언제가 좋고 광고 예산은 얼마만큼 사용할 것인지 등에 대하여 가장 효과적인 솔루션을 제시하여야 한다.

광고 전략의 개발 단계에서는 앞서 설정한 광고 목표를 달성하기 위하여 광고를 통해서 할 수 있는 구체적인 방안을 마련해야 한다. 다시 말하자면 광고 목표가 담당한 제품이나 서비스에 대한 목표 소비자의 인지도를 상승시키는 것이라고 가정할 때, 광고 전략에서는 그러한 목표를 제품에 대한 정보 전달을 통해서 달성할 것인지, 제품명에 대한 친근감을 통해서 달성할 것인지, 제품에 대한 긍정적인 이미지를 구축할 것인지 등에 대하여 방향을 제시하여야 한다. 이와 같은 과정을 통해서 광고의 방향이 결정되면 다음 단계에서는 그러한 광고 메시지를 나타내는 광고 형식을 제시하여야 한다. 예컨대 광고 메시지의 형식에 대하여 직접적인 정보 전달로 가져갈 것인지, 제품을 상징하는 광고 모델을 통해서 전달할 것인지, 아니면 감성적인 느낌을 불러일으키는 것으로 가져갈 것인지에 대해서 효과적인 대안을 제시하여야 한다. BYC는 오마이걸의 아린을 새로운 모델로 기용한 〈그림 8.4〉의 광고를 집행하여 브랜드 이미지를 젊게 변화시킬 수 있었다.

그림 8.4 광고 모델을 통해서 브랜드에 대한 이미지 전환을 시도한 광고 사례

광고 전략에서는 광고 메시지와 광고 형식에 대한 최상의 대안을 선정한 뒤 이러한 메시지를 목표 소비자에게 효과적으로 전달할 수 있는 방법을 제시하게 된다. 앞서 설정한 대안이 광고 메시지 자체에 대하여 초점을 맞추었다면 이번 단계에서는 광고 메시지를 전달하는 매체 및 집행 시기, 광고 예산에 초점을 맞추게 된다. 따라서 TV, 신문, 라디오, 잡지와 같은 전통적인 매체와 모바일, 인터넷, OOH (Out-of-Home) 등과 같은 새로운 매체 옵션 중에서 겨냥하고 있는 목표 소비자에게 의도한 반응을 이끌어낼 수 있는 적절한 매체 조합을 제시한다. 또한 이러한 매체를 집행하는 최적의 시기에 대해서도 방향을 제시한다. 예컨대 제품이 소비되는 경향에 따라서 특정 시기에 집중적으로 집행할 것인지 아니면 꾸준히 일정 수준의 광고를 집행할 것인지 등에 대해서 제시한다. 이러한 방향을 바탕으로 선정된 매체 형식 및 시기에 따라서 일정 수준의 광고 예산 또한 설정하게 된다. 광고 전략에서 제시되는 각 항목은 대행사 내의 분야별 전문가에 의해서 보다 구체적으로 설정된다.

5) 집행 계획의 수립

광고 전략의 개발 단계에서 광고 목표를 달성하기 위한 보다 구체적인 사항을 설정한 이후, 집행 계획의 수립 단계에서는 광고 집행과 관련된 개별 분야별로 명시된 광고 전략을 실질적으로 실행하기 위한 내용 및 절차를 명시한다. 이 과정에서는 광고 캠페인에 참여하는 대행사의 각 부서가 광고 목표 및 전략을 실행하기 위하여 제시한 세부 계획을 종합하여 제시한다. 이 단계에서 중심적인 역할을 하는 부서는 광고 기획팀이며 담당 광고 기획자(AE)는 광고 목표라는 큰 우산 아래서 각 부서별 전문가로부터 공동의 목표를 달성하기 위한 세부 계획을 취합하여 광고 기획서를 통해서 조직 내 관련자와 광고주의 담당자에게 제시한다. 예컨대 크리에이티브 부서에서는 광고 문구나 디자인과 관련하여 구체적인 안을 제시하고 매체 기획 부서에서는 광고를 전달하는 매체의 종류 및 광고가 제시되는 구체적인 TV 프로그램이나 온라인 플랫폼 등을 명시한다. 또한 뉴미디어나 프로모션 부서에서는 광고 집행과 더불어 IMC 측면에서 실행하고자 하는 세부 아이디어를 제시한다.

광고 집행 계획은 일반적으로 표 혹은 다이어리 형식을 이용하여 시기별로 실행되는 매체 집행 계획을 중심으로 제시된다. 여기에는 TV나 신문 등의 전통적인 광고 매체와 더불어 OOH광고나 모바일 광고와 같은 다양한 매체의 광고를 언제, 어떤 형식으로 진행할 것인지에 대해서 명시한다. 이에 따라 광고 계약이 시작하는 시점부터 종료되는 시점까지 일정 단위(주별, 월별, 분기별 등)에 맞추어 각 분야별 집행 항목을 명시한다. 이와 같은 광고 집행 계획을 바탕으로 광고주는 특정 시점이나 캠페인이 종료되는 시점에 광고 집행 여부 및 광고 효과를 평가할 수 있다.

아래에 제시한 표는 실제 광고 대행사에서 작성한 특정 OTT 서비스 브랜드에 대한 광

표 8.3 광고 집행 계획의 보기

캠페인	구분	광고목표	MEDIA	1월	2월	3월	4월	5월	6월	7월	8월	9월	10월	11월	12월
				유지기		상반기캠페인			유지기			상반기캠페인			유지
브랜딩	TVC	인지도 상승	지상파												
			종편/케이블												
	IPTV		B tv, U+TV												
	DIGITAL		Youtube												
			SMR												
	OOH	친숙도 상승	버스외부												
			버스쉘터												
			지하철 디지털포스터												
			하웨이빌보드전광판												
			코엑스디지털사이니지												
서비스 이용	DIGITAL	행동유발	네이버												
			구글												
			페이스북/인스타그램												
			애플서치												
			네이버 타임보드												
			네이버 스페셜 DA												
			카카오 모먼트												
			삼성페이												

고 집행 계획이다(〈표 8.3〉 참조). 아래의 집행 계획에 따르면 해당 대행사는 특정 OTT 서비스에 대한 광고를 1월부터 12월까지 OTT 서비스 브랜드의 인지도를 높이는 "브랜딩"과 OTT 서비스의 이용을 유도하는 "서비스 이용"이라는 두 개의 캠페인을 동시에 집행하며 각 캠페인에서는 소비자의 인지도와 친숙도 상승 및 소비자가 서비스를 이용하도록 하는 행동 유발을 광고 목표로 설정하고 있다. 또한 이러한 광고 목표를 달성하기 위해서 시기별로 특정 광고 매체를 집행하겠다는 계획을 표에서 짙은 색상을 통해 시각적으로 명시하고 있다. 따라서 이 캠페인과 관련된 광고 대행사와 광고주의 담당자는 집행 계획표를 보면서 언제 어떤 매체를 통해서 캠페인을 진행하는지 한 눈에 파악할 수 있다.

6) 광고 집행 및 평가

광고 대행사는 광고주로부터 사전에 동의를 얻은 집행 계획에 따라서 시기별로 광고 캠페인을 실행에 옮긴다. 이 과정에서 집행되는 광고에 대한 평가는 광고 대행사가 자체적으로 혹은 외부 리서치 회사에 의해서 실행된다. 이러한 평가는 광고물 제작이나 광고 집행 시점을 기준으로 다양한 방법을 통해서 실시된다. 먼저 광고 집행 시기에 따라서 집행 전에 실시하는 사전 조사(pretest)가 있으며 집행 중 혹은 집행 종료 후 실시되는 사후 조사(posttest)가 있다. 시기에 따라 집행되는 광고에 대한 평가는 일반적으로 다음 과정에서 실시된다. 먼저 광고물이 제작되기 전에 아이디어에 대해서 소비자의 의견을 구할 수가 있다. 이 단계에서는 일반적으로 스토리보드나 광고 문구 등을 소비자에게 제시하고 광고물의 방향성을 정하게 된다. 다음으로는 광고가 집행되기 전 어느 정도 완성된 광고물의 몇 가지 버전을 제시하고 후보작 중에서 가장 좋은 평가를 받는 광고물을 선정하여 집행하는 것이다. 광고가 집행된 후에는 예정된 집행 계획에 따른 실행 여부를 파악하거나 실행 기간 동안 광고나 광고 제품이나 서비스에 대한 소비자의 반응을 파악하기도 한다. 마지막으로 광고 집행이 종료되고 나서 대행사가 사전에 설정한 광고 목표 달성 여부를 파악하는 평가가 집행된다(〈그림 8.5〉 참조).

광고물 제작 전	광고 집행 전	광고 집행 중	광고 집행 후
아이디어에 대해 소비자의 의견을 구함 ➡ 광고의 방향 결정	완성된 광고물의 후보작을 평가 ➡ 광고물 선정	집행 계획에 따른 실행 여부 파악 및 집행되는 광고에 대한 소비자의 반응 파악	대행사가 사전에 설정한 광고 목표 달성 여부를 파악

그림 8.5 광고 집행 시기에 따른 주요 평가

광고에 대한 평가는 다양한 방법으로 집행된다(Ch. 11 참조). 일반적으로 평가 방법은 소비자의 의견을 심층적으로 파악하기 위해 실시하는 정성(qualitative) 조사와 소비자의 의견을 통계적으로 파악하기 위해 실시하는 정량(quantitative) 조사로 나누어진다. 정성 조사의 대표적인 방법으로는 비슷한 조건의 소비자를 초대해서 좌담 형식으로 의견을 파악하는 집단 심층 면접법(Focus Group Interview)이 있다. 이 방식은 일반적으로 사전 조사 단계에서 광고에 대한 아이디어나 광고 시안에 대한 소비자의 구체적인 의견을 파악할 때 사용된다. 정량 조사는 설문 조사 방식으로 진행되며, 일반적으로 설문 조사에서는 광고물이나 제품에 대한 소비자의 심층적인 의견 보다는 인지도, 선호도, 향후 구매 의사 등 통계적인 측면에서 정량적으로 이용할 수 있는 자료를 수집하게 된다. 광고 목표가 정량적인

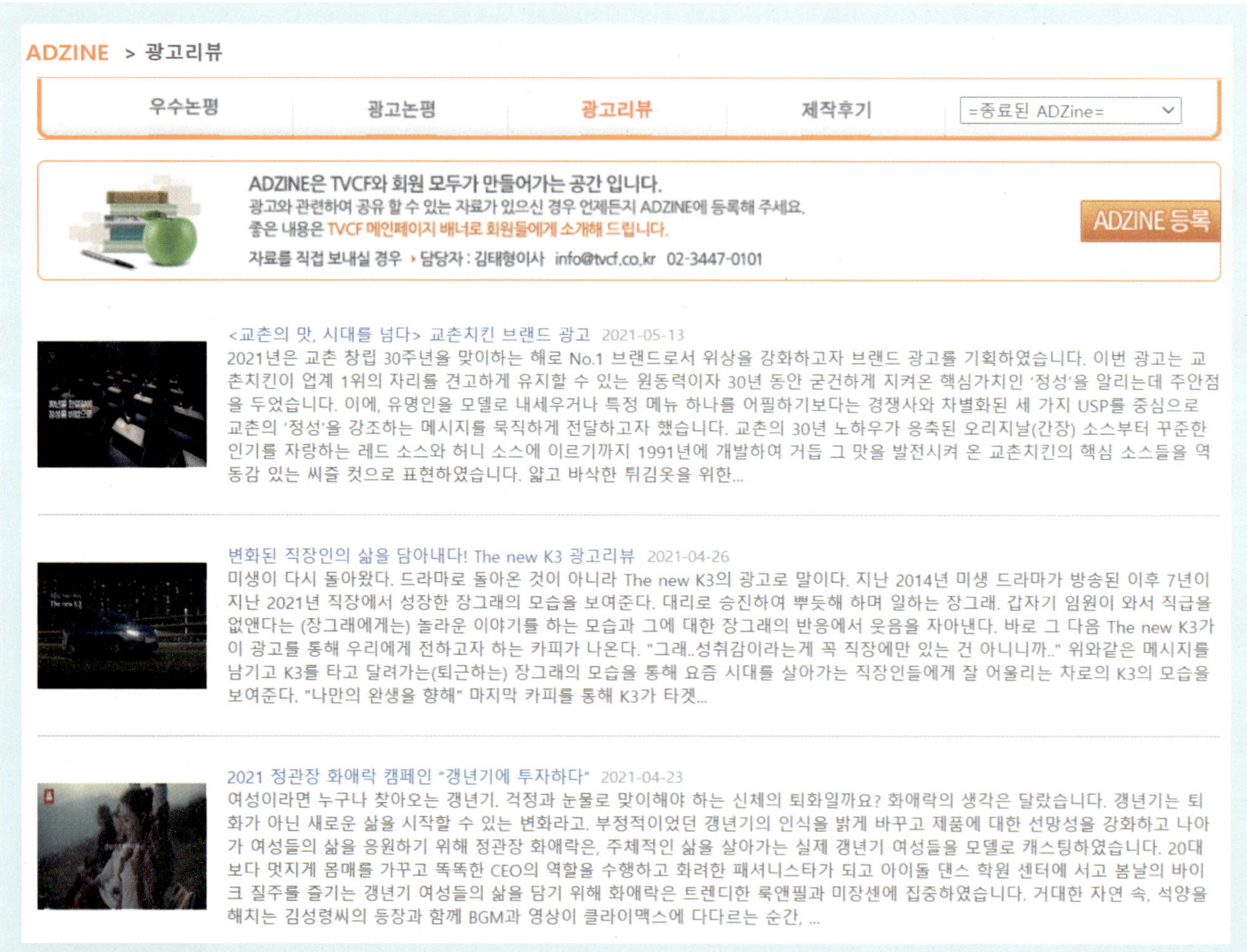

그림 8.6 광고 관련 전문 사이트 TVCF.co.kr에서 실행하는 광고 평가

수치를 바탕으로 설정된다는 것을 감안할 때 사후 조사를 통해서 수집된 통계적 자료는 광고 캠페인의 효과나 대행사의 실적을 판단하는 기준으로 이용된다. 한편 소비자로부터 직접 자료를 수집하는 방식 이외에도 〈그림 8.6〉과 같은 외부 광고 관련 사이트에서 실행하는 소비자 및 전문가 광고 리뷰나 유튜브와 같은 동영상 플랫폼에 소개된 특정 광고에 대한 댓글을 통해서 광고에 대한 효과를 파악할 수도 있다.

이와 같이 광고 집행이 종료되고 평가가 이루어지면 대행사는 광고주에게 최종 결과를 보고서나 프레젠테이션 형식으로 제시한다. 광고주는 최종 결과 보고에 따라 광고 대행사가 약속한 목표 달성 여부를 판단하고 다음 광고 집행을 위해서 개선해야 될 요인을 분석한다. 이 과정에서 광고주는 기존 대행사와 계약을 연장할 것인지 아니면 새로운 대행사를 선정할 것인지 결정한다. 일반적으로 광고주는 다음 계약 기간에 광고를 담당할 대행사를 선정하기 위하여 기존 광고 대행사를 포함한 복수의 광고 대행사가 참여한 경쟁 프레젠테이션을 진행하며, 이 과정에서 기존 광고 대행사의 목표 달성 여부가 차기 광고 대행사 선정에 중요하게 작용한다.

통합적 마케팅 커뮤니케이션과 매체전략

1. IMC란 무엇인가?
2. IMC 전략
3. 매스미디어 광고(ATL 광고)
4. 비매스미디어 매체(BTL 광고)
5. 매체전략

9

도입사례

롯데렌터카, 장기렌터카 광고 '쉽고 빠른 카라이프' 론칭

[매일 경제] 박소현 기자
입력: 2020.07.17 09:29:38

롯데렌터카는 언택트(Untact, 비대면) 기반 서비스를 주제로 한 '쉽고 빠른 카라이프' 광고 캠페인을 론칭한다고 17일 밝혔다.

이번 광고 캠페인은 기존 신차장기렌터카의 장점에, 견적부터 계약까지 온라인에서 한 번에 가능한 '신차장 다이렉트'와 찾아가는 '1:1 방문정비'를 더한 롯데렌터카의 특장점을 담아냈다.

롯데렌터카는 '쉽고 빠른 카라이프'라는 슬로건을 바탕으로, 온라인에서 밈(Meme, 인터넷에서 유행하는 재미있는 사진 혹은 영상)으로 활발히 소비되는 영화 아저씨, 해바라기의 인기 장면을 패러디해 롯데렌터카만의 서비스를 녹여냈다. 메인 광고 영상은 ▲비대면 차량계약 편 ▲방

▲ 사진제공=롯데렌터카

문정비1 · 2편 ▲사고처리 편의 4가지 에피소드로 제작됐으며, 롯데렌터카 공식 유튜브, 홈페이지 등의 채널을 통해 확인할 수 있다.

롯데렌터카는 광고 캠페인 론칭을 기념해 풍성한 이벤트를 진행한다. 9월 30일까지 롯데렌터카 공식 홈페이지에서 신차장기렌터카 상담 신청을 하는 고객을 대상으로 추첨을 통해 LG시네빔 &사운드바 세트, 닌텐도 스위치, 왓챠 1달 무료 구독권 등 집에서 즐길 수 있는 다채로운 경품을 제공한다.

이외에도 인스타그램과 같은 공식 SNS 채널에서 영화 해바라기의 주인공 '태식이' 찾기 이벤트를 실시해 필립스 전기면도기, 치킨 교환권 등 다양한 선물을 증정한다.

롯데렌탈 기획부문장 김경봉 상무는 "혁신적 언택트 서비스로 고객의 쉽고 빠른 카라이프를 지원하는 롯데렌터카만의 강점을 소비자가 인상적으로 기억할 수 있도록 이번 광고 캠페인을 구성했다"며 "앞으로도 롯데렌터카는 고객의 카라이프 전반에 새로운 가치를 줄 수 있는 서비스를 지속 개발하고, 이를 효과적으로 커뮤니케이션하기 위해 노력하겠다"고 전했다.

출처: 매일경제

https://www.mk.co.kr/news/business/view/2020/07/732680/

1. IMC란 무엇인가?

실무적으로 마케팅 커뮤니케이션관련 전략을 수립함에 있어 IMC라는 표현을 많이 사용한다. 이는 다른 말로 360도 커뮤니케이션으로 지칭되기도 하는 것으로 모든 가능한 커뮤니케이션 수단을 동원하여 소비자와의 접촉점(contact point)을 관리하는 전략적 접근이라 할 수 있다. 미디어가 다양해지고 소비자의 입장에서 기업이나 제품관련 정보를 얻는 채널이 증가하면서 이러한 IMC적 접근이 주목을 받고 있다. IMC에서는 기존의 단순한 광고기획이나 매체계획이라는 측면보다는 소비자가 직접적으로 직면하게 되는 메시지에 중점을 둔 커뮤니케이션기획이라는 개념이 중요하게 된다.

IMC는 Integrated Marketing Communication의 약자로 우리말로 통합적 마케팅 커뮤니케이션으로 불려진다. 구체적으로 모든 프로모션 활동을 통합하고 조정하여 유기적인 마케팅 커뮤니케이션 프로그램을 디자인하는 것을 말한다. IMC가 중요하게 등장한 이유는 기업이 목표한 바를 각각의 독립적인 마케팅 커뮤니케이션 도구들을 개별적으로 이용하여서는 쉽게 달성할 수 없기 때문이다. 개별적인 도구를 활용하게 되면 마케팅 커뮤니케이션 메시지가 중복되거나 일관적인 메시지 전달이 어렵게 된다. 특히 미국에서 실시한 마케팅 조사에 따르면 소비자들은 모든 마케팅 커뮤니케이션 수단을 특별한 구분 없이 모두 광고라고 생각하는 것으로 나타났다. 소비자의 입장에서 방송광고나 인쇄매체 광고 등 전통적인 매체 광고는 물론 기업으로부터 받은 열쇠고리에 새겨진 메시지도 광고라고 생각하는 비율이 98%로 나타났다(한은경 2001). 이러한 이유로 소비자들이 하나의 기업이나 브랜드에 대한 이미지를 형성하는 통로는 전통적인 광고 외에도 다양하게 나타나게 된다. 예를 들어 국내에서 판매되는 롯데리아라는 패스트푸드 체인을 생각하면 기업이 통제하여 보내는 매체광고는 물론 주위사람들의 구전효과, 기업이 전개하는 이벤트 프로그램, 아동 소비자에게 제공되는 장난감, 소비자와 직접적으로 만나게 되는 종업원, 거리에 뒹구는 포장 봉투, 기업에 대한 뉴스 기사, 매장을 인지하는 로고 사인과 소비자가 구매를 통해 형성하는 개인적 경험까지 다양한 요인이 롯데리아라는 브랜드에 대한 이미지를 형성하는 커뮤니케이션 도구로 기능한다. 따라서 기업의 입장에서는 소비자가 커뮤니케이션할 수 있는 모든 접촉점을 관리하여 일관된 메시지 전달의 중요성을 인식하여야 한다. 이러한 관점에서 실무적으로 IMC란 기존에 마케팅 관점에서 프로모션의 하부 개념인 광고, PR (Public Relations), SP (Sales Promotion), 대인판매 등을 각각의 독립적인 도구로 보지 않고 관련된 마케팅 커뮤니케이션 도구들을 전체적으로 보고 전략에 이용하는 방법을 말하게 된다.

1989년 미국광고업협회의 발표에 따르면 “IMC는 DM (Direct Marketing), 판매촉진과 PR 등 다양한 커뮤니케이션 수단의 전략적인 역할을 비교 및 검토하고, 명료성과 일관성을 높여 최대의 커뮤니케이션 효과를 제공하기 위해 다양한 수단을 통합하는 총괄적 계획의 부가적 가치를 인식하는 마케팅 커뮤니케이션 계획의 개념”으로 정의되고 있다. 마케팅 커뮤니케이션의 역사를 살펴보면 1980년대 말까지 대량생산, 대량소비, 대중매체 커뮤니케이션 등이 핵심적인 키워드로 사용되어 왔다. 하지만 그 이후에 마케팅이 탈대중화되어 시장환경이 변화하고 소비자 개개인의 특성을 강조한 마케팅이 등장하면서 IMC의 중요성이 더욱 주목을 받게 된 것이다. IMC가 등장하게 된 배경으로 한은경(2001)은 다음과 같이 설명하고 있다. 첫째, 기술이 발달하여 쏟아지는 정보로 인하여 소비자들은 선택적 지각 능력을 활용하게 된다는 것이다. 이는 소비자가 자신에 맞는 특화된 제품이나 커뮤니케이션 방법을 선호하게 된다는 의미이다. 소비자가 상업적 메시지를 선택적으로 지각하게 되면 제한된 매체를 활용한 집중적인 커뮤니케이션의 효과에는 제한이 따르게 된다. 둘째, 과거에 기업들이 주로 사용하던 언어적인 커뮤니케이션 메시지보다 시각적인 메시지의 사용이 증가하면서 다양한 형태의 매체와 커뮤니케이션 도구를 필요로 하게 된다는 것이다. 특히 뉴미디어의 등장으로 양방향적인 커뮤니케이션이 가능하게 되면서 소비자에게 전달되는 메시지의 형태는 더욱 다양화되어 대중매체를 통한 메시지 전달이 어렵게 되고 있는 현실이다. 셋째, 도달률이 90%에 가까웠던 TV광고가 현재 60% 이하로 떨어지고 광고 비용은 오히려 상승하는 추세이다. 이는 다양한 매체가 시장에 등장하면서 전통적인 TV 매체의 영향력이 감소한 것에서 그 이유를 찾을 수 있으며 기업의 입장에서 소비자에 대한 도달률을 높이기 위해서는 추가적인 매체를 활용한 통합적 마케팅 커뮤니케이션을 필요로 하게 된 이유가 된다. 넷째, 소비자들은 방대한 정보를 모두 활용하지 않고 자신에게 필요한 소수의 정보만을 가지고 의사결정을 하게 된다. 따라서 소비자에게 영향을 미칠 수 있는 그러한 소수의 정보에 포함되기 위해서는 소비자들에게 노출 빈도를 높이고 기업이 추구하는 일관된 메시지의 전달이 필요하게 된다. 이러한 이유에서 메시지의 통합과 전체적인 매체 관리가 중요하게 되는 것이다. 마지막으로 기술이 진보하고 뉴미디어가 시장에 등장하면서 고객 정보를 활용한 데이터베이스 마케팅의 활성화를 들 수 있다. 개개의 소비자에 대한 정보를 바탕으로 목표 수용자에 접근이 용이해졌다는 것은 전통적인 매체 이외의 새로운 매체를 마케팅 커뮤니케이션에 포함하여야 하는 근본적인 이유가 된다.

IMC를 매체를 중심으로 바라보면 매스 미디어(mass media)와 비매스(non-mass) 미디어 커뮤니케이션으로 구분할 수 있다. 또한 실무적으로 ATL (Above-the-line)과 BTL (Below-the-line)로 구분하기도 한다. 이러한 구분은 기본적으로 마케팅 커뮤니케이션 전략을 수립하고 집행할 때 용이한 관리를 하기 위한 구분이지만 통합적인 마케팅 커뮤니케이션 관점에서 전통적인 광고 이외의 다양한 매체를 활용한 커뮤니케이션이 그 비중을 높여가고 더욱 하나의 통합적인 관리가 중요하게 되었다는 반증이기도 하다. 특히 BTL 커뮤니케이션이 성장하면서 기존에 광고로 분류하기 어려웠던 다양한 커뮤니케이션 방법들이 광고라는 개념에 포함되어 소비자 접점으로 이용되는 변화가 나타나게 된다. 이러한 IMC를 활용한 통합적인 메시지 관리를 통한 전략적인 접근을 크로스 미디어 전략이라 부른다. 크로스 미디어 전략은 IMC 개념을 바탕으로 각각의 미디어의 효과와 그 연결이 소비자에게 어떤 효과를 발휘하는지에 대한 구체적인 접근 방법을 말하며 실제적인 광고 집행에 있어 중요한 가이드라인으로 작용하게 된다.

사실 일반적으로 생각하는 광고는 마케팅 커뮤니케이션에 있어 가장 핵심적인 요소이지만 유일한 것은 아니다. IMC적 접근이라는 것은 광고를 포함한 다양한 마케팅 커뮤니케이션 도구를 통합하여 메시지 전달에 있어 시너지를 얻기 위한 종합적인 활동이다. 여기서 브랜드, 제품군 또는 마케터의 제품, 서비스에 연관된 시장 등과 관련하여 소비자나 잠재고객이 갖게 되는 모든 정보의 보유 경험을 체계적으로 관리할 필요성이 제기되는 것이다(〈그림 9.1〉 참조).

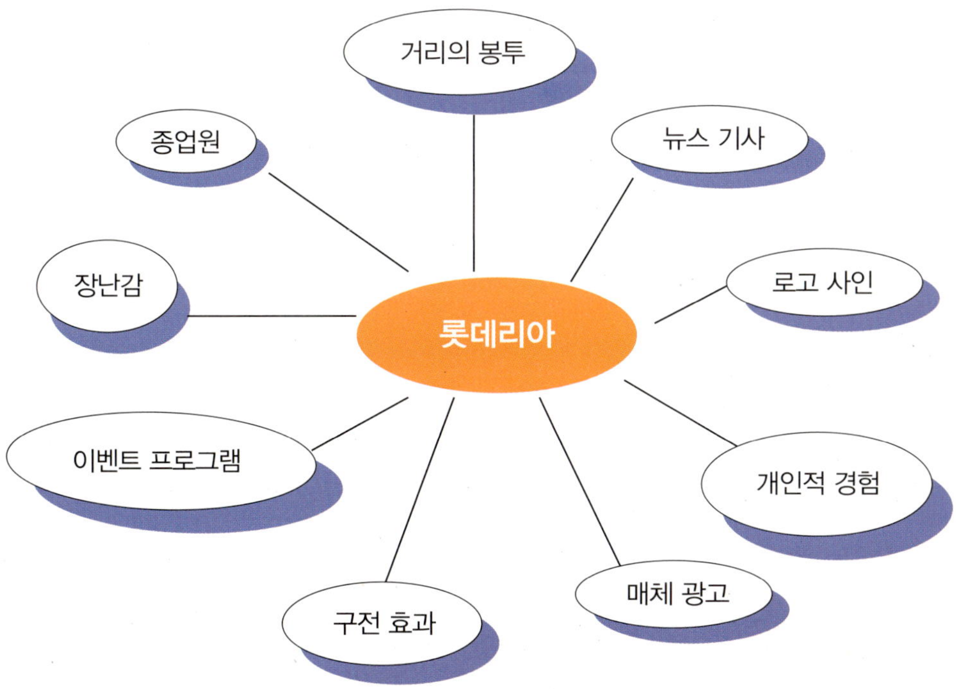

그림 9.1 다양한 소비자의 접촉점

2. IMC 전략

IMC를 실제적으로 적용하기 위해서는 커뮤니케이션 대안들을 조화시키고 조정하는 노력이 필요하다. 이는 공통된 의미와 내용을 공유하는 다양한 커뮤니케이션 대안을 선택하는 전략을 말한다. 실무적으로 통합적인 메시지 관리를 위해 광고대행사를 1개사로 통합하여 운영하는 사례가 IMC적인 접근의 1차적인 측면이다.

IMC를 효과적으로 운영하기 위해서는 프로모션 도구들을 효율적으로 분배하고 관리하는 노력이 필요하다. 세부적으로 IMC의 매체는 ATL과 BTL로 나눌 수 있다. 이러한 프로모션 도구들을 효율적으로 이용하기 위해서는 먼저 한계이익 및 비용에 따라 커뮤니케이션 대안을 망라하는 예산 분배 노력이 필요하다. 예를 들어 광고는 새로운 고객이나 경쟁사 고객을 유인하는데 적합한 매체라는 것을 인지하여 집행하거나 판촉은 브랜드의 충성스런 사용자들을 보상하거나 또는 그 반대의 경우에 사용하는 등 일관성을 고려한 접근 방법이 효율적인 프로모션 믹스를 가능하게 한다.

3. 매스미디어 광고(ATL 광고)

마케팅 커뮤니케이션 관점에서 광고를 구분하자면 크게 매스디어 광고(ATL)과 비매스디어광고(BTL)로 구분할 수 있다. 이중 매스미디어 광고는 방송광고와 인쇄광고로 대표되는 전통적인 매체를 활용한 광고를 지칭하는 용어로 사용된다. 그 동안 광고라고 하면 매스미디어광고를 지칭하는 개념으로 사용되어 왔다. 하지만 현재의 복잡한 광고 환경에서 기존 4대 매체광고만으로는 소비자와의 커뮤니케이션에 어려움을 겪게 되자 통합적 마케팅 커뮤니케이션이라는 개념의 틀 안에서 매스미디어와 비매스미디어 구분이 많이 사용되기에 이르렀다. ATL (Above the Line)과 BTL (Below the Line)은 광고대행사의 입장에서 재무 관리상의 편의를 위해 구분 해놓은 범주로서, 미디어사로부터 수수료인 커미션을 받을 수 있는 부분을 ATL로 정의하고, 커미션 없이 단지 서비스에 대한 비용만을 받는 부분을 BTL로 정의하였다(Wilmshurt, 1993). 과거에는 텔레비전, 라디오와 같은 방송매체와 신문, 잡지와 같은 인쇄매체를 기본으로 하는 4대 매체 위주로 광고 활동이 시작되었고, 광고대행사 또한 4대 매체를 중심으로 광고주에게 비용을 요구하였다. 여기에 더해 서비스 차원으로 이벤트, POP, 쿠폰 등과 같은 판매촉진 전략(Sales promotion strategy)을 실시하는 차원에 머물러 있었다(Schultz, William, & Petrison, 1998).

구체적으로 ATL은 "커뮤니케이션 활동 중 비대인적 커뮤니케이션 활동으로 TV, 신문,

라디오 그리고 잡지 등과 같은 전통적인 4대 매체를 이용한" 광고활동을 말하는 반면(김흥규, 오세정, 2009), BTL은 4대 매체(TV, 라디오, 신문, 그리고 잡지)를 제외한 모든 판매촉진 전략(Sales promotion strategy)을 의미한다. 최근에는 ALT이 4대 매체를 통해 대중화된 소비자를 겨냥하는 것으로 의미가 변화되고 있고, BTL은 세분화된 타겟 소비자에게 전달될 수 있는 전략으로 의미가 변화되고 있다(이연수, 2006). 하지만, ATL과 BTL의 영역은 갈수록 모호해지고, ATL을 통해 소비자의 선호도를 증가시키는 동시에 BTL로 브랜드 선택을 촉진시켜 두 가지 전략을 함께 사용하는 CTL (Cross the Line), 즉 크로스미디어(Cross media) 전략을 사용한다고 실무적으로 보고 있다(손형채, 2005). ATL 광고는 특정 후원자에 의한 아이디어, 제품, 서비스의 비대인적 프레젠테이션 및 촉진의 유료 형태로 정의된다. 이러한 ATL 광고는 대중매체를 사용한다는 특성으로 인해 지리적으로 떨어진 소비자에게 효과적으로 다가갈 수 있다.

1) 방송 광고

방송 광고는 전자적인 매체를 통해 광고 메시지를 전송하는 것을 말한다. 여기에는 TV광고와 라디오 광고가 대표적이다. 미디어 환경이 변화하면서 케이블 TV와 위성방송, IPTV 등이 미디어 시장에 등장하여 방송 광고의 정의에도 많은 변화가 일어나고 있다.

(1) TV광고

최근 들어 TV광고의 효과에 의문을 제기하는 목소리들이 많이 있다. 다양한 매체가 등장하여 미디어 환경이 복잡해지면서 시청자들이 TV 시청에 사용하는 시간이 절대적으로 감소한다는 것이다. 특히 인터넷의 등장으로 젊은 세대들은 제한된 시간을 미디어 시청에 배분함에 있어 뉴미디어의 사용 시간을 늘리게 되고 상대적으로 TV를 보는 시간이 많이 감소한 것은 사실이다. 하지만 대안 매체들이 각각의 특성을 바탕으로 특정 소비자에게 효과적으로 다가가는 것은 사실이지만 불특정 다수를 향해 하나의 메시지를 대량으로 전파하는 데는 아직까지 TV 만큼 효과적인 매체를 찾아보기는 힘들다.

미국의 경우 가정에서 TV가 켜져 있는 시간이 하루 7시간으로 추정된다. 이는 한국도 상황이 크게 다르지는 않다. TV는 동영상을 제공하는 그 특성상 제품 속성에 관해 생생한 표현을 가능하게 하고, 사용자 및 사용 이미지, 브랜드 개성을 극적으로 묘사할 수 있다는 장점이 있다. 하지만 TV광고는 약점 또한 존재한다. 순식간에 지나가 버리는 메시지의 속성으로 소비자에게 깊이 있는 정보를 전달하기 힘들고 산란한 표현으로 주목을 끄는 데는 효과적이지만 정확한 정보 전달 또한 문제로 지적하고 있다. 그리고 다른 매체 광고와 비교하여 제작 및 집행 비용이 높다는 것도 단점으로 볼 수 있다.

한국의 방송 광고를 이해하기 위해 방송사의 형태에 대한 구분이 필요하다. 공중파 방송에서 가장 대표적인 KBS와 MBC는 전국을 커버하는 네트워크를 구성한다. SBS는 지역을 기반으로 하는 민영방송과 신디케이션을 형성하여 방송하는 형태이다. 제휴 방송국으로는 부산방송(KNN), 대구방송(TBC), 대전방송(TJB), 광주방송(kbc), 울산방송(ubc), 전주방송(JTV), 청주방송(CJB), 강원민방(G1), 제주방송(JIBS) 등이 있다. 또 하나의 공중파 방송은 경인방송인 OBS이다. 처음 iTV라는 방송국 명칭으로 서비스를 시작하였으나 시장에서 성공하지 못하고 OBS로 바뀐 경인방송은 SBS 신디케이션에 참여하지 않고 독자적인 프로그램을 제작하여 방송하고 있다. 따라서 SBS의 경우 프로그램을 공유하고 광고 수익을 지역 민영방송과 나누게 되지만 OBS의 경우 독자적인 광고영업을 하고 있다. 한국의 방송 광고는 한국방송광고진흥공사(KOBACO)의 독점이 사라지고 SBS의 미디어크리에이트가 영업을 하고 있다.

또한 한국의 광고 매체 시장에 공중파TV 외에 다양한 방송 매체가 존재한다. 먼저 케이블 TV가 1천 2백만 가구를 넘어 시장을 점유하고 있고 스카이라이프라는 위성방송 서비스도 상용화되어 있다. 이동형 방송인 DMB와 IPTV 또한 매체의 특성상 방송매체로 구분하여 접근할 수 있다. 이러한 양방향 TV는 기존 방송 광고와는 차별화된 상호작용적 광고 메시지 전달이 가능하여 향후 광고시장의 변화를 이끄는 핵심적인 매체라고 표현할 수 있다.

(2) TV 광고 매체전략

가. TV프로그램의 편성 및 방송광고 유형

지금의 TV편성표를 보면, 지상파, 종합편성, 케이블, 스카이라이프, 해외위성, 라디오 등 다 채널을 포함하고 있다(〈그림 9.2〉 참조). TV프로그램은 주간 단위로 편성되며 주중과 주말로 구분된다. 다음은 한국방송광고진흥공사(KOBACO)에서 구분한 방송광고 유형이다(〈표 9.1〉 참조). 방송 프로그램 편성시간은 해당 방송 프로그램을 안내하는 고지가 시작되는 시간부터 다음 방송 프로그램을 안내하는 고지가 시작되기 전까지의 시간을 말하며, 방송광고 시간 및 방송사업자의 명칭 고지 시간 등을 포함한다.

특히, 간접광고와 가상광고는 방송 프로그램 내에서 노출되는 광고로 그 효과가 크다. 최근에는 지상파에 중간광고를 도입하기 위한 논의가 이루어지고 있다는 점에서 방송광고의 유형이 증가할 것으로 보인다. 아래 〈그림 9.3〉은 간접광고와 가상광고 사례이다. 2021년 tvn 드라마 슬기로운 의사생활은 Egg Drop, 신협, 하늘보리 등 다양한 제품군이 간접광고, 가상광고로 노출되었다. 일부 브랜드는 긍정적 효과를 얻었으나, 과도한 광고로 일부 부정적 감정을 유발하기도 했다.

그림 9.2 TV프로그램 편성표 예시(편성표, 2021년 6월 26일)

표 9.1 방송광고 유형

유형	TV		비고
	허용량	초수	
프로그램광고	방송 프로그램 편성시간의 최대 18/100 초과 금지(단, 지상파TV 프로그램 광고는 15/100 초과 금지)	15 "	프로그램의 스폰서로 참여하여 본 방송 전후에 방송되는 광고
토막광고(SB)		20 " 30 "	프로그램과 프로그램사이의 광고
자막광고(ID, 곧이어)	채널별로 1일 동안 방송되는 방송 프로그램 편성시간당 방송광고시간의 비율의 평균이 15/100 이하	10 "	방송 순서 고지(곧이어), 방송국명칭고지(ID) 시 화면 하단에 방송되는 자막형태의 광고
시보광고		10 "	현재시간 고지 시 함께 방송되는 광고
간접광고	방송 프로그램 시간의 5/100 이내	–	방송 프로그램 안에서 상품을 소품으로 활용하여 그 상품을 노출시키는 형태의 광고
가상광고	방송 프로그램 시간의 5/100 이내	–	방송 프로그램에 컴퓨터 그래픽을 이용하여 만든 가상의 이미지를 삽입하는 형태의 광고

〈출처〉 KBS 홈페이지

▲ TV N 드라마 '슬기로운 의사생활' 스크린샷 'EGG DROP(좌)/ 신협(우)'

▲ TVN 등급고지 가상광고 '웅진 하늘보리'

그림 9.3 간접광고(좌)/ 가상광고(우) 사례

나. 방송광고의 요금제도

한국방송광고진흥공사(KOBACO)는 매월 일정량의 광고 분량을 정기적으로 판매하는 정기물판매 외에 방송광고 거래활성화를 기하고 광고주, 광고회사의 효율적 구매 욕구를 충족시키기 위해 Upfront, Preemption, CM 순서 지정판매 등 다양한 판매방식을 도입하고 있다(〈표 9.2〉 참조).

표 9.2 방송광고 판매방식

판매방식	내용
Upfront	6개월 이상 장기물로 광고패키지를 판매하여 판매자와 구매자가 안정적으로 거래하는 판매방식
정기물	Upfront 잔여물량을 통상 월 단위로 판매하는 방식(1~5개월)
GRPs 보장판매	광고주가 정기물로 구매한 방송 프로그램에 대하여 방송광고 계약기간 동안 공사가 광고주와 상호합의한 총시청률을 보장해 주는 제도(프로그램 수시교체 보상제)
임시물	정기물 판매이후 잔여물량에 대해 일반적으로 단 건에서 1개월 이하로 월중에 판매하는 방식
Preemption	사전에 지정한 특정 프로그램과 SB를 대상으로 보다 높은 요금을 제시하는 광고주에게 판매하는 제도. 통상 1개월 단위이며 신청률은 기준요금 대비 80% 이상(5% 단위, 상한폭 없음)
CM순서 지정판매	광고주가 CM지정료를 추가로 부담하여 청약 프로그램의 CM위치를 지정하는 제도. 지정료는 기준요금 대비 10% 이상(5% 단위, 상한폭 없음)
임시물 경매	매주 프로그램 및 SB 임시물 중 경매대상 선정, 최고 낙찰가 제시 대상에 판매 (2015.11.9.~ KBS-2TV 시범 판매중)

한편, 방송광고 시급은 다음과 같이 나누어진다. 평일을 기준으로 SA급은 프리미엄 시간대를 가리키는 것으로 오후 8시부터 12시까지이다. 다음으로 A급은 오전 8시 30분~9시 30분, 오전 7시~8시 사이이다. 평일과 달리 토, 일요일은 SA급과 A급의 시간대가 확대 적용된다(〈그림 9.4〉 참조).

그림 9.4 방송광고 시급

다. TV광고의 특징

TV는 일시에 많은 사람들에게 도달할 수 있는 매체이다. 그래서 지금까지 가장 효과가 높은 매체로 인식되어 왔었다. 이러한 TV는 다음과 같은 특징을 가진다. 첫 번째, 도달범위가 높은 매체이다. TV에 대한 평균 시청은 2시간대로 소비자에게 도달률이 높은 매체이다. 반복시청을 통해 거의 100%의 도달률을 가질 수 있다. 두 번째, 소비자가 가장 선호하는 매체로, 매체 친숙도가 높기에 방송광고의 효과 또한 높아질 수 있다. 세 번째, 시청각적 요소로 활용할 수 있어 소비자에게 짧은 시간이지만 인상을 심어줄 수 있다.

한편, 이런 장점 외에 단점도 가진다. 먼저, 불특정다수를 타겟으로 광고하기 때문에 특정대상을 타겟으로 광고하기 어렵다. 프로그램 특성상 온가족이 볼 수 있는 형태이기 때문에 특정 대상을 목표로 할 수 없다. 두 번째, 다른 매체에 비해 집행에 따른 비용이 크다(〈표 9.3〉 참조).

표 9.3 TV광고의 장점과 단점

구분	장점	단점
시청자층	– 전국적으로 수상기의 보급률이 높다. – 지속적으로 시청자를 파악할 수 있다. – 광범위한 대상을 커버할 수 있다.	– 특정지역을 대상으로 할 경우 지역상황을 고려할 수 없다.
접촉상황	– 전반적으로 4대 매체 중 접촉률이 가장 높다. – 시청자에게 매체 매력도가 높다. – 고정 시청자에게 광고를 정기적, 반복적으로 노출시킬 수 있다.	– 접촉이 순간적임으로 기억력이 떨어진다. – 시간, 내용, 타 프로그램에 의한 영향 등에 의해 채널을 쉽게 바꾼다. – 시청 중 다른 일을 하기 용이하여 집중력이 떨어진다.

(3) 라디오 광고

TV가 등장하기 전에 라디오는 대표적인 방송매체였다. 예전에 방송 뉴스 3사라고 하면 KBS, MBC와 함께 라디오 방송인 CBS를 꼽기도 하였다. 하지만 TV가 시장에 보급되고 그 영향력을 넓혀 가면서 상대적으로 라디오에 관한 관심이 적어진 것이 사실이다. 그러면 라디오의 광고 매체로서의 효과는 어떠할까? 시각적인 표현이 불가능하여 광고 크리에이티브 구현에 제한점이 있지만 오히려 청각적인 자극만으로 구성된 메시지는 청취자의 상상력을 자극하여 무한한 연상 표현이 가능하다는 관점도 있다. 미디어의 이용량을 보아도 미국의 경우 12세 이상 미국인의 96%가 날마다 그리고 일주일 평균 20시간 이상씩 듣는 매체라는 보고가 있다. 이는 한국의 경우도 비슷하여 상대적인 효과는 많이 감소하였지만 라디오라는 매체는 아직도 광고 매체로서 중요한 역할을 하고 있다고 할 수 있다.

라디오 광고의 장점으로는 미디어 특성상 타깃을 맞추기가 용이하다는 점이 있다. 광고 메시지의 경우도 제작하고 집행하기에 상대적으로 저렴하다는 장점이 있고 청취자의 즉각적인 반응을 유도할 수 있다. 시간적으로 아침에 효과적인 매체로서 TV 광고를 효과적으로 보충하거나 강화하는 기능을 수행할 수 있다. 단점으로는 기본적으로 시각적 이미지의 결여를 들 수 있고 소비자 반응이 상대적으로 수동적이라는 점이다.

이러한 라디오 광고를 제작할 시에는 광고 초반에 브랜드를 알게 하고 브랜드를 자주 언급하며 광고 초반에 청취자들에게 이점을 약속하는 것이 효과적이다. 따라서 메시지도 가급적 자주 반복하는 것이 유리하다.

(4) 라디오 광고 매체전략

가. 라디오 방송사 현황

라디오광고는 KBS-2, MBC, SBS, 지역 민방(PBS-FM, TBC-FM, KBC-FM, TJB-FM) 그리고 종교방송국(CBS AM, FM, PBC, BBS 등)으로 구분되고 있다.

나. 라디오광고 유형

라디오광고 유형은 TV광고 유형과 비슷하나, 간접광고와 가상광고는 제외된다(〈표 9.4〉 참조).

다. 라디오 광고의 시급구분

라디오광고의 A급 시간대는 오전 7시부터 오후 4시, 오후 6시~9시까지이다. 다음으로 B급 시간대는 오전 6시~7시까지, 오후 4시~6시, 오후 9시~12시까지이다(〈그림 9.5〉 참조).

라. 라디오광고의 특징

라디오 광고는 사람들에게 상상을 유발하게 하는 매체이다. 라디오광고는 다음과 같은 특

표 9.4 라디오광고 유형

유형	TV		비고
	허용량	초수	
프로그램광고	방송 프로그램 편성시간의 최대 18/100 초과 금지	20 "	프로그램의 스폰서로 참여하여 본 방송 전후에 방송되는 광고
토막광고(SB)	채널별로 1일 동안 방송되는 방송 프로그램 편성시간 당 방송광고시간의 비율의 평균이 15/100 이하	20 "	프로그램과 프로그램사이의 광고
시보광고		10 "	현재시간 고지 시 함께 방송되는 광고

그림 9.5 라디오광고 시급

징을 가진다. 먼저, 자동차 라디오를 비롯하여 수신기가 널리 보급되어 넓은 지역에 걸친 청취자에게 광고할 수 있는 점이다. 두 번째, 요즘 다중 매체 소비가 늘어나는 이때에 라디오는 다른 일을 하면서 들을 수 있는 점이다. 세 번째, 프로그램 제공에 의한 지속적인 청취자를 확보할 수 있다. 지속적인 청취자는 충성심이 높기 때문에 광고에 대한 거부감이 적을 수 있다. 네 번째, 개인화 청취가능하다는 것이다. 프로그램별로 개인의 취향이 다르기 때문에 세분화된 타겟팅도 가능할 수 있다. 다섯 번째, 광고 변경이 용이하다는 것이다. 라디오광고제작은 시간이 많이 걸리는 작업이 아니기 때문에 시의성 있는 광고 집행이 용이하다. 여섯 번째, 상상 · 정서가 강한 광고이다. 소비자는 청취에 의존하기 때문에 광고를 들으면서 상상을 유발하며, 목소리로 통해 전달되어 누구나 쉽게 이해를 할 수 있다는 점이다. 일곱 번째, 광고 노래에 의한 친근감이 있다. CM송이라 불리는 광고 노래를 통해 브랜드 인지에 영향을 미치게 된다(〈표 9.5〉 참조).

표 9.5 라디오광고의 장점과 단점

구분	장점	단점
청취자층	– 수신기의 보급률이 높다. – 시간과 장소 제약없이 청취 가능하다. – 특정 오디언스에 소구하기 좋다.	– 차내, 집에서 듣는 경우를 제외하고 청취율이 낮다.
접촉상황	– 업무 중이나 이동, 행동 중에도 청취 가능하다. – 개인의 성격과 관련한 청취 경향이 높다.	– 청취율이 높지 않다. – 집중력이 떨어진다. – 주파수를 변경하기 용이하다.

2) 인쇄광고

인쇄 광고는 기본적으로 인쇄 매체를 통해 광고 메시지를 전달하는 것을 말한다. 여기에는 신문과 잡지가 대표적인 매체로 기능하게 된다. 신문과 잡지와 같은 인쇄 매체는 상당량의 구체적인 제품 정보를 소비자에게 제공할 수 있다. 시각적인 이미지를 위주로 한 정적인 속성과 방송 매체에 비해 수동적인 매체라고 분류할 수 있다.

인쇄 광고로 성공한 브랜드는 Absolut Vodka의 인쇄 광고를 들 수 있다. 제품의 외관도 매력적이지 않고 바텐더가 따르기도 힘든 약점을 보유하고 있던 Absolut Vodka는 생산국가 또한 스웨덴으로 보드카 브랜드로서 장점으로 내세울 만한 요인이 없었다. 하지만 이러한 단점을 핵심적인 커뮤니케이션 컨셉트로 하여 성공을 거둔 브랜드로 인정받고 있다(〈그림 9.6〉 참조).

그림 9.6 Absolut Vodka의 인쇄 광고

(1) 신문 광고

신문은 역사적으로 중요한 지위를 지켜온 매체이다. 시간이 지나면서 뉴미디어의 등장으로 신문의 매체력에 대해 의문을 제기하는 경우가 많이 있다지만 매체의 신뢰성 측면에서 유리한 점이 있다.

신문은 발행 주기에 따라 일간 신문과 주간 신문으로 구분할 수 있다. 일간 신문은 중앙일간지와 지방지로 구분 가능하고, 주제에 따서 일반지와 경제지로 구분 가능하다. 일간신문의 경우 조선일보, 중앙일보, 동아일보가 시장 지배력을 가진 신문으로 구분되고 경제지의 경우 매일경제가 선두를 유지하고 있다. 한국 신문 시장에서 구독료를 받지 않고 광고 수익으로만 운영되는 무료 신문이 성업하다가 스마트폰의 보급으로 시장이 대폭 축소된 현실이다.

신문은 또한 크기에 따라 일반 신문과 타블로이드 신문으로 구분 가능하다. 한국에서 발행되는 대부분의 주간 신문이 타블로이드 형태를 띠고 있다. 무가지의 경우도 신문의 크기로 분류하면 타블로이드로 분류할 수 있다. 다만 국민일보의 경우 기존 신문과는 다른 크기의 지면을 발행하고 있고 중앙일보도 베를리너판으로 변화하여 광고를 집행할 경우 크기를 수정하여 집행하여야 한다.

신문광고는 매체의 특성 상 여행사 광고와 같이 여행상품을 자세히 소개하는 등 세부적인 정보를 제공하여야 하는 경우 신문이 가장 효과적인 광고 매체가 된다. 또한 전자제품의 대리점 안내와 같은 세부적인 정보 제공에도 신문은 가장 효과적이라는 평가를 받는다.

(2) 신문광고 매체전략

가. 신문매체 현황

우리나라 신문매체는 중앙지, 지방지, 경제지, 스포츠지, 영자지, 소년지 등으로 구분된다. 일간지로는 동아, 조선, 한국, 중앙, 서울, 경향, 국민, 한겨레, 문화일보 등이 있으며 경제지로는 매일경제, 한국경제, 서울경제 등이 있다. 스포츠지로는 일간스포츠, 스포츠서울, 스포츠조선, 스포츠투데이 등이 있다.

나. 신문광고의 유형 및 요금제도

일반적으로 신문광고 전면 규격은 세로 15단, 가로 37 cm로 되어 있으며, 신문광고의 기본

그림 9.7 신문광고 규격(조선일보). 〈출처〉 조선일보 홈페이지(2021)

단위는 1단 3.4 cm이고 가로는 3 cm가 기준이다. 〈그림 9.7〉은 주요일간지 중 '조선일보'의 신문광고 규격 예시이다. 각 신문사별 신문광고 규격은 약간 차이가 있으나, 4, 5, 7.5, 전면광고는 대부분의 신문사에서 신문광고를 구분하는 규격이다.

아래의 〈표 9.6〉은 주요 신문사별로 제공하고 있는 광고료(광고규격 기준)이다. 아래 표 외에 명시된 본판, 섹션 외에도 신문사별로 돌출광고, 제호광고 등도 광고료 기준을 두고 있다.

표 9.6 주요 신문의 지면별 광고규격 및 광고료(원색광고 기준/ 단위: 원, VAT별도)

구분	본판					섹션		비고
	1면	2,3면	4,5면	사회면	뒷면	1면	뒷면	
기준 규격	4단 (129*362)	5단 (157*362)	5단 (157*362)	5단 (157*360)	15단 (500*362)	5단 (157*362)	15단 (500*362)	
조선	61,050	37,000	31,450	59,040	199,800	37,000	72,150	
중앙	61,050	37,000	31,450	27,750	199,800	37,000	72,150	
한겨레	61,050	27,750	24,050	18,500	111,000	18,500	55,500	

* 해당 신문사 홈페이지에서 제공하는 단가를 기준으로 하였습니다.
* 가로, 세로 사이즈 단위는 밀리미터이며, 사이즈는 신문사 별로 약간의 차이가 있습니다.
* 상기 광고료는 경기상황과 지면상황에 따라 탄력적으로 운영됩니다.
* 한겨레는 사회면을 별도로 규정하고 있지 않아, 내지 단가를 기준으로 하였습니다.

〈출처〉 신문광고 단가는 2018년기준(주요일간지 홈페이지에서 제공하는 자료를 재정리)

신문광고 위치에 따라 제호광고, 돌출광고, 변형광고, 간지광고로 나누어진다. 제호광고는 신문 상단 제호 옆에 박스형으로 게재되는 광고이다. 돌출광고는 제호 옆, 본문, 기사, 만화 등의 위 또는 아래에 작은 크기로 게재되는 광고이다. 변형광고는 전형적인 신문광고 형태가 아닌 새로운 형태의 광고를 의미한다. 간지광고는 신문지 사이에 끼워져 있는 별도의 광고를 말한다. 광고 내용에 따른 신문광고 유형은 부고, 성명서, 공고, 준공고, 안내광고 등이 있다.

다. 신문광고의 특징

신문광고의 특징은 다음과 같다. 첫 번째, 신문은 정보성이 강한 매체이다. 주로 긴 카피를 이용하여 정보제공에 알맞은 매체이다. 주고 고관여 제품의 경우 신문매체를 많이 활용한다. 두 번째, 신문의 성격상 중장년층을 타겟으로 하는 매체이다. 과거와 달리 독자층의 연령대가 높아졌기 때문에 중산층이상을 타겟팅 하는 것이 적합해졌다. 세 번째, 광고 제작이나 집행에 있어 제약조건이 적고, 빠른 시간 내에 광고 제작이 가능하다. 기업들이 위기관리 차원에서 많이 활용하는 매체가 신문이다.

라. 신문광고 구성요소

신문광고 구성요소는 조형적 요소, 내용적 요소(헤드라인, 바디카피, 슬로건, 캡션)로 구성된다. 각 요소의 내용은 다음과 같다(〈표 9.7〉 참조).

표 9.7 신문광고 구성요소

구성요소	내용
조형적 요소	일러스트레이션, 트레이드 마크, 기업 심볼, 로고타입.
내용적 요소	헤드라인: 광고 중 가장 중요한 요소가 된다.
	바디카피: 제품에 대한 구체적인 정보를 제공한다.
	슬로건: 말이나 문장으로 소비자의 구매활동을 촉진하는 목적이 있다.
	캡션: 그림과 더불어 나타내는 카피나 그림 회사명과 주소 등을 가리킨다.

(3) 잡지 광고와 매체전략

잡지는 기본적으로 주간지와 월간지로 구분할 수 있다. 다루는 내용의 측면에서 일반잡지와 전문잡지로 구분 가능하다.

잡지의 독자는 직접 잡지를 구매하여 보는 1차 독자와 2차 회독자로 나뉘어 질 수 있다. 월간지의 경우 한달 이상의 기간 동안 회독되는 경우가 많아 직접적인 잡지 판매로 인한 독자 외에 추가적으로 소비자에게 다가갈 수 있다는 이점이 있다. 또한 잡지의 독자는 정기 구독자와 가판 독자로 구분할 수 있다. 두 거지 형태의 독자를 비교해보면 필요에 따라 구매해서 읽는 가판 독자가 좀 더 광고주 입장에서 가치 있는 소비자로 보고 있다.

잡지 광고의 가격은 잡지의 구독자 수와 지면에 따라 많은 차이가 난다. 지면의 경우 표 2, 3, 4가 고가의 광고지면을 구성한다. 이 중 잡지의 맨 마지막 페이지인 표 4가 제일 비싸다.

가. 잡지 매체 현황

우리나라 잡지는 7000여개에 다다르고 있을 정도로 규모가 커졌다. 잡지 종류도 많아지고 특정계층을 겨냥한 세분화된 잡지들이 나오고 있다.

나. 잡지광고 유형

대표적인 잡지광고 유형은 계약광고이다. 계약광고는 광고의 누적 효과를 위해 특정매체의 특정지면을 계약에 의해 일정기간동안 지속적으로 집행하는 광고이다. 위치 및 형태에 따른 잡지광고는 좌수광고/우수광고, 기사대면광고, Forlder광고, 삽지광고, 카달로그형 다페이지 광고 등이 있다.

다. 잡지광고 특징

잡지광고의 특징은 다음과 같다. 먼저, 잡지는 독자의 선별성이 강한 매체이다. 예로 골프 잡지의 경우 상류층을 타켓으로 하고 있기 때문에 주로 고급차, 고급주택 등의 광고가 가능하다. 두 번째, 인쇄광고이지만 잡지 내에서 다양한 형태의 광고가 가능하다. 연속적인 지면에 시리즈 광고가 가능하며, 잡지면을 펼치면 튀어 오르는 팝업광고를 통해 독자들의 관심을 끈다. 그 밖에도 실제 향수를 잡지에 흡입시켜 냄새를 맡아 볼 수 있는 방법도 있다. 세 번째, 광고 수명이 긴 편이다. 월간지의 경우는 기본적으로 30일이지만, 구독자가 과월호 잡지를 볼 경우는 광고수명이 더욱 늘어난다(〈표 9.8〉 참조).

표 9.8 잡지광고의 장점과 단점

구분	장점	단점
구독자층	- 독자의 세분화가 가능하다. - 상품이나 기업에 대해 상세한 정보를 제공할 수 있다. - 대체적으로 독자의 교육수준과 구매력이 높다.	- 우리나라의 경우 특정지역에 광고하기 부적합하다.
접촉상황	- 재독, 반복 열독하는 경향이 있어 광고의 노출빈도가 높다. - 한 권을 여러 사람이 읽게 됨으로 회독률이 높다. - 집중도가 높아 설득력이 좋다.	- 페이지가 많아 광고접촉률이 각기 다르다. - 한 종류 이상의 정기구독자가 적다.

4. 비매스미디어 매체(BTL 광고)

광고를 매스미디어광고(ATL)과 비매스미디어 광고(BTL)로 구분할 경우 비매스미디어는 전통적인 미디어에 대한 대안적 미디어를 모두 포함하는 포괄적인 개념으로 이해된다.

1) 직접 반응 광고

직접 반응 광고는 소비자의 직접적인 반응을 유도하는 마케팅 커뮤니케이션 도구로서 주로 우편, 전화, 기타 비인적 접촉 수단을 사용하여 이루어진다. 빠른 소비자 반응이 가능하여 직접적인 매출에 기여할 수 있다는 장점이 있다. 이러한 직접 반응 광고는 소비자 관계 마케팅에 있어 핵심적인 부분을 차지한다. 고객 데이터를 기반으로 광고를 집행할 뿐만 아니라 추후 소비자 반응을 기초로 새로운 고객 데이터를 모을 수 있기 때문이다. 결국 충분히 고객 데이터가 모아지면 향후 DB마케팅의 자료로 활용할 수 있다.

직접 반응 광고의 가장 대표적인 도구는 직접우편이다. 직접우편은 그 특성상 매우 세분화된 타깃에게 접근이 가능하다. 하지만 대량의 우편은 소비자들이 정크 메일로 인식할 수 있으므로 주의가 필요하다. 더 나아가 텔레마케팅과 스팸정보의 범람으로 소비자들이 직접적인 메시지를 전달하는 마케팅 커뮤니케이션 방법에 부정적인 인식이 많아지고 있다. 이메일의 경우도 허가된 범위 내에서 전개할 필요가 있다. 특히, 전화나 인터넷을 통한 불법 행위가 빈발하고 있어 정상적인 비즈니스를 전개하기 위해 직접 반응 광고를 사용하는 기업에게까지 부정적인 인식을 심화시키고 있는 현실이다.

이러한 직접 반응광고는 전통적인 방송 매체와 인쇄 매체 등과 함께 사용하여 시너지 효과를 얻을 수 있다. 또한 현재 한국의 낮 시간대 TV광고에서 많은 부분을 차지하는 보험 광고와 상조 광고의 경우 전통적인 방송 매체를 이용하지만 소비자의 직접적인 반응을 유도하는 광고로 볼 수 있다. 또한 홈쇼핑의 경우 방송채널로서 소비자에게 정보를 제공하고 있지만 방송의 목적이 제품 판매를 통한 매출창출이므로 엄밀이 말하면 소비자 대상 직접 반응 광고로 분류 가능하다.

2) 공간/전시 광고

전시는 하나의 독자적인 마케팅 커뮤니케이션 도구이다. 기업들은 전시회에 대규모의 기업관을 설치하여 자사의 제품과 함께 기업 이미지를 커뮤니케이션한다(〈그림 9.8〉 참조). 규모가 있는 광고대행사는 BTL본부에 전시팀을 독자적으로 운영하는 경우가 많다. 이는 전시가 독립된 하나의 마케팅 커뮤니케이션 도구로서 인정받고 소비자 대상 효과 창출에 기여한다는 의미로 해석할 수 있다. 예를 들어 엑스포에 참여하는 대규모 전시관의 경우 참여 국가관은 물론 기업관의 경우도 제작비가 수백억 원을 넘는 경우가 많을 정도로 대규모 프로젝트이다.

▲ LG 기업관

▲ 삼성 기업관

그림 9.8 한국의 대기업 전시관

대규모 기업관이 아니더라도 각종 이벤트와 축제에 참가 기업으로 등록하고 소규모 부스를 설치하여 기업 홍보활동을 한다. 여기서 기업과 제품에 대한 설명을 하고 준비한 브로슈어를 나누어 주기도 하고 궁극적으로 계약이 이루어지기도 한다. 이벤트와 전시를 주최하는 입장에서는 참가 업체의 등록비가 주요한 수익원이 된다.

3) 옥외(OOH) 광고

옥외광고는 실무적으로 OOH (out of home) 광고로 불리며 전통적인 광고 매체를 보완하기 위한 수단으로 사용되어 왔다. 옥외광고는 노출을 중심으로 평가하면 기존 ATL매체보다 훨씬 효과적이라고 불 수 있다. 옥외 광고는 법규에 따라 외부 광고와 내부 광고로 나눌 수 있다. 먼저 외부 광고에는 옥상 광고, 전광판, 야립, 쉘터, 버스, 도시철도 광고가 포함된다. 내부 광고는 지하철 광고, 공항 광고, 쇼핑몰 광고, 스포츠 광고, 리조트 광고 등이 있다. 이 외에 교통 광고로 따로 분류하여 세부적으로 지하철 차내, 지하철역, 버스 외부(〈그림 9.9〉 참조), 택시 외부, 공항, 쉘터 등으로 구분하기도 한다.

그림 9.9 교통 광고의 예

특히 야립광고는 옥외광고에 있어 대표적인 미디어이다. 야립광고란 고속도로와 같은 곳에 대규모로 설치한 광고물로 운전자들에게 소구하기 위한 광고를 말한다. 야립광고는 옥외광고센터에서 공익적인 기금을 마련하기 위해 시행된다. 현재 5차 야립광고 사업을 계획하고 있다.

4) PPL

PPL은 TV 프로그램이나 영화 속에 제품이나 브랜드를 삽입하여 관객에게 소구하는 마케팅 커뮤니케이션 도구를 말한다. ET라는 영화에 처음 사용된 것으로 알려져 있으며 영화상에 초콜릿 제품의 배치로 해당 제품의 매출을 폭발적으로 증가시킨 것으로 유명하다. 시청자들이 점점 광고를 회피하게 되고 뉴미디어의 등장으로 광고를 기술적으로 제거할 수 있게 되자 콘텐츠에 직접 광고메시지를 담을 수 있는 PPL에 대한 관심은 더욱 높아지고 있다(아래 그림 참조).

미국의 경우 TV와 영화 모두에서 PPL이 허용되지만 한국은 영화에서만 허용되다가 미디어법 개정으로 인해 제한적으로 TV에서의 PPL이 허용되고 있는 실정이다. 산업적으로 발전하면서 PPL전문가에 대한 수요도 증가하고 있다. 특히 최근에는 뒷광고 논란 등으로 인해 PPL을 자연스럽게 노출하는 것이 아닌, 광고라는 것을 상세하게 노출하면서 실제로 제품에 대해 평가하는 등의 새로운 광고 행태를 보이고 있다.

5) POP 광고

POP란 points of purchase의 약자로 구매가 이루어지는 현장에 광고물을 설치하여 소비자의 구매에 영향을 미치는 광고물을 말한다. POP가 중요한 이유는 모든 구매의 70%가 점포 내에서 이루어지기 때문이다. 특히 관여도가 높지 않은 제품의 경우 특정 브랜드에 대한 선호 없이 매장을 방문하여 즉석에서 구매 결정을 하는 경우가 많다. 이때 POP는 최종 의사 결정에 영향을 미치게 되어 매우 효과적인 매체로 평가 받는다.

POP의 종류는 다양하다. 쇼핑 카트나 카트 손잡이에 광고물을 부착하기도 하고 복도에 설치하기도 한다. 진열대와 바닥도 광고 공간으로 사용할 수 있고 점포 내 전시와 즉석 샘플도 POP의 범위에 포함된다(〈그림 9.10〉 참조).

그림 9.10 POP 예

6) 세일즈 프로모션

세일즈 프로모션은 단기간의 소비자 반응을 유도하는 촉진 도구이다. 제품이나 서비스의 사용 또는 사용을 격려하기 위한 단기 유인책으로 빠른 소비자 반응을 유도하고 소비자에게 보상을 해줄 수 있다. 쿠폰, 리베이트, 무료 샘플 등이 많이 이용된다. 하지만 효과는 단기적이다. 미국의 경우 세일즈 프로모션이 활성화되어 있으며 2천 6백 5십억 쿠폰이 이용되고 있다. 기능적인 측면에서 광고는 소비자에게 자사 제품의 구매 이유를 제공하고 세일즈 프로모션은 소비자를 대상으로 구매 유인을 제공한다고 할 수 있다.

세일즈 프로모션의 장점으로는 가격 민감성이 다른 소비자에게 서로 다른 가격을 부과하여 최적의 매출을 추구할 수 있다는 것이다. 특히 신제품의 경우 실제적인 제품 경험을 제공하여 향후 고객화할 수 있는 가능성을 높여 준다. 제품의 품질에 자신이 있는 경우 제품 경험 제공은 효과적인 소비자 유인 도구가 된다. 하지만 세일즈 프로모션을 과도하게 시행할 경우 브랜드에 대한 로열티가 감소할 수 있고 프로모션이 끝나게 되면 해당 소비자들이 브랜드를 경쟁사 브랜드로 전환할 수 있다. 또한 가격 할인과 같은 직접적인 금전적 프로모션은 제품에 대한 품질 인식을 하락시킬 수 있다. 이는 소비자들의 가격 민감성을 높여 장기적으로 문제를 일으킬 수 있다는 지적을 받는다.

이러한 소비자를 대상으로 하는 프로모션 외에 거래상들을 대상으로 하는 프로모션이 있다. 거래상 프로모션은 진열 공간과 배급망을 확보하기 위해 종종 이루어진다. 할인점을 위시한 소매상들의 영향력이 커지면서 나타나는 현상이다. 또한 매장에서 진열대 및 통로의 위치가 소비자 시선에 있어 중요하기 때문에 좋은 진열 공간을 확보하기 위해 거래상 프로모션을 활용하기도 한다.

7) 이벤트와 스폰서십

이벤트는 효과적인 마케팅 커뮤니케이션 도구이다. 참가자들은 직접적인 경험으로 인해 해당 브랜드에 대한 이미지 구축은 물론 직접적인 구매로까지 연결시킬 수 있다. 특히 세계적인 이벤트에 스폰서십을 집행하는 경우는 해당 이벤트의 명성으로 인해 브랜드에 호의적인 이미지 전이가 가능하다. 이는 직접적으로 이벤트에 참여하지는 않지만 매체를 통해 이벤트를 시청하는 사람들의 몰입을 통해 스폰서 브랜드에 영향을 미치는 경우라 할 수 있다.

세계적으로 유명한 이벤트로는 월드컵과 올림픽을 들 수 있다. 여기에 세계 3대 이벤트를 말할 때 스포츠 이벤트의 경우 세계육상경기대회를 넣기도 하지만 마케팅 커뮤니케이션 측면에서는 엑스포를 3대 이벤트로 포함한다(〈그림 9.11〉 참조).

▲ 월드컵 ▲ 올림픽 ▲ 엑스포

그림 9.11 세계 3대 이벤트

(1) 이벤트 마케팅

이벤트 마케팅은 스포츠, 예술, 오락 또는 사회적 명분에 관련된 활동이나 이벤트에 참가하거나 공식적으로 후원하는 활동을 말한다. 올림픽에서 마케팅적인 개념이 도입된 것은 1984년 LA 올림픽 때부터였다. 넓게 보면 기업에 맞는 이벤트를 창조하여 직접 이벤트를 운영하는 경우도 이벤트 마케팅에 포함된다. 기업들이 일반적으로 진행하는 판촉 이벤트가 여기에 속한다.

(2) 스폰서십의 근거

세계적인 이벤트를 스폰서한다는 것은 막대한 비용적인 투자를 필요로 한다. 이러한 투자를 하는 이유는 이벤트가 기업의 마케팅 커뮤니케이션에 효과적이기 때문이다. 먼저 스폰서십은 특정 표적시장이나 라이프 스타일에 참여하여 일체감을 형성시킬 수 있다. 이러한 일체감을 바탕으로 기업과 브랜드의 인지를 증대시키고 주요 연상에 대한 소비자인식을 창출하고 강화한다. 또한 지역사회에 대한 참여나 사회적 이슈에 관한 의사를 표출할 수 있는 도구로 작용하며 핵심 고객을 즐겁게 하거나 주요 종업원에게 보상을 제공하는 기능을 하기도 한다. 특히 올림픽과 월드컵의 경우 스폰서 기업에게 일정부분의 입장권을 제공하여 제품의 직접적인 판매나 촉진의 기회를 제공하기도 한다(〈그림 9.12〉 참조).

그림 9.12 2018 평창 동계 올림픽 공식 파트너

(3) 효과 측정

많은 연구 결과에서 스폰서십의 효과를 언급하고 있지만 막대한 비용이 들어가는 이벤트 스폰서십의 효과를 직접적으로 측정하기는 무리가 있다. 따라서 간접적으로 해당 브랜드의 TV 노출 시간과 이벤트관련 보도에서 브랜드를 언급한 기사의 단수 등을 측정하여 광고비로 환산하여 그 효과를 측정하는 방법을 쓰고 있다. 한편 수요자의 측면에서 소비자의 브랜드 지식구조에 미치는 영향을 설문과 같은 형태로 측정하기도 한다. 여기에는 추적이나 고객 조사, 후원자에 대한 태도 조사, 이벤트 후원자 상기도 등을 측정하는 방법이 포함된다.

(4) 매복 마케팅(ambush marketing)

매복 마케팅은 공식적인 스폰서십에 참여하지 않은 기업이 이벤트의 이미지를 이용하여 자사에 도움이 되게 하거나 공식 스폰서 기업과 이벤트의 연상을 약화하려는 의도에서 사용된다. 국내의 경우 SK텔레콤이 붉은 악마를 활용하여 성공한 바가 있다(〈그림 9.13〉 참조). 도의적인 문제 제기에도 불구하고 효과적인 마케팅 커뮤니케이션 도구로 인정받으면서 많은 기업이 매복 마케팅을 활용하고 있다. 따라서 FIFA와 같은 기관에서는 월드컵을 대상으로 하는 매복 마케팅을 제한하기 위해 많은 정책을 실시하고 있는 실정이다.

그림 9.13 SK텔레콤의 월드컵 광고

8) PR

PR은 광고와 달리 비용을 지불하지 않으면서 회사나 제품에 대한 정보를 제공하는 것을 목적으로 이루어진다. 미디어에 나타나지만 돈을 지불하는 것은 아니다. 기업의 입장에서 홍보 활동을 전개하는 것은 기본적으로 퍼블리시티(publicity)를 통해 미디어에 노출되는 데에 있다. 따라서 미디어와의 관계관리가 PR의 핵심적인 부분이다. PR에는 내부적 커뮤니케이션(internal communication), 투자 관계(investor relations), 지역 관계(community relations), 기부(charitable contribution) 등이 포함된다.

전통적으로 PR은 비용을 지불하지 않는다는 면에서 광고와 구분되어 왔다. 하지만 현재의 마케팅 환경에서는 비용을 들이거나 스페셜 이벤트를 기획하여 MPR(Marketing PR)적인 노력을 기울이기도 한다. 따라서 PR과 광고를 따로 구분하던 기존 구분을 벗어나 마케팅 커뮤니케이션이라는 큰 범주에서 함께 논의하기도 한다.

9) 인적 판매

두 명 혹은 그 이상의 사람끼리의 상호작용을 통해 제품을 판매하는 전략이다. 이는 소비자와의 일대일 관계 구축이 가능하여 제품 판매와 장기적인 소비자 관리를 가능하게 해준다. 하지만 가장 비용이 많이 드는 프로모션 도구이며 광고와 정반대되는 장/단점을 가지고 있다.

5. 매체전략

매체전략이란 언제, 어느 매체를 통해 광고를 집행할 것인가에 관한 내용이다. 따라서 실제로 광고비를 집행하기 때문에 중요한 부분이기도 하다.

1) 매체전략의 개념

매체계획과 관련하여 알아야 할 주요개념들이 있다. 매체군(medium)은 메시지를 전달하기 위하여 사용되는 일반적 매체범주를 의미하는 것으로 TV, 라디오, 신문, 잡지, 옥외광고, 인터넷 등을 가리킨다. 매체비클(Media vehicle)은 매체군에 속하는 구체적 매체수단이다. 신문이라면 조선일보, 중앙일보, 동아일보 등을 가리키며 TV라면 KBS, MBC, SBS 등을 가리킨다. 도달범위(Reach)는 주어진 기간 동안에 광고에 적어도 한번 이상 노출된 청중의 수 또는 비율을 말한다. 도달범위는 시청자 중 광고메시지에 노출된 사람의 비율로 표시되기도 하고 광고메시지에 노출된 사람의 수로 표시되기도 한다. 도달회수는 시청자가 특정기간 광고에 노출되는 횟수를 의미한다.

2) 매체계획의 수립과정

(1) 매체계획목표 설정

가. 도달률

도달범위는 주어진 기간 동안에 적어도 한번 이상 광고에 노출된 청중의 수 또는 비율을 가리킨다. 그 중 매체 도달률은 광고에 노출된 청중의 수나 비율, 특정 매체를 이용하는 총 청중으로 산출된다. 타겟 소비자에 대한 도달률은 특정광고에 노출된 타겟 소비자의 수나 비율/ 타겟 소비자에 대한 도달률로 산출된다.

나. 도달회수

도달횟수는 특정 기간 동안 광고메시지에 노출되는 횟수를 의미한다. 모든 소비자들이 광고에 노출되는 횟수가 동일하기를 기대하기는 어려우므로 실무에서는 일반적으로 평균빈도의 개념을 사용한다.

- GRP(Gross Rating Point, 총시청량): 특정 광고 스케줄에 노출된 총 접촉률 또는 중복된 시청자 수를 의미한다.
- GRP = 도달률*도달빈도(도달범위와 도달빈도, GRP와의 관계)

다. 유효 빈도와 유효도달률

유효 빈도란, 일정 기간 동안 특정 광고물에 대한 소비자의 인지, 태도, 행동과 같은 커뮤니케이션 반응을 얻기 위해 필요한 빈도 또는 반복의 수준을 말한다. 유효도달률은 일정기간 동안 유효 빈도 이상 노출된 개인 또는 세대의 비율을 의미한다.

3) 매체 전략의 수립

매체계획 목표가 설정된 다음 매체전략의 구성요소는 크게 네 가지로 구분된다. 매체믹스 결정, 매체 비히클 결정, 기타 옵션 결정, 그리고 광고 집행 시기와 일정이 결정된다.

(1) 매체믹스의 결정

매체믹스의 결정은 각 매체의 특징을 고려하여 총 광고예산을 각 매체 유형별로 할당하는 것이다. 이 때 고려해야 할 요소는 다음과 같다. 첫 번째, 매체계획자는 매체별 시청자 프로파일을 조사해야 한다. 표적 청중에게 도달할 수 있는 최적의 매체를 선정할 수 있도록 해야 한다. 두 번째, 광고의 방영을 원하는 시점에서의 매체가 이용될 수 있는지를 고려해야 한다. 특히 방송광고의 경우 원하는 시간은 다른 매체계획자도 같을 수 있기 때문에 미리 확인하여야 한다. 세 번째, 매체의 계절성을 고려해야 한다. 예로 여름휴가 시에는 매체 활용률이 떨어지기 때문이다.

(2) 매체 비히클(Media Vehicle)의 결정

매체군별 예산이 결정되고 나면 매체관리자는 각 매체군 내에서 어떤 비클을 사용해야 할 것인가를 결정해야 한다. 매체 비히클은 비용의 효율성에 따라 판단하여 선정해야 한다.

(3) 방송매체의 비용효율성 평가

TV 및 라디오와 같은 방송매체를 구매하는 비용은 CPP나 CPR, CPM을 많이 활용하게 된다. TV나 라디오에는 여러 프로그램이 있으므로, 매체 관리자는 프로그램에 대한 시청률 자료를 토대로 CPP나 CPR을 계산하여 비용 적으로 가장 효율적인 프로그램을 선정할 필요가 있다.

"CPP": 타겟청중 1%에 도달하는 데 드는 비용	– 방송매체의 CPP=매체비용/시청률 – 인쇄매체의 CPP=매체비용/구독률
"CPR": 일정기간 동안 도달률 1%를 얻는 데 투입된 광고비	CPR=매체비용/도달률
"CPM": 천명의 오디언스에게 도달하는데 필요한 광고비	– 방송매체의 CPM=광고비용 * 1000/시청률 – 인쇄매체의 CPM–광고비용 * 1000/판매발행부수

(4) 인쇄매체의 비용효율성 평가

인쇄매체는 CPM을 계산하여 비용효율성을 평가한다.

(5) 인터넷과 모바일매체의 디지털광고 비용효율성평가

디지털광고는 대표적인 지표로 CTR (Click through Rate): 광고노출수대비 클릭수가 있으며 CPC (Cost Per Click): 광고 클릭당 단가와 CPA (Cost Per Action): 사용자가 광고를 클릭하고 나서 광고주가 기대한 행위를 했는가에 따라 광고단가가 정해지는 방식이 있다. 그밖에도 다운로드를 측정하는 CPD (Cost per Downloads) 등도 있다.

4) 매체별 옵션의 구체적 결정

(1) 방송광고

방송광고의 경우 광고물의 길이와 광고 방영 순서를 결정해야 한다. TV방송광고는 15초, 20초, 30초 광고가 가능하고, 프로그램에 따라 광고물의 길이에 제한을 둘 수 있다. 일반적으로 15초 광고를 많이 활용하고 있다. 그리고 광고 방영 순서는 광고가 방영되는 시간대의 처음과 마지막에 광고를 삽입할 수 있게 되면서 중요하게 되었다. 이때 광고하는 것이 상대적으로 기억효과를 높일 수 있기 때문이다.

(2) 인쇄광고

인쇄광고의 경우는 광고지면이 고려되어야 한다. 매체관리자는 광고지면의 크기가 광고에 대한 주목율과 이해도에 미치는 효과를 검토해야 한다. 그리고 흑백광고 또는 컬러광고에 대한 선택도 고려해서 광고효과를 높일 수 있게 해야 한다.

(3) 매체 스케줄의 결정

매체유형별 예산의 분배, 매체 비히클과 옵션에 대한 구체적 결정이 이루어진 다음, 광고집행에 대한 스케줄이 결정되어야 한다. 광고의 스케줄링의 선택에는 다음과 같은 요인들이 결정되어야 한다. 첫 번째, 계절적 요인과 방학, 공휴일 등에 따른 집행시기를 선정해야 한다. 예로 카드, 꽃 등은 5월 가정의 달에 집중적으로 수요가 증가하기 때문에 이 요인을 고려해야 한다. 두 번째, 과거의 스케줄 패턴과 경쟁사 스케줄 패턴을 고려해야 한다. 과거에 했던 스케줄을 고려하여 광고량과 매출의 관계를 살펴보고 난 후 스케줄을 결정해야 하고, 경쟁사가 어느 기간을 집중적으로 더 한다면, 이 점도 고려해야 한다.

(4) 광고스케줄링 결정

광고 스케줄링은 광고를 1년을 주기로 해서 어느 기간에 보내야 할 것인지를 결정하는 것이다. 광고스케줄링의 유형은 지속형, 집중형, 파동형으로 나누어진다. 먼저 지속형 스케줄링은 1년 동안 일정하게 광고를 하는 방법이다. 장점은 경쟁사에 대한 대응이 쉽다는 것이다. 그렇지만 광고예산이 일년동안 꾸준히 소비되어야 하기 때문에 광고의 예산이 많이 든다는 것과 매출변화에 민감하게 대응하기 힘든 단점이 있다.

다음으로 집중형 스케줄링이란, 광고를 특정기간에 집중해서 하는 경우이다. 광고를 하는 시기에는 많은 양의 광고를 함으로써, 소비자에게 강한 인식을 심어주자는 것이다. 이 방법은 광고예산이 적을 때에 사용된다. 예를 들어, 은행의 경우 여름에는 광고를 거의 하지 않고 나머지 기간에 광고를 한다. 스키광고의 경우도 10월과 2월 사이에 집중적으로 하고 나머지 기간은 적게 한다. 단점으로는 타사 제품이 자사 제품의 공백시기에 광고를 하면 대응할 수 없다는 것과 공백 기간이 길면 소비자들이 광고를 망각할 수 있다는 것이다.

마지막으로 파동형 스케줄링이 있다. 이 전략은 지속적으로 꾸준히 광고를 하되 매출이 급격하게 증가하는 시기에 광고를 많이 집행하는 것이다. 즉, 평소에는 최소한의 광고를 유지하면서 특정 시기에 집중적으로 광고를 하는 방법이다(〈그림 9.14〉, 〈표 9.9〉 참조).

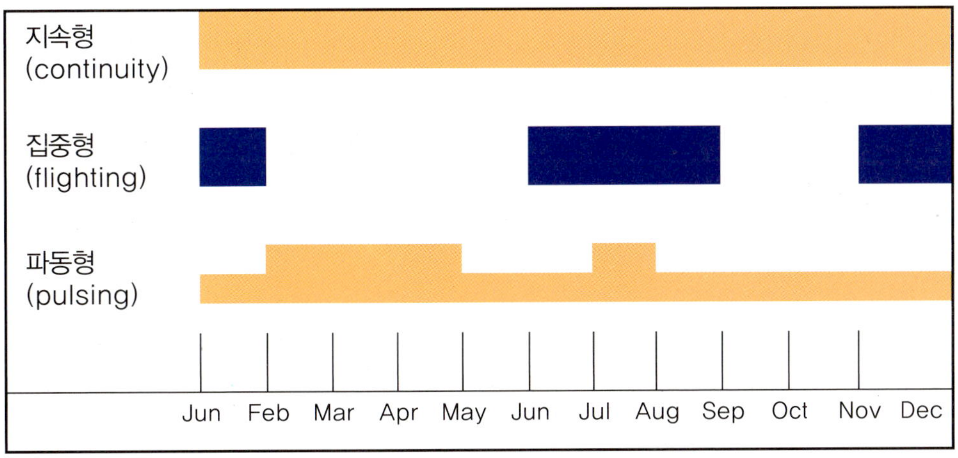

그림 9.14 광고 스케줄링의 유형

표 9.9 광고스케줄링 유형의 장단점

스케줄링의 유형	장점	단점
지속형	소비자들의 기어유지에 유리	높은 비용 과다노출
집중형	비용효율성이 좋음 제한된 예산안에서 여러 매체를 활용	감퇴현상 발생 광고를 하지 않는 기간동안 인지도 떨어질 위험
파동형	지속형과 집중형 장점을 모두 가짐	계절적 상품에 적합하지 않음.

〈출처〉 김익태, 한민희(1993). "광고 스케줄링의 형태 및 사례연구". 광고연구, 겨울호, 203~243.

(5) 매체계획의 집행 및 평가

매체목표가 정해지고 구체적인 매체전략이 수립되면, 매체관리자는 이를 실행하게 된다. 이를 실행하는 동안 광고제작물의 완성시기를 점검해야 하고 광고스케줄이 예정대로 집행되고 있는가를 확인해야 한다. 그리고 광고 집행 후 사후 평가를 통해 새로운 매체전략 수립에 결과를 반영할 필요가 있다. 과연 목표를 달성했는지를 평가해야 하고 목표를 이루지 못했다면 원인을 파악하는 것이 매우 중요하다.

광고의 크리에이티브와 제작

1. 크리에이티브 전략
2. 아이디어 발상
3. 크리에이티브 고려 요인
4. 광고 기획
5. 광고의 제작 단계
6. ATL 광고 제작
7. BTL 광고 제작

10

도입사례

이노션, 세계 3대 광고제 '클리오 어워드' 본상 5개 수상

▶▶ 이노션 월드와이드는 세계 3대 국제 광고제인 2020 · 2021 '클리오 어워드(CLIO Awards)'에서 본상 5개를 수상했다고 3일 밝혔다.

이노션은 한화 그룹 글로벌 지속가능성(Sustainability) 캠페인 '클린업 메콩(Clean Up Mekong)', 파라코즘의 신개념 미래 아우터 '에어패딩' 등으로 은상 3개, 동상 2개를 획득했다.

이노션에 따르면, 이번 수상작들은 기존 크리에이티브에서 더 나아가 기술과 독특한 아이디어를 접목시켜 혁신적인 마케팅 솔루션을 선보였다는 점에서 각각 높은 평가를 받았다. 특히 수상작 모두 상업적 캠페인이 아니라, 환경과 동물보호를 위해 제작된 공익 캠페인이라는 점에서 의미가 크다는 게 회사 측의 설명이다.

은상 2개, 동상 2개를 수상한 한화그룹 '클린업 메콩'은 베트남 환경오염 문제의 심각성을 알리는 캠페인이다. 메콩강 일대의 수상 쓰레기 문제를 해결하기 위해 청정 태양광 에너지로 작동해 부유 쓰레기를 수거하는 친환경 선박인 '솔라 보트' 2대를 제작했다.

또 다른 수상작 '에어패딩'은 이노션과 국내 대표 패션 플랫폼 무신사, 의류 브랜드 파라코즘이 협업을 통해 신개념의 아우터를 개발한 프로젝트다. 이 제품은 공기의 뛰어난 보온성을 검증한 실험 연구 결과에서 착안한 것으로, 이름 그대로 공기를 충전해 입는 패딩으로 화제를 모은 바 있다.

김정아 이노션 CCO(크리에이티브 최고 책임자)는 "전통 매체 기반의 TV 캠페인이 아닌, 디지털 기반의 통합캠페인으로 새로운 마케팅 솔루션을 제시한 사례라 더욱 의미가 크다"고 말했다.

칸 국제광고제 및 뉴욕페스티벌과 함께 세계 3대 광고제로 불리는 클리오 어워드는 TV, 인쇄, 옥외, 라디오, 온라인, 디지털, 디자인 등 전 매체를 아우르는 부문에서 창의성을 평가한다. 지난해에는 코로나19 사태로 매년 9~10월 뉴욕에서 개최하던 시상식을 취소했으며, 올해 일정을 앞당겨 4월에 클리오 어워드 공식 홈페이지를 통해 2020 · 2021 시즌 수상작을 공개했다.

출처: 조선비즈. 정민하 기자, 2021. 5. 3. ■

▶▶

보통 광고라고 하면 크리에이티브를 가장 먼저 떠올리게 된다. 광고 제작에 있어 전략적인 면이 가장 기본이 되는 분야이고 매체와 같은 다양한 분야가 포함되지만 소비자와 직접적으로 커뮤니케이션하게 되는 메시지와 그 메시지를 표현하기 위한 크리에이티브는 소비자의 입장에서 광고를 이해하는데 있어 핵심적인 요소라 할 수 있다.

1. 크리에이티브 전략

광고를 소비자에게 전달할 메시지를 만드는 과정이라고 할 때 무엇을 말할 것인가? 와 어떻게 말할 것인가? 라는 두 가지 과제를 만나게 된다. 여기서 말하고자 하는 무엇은 광고에 있어 핵심 메시지로 이해할 수 있고 어떻게 말할 것인가가 크리에이티브라고 할 수 있다. 똑 같은 메시지도 전달하는 방법에 따라 이해도가 달라진다. 이는 일상 대화에 있어서도 같은 이야기를 재미있게 전달하는 사람이 있는가 하면 그렇지 못한 경우도 많은 경우를 보면 쉽게 알 수 있다.

소비자들은 광고 메시지에 기본적으로 많은 관심을 기울이지 않는다. 또한 수 많은 광고 메시지를 일상적으로 접하기 때문에 이러한 소비자 환경을 뚫고 목표한 메시지를 전달하기 위해서는 메시지를 전달하는 방법, 즉 크리에이티브가 중요한 역할을 하게 된다. 하지만 크리에이티브라고 해서 독립적으로 존재하는 것은 아니다. 광고 전략에 근거하고 제작 가이드라인의 테두리 안에서 크리에이티브 작업이 이루어져야 한다. 전통적으로 광고를 예술로 볼 수 있느냐에 대한 논의가 있어 왔다. 광고는 예술 작품으로서의 가치를 상당부분 보유하고 있지만 작가의 입장에서 기존 예술작품같이 절대적으로 자유로운 표현을 보장 받기 힘들고 특정한 목적을 위해 예술적인 요소를 사용한다는 측면에서 예술로 보기에는 무리가 있다는 의견이 일반적이다. 따라서 광고에 있어 크리에이티브의 위치는 광고 제작의 하부구조이고 더 나아가 광고 전략에 따라 크리에이티브 표현이 영향을 받는다고 이해할 수 있다.

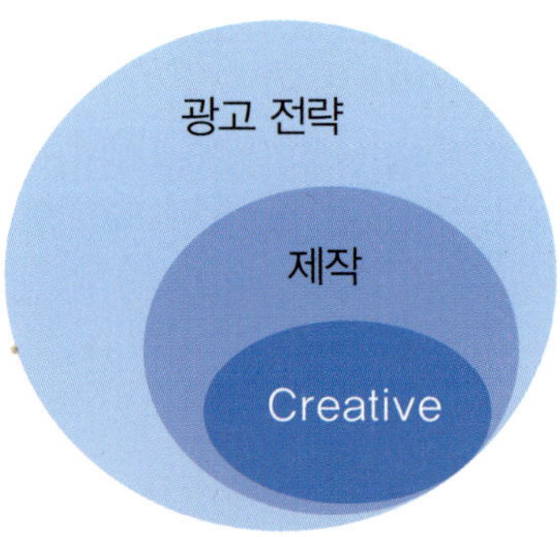

그림 10.1 광고에서 크리에이티브의 위치

1) 컨셉트

광고 크리에이티브에 있어 컨셉트가 그 출발점이 된다. 컨셉트란 전달하고자 하는 이야기의 핵심적인 개념을 단순한 표현으로 압축한 것이다. 이러한 컨셉트는 광고를 만드는 다양한 과정에서 핵심적인 요인에서 벗어나지 않게 해주고 중심을 잡아주는 역할을 하게 된다. 컨셉트를 도출하는 과정도 수 많은 아이디어를 바탕으로 결정하게 된다. 여기에는 제품 컨셉트(Product Concept), 브랜드 컨셉트(Brand

Concept), 광고 컨셉트(Communication Concept), 표현 컨셉트(Creative Concept) 등이 포함되며 광고 제작 각각의 단계에서 핵심적인 역할을 하게 된다.

2) 크리에이티브 브리프

사내 커뮤니케이션에 있어 광고주의 의견과 컨셉트를 전달하기 위해 크리에이티브 브리프를 실무적으로 많이 사용한다. 여기에는 표현 목표, 목표 고객, 표현 컨셉트, 카피 포인트, 컨셉트 워드, 톤 앤 무드, 가이드라인 등이 포함되며 특히, 기획자의 입장에서 전략적인 개념을 크리에이티브 표현으로 전환하기 위해 필수적인 크리에이티브팀과의 커뮤니케이션에 있어 오류를 줄여주는 역할을 한다.

3) 광고 크리에이티브 기법

크리에이티브를 단순하게 정의하기는 쉽지 않지만 핵심 메시지를 소비자에 전달하기 위해 효과적으로 사용할 수 있는 전달 방법으로 보면 크리에이티브의 역할에 대해 어느 정도 표현이 가능하다. 그럼 어떤 표현 방법이 크리에이티브하다고 할 수 있을까? 여기에 정확한 정답은 없다. 광고 제품에 따라, 제품이나 브랜드가 처한 시장환경에 따라 달라진다. 하지만 기존 광고물들을 분석해 보면 어느 정도 효과적으로 사용할 수 있는 크리에이티브에 대한 가이드라인을 알 수는 있다.

표 10.1 크리에이티브 적용 사례

상품을 보여주지 않는 광고	숫자를 활용한 발상	비주얼 스캔들
독자가 참여하는 광고	비교광고	역사적인 사건의 활용
계절 감각의 활용	필기체의 위력	상징화된 패턴의 활용
의외성의 효과	옛것과 새것의 대비	어린이를 활용한 아이디어
나열식 효현	만화를 활용한 광고	네거티브 어프로치
역전의 발상	유명인사의 역할	새로운 형태의 광고
심벌을 활용한 광고 발상	청각요소의 시각화	카피파워의 승리
일러스트를 활용한 차별화	프로퍼갠더 광고	트릭 기법의 활용
회상이라는 감성 활용	문답식 광고의 발상	동물을 주인공으로 활용

출처: 김정식, 광고와 39개의 머리 재구성

4) BTL에 있어 크리에이티브

4대 매체로 표현되는 일반 광고에 있어 크리에이티브가 중요하다고 하지만 BTL의 경우도 크리에이티브가 필요하며 때에 따라서는 성공에 있어 핵심 요인으로 작용하기도 한다.

(1) 프로모션 아이템 결정

프로모션 아이템을 결정할 때 기존에 사용하던 것을 위주로 실행에 옮기기 쉽다. 하지만 광고에 있어 크리에이티브 발상과 같이 어떤 프로모션을 진행할 것인지에 대해 새로운 아이디어가 필요하다. 특히 현재와 같이 스마트 미디어가 보편화되고 전통적인 옥외 프로모션의 기능이 융합되는 환경에서는 SNS와 같은 소비자 커뮤니케이션 도구를 마케팅 커뮤니케이션에 통합하는 작업이 무엇보다 중요하다. 여기서는 기존의 발상과는 차별화되는 새로운 시도가 필요하게 된다. 또한 지금까지 해보지 않았던 마케팅 커뮤니케이션 도구를 개발하는 작업에서 크리에이티브가 절대적으로 필요하게 된다.

(2) 장소 결정

옥외 프로모션을 진행하는 경우 어디서 해야 할지 장소를 결정하는 것도 아이디어가 필요한 부분이다. 백화점이나 대형 마트와 같이 누구나 생각할 수 있는 장소는 경쟁도 치열하고 비용적인 투자도 큰 편이다. 따라서 소비자와 접촉을 최대화할 수 있는 다양한 장소에 대한 아이디어가 필요하다. 필요에 따라서는 물리적인 공간 외에 모바일 공간이나 VR과 같은 새로운 기술을 활용하는 것도 프로모션을 실시할 장소 결정에 중요한 요인으로 작용한다.

(3) 매체광고와의 공동 전략

광고를 필요에 따라 ATL과 BTL로 구분하지만 통합적인 마케팅 커뮤니케이션 측면에서는 이를 융합하는 노력이 요구된다. 특히 방송광고나 인쇄광고와 함께 프로모션과 같은 BTL 도구들이 효과를 보기 위해서는 공동전략이 필요하다. 구체적으로 구매현장에서 방송광고와 인쇄광고에서 사용한 이미지를 사용하여 최종 소비자 선택에 영향을 미치는 방법도 고려할 수 있다. 또한 일반광고와 옥외 프로모션을 동시에 진행하기도 한다. 이러한 시도들은 BTL적 접근에 매체광고를 융합하는 아이디어와 또 다른 크리에이티브가 필요한 부분이다.

2. 아이디어 발상

1) 아이디어란 무엇인가?

일상 생활에서 아이디어라는 표현을 많이 사용하지만 아이디어를 구체적으로 정의하기는 쉽지 않다. 광고에서 아이디어는 남들이 생각하지 못하던 독특한 생각이라 할 수 있다. 이

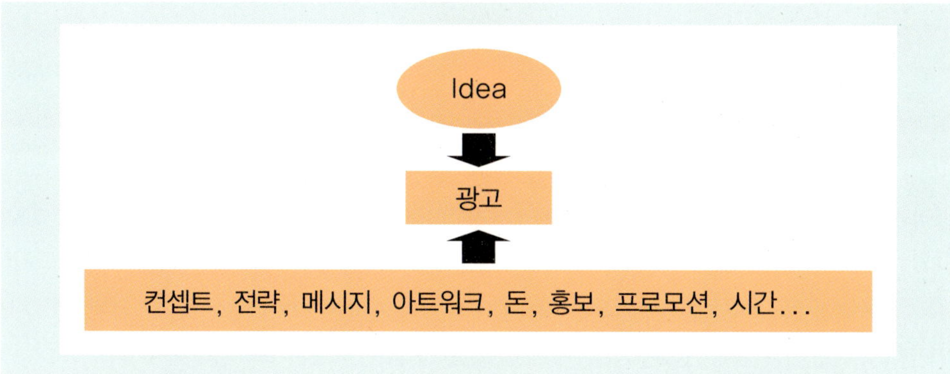

그림 10.2 아이디어의 구조

러한 아이디어는 일단 듣고 나면 누구나 생각해 낼 수 있다고 쉽게 단정을 짓게 되지만 당연한 것으로 여겨지는 아이디어를 완성하기까지는 많은 노력이 필요하다. 구체적으로 아이디어는 한 가지 주제에 관해 다양한 정보를 포함하고 있는 대표적인 표현물이라 할 수 있다. 특히, 아이디어라는 것은 직관적으로 상관이 없는 두 가지 이상의 객체를 어울리는 의미로 이어주는 다리 역할을 하게 된다. 광고의 경우 광고하고자 하는 제품이나 브랜드와 광고 표현물은 사실상 관계가 없는 두 가지 객체이다. 이러한 두 가지는 아이디어라는 중간 단계를 거쳐 의미가 연결되고 하나의 크리에이티브로 표현되는 것이다. 광고 표현물을 창작하기 위해서는 전략과 컨셉트, 아트워크, 비용, 시간 등이 뒷받침되어야 한다. 이러한 바탕에서 아이디어는 이 모든 것을 연결해주고 하나의 구체적인 표현으로 나타나게 된다.

이러한 아이디어가 갑자기 떠오르거나 하늘에서 떨어지는 것은 아니다. 아이디어 발상에도 여러 단계가 있으며 실질적으로 아이디어를 구체화하기 위해서는 많은 준비가 필요하다.

2) 아이디어 발상

아이디어 발상에서 가장 중요한 것이 광고 제품에 대한 충분한 자료를 축적하는 일이다. 모든 일이 그렇지만 기본적인 바탕을 튼튼히 해야 뭔가 새로운 것을 생각해 낼 수 있다. 접근 가능한 많은 경로를 통해 자료를 수집한 이후에는 머리 속에서 수집된 자료를 섞어 다양한 연결 고리를 찾아보는 작업이 진행된다. 이때 아이디어에 집착하지 말고 생각에서 떨어져 머리를 비워보는 작업도 중요하다. 이럴 경우 기존에 수집된 자료가 머리 속에서 융합되거나 상승작용을 일으켜 광고물에 사용할 수 있는 독특한 아이디어가 생산되는 경우가 많다. 아이디어 발상에 있어 실무적으로 많이 사용되는 첫 단계는 브레인 스토밍이라 할 수 있다.

(1) 브레인 스토밍

브레인 스토밍은 참가자들의 다양한 생각을 모두 쏟아내는 작업이다. 여기에서는 남이 내놓은 아이디어에 대한 비판은 수용되지 않는다. 어떠한 생각도 환영 받게 되고 남이 내놓은 생각을 기반으로 새로운 아이디어를 더하는 작업도 중요하다. 브레인 스토밍의 경우 아이디어를 양적으로 풍부하게 하는 것이 중요하며 다양한 아이디어가 나올수록 실제 활용할 수 있는 아이디어를 얻기 쉬워진다.

(2) 아이디어 발상법

성공적인 아이디어를 구체화하기 위해서는 기존의 생각에서 떨어져 새로운 시각으로 사물을 바라보는 것이 중요하다. 이는 기존의 생각을 다른 방식으로 생각해보고 변형해보거나 바꾸거나 뒤집는 역발상이 필요하다는 의미이다. 또한 해당 아이디어를 축소해보기도 하고 확대해 보기도 하는 등 다양한 접근이 필요하다.

아이디어 발상에서 고려해야 할 또 한 가지는 주위 환경으로부터 방해 받지 않아야 한다는 것이다. 일상에서 탈피하여 자기만의 시간을 가지는 것이 필요할 경우도 있다. 또한 생각이 막히면 잠시 쉬기도 하고 처음부터 다시 시작하기도 하고 같이 일하는 팀원들과 의논하는 것도 중요한 요인이다.

3. 크리에이티브 고려 요인

1) 광고 규제

광고 크리에이티브를 표현할 때 광고 제작자의 입장에서 모든 아이디어가 현실화될 수 있는 것은 아니다. 여기에는 비용적으로 감당하기 힘든 아이디어가 있을 수 있고 현재의 영상 기술로 표현하기 힘든 경우도 있다. 특히, 광고 표현에 있어 일반적으로 적용되는 규제에 주의할 필요가 있다. 먼저 광고하는 제품 자체에 대한 규제이다. 모든 제품이나 브랜드가 TV에 광고를 할 수 있는 것은 아니다. 현재 국내에서는 17도 이상의 술은 TV광고를 할 수 없으며, 담배의 경우 TV광고 집행이 불가능한 것은 물론 인쇄광고에서도 많은 제한을 받는다. 맥주와 같은 저알콜 제품도 저녁 10시 이후 늦은 시간에 TV광고를 집행할 수 있을 뿐이다. 또한 젖병이나 아이들이 사용하는 젖꼭지 제품과 전문의약품도 광고에 많은 규제를 받는다. 광고에 등장하는 모델에 있어서도 어린이 모델을 제품 설명에 자유롭게 이용하기 힘들고 PPL (Product Placement)과 가상광고와 같은 간접광고도 기본적으로는 지상파에서 허용되지만 TV프로그램 장르에 대한 제약과 광고의 크기에 대한 제약을 받게 된다.

또한, IPTV나 디지털 케이블과 같은 뉴미디어의 경우도 상호작용 광고를 집행하는 데 광고물의 형태와 제시 화면, 크기 등에 규제를 받는다. 헌법재판소 판결에 의해 TV광고에 대한 사전 심의는 폐지가 되었지만 여전히 광고에 대한 규제가 자율적으로 또는 광고집행 사후의 개념으로 존재하기 때문에 이러한 규제에 대한 이해가 필수적이고 광고 크리에이티브 전략 수립에 있어 고려하여야 하는 중요한 요인이다.

2) 기타 크리에이티브 요소

광고 크리에이티브에 있어 컬러도 중요한 요소로 볼 수 있다. LG의 경우 소비자 조사를 해보면 따뜻한 이미지를 연상시키고 삼성의 경우 첨단의 이미지를 가지는 경우를 종종 볼 수 있는데 이는 해당 기업이 주로 빨간색과 파란색를 핵심적인 기업 컬러로 사용하여 그에 따른 이미지 효과로 볼 수 있다. 이러한 기업의 브랜드 컬러는 그 범위를 확장하여 일반적인 광고 표현에도 아이덴티티의 동일성 측면에서 많이 사용하게 되어 기업의 이미지에 적지 않은 영향을 미치게 된다. 또한 광고물의 카피 글자체가 하나의 크리에이티브 요소로 기능할 수 있다. 일반적으로 카피는 광고에 있어 정보 전달을 목적으로 이용되지만 글자체가 하나의 비주얼 요소로 광고물의 디자인에 영향을 미치는 경우가 많기 때문이다. 따라서 광고에 따라서는 카피로만 이루어진 광고가 멋진 비주얼을 이루는 경우가 많고 소비자의 긍정적인 반응을 얻기도 한다.

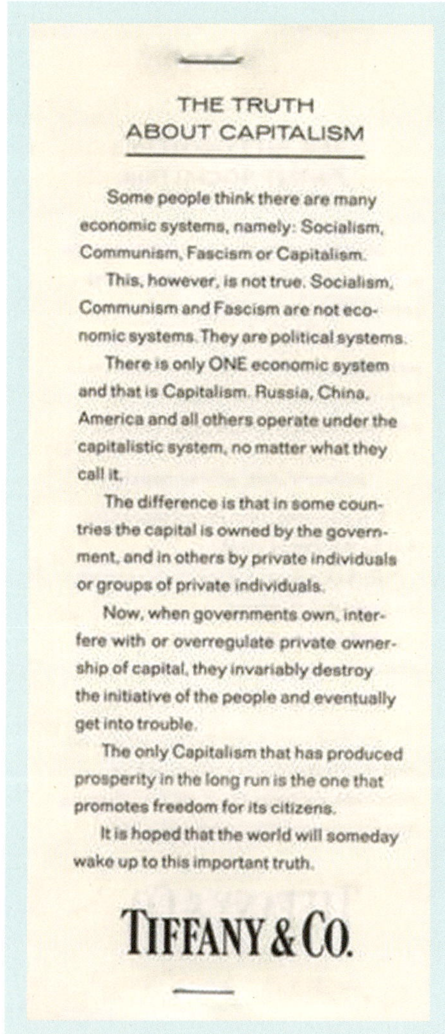

그림 10.3 카피로만 이루어진 티파니 광고

4. 광고 기획

광고제작에는 여러 분야에서 많은 인력이 투입되게 되며 참여인력 간의 조화가 절대적으로 중요하다. 흔히 오해하는 것이 아이디어 하나만으로 광고가 완성된다는 생각이다. 물론 아이디어가 광고제작에서 중요하지만 그 이전에 아이디어를 끌어내는 전략적인 준비가 선행되어야 한다. 먼저 광고를 제작하기 위해서는 기본적으로 기획 단계가 필요하다. 광고주로부터의 요구를 정리하여 광고주가 해결해야 할 문제점을 파악한 후 기획에 들어가게 된다. 기획단계에서 광고목표와 컨셉트가 결정되면 메시지 크리에이티브 표현을 포함한 광고 제작 단계가 뒤따르게 된다.

기획이란 광고를 제작하기 위한 기본적인 토대를 세우는 작업으로 기획 단계에 문제가 생기게 되면 좋은 광고물을 제작하기는 불가능하게 된다. 물론 뛰어난 크리에이티브 아이디어를 시작으로 기획 방향을 설정하여 광고물을 제작하는 경우와 같이 종종 거꾸로 광고 제작 작업이 이루어지는 때도 있는 것이 사실이다. 하지만 광고주의 요구에 부합하고 소비자의 입장에서 전략적인 성공을 기대하기 위해서는 기획작업이 선행되는 것이 일반적인 광고제작 단계이다.

1) 기획의 정의

기획이라는 단어를 일상생활에서 많이 사용하지만 그 단어에 대한 정확한 정의를 하기는 쉽지 않다. 일반적으로 기획은 "어떤 문제를 해결하기 위해 필요한 활동의 이미지를 만들어 제안하는 것, 즉 어떤 목표를 설정하고 그 목표를 실현하기 위해 필요한 창조적 사고, 논리적 사고, 현실적 사고의 3요소를 유기적으로 결합시키는 활동"으로 정의 가능하다.

기획이라는 단어와 함께 사용되는 계획이라는 단어는 그 의미에 있어 구분이 필요하다. 계획은 일의 내용이나 체계가 일정부분 결정되어 있어 그것을 어떻게 실시해야 할지를 고민하는 경우에 주로 사용하게 된다. 예를 들어 광고 제작 후 매체 집행에 있어서는 기획이라는 단어를 사용하지 않고 매체계획이라고 표현한다. 반면 기획은 일의 내용 그 자체를 크게 결정해 가는 경우를 지칭하는 것이 일반적이다. 따라서 기획은 무엇을 할까에 중점을 두고, 계획은 어떻게 할까에 중점을 두는 경우가 많다.

2) 광고 기획 과정

광고를 기획한다고 할 때 몇 가지 단계를 거치게 된다. 여기에는 크게 문제설정, 문제파악, 목표설정, 문제해결, 종합평가의 단계로 구분할 수 있다. 문제설정 단계는 광고에서 다루어야 할 문제들을 확실히 규정하는 단계라고 할 수 있다. 문제파악 단계에서는 주어진 자료를 바탕으로 사실을 철저히 파악하고 분석하는 작업이 필요하다. 이러한 작업을 바탕으로 목표를 세우게 되는데 목표라는 것은 문제를 해결해야 할 방향을 제시해 주게 된다. 그 다

표 10.2 광고 기획 단계

단계	내용	결과물
상황분석	시장, 제품, 소비자, 경쟁사 분석	문제점과 기회 도출
기본전략	목표, Target, Concept	광고 방향 설정
표현전략	크리에이티브 목표, 크리에이티브 Target, 크리에이티브 Concept	제작 가이드라인
매체전략	매체 목표, 전략/전술	매체 집행 가이드라인

음 문제해결 단계로 문제해결을 위한 아이디어 발상과 그 아이디어를 구체화하는 작업이 필요하게 된다. 마지막으로 종합평가를 하여 최종안을 확정하게 된다.

이러한 기획 과정에서 전략적인 측면으로 접근하면 상황분석, 기본전략, 표현전략, 매체전략으로 구분 가능하다. 상황분석에는 시장분석, 제품분석, 경쟁사 분석이 포함된다. 이러한 상황분석 과정을 거치면서 회사나 브랜드의 문제점과 기회요인을 알 수 있게 된다. 그 다음 광고를 통해 문제를 해결하기 위한 정확한 목표를 설정하는 것이 필요하고 이러한 목표를 바탕으로 기본전략을 수립하게 된다. 기본전략에는 광고의 대상 타깃과 컨셉트 등이 포함된다. 표현전략에는 목표를 달성하기 위해 수립된 목표 소비자와 컨셉트를 바탕으로 어떤 표현을 사용할지를 결정하는 표현전략이 필요하다. 이후 제작된 크리에이티브를 바탕으로 효과적인 메시지 전달을 위한 매체를 선정하는 매체전략이 필요하게 된다.

5. 광고의 제작 단계

광고를 제작하기 위해서는 몇 가지 단계를 거치게 된다. 여기에는 크게 광고주 오리엔테이션, 내부회의, 제작, 납품의 단계가 포함된다. 물론 광고 제작을 경쟁 프레젠테이션을 통해 대행사를 선정하여 맡기기도 하고 기존 광고주가 계약된 광고대행사에게 새로운 프로젝트를 맡기기도 한다. 경쟁 프레젠테이션의 경우 기획서를 작성하는 단계가 선행된다는 차이점이 있다. 이러한 두 가지의 경우 프로젝트 시작에 있어 유형의 차이를 보이지만 광고대행사 입장에서 광고를 실질적으로 제작하는 단계에는 큰 차이가 없는 것이 보통이다.

1) 오리엔테이션

오리엔테이션 단계는 광고주가 직접적으로 광고대행사를 불러 프로젝트에 대한 설명을 하는 단계이다. 광고제작을 의뢰한다는 것은 광고주의 입장에서 해결해야 할 문제가 있는 것이 보통이다. 이는 새로운 제품의 출시로 인한 광고의 필요성이 될 수도 있고 기존에 시장에 출시한 제품이 정체를 겪고 있을 경우 해당 제품을 활성화시키기 위한 이유가 될 수도 있다. 광고주의 오리엔테이션을 통해 광고주가 원하는 것이 무엇이고 어떤 문제를 해결해야 할지에 대한 전략적 판단을 할 수 있게 된다.

2) 내부 회의

주로 광고주 오리엔테이션은 기획팀에서 참가하게 된다. 하지만 광고 제작에서 기획의 역할이 중요하긴 하지만 다양한 부서가 관련되는 복잡한 작업이다. 따라서 광고주의 요구 사항과 문제점에 대한 이해를 바탕으로 광고대행사 내부 회의가 필요하게 된다. 여기에는 마케팅팀, 제작팀, 매체팀 등 다양한 부서에서 참여하게 되며 프로젝트의 성격에 따라 참여하는 부서는 차이를 보이게 된다. 회의의 효율화와 내부적인 이해를 돕기 위해 AD 브리프가 사용된다.

• MEDIA BRIEF

기획팀	담당자 (인) 작성일 199 . . .
광고주	요청일 199 . . .
건명	
제품정보	
마케팅 목표	
경쟁상황	M/S 현황 주요경쟁자
영업자료	매출특성 지리적특성
제품타깃	
광고목표	
광고타깃	DEMO LIFE STYLE 제품이용/태도
표현전략	
제안매체	TV( ) 라디오( ) 신문( ) 잡지( ) 기타
매체예산	원
광고기간	199 . . . ~ 199 . . . (개월)
기타사항	

그림 10.4 애드브리프 예

3) 제작

내부적으로 프로젝트에 대한 이해와 광고주 요구사항과 같은 핵심적인 내용 공유가 끝나게 되면 실질적인 제작에 들어가게 된다. 제작에 관여하는 직종은 카피라이터, 그래픽 디자이너, PD 등과 같은 제작팀이 맡게 된다. 광고물이 방송광고인지 인쇄광고인지 또는 이벤트 기획과 같은 BTL 마케팅 커뮤니케이션인지에 따라 다양한 부서가 참가하며 제작단계는 광고 결과물을 도출하는 핵심적인 과정이다.

4) 납품

광고제작이 끝나면 광고주에게 광고물을 납품하게 된다. 납품하는 형태는 다양하지만 방송광고의 경우 제작된 광고물을 시사하게 되고 인쇄광고의 경우 시안을 광고주에게 프레젠테이션 하게 된다. 이벤트와 같은 BTL 마케팅 커뮤니케이션의 경우 기획안 만으로 보고하는 경우도 있다.

6. ATL 광고 제작

광고라고 표현되는 마케팅 커뮤니케이션에는 크게 ATL과 BTL로 구분할 수 있고 제작에 있어서도 ATL과 BTL은 차이를 보이게 된다. 먼저 방송광고와 인쇄광고로 대표되는 ATL 광고 제작에 대해 이야기를 하기로 한다.

1) 방송광고 제작

방송광고는 기본적으로 지상파 TV광고와 라디오광고로 구분되는 것이 일반적이다. 하지만 미디어가 다양해지고 영상물을 집행할 수 있는 매체가 많아지면서 영상물 광고라는 측면에서 바라보면 IPTV광고, 극장광고, 인터넷 동영상 광고, 옥외 전광판 광고 등이 영상물 광고에 포함될 수 있고 영상물의 형식적인 측면에서 3D광고도 주목을 받고 있는 영상물 형식이라 할 수 있다.

(1) TV광고

TV광고의 제작 단계는 먼저 콘티 결정, 사전 제작단계(pre-production), 촬영, 사후 제작단계(post production), 그리고 시사 및 on-air를 하게 된다. 콘티를 결정하기 위해서는 먼저 제작팀과의 오리엔테이션이 필요하다. 제작팀과의 원활한 커뮤니케이션을 위해 AD브리프나 크리에이티브 브리프가 필요하고 아이디에이션을 통해 최종안을 결정하게 된다.

최종안은 주로 컬러 스토리보드를 사용하게 되는데 애니매틱이나 포토매틱의 형태로 제시하기도 한다. 물론 완성도를 높이기 위해 자료 동영상을 편집하여 이해를 돕기도 한다.

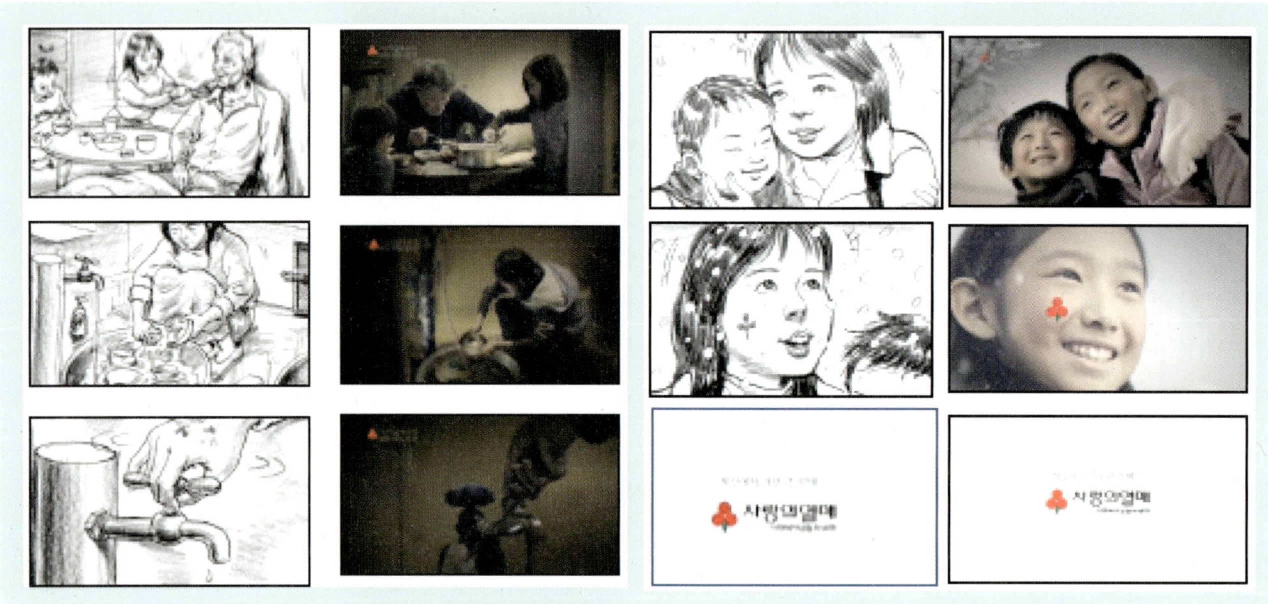

그림 10.5 사랑의 열매 모금 광고의 스토리보드와 촬영 시안 비교

광고대행사가 광고제작에 전반적인 책임을 지고 제작과정을 관리하지만 광고대행사 내부에 실질적인 제작인력을 보유하고 있는 경우는 드물다. 따라서 프로덕션으로 지칭되는 제작회사와의 협업으로 프로젝트를 진행하는 경우가 대부분이다. 방송광고의 제작에 있어 먼저 프로듀서가 감독을 물색하게 된다. 프로듀서는 제작회사의 책임자로 광고대행사의 제작팀 담당자와 커뮤니케이션 창구 역할을 하게 된다. 물론 소규모 프로덕션인 경우 프로듀서 없이 감독이 직접 광고대행사와 커뮤니케이션을 하기도 하지만 체계적인 제작관리를 위해서는 프로듀서의 역할이 중요하다고 할 수 있다. 감독이 결정되면 광고목표, 타깃, 표현전략 등을 전달하고 촬영 콘티를 결정하게 된다. 이 때 촬영콘티를 제작회사 별로 경쟁을 통해 결정하기도 한다. 촬영콘티가 결정되면 촬영에 들어가고 포스트 프로덕션을 통해 광고물을 완성하고 시사 및 on-air의 최종 단계로 넘어간다.

① 광고제작 참여 인력

하나의 광고가 유명해지면 해당 광고를 자신이 만들었다고 하는 사람이 많게는 수십명이 되는 경우가 있다. 이는 광고제작에 참여하는 인력이 그만큼 많다는 것을 의미한다. 먼저 광고를 제작한다고 하면 광고대행사의 제작팀이 핵심적인 역할을 하게 된다. 여기에는 영상 광고를 담당하는 CM플래너가 가장 대표적이다. CM플래너는 광고대행사에서 영상광고를 기획, 관리하는 직종으로 제작물 아이디어 발상과 같은 제작작업의 책임자로서 역할을 하지만 실질적인 현장제작에 참여하지는 않는 것이 보통이다. 예전에는 광고대행사에서도 PD라는 표현을 많이 사용하였지만 현재는 CM플래너를 포함해 다양한 직함으로 불리고 있다. 외주제작업체의 입장에서는 프로듀서와 감독이 제작에 참여하는 대표적인 인력이다. 프로듀서의 역할에는 예산수립 및 집행, 스태프 구성, 일정관리가 포함되고 독립적인 프로듀서를 운영하게 되면 감독은 작품의 연출에만 집중할 수 있는 장점이 있다.

광고제작에 있어 또 하나의 중요한 것이 스태프를 선정하는 일이다. 여기에는 촬영감독, 조명기사, 아트 디렉터, 오디오 프로듀서, 헤어, 메이크업, 스타일리스트 등 다양한 직종의 스태프가 필요하다. 또한 광고 제작시설에는 편집실, 후반 CG작업실, 녹음실 등이 필요하다.

광고를 제작할 때 광고대행사에서는 제작관리팀의 역할이 중요하다. 제작관리팀은 외주제작사의 프로듀서와 일을 진행하게 되며 광고 제작에 필요한 예산관리, 외주 제작처 관리 등의 업무를 하게 된다.

② 촬영

제작인력이 확보되고 콘티가 결정되면 실질적인 광고 촬영에 들어가게 된다. 광고촬영에 있어 PPM (pre production meeting)이 중요하다. PPM은 모든 세세한 부분을 협의하는 중요한 단계로 카메라 이동, 앵글, 필름의 속도, 조명, 소품, 의상, 모델동선, 실제 사용 초수와 같은 광고 촬영 현장에 필요한 모든 사항을 미리 결정하게 된다. 국내의 경우 PPM이 잘 이루어지지 않고 있다. 이는 예산상의 문제도 있고 소규모 제작사의 경우 여러 프로젝트를 동시에 진행하는 경우가 많아 현실적인 어려움이 있기도 하기 때문이다. 광고뿐 아니라 방송 드라마의 경우도 쪽대본으로 촬영하는 경우가 많은데 이 또한 사전 작업이 제대로 진행되지 않아 현장에서 모든 사항을 결정하는 한국적인 분위기를 반영하는 경우라 하겠다.

촬영 현장에서는 효율적인 작업을 위해 감독이 현장을 총지휘하게 된다. 광고대행사나 광고주와의 커뮤니케이션은 독립적인 프로듀서로 창구를 단일화하여 운영된다. 이는 촬영 현장에서 광고주나 광고대행사 담당자가 요구사항을 감독이나 스태프에게 직접적으로 전달할 때 생길 수 있는 진행상의 문제를 최소화하기 위한 것이다. 촬영은 크게 세트 촬영과 로케 촬영으로 나눌 수 있다. 또한 세부적으로 모델 촬영, 제품 촬영, 소스 촬영 등 다양한 작업이 포함된다. 과거 방송 광고는 35 mm 필름으로 촬영하였지만 기술의 발전으로 디지털 촬영이 일반화되어 가고 있다. 디지털 카메라의 성능이 극적으로 향상되고 스마트폰 카메라도 영상 촬영에 크게 문제 없을 정도의 기능을 갖추게 되면서 영상 촬영의 보편화가 이루어져 가고 있다.

③ 포스트 프로덕션

포스트 프로덕션은 촬영이 끝난 이후의 모든 과정을 지칭한다. 여기에는 편집, 컴퓨터 그래픽 작업, 자막작업, 녹음 등이 포함된다. 과거와 같이 필름으로 촬영된 경우 필름방식을 테이프 방식으로 전환하는 과정으로 네가 텔레시네(NTC) 과정이 포함된다. 광고가 필름으로 촬영되기는 하지만 소비자에게 보여지는 광고물이 영화와 같은 필름 방식이 아니라 방송국에서 사용하는 테이프 방식으로 제공되기 때문이다. 현재는 테이프 방식을 많이 사용하지 않고 디지털 파일을 편집하는 방식으로 진행된다.

④ 기타 영상광고

TV에 집행하는 영상광고물이 꼭 촬영을 통해 이루어지는 것은 아니다. 크리에이티브 표현에 따라 애니메이션 형식을 활용하는 경우도 있다. 이때 애니메이션 방송광고의 경우 일반적인 실사 영상광고와는 다르게 제작된다. 애니메이션은 어려운 메시지를 쉽게 전달할 수 있는 장점이 있고 어린이를 대상으로 하는 광고에 효과적인 것으로 알려져 있다. 광고에 활용 가능한 기법으로는 만화, 사진 애니메이션, 스톱모션 애니메이션, 클레이 애니메이션 등이 있다. 애니메이션의 경우 고가의 모델료를 지불할 필요가 없지만 기술적인 완성도를 추구하다 보면 실사광고보다 제작 비용이 더 들 수도 있다.

새로운 미디어가 시장에 등장하고 디바이스의 발전으로 3D광고도 장기적으로 가능성을 가질 수 있다. 현재 극장광고의 경우 3D로 제작한 광고를 극장에서 상영하고 있다. 3D TV는 잠시 인기를 끌다가 사라졌지만 스마트폰을 통한 무안경 3D 방식이 등장하면서 가가능성을 보여주고 있다. 이러한 기술들은 영상 광고 제작에도 많은 변화가 예상되며 제작 단계의 변화뿐 아니라 비용적인 측면에서도 현재와는 다른 상황이 전개될 수도 있다. 더욱 양방향 방송광고가 일반화되면 지금까지의 방송광고 제작방식과는 다른 새로운 크리에이티브와 제작방식이 요구될 수도 있다.

TV광고 외의 인터넷 동영상 광고도 주목할 필요가 있다. 현재 국내에서 소주와 같이 알코올 도수가 높은 술은 TV광고를 할 수 없다. 하지만 소비자 조사를 해보면 국내 소주 브랜드의 TV광고를 보았다는 응답이 많이 나오는 경우를 볼 수 있다. 이는 극장광고와 인터넷 동영상 광고에서 소주 동영상 광고를 본 경험을 TV광고로 혼동하는 경우이다. 더욱 알콜 도수 17도 미만의 소주가 방송 광고를 집행하면서 미디어 전략에도 변화가 생기고 있다.

(2) 라디오 광고

방송광고라고 할 때 TV광고와 함께 라디오광고를 대표적으로 들 수 있다. 다양한 영상 미디어의 등장으로 라디오에 대한 관심이 다소 떨어지는 것은 사실이지만 라디오광고 시장은 꾸준한 성장세를 보이고 있다. 미국에서는 라디오광고를 스팟(Spots)이라고도 표현하기도 한다. 라디오 광고는 영상물 없이 소리만 제공된다는 단점을 가지고 있지만 보이지 않는다는 것이 소비자의 상상력을 자극하여 더 많은 이미지와 메시지를 전달할 수 있다. 무엇보다 라디오광고의 장점은 먼저 TV광고에 비해 제작 비용이 저렴하다는 것이다. 경우에 따라 라디오방송국이 소규모 광고주에게 라디오 광고물을 무료로 제작해주기도 하고 지역 라디오의 경우 생방송으로 아나운서가 라디오광고를 읽어주는 경우도 있다. 크리에이티브 측면에서 라디오 광고는 일반적으로 반복적인 메시지 제시가 많이 이용되며 방송광고라는 특성으로 인해 TV광고를 보조하는 매체로 주로 이용된다.

① 사전제작 단계

라디오광고의 경우도 제작에 있어 먼저 프로듀서를 고용하게 된다. 사내 제작팀에 있는 프로듀서가 역할을 하기도 하고 외부의 프리랜서 프로듀서를 고용하기도 한다. 제작회사와 직접적으로 계약을 하여 제작회사 프로듀서가 관리를 하기도 한다. 프로듀서는 콘티를 토대로 스튜디오를 선정하고 필요 배역을 결정하고 제작 비용관리를 한다.

라디오 광고는 비주얼 표현이 제한적이기 때문에 광고 카피가 절대적인 위력을 발휘하게 된다. 왜냐하면 라디오광고는 카피로만 이루어져 있는 광고라 할 수 있기 때문이다. 따라서 광고모델이 아니라 성우가 중요한 역할을 하며 크리에이티브 표현에 있어 성우의 목소리 톤, 연기력 등이 광고물의 완성도와 성공에 중요한 요인이다. 또한 영상 없이 소리만으로 제작하기 때문에 라디오광고에 사용되는 음악이 무엇보다 중요하다고 할 수 있다. 이때 광고효과를 높이기 위해 기존 곡을 쓸지 새로 작곡을 할지 결정해야 한다. 실질적인 제작단계에서는 라디오 광고도 감독이 가장 중요한 역할을 하며 감독이 녹음을 위한 모든 단계에 참여하며 리허설도 진행한다.

② 제작단계

라디오 광고는 녹음이라는 단계가 TV광고의 촬영과 같은 기능을 한다. 녹음의 질을 담보하기 위해 독립적인 녹음 스튜디오를 이용한다. 스튜디오는 방음벽으로 둘러싸여 있으며 조정실(Control Room)에서 모든 진행 사항을 감독한다. 감독과 음향감독은 성공적인 녹음을 위해 오디오 제어판에서 작업하며 지휘한다.

③ 사후 제작단계

TV광고만큼 다양한 후반기 작업을 거치지는 않지만 라디오광고도 녹음 이후 사후 제작단계를 거치게 된다. 기본적으로 최종 라디오 광고물에서는 여러 차례 녹음하여 가장 좋은 결과물을 사용하게 된다. 또한 광고물의 완성도를 높이기 위해 음악, 음향, 음성을 따로 녹음하여 사후 제작단계에서 믹싱을 하여 최종 마무리한다. 최종 녹음된 것을 마스터 테이프이라 하며 마지막으로 광고집행을 위해 복사본을 라디오 방송국에 보내게 된다. 요즘은 디지털화된 음성 파일로 보내기도 한다.

④ 고려 사항

라디오광고가 TV광고의 보조 역할을 훌륭히 수행하는 것은 맞지만 TV광고를 그대로 라디오로 방송하는 것은 한번 더 생각해 볼 필요가 있다. 이 경우 TV메시지 회상에 보조적인 역할을 하는 장점이 있지만 라디오만의 미디어 특성을 고려한 크리에이티브가 필요한 것도 사실이기 때문이다.

2) 인쇄 광고 제작

인쇄광고에는 크게 신문광고와 잡지광고가 포함되지만 포스터나 전단지와 같은 형태의 광고물도 넓은 범위에서 인쇄광고에 포함된다. 인쇄광고에서는 소리를 표현할 수 없기 때문에 무엇보다 디자인이 중요한 요소라고 할 수 있다. 소비자의 입장에서 잘 만들어진 디자인은 광고 메시지 전달에 도움을 준다. 여기서 카피의 경우도 인쇄광고에서 보면 하나의 디자인적인 요소로 포함되는 것이 일반적이다. 결국 인쇄광고에서는 비주얼적인 표현의 성공에 광고의 효과가 결정된다고 할 수 있으며 마케팅이나 기획과 함께 디자인이 하나의 독립적인 분야를 차지한다.

인쇄광고를 기획할 때 섬네일 스케치, 러프 스케치, 시안 레이아웃, 리뷰보드 등의 과정이 필요하다. 섬네일 스케치는 생각을 자유롭게 시각화한 것으로 작은 규격에 간단한 선으로 아이디어를 단순하게 표현한 것이다. 섬네일 스케치는 정교한 표현이 중요한 것이 아니라 간단히 그려보는 작업이라고 할 수 있다. 섬네일 개수는 아이디어의 개수와 비례하므로 초기 아이디어 발상에서 중요한 부분이다. 러프 스케치는 섬네일 스케치에서 조금 더 나아가 그림으로 표현된 각종 구성요소 간의 유기적인 관계를 고려한 것이다. 아이디어를 실제 사이즈로 표현하거나 같은 비례로 아이디어를 러프하게 구성하는 단계라고 할 수 있다. 러프 스케치는 디자인 가이드라인에 맞게 진행되는지 확인하는 단계이기도 하다. 시안 레이아웃은 광고주에게 제시할 목적으로 제작한 시안이다. 이는 완성된 제작물의 형태로 표현된 것으로 디자인에 있어 마지막 과정이라고 할 수 있다. 마지막으로 리뷰보드는 자체적으로 완성도 여부를 테스트하는 과정이다. 광고대행사 내에 있는 다른 사람들이 또한 전문가라 할 수 있으므로 내부 전문가의 의견을 참고하여 수정 여부를 결정한다.

(1) 신문 광고

신문광고의 제작 준비 단계에서는 제작 스태프 회의, 외주처 선정, 모델 선정 및 섭외, 의상, 세트 및 소품, 촬영 장소 결정 등이 포함된다. 이후 제작 단계에서는 촬영, 타이포그라피, 흑백/칼라 제판, 인쇄, 납품 단계를 거치게 된다.

신문광고는 크게 전면광고, 5단광고, 변형광고로 나눌 수 있다. 따라서 인쇄광고로 제작한 광고물을 게재하는 지면에 맞게 변형하는 것이 중요하다. 특히 중앙일보의 경우 베를리너판으로 변화하여 기존 대판 신문과 사이즈에서 차이가 나기 때문에 변형단계에서 고려할 사항이 추가로 필요하게 된다.

(2) 잡지 광고

신문광고와 함께 인쇄광고를 대표하는 잡지광고는 제작측면에서 다양한 구분이 가능하다. 먼저 크리에이티브 표현 측면에서 흑백광고와 컬러광고로 나눌 수 있다. 기본적으로 광고메시지전략에서 컬러광고가 흑백광고보다 효과적이라고 하지만 잡지광고의 대부분이 컬러광고로 이루어져 있어 흑백광고가 오히려 독자들의 주목을 끄는 효과를 발휘하기도 한다. 또한 잡지 광고에는 접지 광고와 같은 매체의 특성을 활용한 광고 제작이 가능하다. 특히 향수와 같은 제품은 잡지광고에 긁어서 향을 느낄 수 있는 체험적인 광고물 표현도 제공할 수 있다.

7. BTL 광고 제작

방송광고와 인쇄광고의 ATL광고와 달리 BTL광고는 제작에 있어서도 차이를 보이게 된다. 다양한 BTL광고의 제작과정을 살펴보기로 한다.

1) CI (Corporate Identity)

CI는 기업의 이미지를 새롭게 하거나 새로운 기업 이미지가 필요할 경우 제작하게 된다. 보통 로고라고 표현되는 기업 CI의 제작에는 생각보다 돈이 많이 드는 경우가 많다. CI를 제작할 경우 광고대행사의 CI 전담부서에서 제작하게 된다. 보통 프로모션 본부에 CI제작팀이 소속되어 있다. 하지만 CI 제작도 외부 제작회사를 활용하는 경우가 많다. 특히 대기업의 경우 계열광고대행사가 CI 제작 업무를 진행하지만 실질적인 제작은 외국의 유명 CI 제작회사가 담당하는 경우가 많다. 실제로 Landor와 같은 외국 기업은 국내 대기업 CI를 많이 제작하였다.

CI를 제작하기 위해서는 먼저 기업의 사명과 비전과 같은 추상적인 개념을 디자인으로 구체화하는 작업이 필요하다. 디자인으로 구체화하기 위해서는 기본적으로 메인 컬러와 글자체 등을 선택해야 한다. 특히 컬러는 기업의 이미지를 결정하는데 많은 영향을 미친다. 〈그림 10.6〉에서 보듯 로고의 경우도 글자체를 모티프로 제작하는 경우와 추상적인 이미지를 모티프로 하는 경우 등으로 구분할 수 있다. 베이직 디자인에는 로고의 가로형 조합, 세로형 조합, 국문, 영문 등의 기본 디자인이 포함된다. 베이직 디자인이 끝나면 향후 적용할 다양한 서식에 사용할 응용 디자인을 제작하게 된다. 여기에는 명함, 회사의 서류 양식, 사원증과 같은 양식에 CI를 적용한 디자인 가이드라인이 포함된다. 모든 디자인이 완성되면 CI 매뉴얼이라는 형태의 책자로 납품된다.

그림 10.6 CI의 분류

아래 〈그림 10.7〉은 LG가 계열 분리를 하여 GS와 LS라는 새로운 회사가 출범하면서 기업의 CI를 새로 만든 사례를 보여준다. 2021년에는 LX가 추가로 분사하였다.

2) 세일즈 프로모션(sales promotion)

흔히 SP라고 표현되는 세일즈 프로모션은 쿠폰이나 POP(Point-of-purchase)와 같은 형태가 대표적이다. 쿠폰광고는 기본적으로 인쇄광고 제작과 같은 제작단계를 거치게 된다. 아이디어를 통해 메시지가 결정되면 메시지를 소비자에게 효과적으로 전달할 수 있는 디자인과 카피를 구성하고 디자인으로 완성하게 된다. POP의 경우 현장 설치 제작물이라는 점

그림 10.7 계열분리로 인한 CI개발

에서 인쇄 디자인과 함께 설치에 필요한 조형적인 디자인도 요구된다.

구체적으로 쿠폰은 소비자가 받을 수 있는 혜택을 명시적으로 표현하는 것이 중요하고 POP는 소비자의 시선을 끌 수 있는 디자인이 중요하다. 특히 SP는 구매현장에서 주로 사용되는 경우가 많아 매장의 분위기와의 연관성에도 주의하여야 한다.

3) 이벤트

이벤트는 광고주가 소비자와 직접적으로 접촉을 추구할 수 있는 마케팅 커뮤니케이션 도구이다. 따라서 이벤트 제작에 있어 소비자의 체험을 극대화할 수 있는 기획과 제작이 필요하다.

(1) 기획

이벤트의 경우도 광고주의 오리엔테이션을 시작으로 프로젝트가 진행된다. 광고주의 요구를 이해하고 광고대행사 내부 회의를 거치게 된다. 이벤트 기획의 경우 광고대행사의 프로모션팀이나 이벤트팀이 담당하게 된다. 소규모 광고대행사의 경우 ATL광고 기획팀에서 진행하기도 하지만 규모가 큰 광고대행사에는 이벤트 기획팀, 제작팀이

그림 10.8 코카콜라 초대형 자판기 이벤트 마케팅

그림 10.9 2018 평창 올림픽 개막식 무대

별도로 운영되는 것이 보통이다. 이벤트 기획에 있어서도 ATL광고 기획과 마찬가지로 이벤트의 목표와 타깃 소비자 등을 확정한 이벤트 아이템을 결정하여야 한다. 이벤트 아이템이 결정되면 해당 이벤트를 구현하기 위한 아이디어회의를 거쳐 실질적인 제작에 들어간다.

(2) 제작

이벤트는 기획 작업을 통해 완성된 안을 바탕으로 현장 제작을 한다. 단순한 프로모션 이벤트의 경우 현장 진행요원의 유니폼, 경품, 홍보물을 제작하는데 그치게 되지만 규모가 큰 이벤트는 공연제작과 같은 여러 단계를 거치게 되고 제작팀의 입장에서 챙겨할 사항들도 많다. 이벤트의 성격에 따라 상당한 규모의 무대가 필요한 경우도 있고 복잡한 조명이 필요한 경우도 있다. 또한 특수효과를 사전에 세팅해야 하는 경우는 더욱 복잡해진다. 음향장치도 필요하고 안정적인 전기공급을 위해 발전차가 동원되기도 한다. 무대에 영상장치가 들어가는 경우는 촬영장비도 구비하여야 한다.

하드웨어적인 측면과 함께 출연진 관리도 필수적이며 이러한 모든 것을 이벤트 행사 당시에 실수가 없게 하기 위해 사전에 제작, 준비하여야 한다. 특히 이벤트 행사에 광고주 VIP가 참석하게 되면 광고주 입장에서 신경을 많이 쓰기 때문에 현장 제작에 투입되는 노력이 더욱 가중될 수 있다.

(3) 연출

한번 제작한 후 매체에 반복적으로 집행하는 ATL광고와 달리 이벤트는 현장에서 소비자와 함께 직접 집행된다. 따라서 연출이라는 요소가 무엇보다 중요하다. 소비자가 이벤트에 참여하여 만족을 얻고 대상 브랜드에 대한 직접적인 경험을 제공하기 위해 연출 요인에 노력을 많이 기울여야 한다. 이벤트는 그 속성상 생방송으로 진행하는 프로그램이라 할 수 있다. 따라서 연출은 사전 리허설을 반복적으로 진행하는 등 현장에서의 실수를 최소화하기 위한 노력이 필요하다.

(4) 운영

이벤트에 있어 운영은 연출과는 다른 개념이다. 연출은 하나의 완성된 큐시트 상에서 진행되는 반면 운영은 한번의 공연이 아니라 이벤트가 안정적으로 지속될 수 있도록 전반적인 관리를 하는 것이다. 따라서 운영 계획을 철저히 세우는 것이 중요하고 운영 매뉴얼을 제작하여 돌발적인 상황에 대처할 수 있는 운영 시스템을 갖추는 것이 필요하다. 엑스포와 같은 대형 이벤트는 수개월에 걸쳐 진행되므로 장기간에 걸친 행사에서 발생할 수 있는 문제점을 확인하여 원활한 행사 진행을 위한 운영 전략이 중요하다.

4) 전시

전시는 광고주의 제품을 전시관에 표현하여 소비자 혹은 구매자에게 정보를 제공하는 것이다. 전시는 이벤트와 같이 분류되기도 하고 전시의 성격에 따라 이벤트와 구분하기 힘든 경우도 있지만 전시공간 내에서의 실질적인 제작에 있어 이벤트와는 차이를 보인다.

그림 10.10 디트로이트 모터쇼 기아자동차

(1) 공간 확정

전시회에 자사의 기업 부스의 위치를 확정하는 것이 그 시작이다. 공간의 크기에 따라 투자되는 비용에 많은 차이가 날 뿐 아니라 제작에도 영향을 미친다. 또한 관람객의 이동 동선에 따라 같은 크기의 전시 공간이라도 전시회 당시의 홍보 효과는 달라지게 된다.

(2) 도면 및 시안

대기업의 경우 독립적인 공간을 부여 받아 직접 설계, 시공하는 경우가 보편적이지만 전시의 성격에 따라 소규모 기업들이 부스를 신청하여 부스 크기에 맞게 전시 공간을 디자인하기도 한다. 전시규모가 큰 경우는 건축적인 설계가 필요하기도 하고 디자인적인 표현도 필요하다. 광고대행사의 전시팀 담당자의 경우 건축학과 출신이 있는 경우도 있다. 전시 시안의 경우는 주로 3D로 디자인하여 광고주에게 승낙을 받는다.

(3) 제작

보통 광고대행사가 제작에 참여하거나 독립 전시업체가 시공하기도 한다. 광고대행사의 경우 제작 인력을 보유하는 경우가 없어 전시업체에 발주를 하게 된다. 전시의 경우도 중간에 수정이 생기게 되면 전시일정에 맞추기 위해 밤샘 공사를 하기도 한다.

(4) 운영

전시 제작이 끝나면 현장 운영이 시작된다. 운영요원이 따로 배정되어 전시물 관리와 전시 시설 내에서 이루어지는 소규모 이벤트를 진행하기도 한다. 모터쇼와 같은 경우 운영에 있어 제품에 대한 설명을 하는 나레이터 모델의 역할이 중요하다.

5) 스폰서십/PPL

스폰서십은 이벤트를 대상으로 참여하는 경우와 방송 프로그램이나 영화에 스폰서하는 경우로 나눌 수 있다. 전자는 후원이라 지칭하며 후자는 PPL이라는 용어를 주로 사용한다. 이벤트 스폰서십의 경우 이벤트 주관사와 계약을 체결하여 휘장이나 문구의 사용 권리를 부여받는다. 스폰서 자체에도 많은 비용이 들지만 획득한 권리를 소비자 대상으로 커뮤니케이션하는 것이 더욱 중요함으로 이에 따른 전략을 수립하여 집행하는 노력이 필요하다.

PPL의 경우 방송사 혹은 제작사와의 협의 하에 진행한다. 현재 한국방송광고진흥공사에서 방송 PPL을 대행하고 있고 다른 전문적인 PPL 대행사들도 많이 활동하고 있다. 방송 프로그램의 경우 가상광고가 활성화되면서 PPL도 보다 다양한 형식으로 진화하고 있다. 영화의 경우는 제작사와 협의 하에 다소 탄력적으로 운영 가능하다. 최근에는 개인방송을 진행하는 유튜버 콘텐츠에 PPL 참여가 늘어나면서 과거와는 다른 콜라보레이션이 이루어지고 새로운 방식의 PPL이 집행되는 추세이다.

PPL은 제품이나 브랜드가 표현되는 방식에 있어 하나의 사물로 등장하는 경우와 줄거리와 연관되어 중요하게 등장하는 경우, 그리고 주인공의 대사에 포함시키는 경우 등으로 구분이 가능하다. 단순하게 소품으로 등장하는 경우 크리에이티브 배치(creative

▲ 크리에이티브 배치

▲ 온셋 배치

그림 10.11 PPL 유형

placement)라 하고 줄거리에 관여되는 경우 온셋 배치(on-set placement)로 구분한다. 예를 들어 '태양의 후예'에서 홍삼 제품을 먹는 모습을 보여주는 경우 단순한 제품이 등장하는 크리에이티브 배치로 볼 수 있다. 반면, 미국 시트콤인 '프렌즈'에서 특정한 가구점에 대해 상당한 시간을 두고 이야기를 하는 경우 온셋 매치로 볼 수 있다. 이러한 맥락적인 면에서 다양한 표현 방법이 있으므로 제작 전 협의가 무엇보다 중요하다.

그림 10.12 타임스퀘어 전광판

6) 옥외 광고

일반 옥외광고의 경우는 인쇄광고 제작과 크게 차이가 나지는 않는다. 광고전략에 따른 크리에이티브 요소를 활용하여 정지화면에 표현하는 것이기 때문이다. 크기가 일반 인쇄광고에 비해 크고 노출되는 거리가 멀다는 점이 제작에 고려하여야 할 사항이다. 하지만 전광판이나 동영상 디지털 사이니지 광고의 경우 동영상 집행이 가능하기 때문에 방송광고 제작과 같은 단계를 거쳐야 한다. 물론 기존 방송광고물을 편집하여 전광판에 집행할 수도 있지만 화면크기가 크고 소리를 넣을 수 없다는 점과 주목율이 높지 않다는 점을 고려한 제작 가이드라인이 필요하다. 따라서 글자 크기가 커야 하고 너무 많은 정보를 담는 것은 곤란하다. 또한 옥외광고는 청소, 형광등 교체 등의 유지 관리라는 작업이 필요하다. 디지털 사이니지가 보급되면서 소비자의 양방향으로 커뮤니케이션이 가능한 디지털 옥외광고도 집행되고 있다.

7) 뉴미디어 광고

(1) 인터넷

인터넷광고는 배너, 검색 등으로 제작할 경우는 기존 광고제작과 크게 차이가 나지는 않는다. 배너광고의 경우 웹상에 존재하는 수많은 광고 메시지와 경쟁하며 주목을 끌기 위한 아이디어가 필요하고 검색광고의 경우 결과물의 상위에 노출시키기 위해서는 비용 지출이 필요하다. 현재 인터넷 광고의 경우도 소셜 미디어가 발전하고 인터넷과 모바일이 융합하면서 인터넷광고 제작도 예전과는 다른 변화가 요구된다. 특히, 인공지능 기술이 도입되면서 세분화된 타켓팅이 가능하고 리타겟광고 집행되는 등 기술을 활용한 인터넷 광고 제작이 일반화되어 가고 있다. 인터넷 광고는 페이지에 게제되는 광고량도 많고 표현에 있어 선정성과 같은 문제가 제기되는 경우가 많아 제작에 있어 주의가 요구된다.

(2) 모바일

과거 모바일 광고는 SMS와 MMS서비스로 시작되었지만 이제는 스마트폰이 보급되고 소비자들의 모바일 활용이 높아지면서 기존 인터넷광고 형식은 물론 영상을 포괄하는 광고 제작 전략이 필요하게 되었다. 현재 스마트폰은 인터넷 검색은 물론 영상물 시청과 같은 복합적인 기능이 모두 구현가능하기 때문에 영상물 광고 매체로서도 그 가능성을 인정받고 있다. 따라서 장기적으로 모바일 광고를 제작한다는 것은 기존 미디어에 집행되던 다양한 광고가 융합된 형태를 개발하는 것일 수 있다. 특히 애플리케이션 자체가 광고물이 될 수 있는 모바일 환경에서 기술을 결합한 광고 제작이 보편화할 수도 있다.

(3) 양방향 TV

IPTV의 등장과 케이블TV의 디지털화가 진행되면서 현재 TV는 기존의 일방향 매체에서 양방향 매체로 빠르게 진화하고 있다. 따라서 기존의 단순 영상광고물을 제작하여 집행하는 것이 현실적으로 어려워지는 현실이다. 이러한 양방향 매체가 보편화되면 광고제작에도 변화가 필요하다. 크리에이티브한 아이디어를 단순히 영상으로 구현하는 것이 아니라 시청자 혹은 소비자가 리모컨 버튼을 눌러 새로운 정보를 요구하게 만드는 전략이 필요하다. 이는 기존 인터넷광고에서 유저의 클릭을 유도하는 것과 유사한 개념으로 방송광고 제작자의 입장에서 미디어 기술에 대한 이해를 필요로 하는 것이다. 물론 방송광고라는 기본적인 특성상 영상물 형태의 광고제작은 필수적이지만 그외에 시청자들과 상호작용할 수 있는 크리에이티브를 함께 고민하여야 한다는 것이다.

광고 조사와 효과 측정

1. 광고 효과

2. 광고 조사

3. 광고 조사의 유형

4. 광고 조사의 실행

11

도입사례

"코리아 주세요"…BTS 인기, 맥도날드도 감탄했다

기사 주소: https://www.mk.co.kr/news/business/view/2021/06/568355/

맥도날드 60여 년만에 로고색도 바꿔
햇빛에 빈 포장지 말려 수만 원에 판매

"코리아"라고만 외쳐도 BTS세트 주문
'케이준 소스' 한글 전세계 간접 홍보

"정말 오랫동안 맥너겟을 먹지 않았는데, BTS 때문에 다시 먹게 돼 흥분됩니다."

한 해외 방탄소년단(BTS) 팬 유튜버가 맥도날드 BTS세트를 구매하고 난뒤 보인 반응이다. 지난달 27일부터 전세계 50개국에서 판매되고 있는 맥도날드 BTS세트는 돌풍을 일으키며 일부 국가에서 품귀 현상까지 빚고 있다. 맥도날드는 광고료로 100억 원을 지불했을 것으로 추정된다. 광고료 이상의 가치인 'BTS 프리미엄'을 얻기 위한 광고 경쟁도 점점 치열해지고 있다.

▲ 9일(현지시간) 인도네시아 보고르의 한 맥도날드 매장에 BTS 세트를 픽업하려는 배달원들이 줄을 서있다. [AFP = 연합뉴스]

▶ 전세계 보랏빛으로 물들어

맥도날드는 지난해 미국에서 '셀레브리티 시그니처 메뉴 프로그램'을 시작하면서 유명인과 협업을 시작했다.

마이클 조던과 힙합 가수 트래비스 스콧 등이 모델로 기용됐지만, 판매는 미국 내로만 제한됐다.

즉 맥도날드가 전세계 6개 대륙, 50여 개국에 동일한 메뉴를 출시한 건 이번 BTS와의 협업이 처음이다. 이를 위해 맥도날드는 1955년 창업 후 66년간 고집했던 시그니처 컬러

빨간색을 버리고 BTS의 상징인 보라색으로 교체하기도 했다.

결과는 대박이었다.

AFP통신에 따르면 인도네시아에서는 BTS세트 판매 첫날인 지난 9일(현지시간)팬들과 배달원 수십명이 몰리면서 일부 매장이 폐쇄되는 사태가 벌어졌다. 신종 코로나바이러스 감염증(코로나19) 사태로 외출을 꺼려하는 팬들이 그랩 등 배달 애플리케이션(앱)을 통해 BTS세트를 주문한 것. 한 라이더는 BTS세트를 받아들고 환호성을 지르기도 했다.

일본과 중국, 프랑스 등 BTS세트 미출시 국가에서는 빈 포장지까지 팔린다.

한 국내 판매자가 43달러(한화 4만 8000원)에 내놓은 BTS 종이백과 너겟 박스, 일회용컵, 소스 세트는 총 37개가 거래됐다. 기름이 묻어있는 너겟 박스와 방탄소년단의 초성인 'ㅂㅌㅅㄴㄷ'이 프린팅돼있는 크루 티셔츠는 각각 15달러, 30달러에 올라와있다.

가디언 등 외신에 따르면 유명 캐릭터 어몽어스를 닮은 BTS밀 맥너겟은 약 10만 달러(1억 1000만 원)에 팔렸다. 한 싱가포르 팬이 BTS세트 빈 포장지를 팔기 위해 햇빛에 말리는 사진도 화제가 됐다.

▶ 껌 맥주 광고 러브콜 이어져

맥도날드는 BTS 모델 기용으로 상상 이상의 광고 효과를 얻었을 것으로 보인다.

유튜브 통계분석 사이트 녹스인플루언서에 따르면 1년간 40만 명에 머물러있던 맥도날드 유튜브 채널 구독자 수는 BTS세트 광고 영상 업로드날인 지난달 26일을 기점으로 50만 명을 넘겼다.

현재는 약 55만 명으로, 2주만에 5만 명이 구독을 눌렀다. BTS 광고 영상 조회수는 316만회에 달한다.

한국맥도날드의 경우 'BTS 보유국'으로 지위가 높아졌다는 분석이다.

실제 BTS세트에 포함된 맥너겟 스위트칠리와 케이준 소스는 한국맥도날드가 개발한 것이다.

맥도날드에 따르면 BTS 세트가 출시된 후 이달 3일까지 국내 맥너겟 하루 평균 판매량은 전월 동기간대비 283%나 증가했다.

또 소스와 크루 티셔츠는 한글로 디자인돼 간접 홍보도 기대된다. 한 필리핀 유튜버는 맥도날드 드라이브 스루에서 "코리아(Korea)"라고만 외쳐도 BTS 세트가 자동으로 주문된다고 소개하기도 했다.

'BTS 프리미엄'을 기대하는 광고주들은 끊임없이 러브콜을 보내고 있다.

글로벌 브랜드 코카콜라는 이미 2018년에 BTS를 모델로 기용하고 스페셜 패키지를 출시한 바 있다. 최근에는 롯데제과와 롯데칠성음료가 각각 '자일리톨'과 맥주 '클라우드' 모델로 BTS를 발탁했다.

출처: 매일경제, 신미진 기자(2021.06.12.) ■

1. 광고 효과

광고는 일상생활에서 대화의 소재로 사용되는 경우가 종종 있다. 특정 광고에 대해서 이야기를 나누는 상황에서 주로 어떤 광고가 좋거나 재미있다는 이야기가 나오던가 반대로 어떤 광고는 그저 그렇거나 혹은 마음에 들지 않는다와 같은 이야기를 하면서 특정 광고에 대해서 자연스럽게 평가를 내리는 경우가 많다. 이처럼 사람들이 광고에 대해서 나타내는 긍정적이거나 혹은 부정적인 반응은 자신이 생각하고 있는 광고에 대한 임의적인 기준에 따라 특정 광고가 그러한 기준을 충족하였는지 여부를 판단하고 그 결과에 따라서 해당 광고에 대한 반응을 보이는 것으로 해석할 수 있다. 이 과정에서 사람들이 광고에 대해서 평가를 내리는 기준은 "광고 아이디어가 기발했는지", "광고가 제품에 대한 정보를 효과적으로 알려주었는지", "광고 모델이 제품과 잘 맞는지"등과 같이 매우 주관적이고 다양한 관점에 따라서 형성될 수 있다. 소비자 개인이 특정 광고를 보거나 듣고 나서 평가를 하는 것과 마찬가지로 실제로 광고를 집행하는 광고주와 광고 대행사 또한 광고에 대한 평가를 진행한다. 광고주 입장에서는 자사의 제품이나 서비스를 광고하기 위해서 대행사를 선정하거나 본격적으로 광고를 집행하기 전에 기대했던 결과에 맞추어 광고 집행 이후 실제 어떤 결과를 거두었는지에 따라서 광고를 평가하게 된다. 한편 광고 대행사는 광고주에게 경쟁 프레젠테이션에서나 광고를 집행하기 전에 약속했던 사항을 실제로 광고를 제작하고 집행한 이후에 어느 정도 수준으로 충족시켰는지에 맞추어 광고를 평가하게 된다. 이 과정에서 약속한 수준 혹은 그 이상의 결과를 만들어낸 광고는 광고 효과가 높은 광고로 여겨지며 반대로 약속한 수준에 못미치는 결과를 거둔 광고는 광고 효과가 낮은 광고로 평가받게 된다.

1) 광고 효과의 정의

광고 효과(advertising effect)는 사전에 설정한 광고 목표를 광고를 집행하는 기간 동안 얼마나 충족시켰는지 여부를 평가하여 나타나는 결과이다. 8장에서 이야기했듯이 광고 목표는 광고 대행사가 특정 제품이나 서비스를 위해서 집행하는 광고를 통해서 일정 기한 내에 달성하고자 하는 최종적인 결과를 의미한다. 광고 목표는 사전에 설정한 마케팅 목표를 달성하기 위해서 광고가 해결할 수 있는 것을 의미하므로 광고 효과 또한 상품이나 서비스의 판매 증대를 궁극적으로 지향하게 된다. 이러한 관점에서 광고 효과는 전체 시장 측면에서 특정 광고가 집행된 이후 매출이나 시장 점유율 측면에서의 변화를 기준으로 파악할 수 있다. 한편 광고 효과를 소비자 개개인의 광고에 대한 반응 측면에서 해석할 수도 있다. 이러한 관점에서는 광고 목표를 광고를 통해 소비자에게 브랜드를 알리거나, 소비자로 하여금 브랜드를 좋아하게 만들거나, 아니면 소비자로 하여금 브랜드를 구매하도록 유도하는 측면에서 설정할 수 있다. 이처럼 광고 효과는 전체 시장의 변화를 기준으로 파악하는 광고 효과와 소비자 개개인의 반응을 기준으로 파악하는 광고 효과로 구분할 수 있다. 일반적으로 마케팅 목표는 전체 시장 측면의 광고 효과와 직접적으로 연결되며 광고 목표는 소비자 측면의 광고 효과와 연결된다. 따라서 광고주와 광고 대행사가 사전에 광고 목표를 어떤 측면에서 설정하느냐에 따라 이에 대한 달성 여부를 파악하는 광고 효과에 대한 기준이 달라질 수 있다. 예컨대 광고 목표를 소비자의 구매나 매출 증대에 비중을 두고 설정한 광고에 대해서 소비자가 재미있게 생각하고 긍정적인 반응을 보였지만 매출로는 연결되지 않는 경우, 광고 자체에 대한 평가는 긍정적이더라도 광고 목표를 달성했다고 판단하기는 어렵다. 반면 광고 목표를 신제품의 인지도 확보에 맞추고 광고를 집행한 이후 제품 출시 초기 매출이 다소 더디게 일어나더라도 광고주의 동의와 함께 설정한 인지도 확보라는 광고 목표를 달성한다면 광고 효과를 확보한 것으로 판단할 수 있다. 다음에는 전체 시장 측면에서의 광고 효과와 소비자 측면에서의 광고 효과에 대해서 좀더 자세하게 설명하고자 한다.

2) 전체 시장 측면에서의 광고 효과

광고 효과를 판단하는 과정에서 광고주가 가장 관심을 가지면서 평가하는 결과 중 하나는 광고가 집행된 이후 제품이나 서비스의 매출 효과(sales effect)에 어떤 긍정적인 변화가 있었는지 여부이다. 광고 목표가 마케팅 목표와 직접적으로 연결되어있다는 것을 감안하면 전체 시장 측면에서의 광고 효과는 특정 광고가 집행되기 전과 집행된 이후를 비교하여 매출액, 시장 점유율, 판매 이익 등과 같이 매출 측면에서의 변화를 나타낸다. 이 과정에서 광고 집행 이후 매출 지표가 상승했다면 광고 효과가 좋은 것으로, 반면에 매출 지표가 감소했다면 광고 효과가 좋지 않은 것으로 평가된다. 광고주는 이와 같은 전체 시장 측면에서의 광고 효과를 바탕으로 광고 및 광고 대행사를 평가하려는 경향이 있으나 광고만으로 매출의 변화를 설명하기에는 다음과 같은 한계가 존재한다.

먼저 광고는 제품이나 서비스의 매출에 영향을 미칠 수 있는 다양한 요인 중 하나이다. 시장에서는 광고 외에도 제품 자체의 품질이나 가격, 제품이 구입할 수 있는 유통, 경쟁 제품에 대한 시장의 반응 등과 같은 다양한 요인이 제품이나 서비스의 판매에 있어서 중요한 영향을 미칠 수 있다. 이에 따라 광고 집행 이후 매출에 변화가 발생하더라도 광고만을 이러한 매출의 변화에 영향을 미치는 유일한 요소로 보기는 어렵다. 다음으로 광고를 집행하는 시기와 소비자 반응과의 시간 차이가 나타나는 광고의 이월효과(carryover effect)를 들 수 있다. 광고의 이월효과는 특정 광고에 대한 소비자의 반응이 광고가 집행되고 나서 일정 시간이 지나고 난 뒤에 발생하는 현상이나 특정 광고의 집행이 종료된 이후에도 소비자에게 영향을 미치는 효과를 의미한다. 예컨대 봄에 집행을 시작한 광고에 대한 소비자 반응이 여름이 지나고나서야 나타나거나, 특정 광고 모델이 등장하여 화제를 끌었던 광고가 오래전에 집행이 종료되었어도 여전히 소비자의 구매에 영향을 미칠 수 있다. 포카리스웨트의 경우 트와이스가 2017년에 포카리걸로 등장한 〈그림 11.1〉의 광고 캠페인은 더이상 집행되지 않고 이후 여러 광고모델이 포카리걸로 등장했지만 소비자 중에는 여전히 트와이스가 등장한 광고를 생각하며 포카리스웨트를 구입하거나 마시는 사람이 있을 수 있다. 광고의 이월효과는 광고의 영향력이나 제품의 성격에 따라서 영향이 발생하는 기간이 몇 개월에서 몇 년에 이르기까지 차이가 있다. 이처럼 광고에 대한 반응이 즉각적으로 나타나지 않거나 광고 집행 시점 이후라 하더라도 소비자에게는 광고의 영향이 지속적으로 미치는 광고의 이월효과로 인해서 광고주가 특정 광고를 집행하면서 기대하는 매출 효과에 더디게 영향을 미치거나 혹은 이전에 집행한 광고가 여전히 매출에 영향을 미칠 수 있다.

그림 11.1 2017년에 집행된 포카리스웨트 광고

광고가 매출 지표의 변화에 있어서 유일한 영향 요인은 아니거나 광고에 대한 반응이 즉각적으로 발생하지 않을 가능성이 있지만 전체 시장 측면에서의 광고 효과는 광고 목표 및 마케팅 목표에 있어서 중요한 지표로 활용되고 있다. 특히 일정 기간 동안 광고를 비롯한 다양한 프로모션 활동에 마케팅 예산을 지출하면서 의도한 소비자의 반응을 이끌어 내고자하는 광고주 입장에서는 광고와 연결시켜서 해당 기간 동안의 매출 변화를 파악할 수

밖에 없다. 이러한 광고주의 상황을 감안할 때 광고 대행사는 광고주와의 사전 협의를 통해 전체 시장 측면에서 광고 효과를 측정하는 과정에서 다른 영향 요인을 통제하면서 광고의 성과를 독립적으로 파악할 수 있는 기준을 마련해야 한다.

3) 소비자 측면에서의 광고 효과

전체 시장 측면에서의 광고 효과가 매출액이나 시장 점유율과 같은 거시적인 지표를 통해서 산출된다면 소비자 측면에서의 광고 효과는 특정 광고가 집행되기 전과 집행된 이후를 비교하여 소비자 개개인이 나타내는 광고 자체나 브랜드에 대한 반응을 의미한다. 5장에서 이야기한 것과 같이 광고가 하나의 커뮤니케이션 수단이라는 점을 감안하면 소비자를 대상으로 사전에 설정한 커뮤니케이션 반응을 광고 집행 이후 어떻게 달성했는지 파악하게 된다. 전체 시장 측면에서의 광고 효과와 관련하여 제한점이 있는 것과 마찬가지로 소비자 측면에서의 광고 효과도 소비자의 인식과 소비자의 실제 행동 사이에서 차이가 존재할 수 있다는 제한점이 있다. 다시 말해서 설문 조사나 인터뷰를 통해서 특정 제품이나 광고에 대한 반응을 측정하는 과정에서 소비자가 자신이 실제로 선호하거나 구입하는 제품과는 다른 답변을 제시할 수도 있다. 예컨대 사회적으로 물의를 일으켰던 기업의 제품을 선호하거나 구입한다고 선뜻 대답하기 어려울 수 있으며, 자신의 소비 취향을 공개하는 것에 대해서 부정적인 견해를 가지고 있는 경우에는 특정 광고에 대한 반응이 실제와는 다르게 나타날 수 있다. 이러한 제한점에도 불구하고 소비자 측면에서의 광고 효과는 광고 목표와 직접적으로 연결되며 광고에 대한 평가에 활용된다. 소비자가 특정 광고에 대해서 나타내는 커뮤니케이션 반응은 매우 다양하지만 크게 인지, 감정, 행동 등 세 가지 대표적인 반응으로 구성된다.

(1) 인지적 반응

인지적 반응(cognitive response)은 소비자가 제품에 대해서 어느 정도 알고 있는지 여부를 측정하는 것이다. 이 반응에는 기본적으로 광고에 대한 노출(exposure) 및 접촉이 필요하며 그 이후 제품이나 브랜드의 존재를 알게 되는 인지(awareness) 및 제품이나 브랜드에 대해서 이해하게 되는 지식(knowledge)으로 구성된다. 일반적으로 인지적 반응은 소비자를 대상으로 설문 조사를 진행하여 측정하며 이 과정에서 특정 제품군을 언급하며 해당 제품군에서 가장 먼저 알고 있는 브랜드를 질문하는 최초 상기도(top-of-mind awareness)를 측정한다. 브랜드에 있어서 가장 강력한 지표가 바로 TOM이라는 약자로도 불리는 최초 상기도이며 TOM 지표가 가장 높은 브랜드는 해당 제품군에서 구매가 이루어질 때 가장 먼저 떠올리게 되며 소비자가 경쟁 제품을 사려고 하는 상황에서도 항상 비교의 기준이 된다. 예를 들어 갤럭시는 스마트폰 시장에서 가장 높은 최초 상기도를 나타내고 있다. 이 경우 소비자가 스마트폰을 구입하려고 할 때 일단 갤럭시를 가장 먼저 떠올리게 되며 만약 갤럭시가 아닌 다른 경쟁 제품을 구매하는 상황에서도 항상 "이 제품은 갤럭시 보다 싸다" 혹은 "이 제품은 갤럭시 보다 가볍다" 등으로 갤럭시를 염두에 두고 구매를 진행한다. 이와 같이 해당 제품군에서 가장 높은 최초 상기도를 확보하는 브랜드는 준거의 기준(frame of reference)아 되어 경쟁 브랜드와 비교하여 소비자의 기억뿐만 아니라 구매에 이르기까지 유리한 위치를 확보할 수 있기에 최초 상기도는 가장 중요한 광고 효과 지표로 활용된다. 최초 상기도 다음으로는 제품군 범주 내에서 브랜드명이 제시되지 않은 가운데 특정 브랜드를 기억할 수 있는 비보조 상기(unaided recall)가 있다. 그리고 제시된 브랜드명을 보고 특정 브랜드의 인지 여부를 확인하는 보조 상기(aided recall) 등이 있다. 일반적으로 소비자가 자신이 알지 못하는 브랜드를 구매하기 꺼리는 경향이 있다는 점을 감안하면 광고 효과에 있어서 인지도의 확보는 무엇보다도 중요하다. 따라서 모든 브랜드는 해당 제품군에서 최초 상기도를 확보하기 위한 노력을 가장 우선적으로 고려해야 하며, 한편으로는 적어도 소비자가 제품을 보면서 브랜드의 존재를 인지할 수 있도록 일정 수준 이상의 보조 상기를 반드시 확보해야만 한다.

(2) 감정적 반응

감정적 반응(affective response)은 소비자가 제품에 대해서 갖게 되는 태도를 통해서 나타난다. 소비자의 감정적 반응은 소비자가 알고 있는 브랜드에 대하여 긍정적인 반응을 나타내는 호감(liking) 및 가장 좋아하는 선호(preference)로 구성된다. 감정적 반응은 주로 광고를 통해서 또는 기존에 형성된 브랜드와 관련된 경험 및 지식을 통해서 형성된다. 이 과정에서 많은 학자들은 연구를 통해서 소비자가 특정 광고를 좋아하면 해당 광고에서 나타나는 브랜드에 대해서도 긍정적인 반응을 나타낸다는 결과를 도출하였다. 예컨대 소비자가 호감을 갖고 있는 공유가 모델로 등장하는 〈그림 11.2〉의 광고에 대해서 형성된 긍 정적인 감정이 해당 맥주 자체에 대한 호감으로까지 이어져서 구매에 영향을 미치게 된다는 것이다. 이에 따라 광고를 통해서 특정 제품이나 서비스에 대해서 소비자의 마음을 긍정적으로 유도하는 많은 시도를 할 수 있다. 예를 들어 소비자가 호감을 갖고 있는 연예인을 광고 모델로 기용하거나 소비자가 공감할 수 있는 따뜻한 스토리로 광고를 구성하여 특정 광고에 대해서 소비자의 긍정적인 반응을 끌어낼 수 있으면 이어서 해당 광고를 통해 나타나는 브랜드에 대해서나 더 나아가서 구매에 이르기까지 긍정적인 반응을 연결시킬 수 있다. 이러한 시도는 제품에 대해서 많은 지식이 요구되지 않는 식음료나 과자와 같은 저관여성 제품의 광고에서 많이 이용된다. 여기에서 주의해야 되는 사항으로는 소비자가 특정 광고에 대해서 긍정적인 반응을 나타내더라도 해당 광고가 어떤 브랜드의 광고인지 기억을 못하는 경우가 있으므로 광고와 브랜드 간의 연결 고리를 강하게 구축해야만 한다.

그림 11.2 광고 모델을 통해서 광고에 대한 긍정적인 반응을 유도하는 맥주 광고 사례

(3) 행동적 반응

행동적 반응(behavioral response)은 소비자가 제품이나 서비스를 구매하고자하는 의향을 나타내거나, 구매를 위해 매장이나 웹사이트를 방문하거나, 실제로 구매를 진행하는 여부를 통해서 나타난다. 소비자의 행동적 반응은 소비자가 알고 있거나 호감을 갖고 있는 브랜드 중에서 구매에 대해서 결심을 하는 확신(conviction) 및 실제 구매(purchase)로 구성된다. 행동적 반응은 전체 시장 측면에서의 광고 효과와 직접적으로 연결되며, 광고가 매출에 영향을 미치는 직접적인 효과를 광고주에게 전달할 수 있는 유용한 지표를 제공한다. 하지만 소비자의 반응을 측정하는 과정에서 행동적 반응은 소비자의 인식을 통해서 측정이 가능한 인지적 반응이나 감정적 반응과 달리 실제 행동을 특정 광고와 연결시켜서 측정하기가 어렵고, 광고에 대한 접촉 이후 행동까지 진행되는 과정에서 시간이 걸리는 어려움이 존재한다. 일반적으로 광고에 대한 행동적 반응은 광고가 집행되기 전 시점의 매출과 광고가 집행되고 난 이후의 매출의 변화를 비교하여 파악할 수 있지만, 앞서 전체 시장 측면에서의 광고 효과에서 언급했듯이 특정 광고가 매출의 변화에 있어서 유일한 영향 요소로 작용했는지 여부를 구분하기가 어렵다는 어려움이 있다. 이와 같은 한계점을 극복하는 차원에서 특정 지역에만 광고를 집행하면서 이 광고를 집행한 지역의 매출 지표와 같은 기간 동안 광고를 집행하지 않은 지역의 매출 지표를 비교하는 현장 실험(market experiment)을 실시하기도 한다.

〈그림 11.3〉에서 소개하는 계층적 효과 모형(hierarchy of effects model)은 Lavidge와 Steiner가 1961년에 발표한 광고에 대한 소비자 반응이 마치 사람이 한 계단 한 계단 올

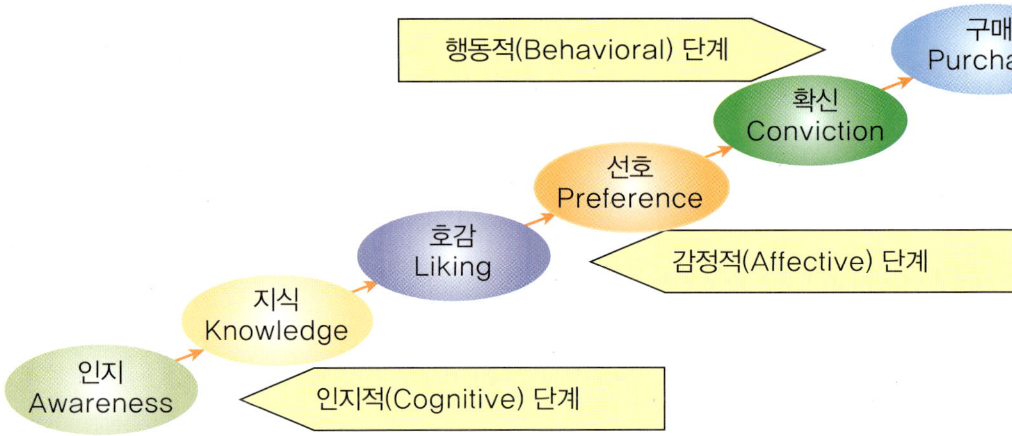

그림 11.3 계층적 효과 모형의 6단계

라가는 것과 마찬가지로 제품의 존재를 알게 되면서 제품에 대한 지식이 형성되고, 이러한 지식을 바탕으로 제품에 대한 호감이 생기고 더 나아가 해당 제품을 선호하게 되면서 구매에 대한 확신이 형성되며 마지막으로 구매를 통해 행동적 반응이 나타난다는 이론이다. 일반적으로 가격대가 높게 형성된 고관여성 제품의 경우에는 이와 같은 계층적 효과 모형에 따라서 소비자의 반응이 순차적으로 형성되지만, 저관여성 제품의 경우에는 이 모형이 제시하는 것과 같이 인지적 반응에서 감정적 반응으로 다시 행동적 반응으로 광고에 대한 반응이 반드시 순차적으로 진행되지는 않는 것으로 나타났다. 다시 말해서 먼저 제품을 구매하고 난 다음에 제품에 대해서 알게 되거나, 제품에 대해서 잘은 모르지만 좋은 느낌이 들어 구매를 하는 경우가 발생하기도 한다.

2. 광고 조사

광고 조사는 기본적으로 광고 효과를 측정하기 위한 작업이다. 하나의 광고가 집행되기 전부터, 그리고 집행되는 동안, 마지막으로 집행이 완료되고 난 뒤 모든 과정에서 광고주는 자신이 투자한 비용으로 실행되는 광고의 효과가 어떻게 나타나는지에 대해서 알고 싶어 한다. 광고주가 알고 싶어 하는 광고 효과는 전체 시장에서의 매출이나 시장 점유율이 될 수도 있고, 또는 소비자의 브랜드 인지 여부나 호감의 정도가 될 수도 있다. 이 과정에서 광고주는 광고가 브랜드와 관련된 목표를 달성할 수 있는지 여부를 실질적인 자료를 통해 파악하고 싶어 하고, 이러한 자료가 객관적이고 체계적인 광고 조사 절차를 거쳐 확보되기를 기대한다.

한편 광고 대행사는 광고를 제작하고 집행하는 과정에서 맞이하는 다양한 대안 중에서 어떤 선택이 가장 효과적인 결과를 가져다 줄 수 있는지에 대한 근거를 마련해야 한다. 예컨대 광고 대행사는 전체 소비자 중에서 어떤 집단을 목표 청중으로 설정해야되는지, 광고 모델을 선정하는 과정에서 누구를 선택할지, 어떤 광고 매체를 통해서 메시지를 전달하는지, 어느 시기에 어느 정도 규모로 광고를 집행해야 되는지 등 수많은 대안에 대해서 광고 목표를 달성하기 위해서 필요한 최상의 선택을 내려야만 한다. 하지만 이와 같은 선택에 대해서 정답은 없으므로 광고 조사를 통해서 올바른 결정을 위한 솔루션을 마련해야 한다. 또한 광고 대행사는 담당한 제품이나 서비스와 관련하여 광고에 대한 반응을 중심으로 소비자의 인식을 광고 조사를 통해서 파악할 수 있다.

1) 광고 조사의 정의

광고 조사는 광고와 관련된 모든 문제에 대하여 객관적, 체계적으로 자료를 수집, 분석하여 해결 방안을 제시하고자 하는 행위를 의미한다. 광고 대행사는 상황 분석을 통해서 광고주가 직면한 문제와 기회 요인을 발견하고 이를 광고를 통해 해결하는 방안을 제시하고자 한다. 광고주가 가지고 있는 문제가 제품 자체에 관한 것일 수도 있고, 경쟁사와 관련된 문제일 수도 있고, 또는 시장 상황에 영향을 받고 있는 것일 수도 있다. 광고 조사는 일단 광고주가 직면한 문제가 무엇인가를 파악하는 과정부터 시작하여 실질적으로 광고가 그러한 문제를 어떻게 해결할 수 있을지 수집한 자료를 바탕으로 해결책을 제시하는 것이다.

좁은 의미의 광고 조사	넓은 의미의 광고 조사
"광고 활동과 직접적으로 관련된 조사"	"마케팅 활동 및 수단과 관련된 조사"
• 광고 메세지 조사 • 광고 매체 조사 • 광고 예산 조사 • 광고 효과 조사	• 시장 환경 및 현황 • 소비자 구매 및 소비 실태 • 경쟁 구도 분석 • 유통 구조 분석

그림 11.4 광고 조사의 범위

광고 조사는 광고를 비롯한 마케팅 커뮤니케이션 활동 및 이와 관련된 분야를 모두 포함한다. 〈그림 11.4〉는 광고 조사의 범위를 나타내며 광고 활동과 직접적으로 관련되어 있는 광고 메시지 조사, 광고 매체 조사, 광고 예산 조사, 광고 효과 조사 등을 좁은 의미의 광고 조사로 정의 내릴 수 있다. 한편 보다 넓은 의미에서 마케팅 활동 및 수단과 관련된 조사까지 광고 조사에 포함시킬 수 있다. 따라서 광고주 및 브랜드를 둘러싸고 있는 시장 환경 및 현황 조사, 소비자 구매 및 소비 실태 조사, 경쟁 구도 분석, 유통 구조 분석 등까지 넓은 의미에서 광고 조사라 할 수 있다.

광고와 관련된 문제를 해결하는 과정에서 광고 조사가 필요한 대표적인 분야를 4M으로 설정할 수 있다. 먼저 제품과 서비스에 대한 시장(market)은 어떠하며 그 시장의 주요 소비자는 누구인지 파악할 필요가 있다. 두 번째로 겨냥하고 있는 시장 및 소비자를 대상으로 광고를 집행할 경우 가장 효과적인 마케팅 커뮤니케이션 수단, 즉 매체(media)가 무엇인지 파악하여야 한다. 세 번째로 광고 캠페인을 실행하기 위해서 어느 정도의 비용(money)이 필요한 지에 대해서도 알아야 할 것이다. 마지막으로 제작하고자 하는 광고에 어떠한 메시지(message)를 제시할 것인지에 대해서도 조사가 필요하다. 이러한 4M에 대한 결정은 광고 조사 과정에서 순서대로 이루어지지 않으나 어느 하나가 결정되면 다른 요소에 영향을 미칠 수 있다.

2) 광고 조사의 의의

광고 효과를 제대로 파악하기 위해서는 광고 조사가 반드시 필요하다. 소비자를 대상으로 전달하고자 하는 광고 메시지를 제작하고 집행하는 과정에서 발생하는 다양한 대안에 대해서 광고 조사를 통해서 선택의 근거를 마련할 수 있다. 소비자가 파악하고 있는 브랜드의 존재 여부와 브랜드에 대한 지식 그리고 실제 구매와 직접적인 관련이 있는 광고나 해당 브랜드에 대한 소비자의 태도가 어떻게 형성되었는지에 대한 광고 조사 결과를 바탕으로 광고 전략을 수립한다. 이러한 조사 결과에 근거해서 광고는 목표 청중에게 최적화된 메시지를 전달하여 제품이나 서비스가 소비자가 기대하는 욕구를 효과적으로 충족시킬 수 있다는 점을 설득해야 한다. 광고를 둘러싸고 있는 환경과 광고의 대상이 되는 소비자의 반응은 흐르는 물처럼 늘 역동적으로 변화한다. 지난주에 유행했던 트렌드가 이번주에도 지속될 것이라는 보장은 없다. 광고 조사와 효과 측정은 이러한 변화에 대처하는 과정에서 큰 역할을 하고 있다. 보다 구체적으로 광고 조사는 다음과 같은 의의가 있다.

(1) 대안의 객관적인 평가

광고 전략은 다양한 대안 중에서 최적의 대안을 선택하고 이를 실행에 옮기는 것이다. 이 과정에서 올바른 선택을 하기 위한 자료는 필수적이며 광고 조사는 이러한 자료를 의사 결정자에게 제공한다. 특히 광고 제작이나 집행 과정에서 많은 비용이 투입되는 상황을 감안할 때, 잘못된 대안의 선택은 큰 손실을 불러올 수 있으므로 광고 조사 결과를 바탕으로 객관적인 대안의 평가가 이루어져야만 한다. 이를 바탕으로 효과적인 광고 제작 및 집행 계획을 수립할 수 있다.

(2) 광고 목표 달성 여부 확인

광고 대행사는 광고를 집행하기에 앞서 광고주에게 광고를 통해 달성하고자 하는 목표를 제안하고 이를 실현하기 위해 많은 노력을 기울인다. 일정 기간 동안 광고가 집행되고 나서 광고주, 광고 대행사 혹은 외부 조사 기관은 사전에 설정된 광고 목표가 달성되었는지 여부를 광고 조사를 통해서 파악한다. 예컨대 광고 목표를 목표 소비자의 인지도 확보로 설정했다면 광고가 집행되기 전 시점에서 목표 소비자를 대상으로 브랜드에 대한 인지도를 측정하고 이어서 광고가 집행되고 난 후 시점에서 다시 한번 인지도를 측정한 뒤 두 시점의 인지도를 비교해서 사전에 설정한 광고 목표가 달성되었는지 여부를 파악한다.

(3) 광고 캠페인 개선을 위한 자료 제시

광고 대행사는 광고를 제작하기 전 혹은 광고가 집행되고 나서 광고 조사를 통해 소비자를 대상으로 광고에 대한 의견을 파악하여 광고 제작에 필요한 유용한 정보를 획득할 수 있다. 예컨대 광고 모델로 고려하는 다양한 후보군이 있을 경우 소비자를 대상으로 각 모델에 대한 선호도를 파악하여 가장 높은 평가를 받은 모델을 섭외할 수 있으며 광고를 집행하고 난 뒤에도 개선할 점 등을 파악하여 다음 광고 제작을 위한 아이디어를 확보할 수 있다.

(4) 소비자에 대한 이해 증진

광고 조사는 특정 브랜드 및 제품군과 관련하여 소비자의 구매 및 사용 실태를 파악할 수 있다. 이 과정에서 전반적인 브랜드의 평가를 경쟁 브랜드와 비교하여 진행하여 향후 광고 목표 설정을 위한 기준으로 제시할 수 있다. 또한 소비자의 가치관과 라이프 스타일 등을 파악하여 그들이 관심 있는 이슈 등을 브랜드와 연결하여 광고를 통해 전달할 수 있다.

3. 광고 조사의 유형

광고 조사는 사회과학 조사 혹은 마케팅 조사와 마찬가지로 조사의 기본 목적, 자료의 특성, 자료 수집 방법, 조사 시점, 조사 횟수, 조사 대상자의 범위에 따라 〈표 11.1〉과 같이 다양한 유형으로 분류할 수 있다.

1) 조사의 기본 목적에 따른 분류

광고 조사는 조사의 기본 목적에 따라 새로운 브랜드 혹은 시장에 대해서 파악이 필요한

표 11.1 광고 조사의 유형

분류 기준	조사의 유형
조사의 기본 목적	탐색적 조사, 기술적 조사, 설명적 조사
자료의 특성	1차 조사, 2차 조사
자료 수집 방법	정성 조사, 정량 조사
조사 시점	사전 조사, 사후 조사
조사 횟수	횡단 조사, 종단 조사
조사 대상자의 범위	전수 조사, 표본 조사

경우에 행해지는 탐색적 조사(exploratory research), 시장이나 소비자의 현황을 통계 자료를 중심으로 정리하는 기술적 조사(descriptive research), 특정 변수에 대한 원인과 결과를 규명하는 설명적 조사(explanatory research)로 나누어진다.

(1) 탐색적 조사

탐색적 조사는 사전 지식이 없는 상황에서 새로운 광고주를 담당하게 되거나 경쟁 프레젠테이션을 통해 새로운 시장에 대한 정보가 필요할 때 문제의 규명이나 향후 전략의 방향을 파악하는 차원에서 진행된다. 탐색적 조사는 본격적인 소비자 조사나 광고 캠페인 집행에 앞서 광고 대행사의 담당자가 해당 브랜드나 관련 시장을 파악하기 위한 목적으로 사전 지식 확보 차원에서 필요하다. 예컨대 광고 대상 제품이 애완견의 프리미엄급 사료이고 광고 대행사의 담당자가 해당 제품이나 시장에 대해서 사전 지식이 부족하다고 가정할 때, "애완견 관련 시장 규모는 어느 정도일까?" "우리가 맡은 브랜드는 어떤 제품인가?" "우리 브랜드와 직접적으로 경쟁하고 있는 브랜드는 무엇인가?" 등과 같은 질문에 대해서 탐색적 조사는 해답을 제공한다(〈그림 11.5〉 참조). 이처럼 경험이 없는 분야에서 기초적인 의문을 해결하기 위해 탐색적 조사에서는 관련 문헌 및 언론 자료, 인터넷 검색 등으로 사전 지식을 확보하거나 필요에 따라 소비자나 관련 분야 종사자 등 제품이나 서비스에 대해서 경험했거나 잘 알고 있는 사람들을 대상으로 조사를 진행할 수 있다.

(2) 기술적 조사

기술적 조사는 특정 제품이나 광고 관련 정보를 파악, 검증하여 의도한 전략을 실행하기 위해서 진행된다. 탐색적 조사를 통해 어느 정도 사전 지식을 파악한 상황에서 시장이나 소비자와 관련된 현상 및 현황에 대해서 주로 통계 분석 결과를 이용하여 분석한다. 다시 말해서 탐색적 조사가 처음 맡게 되거나 익숙하지 않은 분야에 대해서 파악하는 차원에서

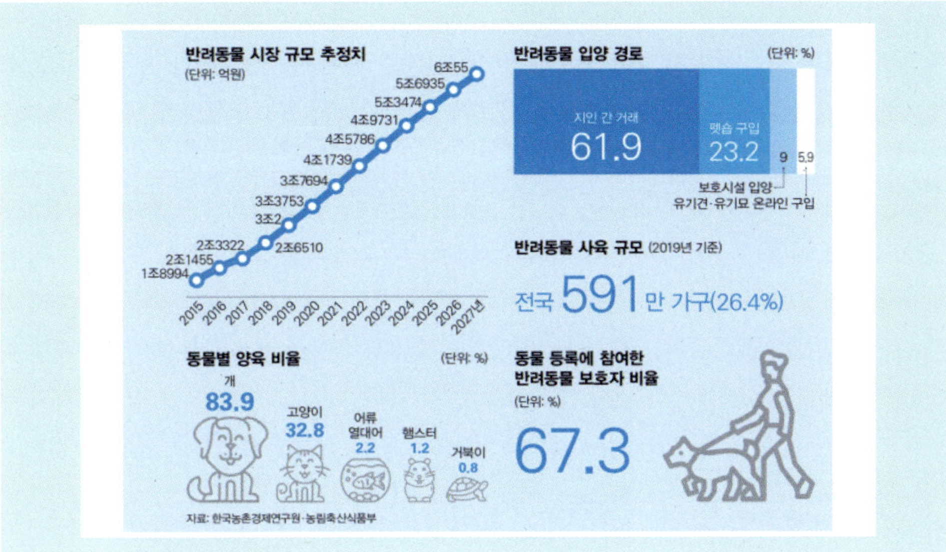

그림 11.5 탐색적 조사 결과 보기

진행하는 조사라면, 기술적 조사는 어느 정도 파악하고 있는 분야에 대해서 현재 상황을 정리하는 차원에서 진행하는 조사이다. 예컨대 광고 대상 제품이 애완견의 프리미엄급 사료이고 앞서 탐색적 조사를 통해서 어느 정도 시장에 대한 지식이 확보되었다고 가정할 때, "우리가 맡은 브랜드의 매출이나 시장 점유율 현황은 어떠한가?" "소비자의 구매 빈도, 구매 장소, 선호 제품 용량 등은 현재 어떤 경향을 나타내고 있는가?" 등과 같은 질문에 대해서 기술적 조사는 통계 결과를 제공한다(〈그림 11.6〉 참조). 이처럼 시장에 대한 전반적인 자료를 제공하기 위해 기술적 조사에서는 다수의 응답자를 대상으로 설문 조사를 진행하고 그 결과를 빈도 분석을 통해 제시하거나 관련 외부 통계 자료를 재해석하여 정리한다.

반려동물 펫푸드 판매액 기준
지난해 기업별 시장점유율 순위

순위	기업명	시장점유율(%)
1위	로얄캐닌	13.5
2위	대한사료	10.0
3위	대주산업	7.4
4위	마스코리아	6.7
5위	롯데네슬레	6.0
6위	ANF(텍사스팜프로덕션)	4.3
7위	내추럴펫	3.9
8위	힐스펫뉴트리션	2.9
8위	내추럴밸런스	2.9
10위	제일사료	2.8
⋮		
14위	CJ제일제당	1.0
16위	이마트	0.8
21위	LG생활건강(헬스케어)	0.1

자료 유로모니터 news1

▲ 출처: 유로모니터

그림 11.6 기술적 조사 결과 보기

(3) 설명적 조사

설명적 조사는 담당한 브랜드 혹은 집행하는 광고와 관련된 주요 변수와 변수 간의 인과 관계나 특정 상황을 예측하기 위해 진행된다. 이에 따라 설명적 조사는 인과적 조사라고도 하며 광고 제작이나 특정 프로모션 집행에 앞서 중요하게 생각하는 변수가 어떤 결과를 나타낼지 예측을 할 때 필요하다. 예컨대 애완견의 프리미엄급 사료에 대한 광고나 프로모션을 집행한다고 가정할 때, "특정 모델을 광고 모델로 기용하면 어떤 반응이 나올까?" "광고에서 정보 전달을 강조하는 것과 유머 요소를 사용하는 것 사이에서 어떤 접근이 상대적으로 효과가 높을까?" "단기적으로 매출을 증가시켜야 할 때 사은품 증정이 과연 효과적일까?" 등과 같은 질문에 대해서 설명적 조사는 적절한 선택의 근거를 제공한다. 설명적 조사는 기본적으로 "왜"라는 질문에 대해서 해답을 제공해야 하며 이 과정에서 특정 변수의 효과를 파악하기 위하여 소비자를 대상으로 설문이나 실험 방식의 조사를 진행한다. 〈그림 11.7〉은 삼성전자의 무

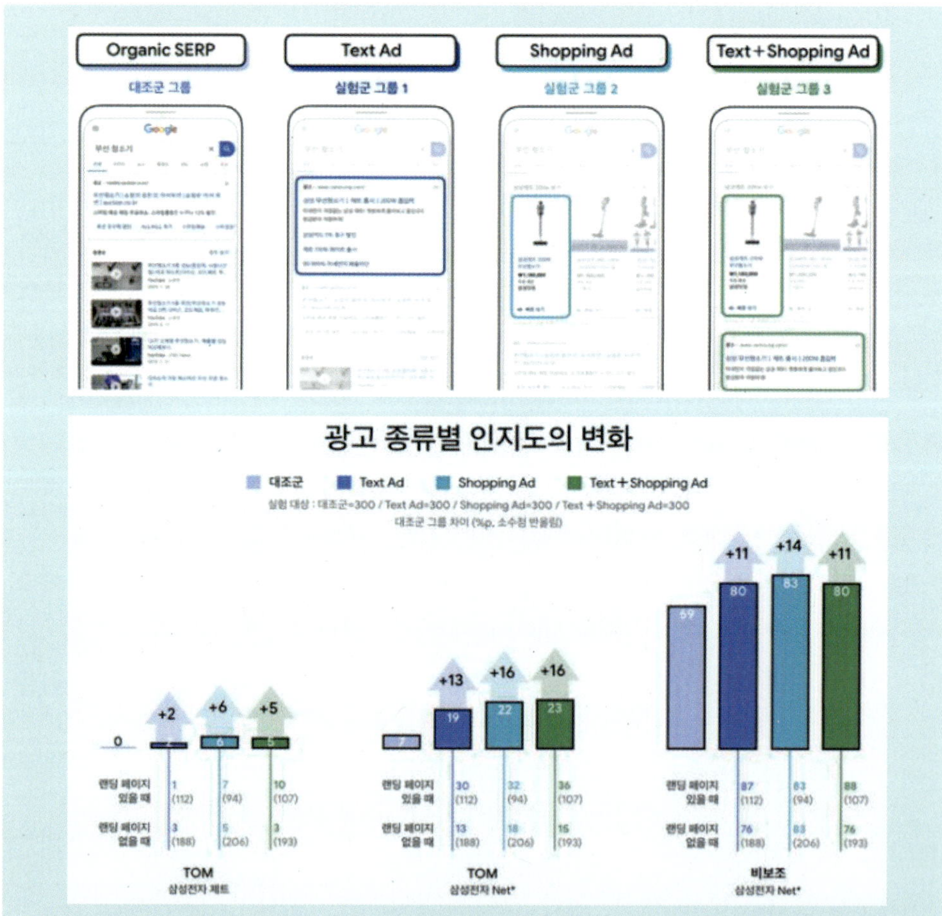

▲ 출처: Think with Google "검색 소재 최적화와 구문 검색 활용으로 브랜드 웹사이트 트래픽 유입 개선에 성공한 삼성전자" 박선현(2020년 3월)

그림 11.7 설명적 조사 결과 보기

선 청소기 광고를 검색 광고 형태로 집행했을 경우, 사진이 제시되는 쇼핑 광고의 형태로 집행했을 경우, 검색과 쇼핑 광고를 동시에 제시하는 경우에 대해서 모바일로 실험물에 노출된 각 집단의 인지도가 광고 종류에 따라서 어떻게 차이가 나타나는지에 대한 설명적 조사의 결과를 보여주고 있다.

2) 자료의 특성에 따른 분류

광고 조사는 자료의 특성에 따라 직접 자료를 수집하는 1차 조사(primary research)와 기존의 자료를 분석하는 2차 조사(secondary research)로 나누어진다. 여기서 1차와 2차의 의미는 첫 번째와 두 번째의 의미가 아닌 핵심이 되는 주(主)조사와 보조적인 역할을 하는 부(副)조사의 의미로 이해해야 한다.

(1) 1차 조사

1차 조사는 광고 조사 관련 담당자가 소비자를 대상으로 직접 자료를 수집하여 분석하는 조사를 의미한다. 1차 조사를 통해서 수집한 자료를 1차 자료(primary data)라고 하며, 1차 조사에서는 자료를 수집하는 과정에서 시간과 비용이 상대적으로 많이 소요되지만, 의도한 자료를 확보할 수 있는 장점이 있다. 일반적으로 실무에서는 2차 조사를 통해 관련 자료를 미리 확보하고 그 이상의 자료가 필요하다고 판단될 때 1차 조사를 진행하게 된다. 1차 조사에서는 주로 소비자를 대상으로 직접 면접조사, 전화 인터뷰, 인터넷 및 모바일 설문조사 등을 정량적 측면에서 진행하거나 소수의 소비자를 대상으로 개인 심층 면접이나 집단 심층 면접 등을 정성적 측면에서 진행한다.

(2) 2차 조사

2차 조사는 광고 집행에 도움을 줄 수 있는 기존의 모든 자료를 확보하고 분석하는 조사를 의미한다. 2차 조사를 통해서 수집한 자료를 2차 자료(secondary data)라고 하며, 2차 조사에는 광고 전략 수립 과정에서 필요하다고 판단되어 이용하는 이미 존재하는 모든 자료를 포함한다. 이러한 2차 조사를 통해서 확보된 자료는 주로 상황 분석에 사용되거나 1차 조사에 필요한 기초자료를 제공한다. 2차 조사에서 이용하는 주요 자료로는 검색 결과물, 통계 지표, 외부 기관의 보고서 등이 있으며 광고 대행사에서 이전에 만들었던 기존 보고서나 시청률 자료와 같은 외부 데이터 또한 2차 자료로 활용할 수 있다. 최근에는 소비자의 구매나 매체 이용 등의 방대한 자료에 대해서 빅데이터(big data) 분석을 이용한 2차 조사가 활발하게 이루어지고 있다.

3) 자료의 수집 방법에 따른 분류

광고 조사는 자료의 수집 방법에 따라 자료를 숫자 및 통계 기반으로 수집하는 정량 조사 혹은 양적 조사(quantitative research)와 단어 및 언어 기반으로 수집하는 정성 조사 혹은 질적 조사(qualitative research)로 나누어진다. 일반적으로 실무에서 정성 조사는 탐색적 조사의 성격을 나타내며, 정성 조사의 결과를 바탕으로 정량 조사가 기술적 조사와 설명적 조사 측면에서 실행되는 경우가 많다.

(1) 정량 조사

정량 조사는 소비자의 의견을 통계적으로 파악하기 위해 실시하는 조사를 의미한다. 정량 조사 분석 결과는 빈도, 퍼센트, 평균 점수와 같은 양적 의미의 숫자로 제시한다. 정량 조사에서는 분석한 결과에 대한 일반화가 매우 중요하며 이를 위하여 소비자의 응답 하나하나에 숫자를 부여하여 자료를 수집하고 이를 분석하기 위해 통계 분석 기법을 사용한다. 정량조사에는 다양한 방법들이 있다. 이러한 방법 중에서도 설문조사는 가장 흔하게 사용되는 방법이다. 인터넷 설문조사와 더불어 전화 설문조사, 대인 면접 조사, 그리고 인과 관계를 규명하기 위한 실험 조사도 대표적인 정량 조사 방법이다.

(2) 정성 조사

정성 조사는 소비자의 의견을 언어 형태로 심층적으로 파악하는 조사를 의미한다. 정성 조사 분석 결과는 숫자 대신에 소비자의 언어나 글로 제시한다. 정성 조사는 소비자의 생각이나 행동에 대한 통찰이 매우 중요하며 이를 위하여 소수의 소비자를 대상으로 동기 및 의견을 집중적으로 파악한다. 이 과정에서 정성 조사는 소비자의 생생한 언어를 파악하기가 용이하지만 분석한 자료를 전체 소비자의 의견으로 보기에는 한계가 있다. 정성 조사에

그림 11.8 집단 심층 면접(Focus Group Interview)

서 가장 많이 이용되는 자료 수집 방법으로는 FGI (Focus Group Interview)로도 불리는 집단 심층 면접(〈그림 11.8〉 참조)과 1, 2명의 대상자와 집중적으로 이야기를 나누는 개인 심층 면접이 있다.

4) 조사 시점에 따른 분류

광고 조사는 조사 시점에 따라 특정 광고 캠페인이나 마케팅 커뮤니케이션 활동이 집행되기 전 시점에서 방향이나 평가 기준을 설정하기 위해 실시되는 사전 조사(pretest)와 특정 광고 캠페인이나 마케팅 커뮤니케이션 활동이 집행되고 난 후 결과나 효과를 파악하기 위해 실시되는 사후 조사(posttest)로 나누어진다. 일반적으로 실무에서는 광고 효과와 관련된 사후 조사가 상대적으로 많이 실행되고 있으며, 사전 조사는 시간과 비용의 문제로 인하여 광고주의 요청이나 광고 대행사가 필요하다고 판단하는 상황에서 주로 실행된다.

(1) 사전 조사

사전 조사는 일반적으로 특정 이벤트가 실행되기 전 시점에서 진행되는 조사이며, 광고 조사에서는 광고 제작이나 집행 전에 확인하는 차원에서 실시하는 조사를 의미한다. 사전 조사는 주로 광고 제작 초기 단계에서 효과적인 대안을 선택하기 위해서 실시되거나 광고 목표와 관련하여 사전에 기준이 되는 지표를 소비자를 대상으로 측정하는 차원에서 실시된다. 이 과정에서 수집한 사전 조사 결과를 바탕으로 광고 캠페인 집행이 종료된 후 같은 방식으로 사후 조사가 실행 된다. 광고물을 수정, 보완하기 위한 목적에서 진행되는 사전 조사에서는 전문가를 대상으로 광고물을 평가받는 체크리스트법이 주로 실행된다. 또한 소비자를 대상으로 광고물의 시안을 평가받거나 인지도나 선호도 등 브랜드 관련 주요 지표를 사전에 측정하기도 한다.

(2) 사후 조사

사후 조사는 일반적으로 특정 이벤트가 실행되고 있거나 종료한 시점에서 진행되는 조사이며, 광고 조사에서는 광고 캠페인이 진행되고 난 뒤에 실시하는 조사를 의미한다. 사후 조사는 주로 광고 캠페인이 시작하고 일정 시간이 지난 시점 혹은 종료한 시점에 소비자를 대상으로 광고 접촉 여부, 브랜드 인지도, 선호도, 제품 사용이나 제품에 대한 태도 등을 측정하여 광고 목표 달성 여부를 확인하거나 향후 광고 캠페인 개선을 위한 자료를 확보하는 차원에서 실행된다. 사후 조사에서는 주로 정량 조사 기법이 이용되며, 조사 결과의 신뢰성을 확보하기 위하여 사후 조사는 실제 광고를 집행한 광고 대행사가 직접 조사를 진행하기보다는 광고주와 광고 대행사의 협의를 바탕으로 선정한 외부 리서치 회사가 주로 진행한다.

5) 조사 횟수에 따른 분류

광고 조사는 조사 횟수에 따라 소비자를 대상으로 조사를 한 번만 실시하는 횡단 조사(cross-sectional research)와 동일한 집단(패널)을 대상으로 조사를 여러 번에 걸쳐 진행하는 종단 조사(longitudinal research)로 나누어진다. 일반적으로 실무에서 진행되는 소비자 대상 광고 조사는 대부분 단발로 진행하는 일회성 횡단 조사이나 시간의 흐름에 따른 지표의 변화를 파악하기 위해서 종단 조사가 실행되기도 한다.

(1) 횡단 조사

횡단 조사는 특정 시점에서 한 번 실시되는 조사를 의미한다. 횡단 조사는 소비자 대상으로 구매 및 소비 실태를 파악하거나 광고 효과를 측정하는 대부분의 조사에 해당되며 자료 수집이 용이하고 짧은 시간에 자료를 수집할 수 있다는 장점이 있다. 하지만 특정 시점에 확보한 자료로만 분석이 진행되는 관계로 시간의 흐름에 따른 변화를 파악하기에는 어려움이 있다 .

(2) 종단 조사

종단 조사는 동일한 대상이나 현상에 대하여 시점을 달리하여 수차례에 걸쳐서 실시되는 조사를 의미한다. 종단 조사는 사전에 선정한 조사 대상 집단(패널)을 대상으로 반복적으로 조사를 진행하여 시간의 흐름에 따라 일어난 변화를 측정하기 위한 목적에서 실시된다. 대표적인 종단 조사로는 TV 시청률 조사가 있다. 종단 조사에서는 조사 대상으로부터 일정한 흐름을 발견할 수 있는 장점이 있는 반면 장기간에 걸쳐 조사 대상 집단을 관리하고 조사를 진행하는 과정에서 비용이 많이 발생한다. 〈그림 11.9〉는 시청률 조사 과정을 소개하고 있다.

6) 조사 대상자의 범위에 따른 분류

광고 조사는 조사 대상자의 범위에 따라 모든 조사 대상자(모집단)를 대상으로 조사를 실시하는 전수 조사(complete enumeration)와 모집단에서 일부 조사 대상자를 선정하여 조사를 실시하는 표본 조사(sampling research)로 나누어진다. 조사 결과의 신뢰성과 정확성을 확보하기 위해선 전수 조사가 이상적이기는 하지만 조사비용의 부담이 크고 시간이 많이 걸리는 문제로 인하여 실무에서는 표본 조사를 주로 실시한다.

(1) 전수 조사

전수 조사는 모집단 내에서 조사 대상에 해당되는 모든 사람이나 사물을 대상으로 실시하

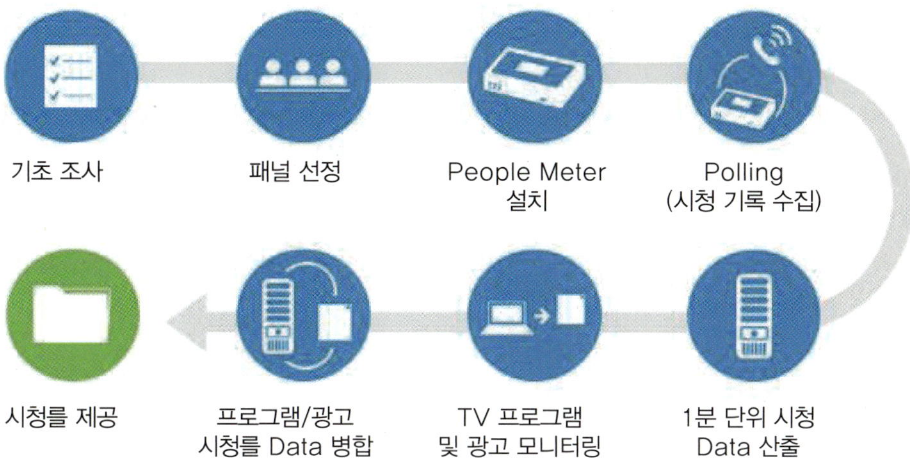

그림 11.9 닐슨 코리아의 시청률 조사 과정

는 조사를 의미한다. 가장 대표적인 전수 조사의 사례로는 국민 전체를 모집단으로 5년마다 실시하는 인구주택총조사(census)가 있으며(〈그림 11.10〉 참조), 화재나 지진에 대한 안전 여부를 파악하기 위해 특정 지역 내에 모든 건물을 조사하거나 특정 질병에 대한 감염 여부를 파악하기 위해서 해당 지역의 모든 대상자를 검사하는 사례 또한 전수 조사에 해당된다. 전수 조사는 표본에서 모집단을 추정하는 것이 아니기 때문에 표본오차가 없다는 장점이 있으나, 시간과 비용이 너무 많이 소요되기 때문에 광고와 관련된 조사에서는 일반적으로는 표본 조사가 많이 활용된다.

그림 11.10 전수 조사의 사례

(2) 표본 조사

표본 조사는 모집단 내의 전체 조사 대상자 중 일부를 대상으로 진행한 조사의 결과로 모집단의 전체 반응을 추정하는 조사를 의미한다. 표본 조사의 사례로는 선거 전에 특정 후보나 정당의 지지율을 유권자의 일부를 대상으로 파악하는 여론 조사가 있으며, 식품의 위생 여부를 파악하기 위해 출시된 제품 중 일부를 무작위로 선택하여 검사하는 것 또한 표본 조사에 해당된다. 앞서 소개된 전수 조사에서 나타난 결과를 모수(parameter)라 한다면 표본 조사에서 나타난 결과는 통계량(statistic)이라고 한다. 또한 모집단의 일부를 가지고 파악한 통계량과 모수의 차이를 표본오차(sampling error)라고 한다. 표본을 추출하는 방법으로는 모든 대상자가 선정될 확률이 동일한 확률표본추출(probability sampling)과 조사자의 판단이나 편의에 따라 표본을 추출하는 비확률표본추출방법(non-probability sampling)이 있다. 광고와 관련된 조사에서는 시간과 비용을 감안하여 주로 비확률표본추출을 바탕으로 조사 대상자를 특정 기준에 따라 선정하여 조사를 진행한다.

4. 광고 조사의 실행

광고 조사는 광고주, 광고 대행사, 외부 리서치 회사의 협업을 통해서 진행된다. 브랜드와 관련된 문제를 광고주가 먼저 제기하거나 또는 광고 대행사가 광고주에게 전달하면 이러한 문제를 해결하기 위해서 조사가 필요한지 여부에 대해서 비용과 시간을 감안하여 논의가 이루어진다. 이어서 제기된 문제를 해결하기 위한 목적에서 조사를 실행하기로 결정하면, 조사 계획이 구체적으로 수립되고 조사를 담당할 외부 리서치 회사를 선정한다. 광고 대행사는 선정한 리서치 회사와 함께 자료를 수집하기 위한 준비를 진행하고, 이어서 리서치 회사는 설문이나 인터뷰 등으로 실제 조사를 진행한다. 조사가 완료된 이후, 리서치 회사는 기본적인 조사 결과를 정리하여 광고 대행사에게 제공하며, 광고 대행사는 리서치 회사가 제공한 자료를 바탕으로 분석을 진행하고 이어서 광고주에게 조사 결과를 보고한다 〈그림 11.11〉은 실무에서 이루어지는 광고 조사의 주요 실행 과정이다.

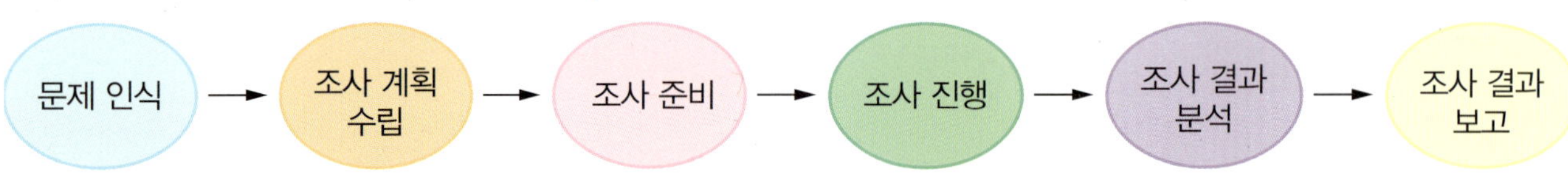

그림 11.11 광고 조사의 진행 과정

1) 문제 인식

모든 광고 조사는 브랜드와 광고와 관련된 문제를 인식하면서 시작한다. 이러한 문제는 광고주의 브랜드 담당자가 먼저 인식하여 광고 대행사의 담당자에게 의뢰하거나 반대로 광고 대행사의 담당자가 광고주에게 제기할 수 있다. 예컨대 브랜드의 시장 점유율이 정체되어있거나 경쟁사에서 출시한 신제품으로 인하여 소비자의 이동이 이루어질 경우 광고 조사를 통해 해결책을 찾기 위한 논의가 이루어질 수 있다. 또는 새로운 광고 캠페인을 진행하기 위해서 기존 광고 캠페인에 대한 소비자의 반응이나 경쟁 브랜드에 대한 소비자 인식 등에 대한 조사가 필요하다는 문제를 인식할 수도 있다. 이 과정에서 먼저 기존 자료를 검토하는 2차 조사나 소수의 사람에게 의견을 파악하는 탐색적 조사가 진행되며, 조사에 필요한 시간이나 비용을 감안하여 1차 조사 실시 여부를 결정한다.

2) 조사 계획 수립

1차 조사 실시 여부에 대해서 광고 대행사와 광고주 간 동의가 이루어지면 광고 대행사의 담당자가 조사 계획을 수립하는 차원에서 계획서를 작성한다. 이 조사 계획서에는 조사의 배경, 목적, 자료 수집 방법, 조사 대상자, 조사 일정 및 비용, 주요 조사 항목 등에 대해서 구체적인 내용이 포함된다. 작성한 조사 계획서에 대해서 광고 대행사와 광고주 담당자 사이에서 논의가 이루어지고 이어서 광고주로부터 조사 계획에 대한 승인이 나면 바로 광고 조사를 진행하게 된다. 광고 대행사는 대행사 내부 인력을 통해서 조사를 진행하기도 하지만, 일반적으로 광고대행사나 광고주가 추천하거나 상호 동의한 외부 리서치 회사를 선정하여 자료 수집 업무를 의뢰한다.

3) 조사 준비

선정된 리서치 회사는 조사 계획서에서 논의된 자료 수집 방법에 따라 조사를 준비한다. FGI(집단심층면접)와 같은 정성 조사를 진행할 경우에는 조건에 맞는 조사 대상자를 섭외하고 광고 대행사의 담당자와 논의를 거쳐 인터뷰 가이드라인을 완성한다. 한편 설문 조사를 진행할 경우에는 실제 설문을 진행할 면접원을 섭외하고, 광고 대행사의 담당자와 논의를 거쳐 설문지를 완성한다. 이 과정에서 인터뷰 가이드라인과 설문지를 수정, 보완하기 위한 사전 조사를 진행할 수도 있다.

4) 조사 진행

자료를 수집하기 위한 조사 준비가 완료되면 실사(field work)를 진행한다. 리서치 회사의 프로젝트 담당자가 전체 자료 수집 과정을 감독하고 조사를 진행하는 실사팀이 소비자를 대상으로 자료를 수집한다. 이 과정에서 광고 대행사나 광고주의 담당자는 조사가 진행되는 과정을 참관하거나 주의 사항을 전달할 수 있다. 보다 구체적으로 집단심층면접의 경우 FGI가 이루어지는 장소 옆에서 한쪽 방향에서만 투명하게 보이는 유리나 모니터를 통해서 인터뷰 과정을 참관할 수 있다. 한편 설문 조사의 경우, 실제 설문이 진행되는 장소에서 면접원의 자료 수집 과정을 관찰할 수 있다.

5) 조사 결과 분석

자료 수집이 완료되면 리서치 회사는 정성 조사의 경우 인터뷰 내용을 정리하고, 정량 조사의 경우 응답자가 설문지에 답변한 내용을 코딩, 펀칭 과정을 거쳐 데이터로 변환하고 이를 이용하여 통계 분석을 실시한다. 이 과정이 완료되면 리서치 회사는 조사 결과 보고서를 작성해서 광고 대행사나 광고주의 담당자에게 제출한다. 리서치 회사는 조사 결과 보고서와 더불어 정성 조사의 경우 인터뷰 전 과정을 기록한 녹취록이나 요약본을 제공하고, 정량 조사의 경우 기본적 통계 결과 보고서나 데이터 파일(raw data) 등을 제출한다. 광고 대행사의 담당자는 리서치 회사가 제공한 기본적인 조사 결과 보고서 및 관련 자료를 바탕으로 필요하다고 판단하면 제공 받은 데이터 파일을 이용하여 추가 분석을 진행하고 조사 계획서에 명시한 조사의 목적에 맞추어 문제 해결을 위한 방안을 수립한다.

6) 조사 결과 보고

광고 대행사의 담당자는 리서치 회사가 제공한 조사 결과와 자체적으로 진행한 추가 분석 결과를 바탕으로 보고서를 작성한다. 이 과정에서 조사 결과를 이용해서 작성하는 보고서는 조사 보고서, 전략 보고서, 광고 기획서 등 목적에 따라 다양한 형태로 완성될 수 있다. 완성된 보고서는 파일 형태로 바로 전송하거나 출력 및 제본 과정을 거쳐 광고주에게 전달되며 광고주의 요청이 있을 경우, 광고 대행사의 담당자가 조사 결과에 대한 프레젠테이션을 실시한다.

PART IV

광고의 미래

광고와 브랜드

12

도입사례

인터브랜드, '2020년 베스트 코리아 브랜드' 발표

- 대한민국 Top 50 브랜드 가치 총액 153조 원, 6년간 31.6% 상승해
- 인터브랜드, '2020년 베스트 코리아 브랜드' 발표
- '시대의 변화를 넘는 대담한 도전'이라는 주제 아래 대한민국 50대 대표 브랜드 발표
- 2020년 50대 브랜드 가치총액 153조 원, 2014년의 116조 원보다 6% 상승해
- Top 4(삼성전자, 현대자동차, 기아자동차, 네이버) 브랜드 가치 96조 8천억 원, 전체 가치 63% 차지
- 카카오(1조 6,405억, 46.6%)-LG생활건강(1조 7,388억, 23.3%), 브랜드 가치 가장 큰 폭 성장
- 하나은행, 미래에셋대우, 하이트진로, 키움증권, 휠라코리아(지주사 휠라홀딩스) 신규 진입
- 언택트 시대에 소비자의 삶을 바꾼 비상장 10대 브랜드 '게임 체인저' 부문 신설, 쿠팡-배달의민족-토스 등 올라

▶▶ (2020년 8월 11일, 서울) 세계 최대 브랜드 컨설팅 그룹인 인터브랜드가 제8회 'Best Korea Brands 2020(이하 2020년 베스트 코리아 브랜드)'을 통해 대한민국을 대표하는 50대 브랜드 및 10대 Game Changer(이하 게임 체인저) 브랜드를 발표했다.

2020년 베스트 코리아 브랜드에 따르면, 한국을 대표하는 50대 브랜드 가치 총액은 153조 원으로 2014년 116조 원 대비 31.6% 상승한 수치를 기록했다. 대한민국 50대 브랜드의 가치는 매년 성장세를 기록하고 있지만, 올해는 코로나19의 영향으로 0.7% 소폭 성장하는 데 그쳤다.

삼성전자는 지난해보다 2% 성장한 67조 7,903억 원의 브랜드가치를 기록하며 1위에 올랐고, 그 뒤를 이어 현대자동차(2위)가 4.6% 성장한 15조 7,093억 원, 기아자동차(3위)가 −7.2% 역성장한 7조 1,315억 원, 네이버(4위)가 11.9%로 대폭 성장한 6조 1,694억 원을 기록했다. 이들 최상위 4대 브랜드 가치는 96조 8,006억 원으로 50대 브랜드 전체 가치의 63%를 차지했다.

특별히 2020년 베스트 코리아 브랜드에는 기존의 50대 브랜드 발표 이외에 10대 '게임 체인저' 부문이 신설됐다. 시장을 최초로 개척했거나, 최초로 시도되는 서비스를 과감히 도입해 'Iconic Moves(대담한 도전)'을 만들어 가고 있는 10개의 비상장 브랜드를 선정, 인터브랜드의 브랜드 가치 평가 방법론을 적용해 최종 리스트를 산정했다. 쿠팡, 배달의 민족, 토스, 마켓컬리 등 새로운 서비스와 도전으로 소비자의 삶을 바꾼 브랜드들이 신규 부문에 선정되었다.

인터브랜드 한국법인 문지훈 대표는 "지금 우리는 새로운 시대로의 전환기에 서 있다. 불안정해 보이는 이 시대에, 대한민국의 브랜드들은 그 누구보다도 시장 상황에 민첩하게 대응하고 고객들과 소통하며 꾸준히 가치를 성장 시켜 나가고 있다"며, "특히 게임 체인저 브랜드들은 명확한 방향성으로 강력하게 시장의 변화를 주도하는 브랜드로 미래가 더욱 기대되는 부문이다"라고 말했다.

높은 성장률(Top Growing) 기록한 브랜드는 카카오-LG생활건강-엔씨소프트-코웨이 순

– 시장 상황에 민첩한 대응, 신규 특화 서비스, 사업 포트폴리오 다양화 등이 성공 요인

카카오(19위)는 브랜드 가치 1조 6,405억 원, 46.6%의 가장 높은 성장률을 기록했다. LG생활건강(18위)은 브랜드 가치 1조 7,388억 원, 23.3%의 높은 성장률을 기록했다. 엔씨소프트(22위)는 브랜드 가치 1조 1,815억 원으로 작년 대비 20.7% 성장하며 작년 성장률(2.6%)을 크게 웃돌며 브랜드 가치 1조를 넘어섰다. 코웨이(26위)도 브랜드 가치 1조 422억 원으로 작년 대비 17.4% 성장하며 꾸준한 성장으로 브랜드 가치 1조를 넘어섰다.

카카오는 명확한 포부와 기민함을 근간으로 또 한 번 역대 최고 매출(전년 대비 +28%)을 경신했다. '새로운 연결, 새로운 세상(Connect Everything)'이라는 비전하에 콘텐츠, 금융, 모빌리티 등으로 사업 영역을 공격적으로 확장해 왔다. LG생활건강은 2019년에 매출과 영업이익이 각각 전년 대비 13.9%, 13.2% 증가했다. 뷰티(Beauty)뿐만 아니라 HDB(Home Care & Daily Beauty), 리프레시먼트(Refreshment) 사업 전반에 걸친 포트폴리오 다양화 및 유통 강화 전략이 외부 리스크 대응에 유효했다. 특히 뷰티 영업이익이 10% 정도 감소했음에도 HDB 및 리프레시먼트 사업 부문에서 각각 50.7%, 43.9%로 큰 폭의 성장세를 보였다.

2020년 총 5개 브랜드 신규 진입(New Entrants)

– 하나은행, 미래에셋대우, 하이트진로, 키움증권, 휠라코리아(지주사 휠라홀딩스)

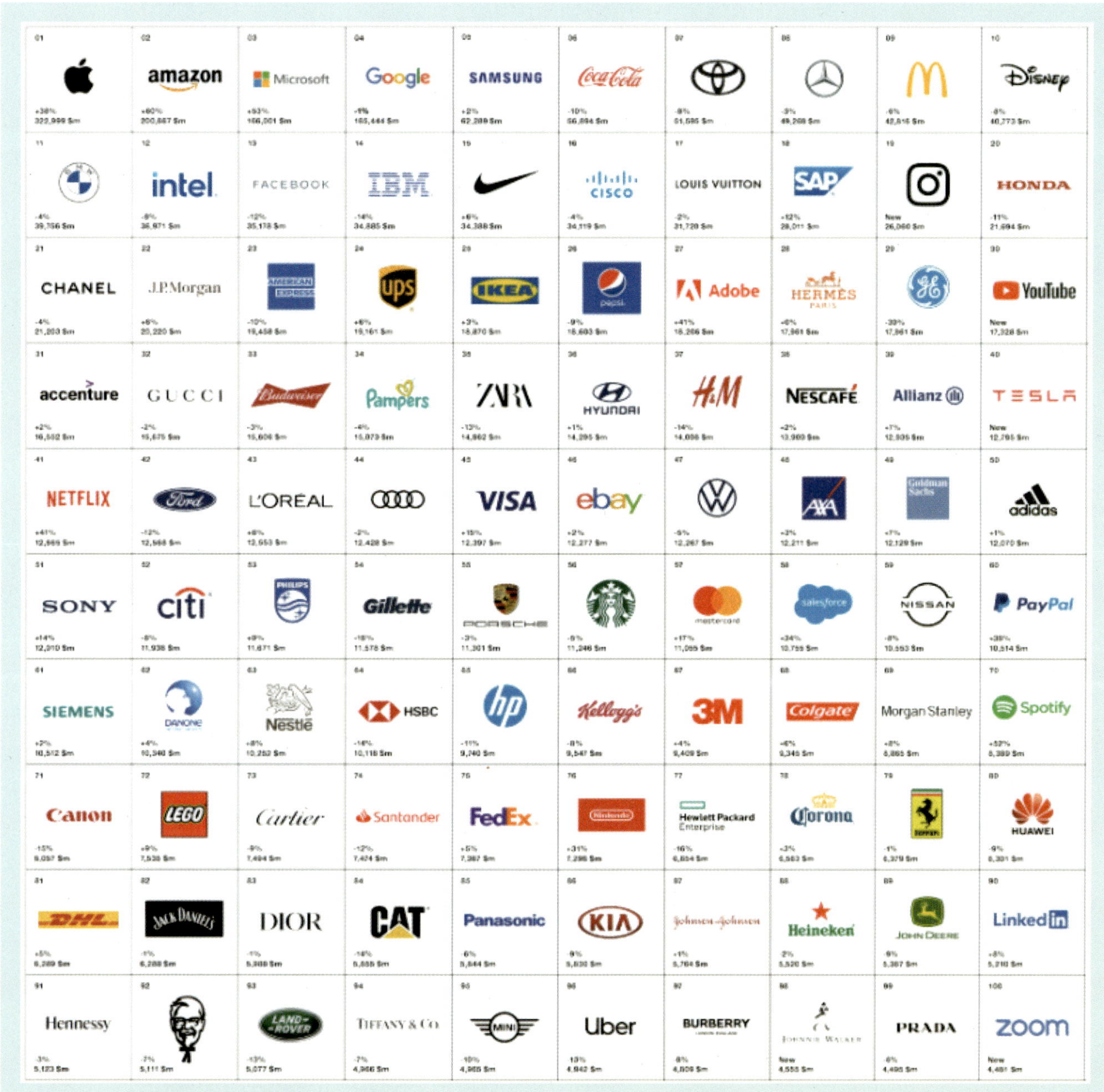

이외에도 하나은행, 미래에셋대우, 하이트진로, 키움증권, 휠라코리아(지주사 휠라홀딩스)가 2020년 베스트 코리아 브랜드에 새롭게 진입했다. 하나은행(11위)은 브랜드 가치 2조 1,158억 원을 기록하며 단숨에 11위에 이름을 올렸다. 미래에셋대우(33위, 7,678억 원), 하이트진로(41위, 4,182억 원), 키움증권(42위, 4,056억 원), 휠라코리아(지주사 휠라홀딩스)(46위, 3,761억 원)

▶▶ 가 새롭게 50대 브랜드에 진입했다.

휠라코리아(지주사 휠라홀딩스)의 신규 진입에는 2016년부터 이루어진 브랜드 리뉴얼이 크게 기여한 것으로 평가하고 있다. 또한, 코로나로 인한 시장 변화에 가장 빠르게 대응해 여성 홈트족을 겨냥한 애슬레저 라인을 론칭하는 등 민첩한 대응이 돋보였다.

'게임 체인저' 부문 신설…대담한 도전으로 소비자의 삶을 대폭 변화시킨 10대 브랜드 선정

– 쿠팡, 배달의민족, 토스, 마켓컬리, 야놀자, 무신사, 직방, 쏘카, 리디북스, 와디즈

올해 신설된 '게임 체인저'부문은 대기업 위주의 50대 브랜드 이외에, 비상장 브랜드이지만 새로운 시장을 개척하고, 최초로 시도되는 서비스를 과감히 도입해 시장에 혁신적 변화를 주도하고 있는 브랜드를 선정했다. 디지털 전환이 이루어지고 있는 각 분야에서 소비자 인식 상위 10개 브랜드가 선정되었으며, 인터브랜드의 브랜드 가치 평가 방법론을 기반으로 쿠팡(종합커머스), 배달의 민족(배달 O2O), 토스(테크핀), 마켓컬리(푸드커머스), 야놀자(놀이/숙박플랫폼), 무신사(패션커머스), 직방(부동산 플랫폼), 쏘카(차량공유), 리디북스(e북/구독), 와디즈(크라우드펀딩)가 2020년 첫 게임 체인저 브랜드로 이름을 올렸다.

게임 체인저 브랜드는 소비자들이 불편해하는 부분들을 정확히 파악해 해결하는 것을 브랜드의 핵심역량으로 소비자에게 소구했다. 또한 콘텐츠를 지속해서 생산하며, 소비자의 일상 속에서 항상 교류하고 있으며, 직관적인 서비스 명칭으로 소비자에게 쉽게 다가가며 브랜드의 대표성을 확보한 것이 특징이다.

2020년 브랜드 성장 비결 '시대의 변화를 넘는 대담한 도전(Iconic Moves)'

인터브랜드는 오늘날이 브랜드가 따라가기 벅찰 정도로 빠르게 변화하는 세상으로, 이러한 시대에 브랜드 리더십을 확보하기 위해서는 소비자들의 기대를 뛰어넘는 '대담한 도전(Iconic Moves)'이 필요하다고 정의했다.

코로나19로 인한 새로운 시대로의 전환기를 맞아 대한민국 브랜드들이 시대의 변화를 넘는 대담한 도전이 필요하며, 각각의 브랜드는 ▲명확한 포부 수립 ▲세분화된 고객 니즈의 본질적 탐색 ▲가치 창출을 위한 비즈니스 모델 구축 ▲시선을 사로잡는 5초 콘텐츠 ▲변화에 빠르게 대응하는 기민함을 대담한 도전을 이루기 위한 5가지 시사점으로 제시했다.

2020년 베스트 코리아 브랜드에 대한 자세한 내용 및 랭킹은 인터브랜드 서울오피스 공식 홈페이지(www.interbrand.com/kr)를 통해 확인할 수 있다.

출처: 인터브랜드 홈페이지 ■

광고를 마케팅적으로 접근할 경우 마케팅 외에 또 한가지 살펴보아야 할 것이 브랜드라는 개념이다. 브랜드는 보통 마케팅 교과서에서 제품 전략의 일환으로 제시되기도 하지만 제품을 뛰어넘는 포괄적인 개념으로 이해하는 노력이 필요하다. 실제적으로 광고나 마케팅에 있어 브랜드 개념을 이해하고 적용하게 되면 좀더 전략적인 접근이 가능하게 된다.

브랜드 자산이라는 개념이 나타난 것은 그리 오래되지는 않았다. 구체적으로 브랜드 자산이라는 개념이 논의되기 시작한 것은 1980년대 후반부터이다. 그 이전에는 단지 브랜드라는 것이 제품의 속성이나 소비자 혜택을 제공하는 하나의 단위로서만 이해하여 상품의 속성과 혜택에만 중점을 두었고 그 이외의 브랜드 자체의 가치에 대해서는 크게 관심을 가지지 않았던 것이 사실이다. 하지만 브랜드를 과거와는 달리 전략적으로 보는 시각이 생기면서 브랜드 자체를 차별적인 가치를 지닌 개념으로 보고, 더 나아가 하나의 자산으로서 사고 팔 수 있는 가치를 가진 기업의 자산으로 보게 되었다. 기본적으로 브랜드 자산은 크

게 재무적인 부분과 소비자에 기초한 자산으로 구분하고 있다. 광고에 있어서는 소비자에 기초한 자산, 즉 '브랜드 지식에 따라 다르게 나타나는 소비자 반응에 기인한 차별적인 효과'로 정의하고 접근하는 것이 바람직하다.

1. 브랜드 아이덴티티

브랜드는 단지 로고나 광고, 모델, 슬로건 등의 단순히 눈에 보이는 개념만을 의미하지는 않는다. 브랜드라는 개념은 다양한 시각적, 전략적 요소를 아우르는 개념으로 좀더 포괄적으로 이해하여야 한다. 역사적으로 브랜드는 목장의 주인들이 자기 목장의 소를 구분하기 위해 소의 엉덩이에 찍는 낙인에서 유래한 것이다. 현대적인 의미에서 미국의 마케팅협회(American Marketing Association)에서는 브랜드를 "A name, term, sign, symbol, or design, or a combination of them, intended to identify the goods and services of one seller or group of sellers and to differentiate them from those of competition"와 같이 정의한다.

브랜드를 이해하기 위해 먼저 브랜드 아이덴티티(brand identity)라는 개념을 살펴볼 필요가 있다. 아커(Aaker, 2003)는 브랜드 아이덴티티를 "브랜드 전략가들이 창조하고 유지하기 위해 불러 일으키는 브랜드와 관련된 일련의 독특한 연상"으로 정의한다. 아커에 따르면 브랜드 아이덴티티는 4가지의 차원에 소속된 12개의 요소로 이루어진다. 구체적으로 제품으로서의 브랜드(상품의 범위, 특징, 품질과 가치, 사용 경험, 사용자, 원산지), 조직으로서의 브랜드(회사의 특징, 지역 대 세계), 사람으로서의 브랜드(브랜드의 특성, 브랜드-고객 관계), 상징으로서의 브랜드(시각적인 이미지, 은유와 브랜드의 전통)가 브랜드 아이덴티티를 구성하는 요소들이다.

브랜드 아이덴티티는 BI(brand identity)로 불리고 기업의 아이덴티티인 CI(corporate identity)와 함께 운영된다. 아이덴티티에는 다양한 요소가 포함되며 4P로 구분하기도 한다. 먼저, 자산(Properties)으로서의 건물, 사무실, 판매점, 차량 등이며 제품(Products)의 경우 제품이나 서비스의 특성이나 속성을 의미하고 외양(Presentations)은 포장이나 이미지 등이 포함된다. 마지막으로 발행물(Publications)은 광고, 책자, 회사 서식 등으로 구성된다. 이 모든 것이 브랜드 아이덴티티를 구성하는 요소이며 동시에 브랜드 아이덴티티가 표현되는 커뮤니케이션 채널로 기능한다.

2. 브랜드 자산

브랜드 자산은 "브랜드에 차별적으로 적용될 수 있는 마케팅 효과"를 나타내는 개념이다(Aaker, 2003). 이는 브랜드 자산을 구축한 브랜드는 그렇지 않은 유사한 제품이나 서비스를 마케팅할 경우와 다른 결과를 보인다는 뜻이다. 물론 훨씬 유리한 입장에서 마케팅을 전개할 수 있다. 따라서 고객에 기초해 브랜드 자산을 다시 정의하면 "해당 브랜드의 마케팅 활동을 통해서 형성된 브랜드 지식이 고객 반응을 창출하는 차별적인 효과"라고 표현할 수 있다.

좀 더 구체적인 브랜드 효과를 알아보자. 먼저 브랜드 자산을 구축하게 되면 소비자는 해당 브랜드가 확장되었을 때 새롭게 확장된 브랜드를 부담 없이 수용하고, 가격이 인상되거나 광고를 중지하더라도 민감하게 반응하지 않게 된다. 또한 유통의 측면에서도 새로운 유통채널에서도 소비자들은 브랜드 자산을 구축한 해당 브랜드를 쉽게 찾게 된다는 것이다.

모든 브랜드 자산은 고객의 입장에서 평가하는 것이 중요하다. 고객에 기초한 브랜드 자산을 구성하는 요소는 차별적 효과, 브랜드 지식, 인식, 선호, 행동 등 마케팅에 대한 소비자 반응을 들 수 있다. 세부적으로 브랜드 지식은 브랜드 인지와 브랜드 이미지로 구성된다. 또한 아커는 브랜드 자산을 구성하는 요소로 브랜드 인지도, 브랜드 로열티, 지각된 품질, 브랜드 연상 이미지를 들고 있다. 브랜드 인지의 경우 보조 인지(brand recognition)와 비보조 인지(brand recall)로 나눌 수 있다. 보조 인지는 브랜드가 주어진 경우 해당 브랜드를 인지하는지 여부를 측정하는 것이고 비보조 인지는 브랜드가 주어지지 않은 상황에서 특정한 제품 카테고리에 속하는 브랜드를 모두 회상하게 하는 것이다. 따라서 비보조 인지를 통한 브랜드 인지가 더욱 강력한 것으로 볼 수 있는 것이다. 특히 회상에 있어 최초로 상기되는 브랜드를 TOM(top of mind)으로 표현한다.

강력한 브랜드란 소비자들이 해당 브랜드를 잘 인지하고 있고 친숙하게 느낄 때 구축된다. 그리고 소비자들은 강력하고 호의적이며 독특한 브랜드 연상을 가지고 있어야 한다(켈러, 2001). 강력한 브랜드는 브랜드가 위기를 맞이하였을 때 그 위기를 극복할 수 있는 원동력을 제공해 준다. 특히 기업의 수익적인 면과 브랜드의 노출 면에서 라이센싱의 기회 또한 무시할 수 없다.

3. 브랜드 요소

브랜드를 구성하는 요소에는 어떤 것이 있는지 살펴보기로 하자. 기본적으로 브랜드 요소는 브랜드의 이름과 로고, 심벌을 들 수 있으며 추가적으로 캐릭터, 슬로건, 징글, 패키지도 브랜드 요소에 포함된다. 이러한 브랜드 요소는 전략적인 고려하에 선택되고 소비자와 커뮤니케이션 되어야 한다.

1) 브랜드 이름

브랜드 전략에 있어 이름은 가장 처음으로 고려해야 할 요소라 할 수 있다. 특히 신제품을 시장에 내 놓을 경우 기존 이름을 확장하여 사용할 것인지 새로운 이름을 개발할 것인지도 중요한 의사결정 사항이다. 기존 브랜드를 사용하게 되면 초기 투자비용이 많이 들지 않게 되지만 기존 브랜드와 새로운 브랜드와의 연상이 호의적이어야 한다는 전제가 필요하다. 때에 따라 투자비용이 많이 들더라도 새로운 시장에 진입하거나 기존 고객과 다른 계층을 목표 소비자로 설정하는 경우 새로운 브랜드를 개발하는 것이 유리할 때도 있다. 기본적으로 브랜드 이름을 개발할 경우 발음상의 용이성, 친숙하고 의미가 있고, 경쟁 브랜드와 차별화가 되고 개성 있는 이름을 사용하여야 한다. 특히 경쟁사의 모방을 피하기 위해 법적인 방어성 또한 고려하여야 한다.

〈그림 12.1〉에서 제시한 브랜드 이름은 소비자에게 기억 용이성과 차별성 차원에서 개발한 독특한 이름을 보여준다. 브랜드 '바나나는 원래 하얗다'는 바나나 우유가 일반적으로 노란색으로 출시된다는 것에 착안하여 하얀색 바나나 우유 제품을 개발하고 그에 따른 차별화된 브랜드 네이밍 전략을 사용한 것이다. '과수원을 통째로 얼려버린 엄마의 실수'도 긴 브랜드 이름을 통해 브랜드 컨셉트를 표현한 이름이라 할 수 있다. 나머지 제품 브랜드는 영어 표현으로 사용하기 힘든 단어를 브랜드에 사용한 경우이다.

그림 12.1 독특한 브랜드 이름

2) 로고와 심벌

브랜드의 로고와 심벌은 시각적으로 제시되는 특성상 소비자에게 쉽게 인지되고 1차적으로 브랜드를 구별하게 해주는 핵심적인 수단이 된다. 특히 이름이 길거나 한번에 이해하기 쉽지 않은 단어로 구성되어 있는 회사의 경우 시각적인 상징물은 회사를 인지하는데 많은 도움을 주게 된다. 기업들은 이러한 로고와 심벌을 개발하는데 많은 의미를 부여하고 기업 브랜드와의 연관성을 찾기 위해 노력하게 된다.

심볼 마크는 다음 다섯 가지 개념을 담고 있습니다.
글로벌한 사고방식, 미래지향적 비전, 젊음, 사람, 그리고 기술입니다. 원 안에 배치되어 있는 L과 G는 사람이 LG의 기업이념 중심에 있다는 것을 상징합니다.
심볼 마크는 고객과 유대관계를 맺고 최고의 만족을 선사하기 위해 노력하는 LG 임직원들의 강한 의지와 노력을 상징하기도 합니다. 동그란 웃는 얼굴은 너무나 잘 알려진 LG 브랜드의 아이콘입니다.

삼성의 워드마크는 세계적인 초일류 기업으로 발전하려는 삼성의 장기 경영 전략을 반영하여 개발되었으며, 유연성과 단순함을 강조하여 고객지향성, 첨단성, 신뢰성의 이미지를 현대적인 감각으로 디자인 했습니다.
삼성블루 컬러는 안정과 신뢰 그리고 따뜻함과 친근함을 나타냅니다.
타원형 로고가 상징하는 것은 혁신과 변화의 이미지를 독특하게 전달하고자 세계에서 우주로의 진출을 표현 했습니다. 그 첫 글자인 S와 마지막인 G는 부분적으로 타원의 바깥을 향해 열려있어, 외부와 내부를 연결하고 세계와 하나가 되어 인류사회에 공헌하고자 하는 삼성의 의지를 담았습니다.

그림 12.2 대기업 브랜드 로고와 심벌의 해석

이러한 로고는 시간이 흐르면서 수정되기도 하고 새로운 로고를 개발하기도 한다. 새로운 로고나 심볼이 요구되는 경우는 인수, 합병, 회사 분리, 구조조정 등 기업의 구조가 변화하는 경우와 시대에 뒤 처진 이미지로 인해 기업에 대한 이미지가 좋지 않거나 시장 점유율이 낮은 경우, 일관되지 못한 이미지를 가진 경우, 그리고 기업이 새로운 시장으로 진입하는 경우 등이 있을 수 있다. GS와 LS가 LG로부터 독립하여 새로운 이름과 로고를 개발한 것이나 삼성의 경우도 타원형의 로고를 꾸준히 수정하여 기존 아이덴티티를 유지하면서 새로운 모습으로 소비자에게 커뮤니케이션하고 있다. 또한 기업이 인수 합병되면서 기존 아이덴티티를 해치지 않는 범위에서 수정을 가하기도 한다. 〈그림 12.3〉에서 LG애드가 LG의 계열사일 때 '미래의 얼굴' 로고를 사용하다가 WPP로 매각되면서 LG의 색상을 유지하면서 로고를 수정한 예를 보여주고 있다. WPP와의 계약이 끝나 브랜드 이름까지 바꿔야 할 때에도 기존에 사각형 로고를 통해 커뮤니케이션하였던 아이덴티티를 유지하면서 이름을 바꿔 기존 LG애드의 아이덴티티를 최대한으로 유지하려는 노력을 엿볼 수 있다. HS애드가 다시 LG의 계열사로 편입된 이후에도 시각적 아이덴티티의 수정 없이 사업을 운영할 수 있었다.

그림 12.3 브랜드 이름과 로고의 변천

브랜드 로고는 기본형이 개발되면 응용형 작업을 하게 된다. 기업 로고가 응용되는 곳은 기업 인장, 주권, 명함, 송장, 보이스 메일의 인사말, 편지지 인쇄 문구, 보도 자료, 제복, 차량, 공장, 전시실, 판매 소식지, 인터넷 사이트, 인쇄물 TV광고, 배경 음향 등 다양한 곳이 포함된다.

3) 캐릭터

캐릭터는 기본적으로 광고를 통해서 소비자와 커뮤니케이션이 이루어지고 인지가 된다. 이러한 캐릭터는 광고 캠페인과 패키지 디자인에 매우 중요한 요소로 기능하게 된다. 시각적 표현물인 캐릭터는 소비자의 시선을 끌어 브랜드 인지도 창출에 결정적인 역할을 하고 제품의 특성을 소비자에게 전달하는데 효과적이다. 또한 캐릭터는 고유한 특성으로 인해 제품군에 구애 받지 않고 쉽게 전이되는 장점을 가지고 있다. 하지만 '에너자이저'의 분홍색 토끼처럼 다른 브랜드 요소를 지배하여 브랜드 자체의 인지도에 악영향을 주는 경우도 있다. 한동안 캐릭터를 개발하는 것이 유행이었던 때도 있었지만 현재는 모든 기업이나 제품에 일괄적으로 적용하기 보다는 기업의 전략적인 필요에 의해 운영하는 실정이다. 지방자치단체의 경우 지자체 브랜드를 구축하면서 무분별하게 캐릭터를 도입하여 지역주민에게 제대로 커뮤니케이션 기회도 갖지 못하고 무관심 속에 버려지는 경우도 많았던 것이 사

그림 12.4 제품에 사용된 캐릭터의 예

실이다.

이러한 캐릭터도 시간이 가면서 변화하게 된다. 기업의 브랜드 로고가 변화하듯이 소비자의 취향의 변화에 따라 기존 캐릭터가 수정되어 사용된다. 〈그림 12.5〉는 가장 유명한 디즈니의 캐릭터인 미키 마우스의 변화를 보여주고 있다. 초기 형태에서 많은 변화가 이루어져 현대적인 캐릭터로 새롭게 태어난 것을 알 수 있다.

그림 12.5 미키 마우스의 변천

4) 슬로건

슬로건은 브랜드에 관해 설명하는 문장으로 설득력 있는 정보를 전달해주는 효과적인 브랜드 커뮤니케이션 도구이다. 브랜드를 제시할 때 바로 아래에 태그라인(tagline) 형태로 사용되어 광고와 구분되는 것이 일반적이다. 하지만 마케팅 전략에 따라 세부적인 구분 없이 때때로 광고의 메인 카피가 슬로건 역할을 하기도 한다. 소비자들이 브랜드를 떠올릴 경우 슬로건을 기억하는 경우가 많기 때문에 기업이나 브랜드의 이미지를 형성하는데 슬로건은 중요한 역할을 한다. 슬로건의 경우 문화적인 차이가 반영되어 한국과 같은 동양문화권과 서구 문화권에서 사용하는 슬로건 표현도 차이를 보이게 되는 경우가 많다.

그림 12.6 태그라인의 예

5) 패키지

패키지는 제품의 용기를 말하며 그 자체를 디자인하고 제작하는 활동을 포함한다. 패키지는 소비자가 매장에서 최후로 만나는 커뮤니케이션 도구로 소비자의 최종 선택에 영향을 미치는 중요한 기능을 한다. 감성적이거나 관여도가 낮은 제품의 경우 용기 디자인으로 소비자의 선택을 받는 일이 드물지 않기 때문이다. 이러한 패키지 디자인은 디자인적인 면과 함께 기능적인 면도 중요한 고려사항이 된다. 예를 들어 특이한 모양의 패키지 디자인은 유통과정에서 효율적인 대처가 어렵게 된다. 대부분의 패키지를 사각형으로 디자인하는 것도 유통비용을 줄이기 위해 제품을 운송 차량에 적재하는데 효율성을 기하기 위한 이유이다.

4. 브랜드 아키텍처와 포트폴리오

기업이 다양한 제품 브랜드를 운영할 경우 브랜드의 위계 구조를 가지고 있는 경우가 많다. 브랜드에 따라 패밀리 브랜드 이름의 우산 하에 동일한 이름을 사용하는 경우도 있고 각자 다른 이름을 사용하는 경우가 있다. 한국의 경우 삼성과 LG 등의 대기업들은 자회사의 경우 패밀리 브랜드를 주로 사용하고 있다. 모든 자회사가 모기업의 이름을 사용하는 경우가 패밀리 브랜드의 대표적인 예라고 할 수 있다. 예를 들어 삼성이라는 기업 브랜드를 앞에 사용하고 뒤에 계열 기업의 성격에 따라 부가적인 네이밍을 하는 것을 말한다. 하지만 삼성의 경우도 세부적인 제품 브랜드를 보면 스마트폰의 경우 '갤럭시'라는 브랜드를 사용하고 TV는 '파브'라는 브랜드를 사용한다. 이렇게 보면 삼성도 제품의 수준으로 내려

가면 독립 브랜드를 사용한다고 볼 수 있다. 이는 LG의 경우도 마찬가지로 가전의 경우 '디오스'(냉장고), '휘센'(에어컨), '트롬'(드럼 세탁기) 등으로 세부 브랜드를 사용한다. 미국의 경우 좀 더 세분화된 브랜드 전략을 사용하는 경우가 많다. P&G는 세계 시장에 다양한 브랜드를 출시하여 세분 시장을 모두 장악하고자 하는 브랜드 전략을 사용한다. 이러한 전략은 전적으로 개별 브랜드를 사용하여 시장에 대처하는 전략이라 할 수 있다. 세제 이외에도 P&G는 기업 브랜드를 내세우지 않고 개별 브랜드들이 독자적으로 운영되며 서로 침해하지 않게 포트폴리오를 운영하는 것으로 유명하다.

그림 12.7 P&G의 개별 브랜드 포트폴리오

5. 기타 브랜드

1) 개인 브랜드

브랜드라는 것이 주로 기업의 마케팅 차원에서 다뤄졌고 실제로 한국어로는 '상표'라는 단어로 번역되어 다소 제한적인 의미로 사용되어 왔었다. 하지만 현재는 기업의 M&A나, 해외 투자유치를 통해 거래가 가능한 대상으로 인지되면서 더 이상 협의의 개념이 아닌 좀 더 전략적인 범위에서 관리되고 있다. 이제는 브랜드가 비즈니스 현장에서 단순한 제품과 서비스에 제한되어 적용되기 보다 특정 대상을 전략적으로 관리하는 효과적인 방법으로 다양한 분야에 적용할 수 있다는 의미로 사용되며, 도시브랜드, 국가브랜드, 채널 브랜드 등 기존의 브랜드 개념을 다양한 부분으로 확장시켜 실무에서 활용하고 있다. 여기에 더해 개인 또한 하나의 브랜드로 바라보고 전략적으로 관리하는 추세를 보이고 있다. 개인 브랜드는 '기업의 관점에서 접근되었던 브랜드 전략이 개인의 차원으로 이동한 것으로 개인이 어떠한 사람이고, 왜 존재하는지에 대한 이유를 밝혀주는 것'으로 정의된다(신병철, 2004).

개인 브랜드의 사례는 기업의 CEO나 유명한 스포츠 스타의 경우에서 쉽게 찾아볼 수 있다. '마이크로 소프트'의 빌게이츠나 '애플'의 스티브 잡스 등이 CEO브랜드의 대표적인 사례라 할 수 있고 강력한 개인브랜드를 구축한 유명 스포츠 스타의 경우 하나의 독립적인 브랜드로 사용되는 것은 물론 관련 브랜드나 선수의 출신 국가의 이미지에 영향을 미치기도 한다. 유명 광고모델의 경우도 하나의 개인 브랜드로 평가할 수 있고 브랜드 자산 요소를 지니기도 한다. 선거를 통해 선출되는 정치인들의 경우도 브랜드 전략이 필요하며 브랜드 가치를 부여하기 위한 전략적인 노력도 이루어지고 있다. 정치인들도 제품의 경우와 같이 브랜드를 구축하는 것이 중요하며 다양한 커뮤니케이션 전략과 기법을 통해 유권자들에게 자신의 위치를 포지셔닝(Positioning) 함으로써 유권자와의 장기적 관계를 유지하는 것이 중요하다는 것을 인식하고 있다. 특히 한 나라의 대통령은 국가 이미지에도 영향을 미치게 되며 국가 브랜드의 하위 구성요인으로 다루어지기도 한다.

2) 채널 브랜드

브랜드 자산의 개념을 우리가 시청하는 방송채널에 적용시킨 것이 바로 '채널 브랜드 자산' 이다. 하지만 국내외에서 채널에 브랜드 개념을 도입한 것은 얼마 되지 않았으며, 학문적으로 연구를 시작한 것도 오래되지 않았다. 채널에 대한 브랜드 관리가 그 동안 크게 주목 받지 못했던 이유는 국내 방송시장이 지상파 방송들의 독과점 구조로 구성되어 있어서 마케팅이 크게 필요하지 않다는 인식이 지배적이었기 때문이다. 하지만 오늘날과 같은 다매체 다채널 환경에서 시청자들은 어떤 채널들이 선택 가능한지, 채널들이 제공하는 프로그램들이 어떤 것인지를 파악하기가 쉽지 않은 현실이다. 이렇듯 수많은 매체와 채널들이 방송하는 프로그램들 중에서 시청자들의 입장에서 자신이 원하는 콘텐츠를 찾기 위한 노력이 필요해지면서 채널들도 경쟁을 하게 되고 채널 브랜드 자산 개념이 중요하게 부각되었다.

채널 브랜드 자산의 정의는 '다매체/다채널로 대변되는 경쟁적 방송환경 속에서 다른 채널과는 차별화되는 그 채널만의 고유한 특성과 그에 대한 연상으로 인해 그 채널에 부여되는 인지, 태도, 행위적 차원의 가치'라고 할 수 있다. 이는 일반적인 브랜드 자산의 정의를 채널에 적용한 것이다. 브랜드 자산이 높은 기업들이 다른 기업들보다 상대적으로 우수한 성과를 보이게 되며 이러한 브랜드 효과는 브랜드 자산이 구축된 채널에도 그대로 적용될 수 있다. 실질적으로 다채널이라고 지칭되는 국내 방송 환경이라고 할지라도 시청자들이 즐겨 찾는 채널은 수많은 채널 중 일부에 국한되어 있으며 이러한 채널들은 대부분 강력한 브랜드 자산을 구축한 채널들이다. 브랜드 자산이 높은 채널들의 프로그램은 시청자들이 반복적으로 시청하며, 반복시청은 결국 높은 시청률로 연결된다. 이는 방송 채널의 입장에서 광고주 유치에 유리한 이점을 가지게 되며, 장기적으로 채널에 대한 충성도가 높은 시청자를 확보할 수 있다는 의미이다. 채널 브랜드 자산은 지속적으로 잠재적 시청자들을 만들어내는 요인이 될 수 있고, 채널 브랜드 자산이 시청량과 광고신뢰도에 긍정적인 영향을 주게 되어 채널 경영에 도움이 된다. 종합적으로 채널 브랜드 자산은 일반적 제품 브랜드와 마찬가지로 눈에 보이지 않는 소비자의 인식은 물론 금전적인 가치를 창출하는 등 여러 가지 측면에서 해당 채널에 긍정적인 효과를 창출하게 된다.

이러한 채널 브랜드 자산은 다양한 요소로 구성될 수 있다. 기존에 브랜드 자산에서 제시된 기업차원에서의 브랜드 자산 구성 요소들을 기반으로 채널 브랜드 자산의 구성요인들을 개발하여 채널 인지도, 채널 이미지, 채널충성도로 구분하기도 한다. 채널 인지도란 시청자가 하나의 채널에 대해 그 채널을 구성하는 여러 요소를 경쟁 채널과 구분하여 인지하는 능력이라고 정의할 수 있다. 채널 이미지는 한 채널의 여러 속성들과 관련된 다양한 연상의 집합체로 시청자들의 기억 속에 있는 해당 채널 브랜드를 불러낼 수 있는 차별화된 능력을 말하며, 시청자의 기억 속에 저장되어 있는 특정 채널과 관련된 일련의 연상까지 포함한다고 할 수 있다. 마지막으로 채널 충성도는 시청자가 가지고 있는 특정 채널에 대한 애착을 바탕으로, 해당 채널을 계속 시청하고 고집하는 행동으로 정의 가능하다.

3) 지역 및 국가 브랜드

현재 장소(place)를 하나의 브랜드로 보고 전략적으로 브랜드 관리를 하는 경우가 많다. 여기서 말하는 장소라는 것에는 국가, 도시 등 다양한 대상이 포함되며 지역사회의 소규모 커뮤니티도 장소 브랜딩에 포함이 될 수 있다. 단순한 행정구역을 기준으로 장소를 구분하는 것 이외의 요인으로 장소를 정의할 수도 있다. 이처럼 장소라는 개념에는 다양한 대상이 포함되지만 장소 브랜딩의 대표적인 분야는 국가 브랜드라고 할 수 있다. 국가는 스스로가 소비의 대상이 되기도 하여 일반적인 제품이나 서비스와는 다른 브랜드 전략이 필요하다. 국가 브랜드의 가치가 중요해 지면서 다양한 기관에서 국가 브랜드와 관련한 순위와 지수를 발표하고 있다. Anholt는 국가브랜드를 육각모형으로 구분하여 수출, 통치, 투자/이민, 문화와 전통, 사람, 관광을 구성요인으로 들고 있다. 각 국가들은 국가의 경쟁력 제고를 위해 국가 브랜드 지수에 신경을 많이 쓰고 있으며 국내에서도 정부 차원에서 국가의 이미지 관리와 브랜드 자산 구축에 투자를 하고 있는 실정이다.

브랜드 자산관리와 마찬가지로 국가 브랜드 관리에 있어서도 브랜드 아이덴티티에 대한 이해가 선행되어야 한다. 국가 브랜드 아이덴티티를 구성하는 차원으로는 사회시스템, 리더십/성장력, 국가유산, 국민이 포함된다(김유경, 김유신, 2012). 국가 브랜드 자산의 구성요소에는 인지도(awareness), 기능적 평가(performance), 감성적 평가(emotional Affinity), 충성도(loyalty)가 포함된다(김유경, 최창원, 이효복, 2011). 또한 국내에 거주하는 외국인들이나 이민자들의 경우 한국문화에 대한 적응 정도가 거주지인 한국에 대한 국가 이미지에 영향을 미치는 핵심적인 요인이다(전종우, 이현숙, 최일도, 2010).

국가 브랜드를 구축하는 데에는 여러 가지 요인이 작용한다. 광고와 홍보 같은 일반적인 마케팅 커뮤니케이션이 이용되기도 한다. 한국도 해외 유명 매체에 국가 이미지에 대한 광고를 집행하기도 하였고 한류 콘텐츠의 경우 전략적인 측면에서 한국의 국가 브랜드 이미지와 연계한 커뮤니케이션 전략을 집행하기도 하고 한식을 대상으로 하여서도 종종 미디어 광고를 활용하고 있다. 과거 무한도전과 같은 TV예능프로그램도 한식 세계화를 위한 프로젝트를 기획하여 동영상광고를 제작하기도 하였다. 비빔밥을 주제로 한 동영상광고는 무한도전 출연진들이 등장하고 외부 전문가들의 도움을 받아 제작한 것으로 완성도도 높은 편으로 상당한 반응을 보였다.

하지만 국가는 광고의 대상으로 보면 너무 광범위하고 하나의 컨셉트로 정리하여 광고를 제작하는 것이 쉽지 않다. 따라서 일반적인 광고 메시지로는 국가 브랜드 구축에 한계가 있어 매체광고보다는 비전통적인 커뮤니케이션 방법이 많이 사용되고 있다. 그 중 미디어 상품을 통해 커뮤니케이션 효과를 만드는 것이 가능한 경우가 많다. 예를 들어 올림픽이나 월드컵, WBC와 같은 국제 스포츠 이벤트를 개최하는 것은 개최국의 국가 이미지에 상당히 긍정적인 영향을 미치게 된다. 개최 뿐 아니라 국제 스포츠 이벤트에 참가하는 것만으로도 스포츠 중계를 통해 참가국들이 방송에 노출되며 이에 따라 국가 이미지가 호의적으로 구축될 수 있다. 또한 한류의 역할에 대한 많은 연구에서 한국의 드라마와 영화, 대중음악을 많이 소비하는 외국인들이 한국의 이미지는 물론 한국산 제품 소비에도 호의적인 태도를 가진다고 한다.

궁극적으로 국가 브랜드가 중요하게 생각되는 이유는 강력한 국가 브랜드가 구축되면 국가와 관련한 다양한 커뮤니케이션에서 많은 이점을 누릴 수 있기 때문이다. 이러한 이점에는 해당국 기업이나 제품에 대한 호의적인 평가와 함께 국민에 대한 이미지, 관광, 투자, 이민 등 여러 분야가 포함된다. 한 국가에서 생산된 제품에 있어서 국가 브랜드는 원산지 효과와 같은 의미로 이해할 수 있다. 기본적으로 해당 국가에 대한 긍정적이거나 부정적인 이미지가 제품 선택에 영향을 미치게 된다. 미국 제품, 일본 제품, 프랑스 제품, 중국 제품 등을 떠올려 보면 국가 이미지가 제품의 이미지에 투영되는 것을 쉽게 알 수 있을 것이다. 특히 제품에 대한 관여도가 낮고 브랜드나 품질에 대한 정보가 부족할 경우 국가 이미지와 관련한 원산지효과는 소비자의 선택에 중요한 영향을 미치게 된다. 국가브랜드 이미지가 제품선택에 미치는 영향은 단순한 제품뿐만 아니라 의약품과 같은 특수한 상품의 소비에도 긍정적인 영향을 미칠 수 있다.

6. 브랜드 전략

브랜드 전략을 광고에 적용하는 데에는 다양한 접근 방법이 있을 수 있다. 이는 브랜드의 아이덴티티와 전략적으로 추구하는 이미지에 따라 달라질 수 있다. 여기서는 몇 가지 브랜드 전략에 대해 알아보고자 한다.

1) 프리미엄 브랜드 전략

먼저 브랜드 전략에 있어 프리미엄 브랜드 전략이 있을 수 있다. 대부분의 브랜드가 궁극적으로는 프리미엄 브랜드로 포지셔닝하기를 원한다. 프리미엄 브랜드는 가격 프리미엄을 기반으로 수익에도 도움이 될 뿐 아니라 마케팅 활동에서도 레버리지를 받을 수 있기 때문이다. 프리미엄 브랜드 전략을 구사하기 위해서는 기본적으로 제품의 품질이 우수하여야 한다. 다음으로는 광고를 통해 프리미엄 이미지의 구축 및 관리가 가능하다. 광고 메시지에 프리미엄 브랜드 아이덴티티를 구현하거나 집행 매체를 제한적으로 운영하는 것도 가능하다. 또한 유통 채널도 프리미엄 전략을 구사할 수 있다. 본사가 운영하는 직영매장을 통해서만 제품을 판매하거나 백화점과 같이 제한적인 유통채널을 이용하는 것도 프리미엄 전략의 일부로 활용 가능하다.

2) 저가 브랜드전략

프리미엄 전략과 반대로 저가 브랜드 전략을 구사하는 것도 제품에 따라서는 유용한 브랜딩이 될 수 있다. 제품의 품질에 있어 크게 차이가 나지 않지만 상대적으로 높은 가격이 형성되어 있는 시장에서는 저가 전략이 효과적일 수 있다. 과거 한국의 화장품 시장에 저가 브랜드들이 시장에 진입하여 주류 브랜드로 포지셔닝한 것이 대표적이다. 당시 '미샤'에서는 기존 제품이 가격에 거품이 있다면 저가 화장품이 아니라 '정가 화장품'이라는 표현을 사용하였다. 또한 시장에서 소비자들이 단순히 가격을 구매에 있어 최우선 순위로 고려하는 제품군에서도 저가 브랜딩이 하나의 전략이 된다. 여기에는 유통채널에서 구사하는 유통브랜드(PB: private brands)들도 포함된다. 어느 대형매장을 가더라도 자사에서 OEM으로 운영하는 브랜드들을 볼 수 있다. 이러한 브랜드들은 제조원들이 기존 시장참여자들로 일정한 제품 품질이 보장되는 경우가 대부분으로 경쟁력을 가질 수 있게 된다.

3) 자국 브랜드 전략

현재와 같이 해외 저가 생산기지에서 많은 제품이 생산되는 현실에서 일정한 수준의 산업 발전 단계에 진입한 국가들은 전적으로 자국에서 생산된 제품을 만나는 것이 어려운 현실이 되어 버렸다. 이는 한국도 마찬가지로 국내산 제품은 대부분 좋은 제품으로 인식되고 있다. 한류를 통해 국내 제품에 대해 호의적인 인상을 가진 외국인들도 한국에서 생산된 제품을 한국 브랜드 중에서도 최고로 꼽는 것도 그러한 이유이다. 미국의 경우는 한국보다 상황이 더욱 심각하여 미국에서 생산된 제품을 구매하는 것이 더 어려운 상황이다. 따라서 미국 브랜드 중에 미국에서 생산된 제품은 광고에서 '메이드 인 유에스에이'라는 것을 하나의 USP로 활용하는 경우도 종종 있다. 이 또한 자국 브랜드라는 것을 하나의 차별화 전략으로 활용한 예이다. 캐나다도 유사한 경우가 있다. 미국과 인접한 국가라는 지리적인 이유로 미국 브랜드의 영향을 많이 받는 현실에서 캐나다 사람, 캐나다 브랜드 등의 소구 방법은 자국 소비자를 대상으로 하는 브랜드 전략에서 많이 사용된다.

그림 12.8 원산지를 강조한 광고

7. 한국시장의 브랜드 인식

최근 조사에 의하면 유명 글로벌 브랜드의 국내 매장 중 매출규모로 세계 'Top5' 안에 드는 곳이 20곳이 넘었다. 어떤 브랜드는 한 주간에 세계 'Top10' 중 9개를 한국 매장들이 차지하기도 했다. 주로 옷, 핸드백, 시계, 보석 등에 치우쳤던 기존 명품 시장에서 이제는 화장품, 식음료 등 다양한 분야의 글로벌 브랜드로 그 영역이 확장되어 가고 있는 것을 볼 수 있다. 또한 수입 외제차도 이제 일반화되어 전국 어느 거리에서 전보다 흔히 볼 수 있게 되었다. 이러한 현상은 한국에만 국한된 것이 아니다. 명품 시장은 아시아에서 올리는 매출이 상당부분을 차지하고 있고, 해마다 높은 증가율을 보이고 있다. 여기에 더해 한국 사회는 각종 소비, 생활비용이 높은 현실로 결혼비용, 가계소득 대비 사교육 비율, 성형수술 비용, 고급 위스키 소비율, 명품 화장품 소비율, 명품과 명품 모조품 소비율 등이 세계 최고 수준이다.

이러한 이유로 외국의 명품브랜드들은 앞 다투어 한국시장을 핵심 시장으로 하여 마케팅을 전개하고 있다. 한 예로 '조니워커'라는 위스키 브랜드는 '조니워커 블랙라벨'이란 제품을 한국에서만 출시하여 판매하고 있다. 일반적인 위스키 소비국에서는 '조니워커 레드' 도 고급스러운 위스키로 대우받고 있지만, 한국에서 '조니워커 레드'는 저가의 일반 위스키라고 생각되어, 많이 팔리지 않았다. 그래서 블루보다는 저렴하고 레드보다는 비싼, 블랙라벨을 한국에서 출시하게 되었다. 다른 예로 '보졸레누보'란 와인은 포도를 수확한 후 2개월 숙성시켜 판매하는 와인이다. 장기간 숙성을 시키는 것이 좋은 와인이라는 것은 일반적인 상식이지만, '보졸레누보'는 그 나름대로 신선한 포도향이 살아있는 와인이라는 것이 핵심 USP이다. 따라서 외국에서는 '보졸레누보'가 오랜 숙성을 시키지 않았기 때문에 저렴한 와인이지만 우리나라에서는 이 또한 비싸게 잘 팔라는 현상을 볼 수 있다. 또 한 예로 '베스킨라빈스 31' 아이스크림은 원래 고가의 아이스크림 브랜드가 아니었지만, 한국에서 고가 정책으로 판매를 하여 성공을 거두게 되자 그때부터 비싼 아이스크림의 대명사가 되었다. 이외에도 해외 브랜드들 한국 시장에만 고가로 팔리는 사례는 수도 없이 많다.

이러한 한국 시장의 특징은 몇 가지 시사점을 제공하고 있다. 명품에 대한 지속적인 수요와 고가 제품에 대한 선호는 브랜딩 담당자들의 입장에서 전략적인 의사결정을 필요로 하게 된다. 물론 모든 제품이 프리미엄 브랜드로 포지셔닝이 가능한 것은 아니다. 소비자들은 어떤 제품군에서는 비싼 프리미엄 브랜드를 선호하지만 어떤 제품군은 단순히 저렴한 가격을 최우선 순위로 하여 인터넷 구매도 많이 이루어지는 현실이다. 국내 브랜드의 경우도 해외에서는 저렴하게 판매하지만 국내에서 비싸게 판매하는 경우도 종종 있다. 한국의 아울렛도 외국과 비교하면 유행이 다소 지난 제품들이 그렇게 저렴하게 판매되지 않는 것을 볼 수 있다. 결국 가격이 한국시장에서 절대적인 위력을 발휘하게 되면 소비자의 입장에서도 건전한 소비생활을 하기 어렵게 된다. 따라서 이러한 소비시장의 왜곡은 소비자들의 현명한 판단을 통해 바로 잡는 노력이 필요할 것이다.

브랜디드 콘텐츠

1. 등장 배경
2. 정의 및 종류
3. 주요 개념
4. 사례
5. 브랜디드 콘텐츠 미래

13

도입사례

'애드버테인먼트'가 뜬다… 광고와 엔터테인먼트 결합한 브랜드 마케팅이 대세

▲ 엔터테인먼트의 미래(The Future of Entertainment) ©Havas Group

▶▶ 광고와 엔터테인먼트를 결합한 '애드버테인먼트(advertainment)'가 뜨고 있다. 전 세계인의 83%가 삶에서 '엔터테인먼트'가 필수적이라고 말했다. 엔터테인먼트가 사람들 일상의 중심에 서게 된 것.

소비자들은 스마트폰을 통해 거의 매일 엔터테인먼트를 소비한다. 스트리밍 음악 혹은 팟캐스트를 듣거나 비디오 콘텐츠를 보고, 인스타그램 게시물을 둘러보거나 게임을 하는 등 엔터테인먼트를 소비하고 생각하는 방식에 근본적인 변화가 나타나고 있다. 이에 브랜드도 '애드버테인먼트'에 주목해야하는 시대가 도래했다.

세계 최대의 크리에이티비티 축제인 칸 라이언즈(The Cannes Lions International Festival of Creativity)는 글로벌 광고미디어 기업 하바스(Havas) 미디어그룹과 함께 디지털 시대가 엔터테인먼트 업계에 가져온 혁명과 그 변화에 대한 내용을 담은 보고서를 발간했다고 28일 밝혔다.

이 연구는 하바스가 15년 이상 추적해 온 프로슈머(Prosumer, 생산과 소비를 결합한 형태의 소비자), 인플루언서, 마켓 드라이버(Market drivers, 시장 주도자)에 초점을 맞춰 37개국에서 만 13세 이상의 1만7411명의 태도와 행동을 바탕으로 2019년 1분기에 조사했다.

보고서에 따르면 전 세계인의 83%가 엔터테인먼트를 삶에 필수적인 것으로 생각한다. 프로슈머의 92%는 엔터테인먼트가 필수적인 요소라고 대답했다.

엔터테인먼트는 이제 건강보다 중요한 키워드로 인식되고 있다. 건강을 필수적으로 고려하고 있다고 답한 응답률 54%에 비해 엔터테인먼트가 더 높은 응답률(83%)을 기록했다.

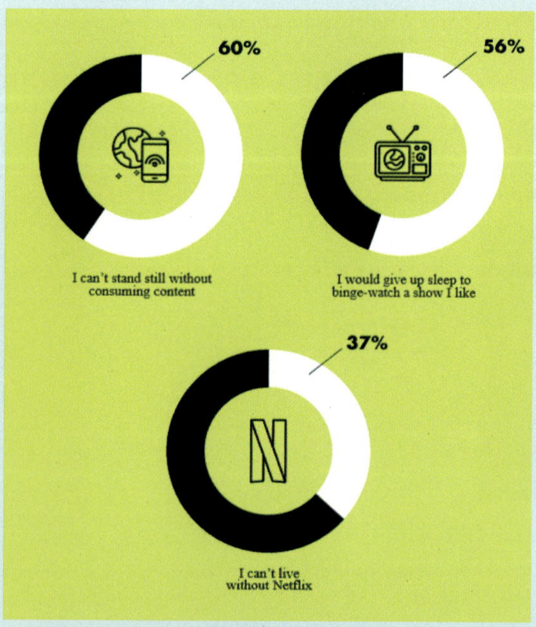

▲ 콘텐츠 중요성©Havas Group

보고서는 넷플릭스의 '블랙 미러', 나이키의 '런 클럽(Run Club)', 음악을 활용한 모노프릭스의 'The Worst song in the world'처럼 앞으로는 엔터테인먼트와 광고를 결합한 애드버테인먼트(Advertainment)의 중요성에 주목했다.

이어 엔터테인먼트가 브랜드 인게이지먼트(brand engagements, 좋아요 클릭 및 댓글달기 등의 반응)를 높이는 수단이라고 조언했다.

사람들은 일상뿐만 아니라 브랜드에 대해서도 엔터테인먼트 요소를 원하기 때문이다.

소비자 4명 중 3명은 브랜드에 대한 경험이 더 재미있기를 바라는 것으로 나타났다. 조사 대상의 71%는 재미있는 광고를 더 기억한다고 답했으며, 69%가 광고라도 재미있다면 볼 것이라고 말했다.

이어 사람들이 더 많은 엔터테인먼트 콘텐츠를 소비하고 싶어 하는 것으로 나타났다.

10명 중 6명이 콘텐츠를 소비하지 않고는 가만히 있을 수 없다고 답했다. 56%는 그들이 좋아하는 콘텐츠를 몰아보기 위해 잠을 희생한다. 10명 중 4명꼴로 넷플릭스가 없으면 살 수 없다고 답했다. 약

5~6년 전 넷플릭스라는 브랜드를 몰랐던 사람들도 넷플릭스가 없으면 살 수 없다고 응답했다.

사람들은 엔터테인먼트를 통해 머리를 식히고 일시적인 도피를 꿈꾼다. 하지만 엔터테인먼트의 진정한 가치는 풍부한 콘텐츠와 사람을 변화시키는 능력이라고 보고서는 지적했다.

10명 중 6명이 교육과 직장 환경에 엔터테인먼트 요소가 더 많으면 좋겠다고 대답했다. 3명 이상은 병원과 은퇴에 대해서도 더 많은 엔터테인먼트 요소가 있으면 좋겠다고 답했다.

보고서는 만약 엔터테인먼트 콘텐츠가 교육적이고, 더 나은 사람을 만들 수 있는 콘텐츠라면 프로슈머의 절반이 의미 있는 엔터테인먼트에 더 많은 돈을 지불할 용의가 있을 것이라고 말하며 애드버테인먼트가 앞으로 브랜드 마케팅의 핵심 열쇠가 될 것이라고 전망했다.

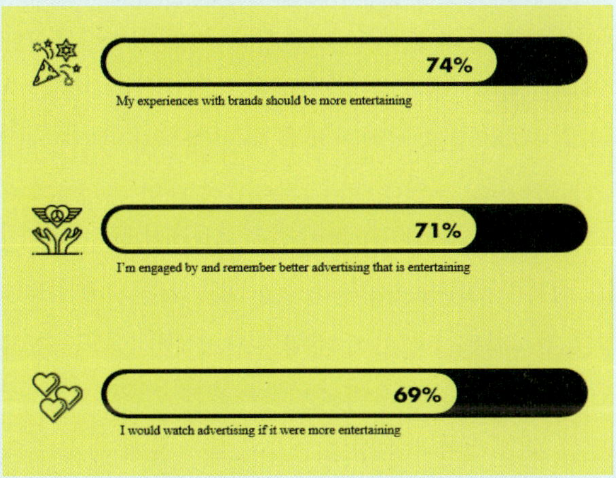

▲ 애드버테인먼트(ADVERTAINMENT, 광고와 엔터테인먼트의 결합)©Havas Group

출처: 뉴데일리경제, 박소정 기자, 2019. 05. 28.

1. 등장 배경

시청자들이 이용하는 미디어들은 광고를 수익기반으로 하는 경우가 대부분이다. 이러한 수익 모델은 100여 년 전 라디오 방송이 시작된 이래 텔레비전을 거쳐 상당한 기간 동안 미디어의 전형적인 수익 모델이었다. 하지만 최근의 미디어 시장을 보면 프로그램 앞뒤로 광고를 집행하는 광고산업의 수익 모델이 더 이상 탄탄한 재정적 배경이 되기 힘들다는 것을 보여준다. 디지털 미디어 환경에서는 더욱 고전적인 수익 모델의 유용성이 떨어지는 실정이다. 가장 기본적인 이유는 시청자들이 텔레비전을 과거와 같이 실시간으로 시청하는 비율이 하락하였다는 것이다. 지상파를 비롯한 방송 콘텐츠에 대한 충성도가 과거에 비해 높지 않다는 것도 이러한 현상의 또 다른 이유이다. 이러한 현실에서도 화제성이 있고 인기를 누리는 방송 콘텐츠는 재방송이나 다른 채널 혹은 미디어 기기를 통해 해당 콘텐츠를 보는 것으로 나타난다. 실시간으로 시청을 하지 않을 뿐이지 방송 프로그램에 대한 시청자들의 선호는 아직까지 이어 지고 있다. 방송 콘텐츠에 대한 충성도가 약화되고 변화된 시청자들의 소비 행태는 방송의 핵심적인 재원으로 사용되는 광고 산업의 축소를 가져오게 된다. 따라서 광고는 변화된 환경에 적응해야 하는 새로운 도전에 직면하고 있다.

더욱 심각한 것은 소비자들이 광고에 대해 호의적이지 않다는 것이다. 미디어를 불문하고 절대적인 광고량이 증가하고 있으며 소비자들의 광고 피로도를 높이고 있다. 특히, 인터넷 광고는 부분별한 광고 집행과 선정성 등으로 광고에 대한 부정적인 인식을 더욱 심화시키고 있는 현실이다. 심지어 광고라는 표현 자체에 부정적인 의미를 내포하여 소비자들의 광고회피를 유도하는 경우도 많다. 이러한 시장 환경 변화는 광고주나 광고를 제작하는 광고대행사 입장에서 소비자들의 부정적인 인식을 완화시키고 설득지식(persuasion knowledge)을 낮추는 작업이 필수적이다. 설득지식은 실득 의도에 대응하는 소비자들의 지식을 의미하며 설득 의도를 알게 되면 메시지에 부정적인 반응을 보이고 설득 성과도 떨어지는 것을 말한다. 현대의 광고는 설득 지식을 촉발하지 않는 광고 같지 않은 광고에 대한 관심이 증가하고 있다.

실무적으로는 광고를 적극적으로 회피하고자 하는 소비자들에게 콘텐츠에 광고를 직접 포함시키는 PPL (product placement)의 활용이 늘어가고 있다. PPL의 효과에도 불구하고 아직까지 PPL이 산업적으로 안정적인 지위를 확보하지는 못하였고 광고주와 방송제작자들 사이에서의 거래 관행도 불투명하게 이루어지는 경우가 많다. 외주 제작을 발주하는 방송사의 입장과 충분한 제작비를 확보하기 힘든 제작사의 입장에서 이익이 상충하는 문제가 발생하기 때문이다. 또 한 가지 문제는 PPL이 효과적이라는 점은 인정하지만 시청자들의 시청권과 사회적인 영향성에 대해서도 논란의 소지가 있다. 무분별하고 맥락에 맞지 않은 PPL은 시청자들의 시청흐름에 방해가 되고 방송의 상업성 문제가 부각될 수 있기 때문에 비판을 받는다.

콘텐츠와 광고 산업에서의 비즈니스 환경 변화를 고려하면 소비자 측면에서 자발적으로 소비하는 상업적인 콘텐츠를 개발하는 전략적인 고려가 필요한 실정이다. 디지털 광고에서 먼저 이러한 흐름을 형성하고 있으며 미디어에 실리는 콘텐츠로서의 기능과 광고주의 메시지를 전달하는 상업적인 목적이 융합된 네이티브 애드(native ad)가 주목받고 있다. 네이티브 애드는 채널이나 플랫폼에 어울리는 콘텐츠를 마케팅 커뮤니케이션 메시지 형태로 제공하는 것을 말한다. 콘텐츠로서의 기능이 더 중요하기 때문에 상업적인 목적보다는 정보제공을 우선하는 제작방식을 따르게 된다. 여기에 더해 보다 적극적인 마케팅 목적으로 구현한 브랜드 저널리즘(brand journalism)이라는 방법도 대기업을 중심으로 시험되고 있다. 브랜드 저널리즘은 기업이 소유한 매체를 통해 적극적으로 기업과 브랜드에 대한 기사와 정보를 생산하여 소비자에게 전달하는 것을 말한다. 대부분의 기업들이 홈페이지를 보유하고 있고 SNS를 통해 소비자와 소통한다. 대기업의 경우 사보를 발행하는 경우도 많다. 이러한 온, 오프라인 매체를 일관성을 가지고 관리하며 전략적인 메시지 창구로 활용하는 것을 브랜드 저널리즘이라 한다. 브랜드 저널리즘도 단순한 광고를 소비자에게 전달하는 것이 아니라 소비자들이 필요로 하는 콘텐츠를 자발적으로 찾아보게 하고 참여를 유도하는 것이다. 자동차 회사가 자동차 관리에 대한 정보를 제공하거나 여행사 혹은 지역 관광청에서 여행객이 필요로 하는 여행 정보를 제공하는 경우를 예로 들 수 있다.

과거와는 다른 형식의 광고가 등장하는 것은 전통적인 광고가 더 이상 효과를 발휘하기 쉽지 않기 때문이다. 미디어 환경이 변화하면서 새로운 플랫폼의 역할이 증가하고 소비자와의 소통 방식이 급격하게 그리고 지속적으로 변화한다. 이러한 변화는 광고도 과거와는 다른 새로운 방식이 필요하며 소비자가 자발적으로 참여하고 이용할 수 있는 콘텐츠를 개발하는 것이 중요하다. 가장 대표적인 예가 기업이 자신들의 기업 이미지나 제품, 브랜드를 알리기 위해 직접적으로 콘텐츠를 제작하는 것이다. 기업이 직접적으로 콘텐츠를 제작할 능력이 되지 않으면 전문 제작자와 협업을 하기도 한다. 기업뿐만 아니라 정부 기관들도 자신들이 직접 만든 콘텐츠로 정부의 정책을 홍보하기 위해 관련 인력을 직접 채용하여 제작을 담당케 하는 경우도 늘어가고 있다.

브랜디드 콘텐츠는 광고를 회피하는 소비자들에게 흥미를 느낄 수 있는 엔터테인먼트적인 요소를 가진 콘텐츠를 활용하여 기업의 이미지나 제품/서비스를 자연스럽게 콘텐츠에 녹여 낸다. 이러한 콘텐츠는 설득적 메시지의 한계인 소비자의 거부감을 완화시켜 광고 효과를 높일 수 있다. 설득 지식을 촉발하지 않고 메시지 전달이 가능하다는 의미이다. 브랜디드 콘텐츠는 단순히 브랜드나 제품을 콘텐츠에 포함하는 PPL과 달리 보다 적극적으로 소비자들이 선호하는 콘텐츠를 브랜드 기업에서 직접 제작하거나 콘텐츠 제작자와 협업하여 소비자들의 자발적인 콘텐츠 이용을 유도할 수 있다. 브랜디드 콘텐츠는 과거의 방식과 같이 상업적인 콘텐츠를 매스 미디어로 소비자에게 일방적으로 제공하는 것이 아니라 자발적인 소비 유인을 만들어낸다는 점에서 차별화된다.

2. 정의 및 종류

과거 광고가 거의 유일한 브랜드 가치 증진 수단으로 사용되었던 것에 비해 소비자 주권의식이 성장하면서 엔터테인먼트 콘텐츠를 활용한 마케팅 커뮤니케이션 방법이 주목을 받고 있다. 브랜디드 콘텐츠는 광고 메시지를 일방적으로 제공하는 것이 아니라 소비자들이 자발적으로 소비할 수 있도록 하는 것이다. 소비자들이 광고에 대해 호의적인 태도를 가지고 있지 않다는 점도 브랜디드 콘텐츠의 유용성을 높여 준다. 브랜디드 콘텐츠는 콘텐츠와 광고를 융합시키는 것으로 브랜드가 전달하고자 하는 메시지를 콘텐츠의 스토리 라인에 녹여내어 소비자에게 전달하는 것을 말한다. 명칭으로 브랜디드 콘텐츠, 브랜디드 엔터테인먼트 등 몇 가지가 사용되지만 브랜드 메시지를 핵심으로 하여 엔터테인먼트 콘텐츠를 제작한다는 측면에서 같은 개념으로 볼 수 있다(Hudson& Hudson, 2006). 브랜디드 콘텐츠(branded content)와 브랜디드 엔터테인먼트(branded entertainment)를 구분하는 것이 크게 의미는 없을 수 있지만 일반적으로 브랜디드 엔터테인먼트는 영화나 드라마, 게임 등 전통적인 장르 구분이 가능한 엔터테인먼트 콘텐츠를 활용하는 것이고 브랜디드 콘텐츠는 유튜브 콘텐츠와 같이 이용자가 직접 만든 콘텐츠를 모두 포함하는 보다 포괄적인 개념으로 사용한다. 개인방송 채널을 활용한 콘텐츠의 경우가 대표적이다.

브랜디드 콘텐츠의 효과는 이론적으로 보면 놀이이론(play theory)으로 설명할 수 있다. 놀이이론은 인간이 천성적으로 놀이를 좋아한다는 것으로 인간은 놀이 자체를 목적으로 둔다는 전제를 바탕으로 인간의 행동을 설명한다. 광고에서 제공되는 콘텐츠도 재미있게 구성된다면 소비자들은 적극적인 소비대상으로 보고 즐거움을 추구한다. 놀이이론에서 설명하는 놀이의 하부 차원을 브랜디드 콘텐츠에 적용해보면 권력으로서의 놀이(playas power), 정체성으로서의 놀이(playas identity), 환상으로서의 놀이(playas fantasy), 시시한 놀이(playas frivolity) 등 네 가지로 구분이 가능하다(Zhang, 2010).

브랜디드 콘텐츠의 형식에 따라 구분하면 영상을 기반으로 하는 애드무비(ad movie), 만화를 기반으로 하는 브랜드 웹툰(brand webtoon), 게임을 기반으로 하는 광고게임(advergame) 등으로 구분할 수 있다. 애드무비는 길지 않은 콘텐츠에 브랜드와 관련된 스토리를 포함하여 드라마나 영화 형태로 제작하는 것을 말한다. 브랜드 웹툰은 한국에서 인기 있는 웹툰이라는 형식을 활용하여 브랜드 메시지를 중심으로 웹툰을 제작하는 것이다. 광고게임은 애드버게임이라고도 불리며 브랜드 이야기를 게임 안에 포함하여 단순히 게임에 PPL을 집행하는 것보다는 광범위한 브랜드 전략으로 사용된다.

최근에는 유튜버들이 진행하는 개인방송이 인기를 얻으면서 자제적인 MCN채널에서 개인방송 진행자들이 브랜드 이야기를 자신들의 콘텐츠에 포함하여 기업 홍보를 하기도 한다. 이러한 개인방송에 브랜드를 협찬하는 방식도 시청자들이 자발적으로 참여한다는 점에서 브랜디드 콘텐츠로 구분할 수 있다. 다만, 광고라는 표현을 명시적으로 표현하지 않아 뒷광고라고 비판받는 경우가 있어 광고 윤리 차원에서의 문제점을 고려한 집행이 필요하다. 여기에 더해 미디어 콘텐츠는 아니지만 현장에서 소비자가 직접 체험하는 이벤트 마케팅도 브랜디드 콘텐츠로 설명할 수 있다. 예를 들어 현대카드가 개최한 파크 콘서트 등은 공연이라는 엔터테인먼트를 마케팅 커뮤니케이션 도구로 활용한 경우이다. VR (virtual reality)과 같이 실감 미디어가 발전하면 현장과 가상의 경계가 허물어진 체험 콘텐츠가 브랜디드 콘텐츠로 더욱 활발하게 사용될 수 있을 것이다.

3. 주요 개념

브랜디드 콘텐츠는 광고의 일방적인 노출 효과와 다른 새로운 개념들로 메시지 효과를 설명하게 된다. 소비자들에게 즐거움을 준다는 차원에서 유희성(playfulness, enjoyment)이라는 개념이 브랜디드 콘텐츠의 효과에 중요한 영향을 미친다. 이야기 구조를 가진 브랜디드 콘텐츠는 스토리가 중요한 요인이라는 점에서 스토리텔링(storytelling) 개념에 대한 이해도 필요하다. 전통적으로 스토리로 구성된 콘텐츠가 효과적인 이유는 해당 시청자 혹은 소비자들의 공감(empathy)을 이끌어낼 수 있기 때문이다. 스토리의 효과를 이해하는데 도움이 되는 또 다른 개념이 몰입(immersion)으로 involvement, flow, presence 등의 개념과 함께 이해할 필요가 있다. 스토리에 몰입하는 효과를 설명하는데 있어서는 전송(transportation)의 역할도 중요하다. 브랜디드 콘텐츠를 이해하기 위해서는 이러한 다양한 개념들에 대한 이해가 필요하다.

1) MCN

유튜브(Youtube)에서 파생되어 생겨난 MCN (Multi Channel Network: 다중채널네트워크)은 개인방송들의 독립적인 플랫폼이라 할 수 있다. 개인방송들의 운영을 도와주며 제품이나 프로그램의 기획 관리, 프로모션, 저작권 및 파트너 관리, 수익 창출 등의 역할을 대신해주는 경우가 많다. MCN에 소속되어 활동하는 1인 영상 제작자들은 크리에이터(Creator)나 1인 창작자라고 불리며 이들을 인플루언서(Influencer)로 육성하는 것이 MCN의 역할이다. MCN이 독립적인 비즈니스로 성장한 것은 유튜브의 성장과 함께 이용자들의 이목을 끌기 위한 보다 전문적이고 본격적인, 오리지널 콘텐츠에 대한 수요가 늘어났기 때문이다. 과거 미디어 콘텐츠와 차별화되는 독특한 콘텐츠를 발전시키면서 기존의 TV 시장과는 또 다른 시장을 개발하고 광고를 유치하고 있다.

국내에서는 2013년 대형 기업들이 MCN을 인수 합병하면서 MCN 비즈니스가 성장하기 시작하였다. 그 이후 수많은 MCN 회사가 미디어 그룹에 의해 인수되었으며 MCN 회사의 가치도 지속적으로 증가하였다. CJ E&M은 '다이아 TV'라는 이름으로 MCN 서비스를 운영하였고 페이스북을 기반으로 하고 있는 비디오 빌리지, 스타UCC 등 많은 MCN 회사들이 등장하였다. KBS와 같은 방송사들, SK와 LG U+ 등의 통신사, SM엔터테인먼트도 MCN 사업에 진출하였다.

2) 스토리텔링

브랜디드 콘텐츠가 이야기를 가지고 있다는 점에서 문학에서 주로 다루어지는 스토리텔링이라는 개념에 대한 이해가 선행되어야 한다. 스토리텔링은 기본적으로 'story'와 'telling'이라는 두 가지 단어로 구성된 합성어이다. 알리고자 하는 바를 설득력 있는 생생한 이야기로 전달하는 것이 핵심이다. 세부적으로 보면 전달하고자 하는 메시지가 'story'이고 메시지를 전달하는 방법을 'telling'으로 설명할 수 있다. 스토리텔링을 연구하는 사람들도 스토리텔링을 설명할 때 두 가지를 구분하고 있으며 연구자에 따라 스토리 자체와 스토리를 전달하는 이야기꾼으로 구분하기도 한다.

스토리텔링은 문학 용어로 많이 사용되며 구전이나 이야기를 들려주는 것을 말하며 개인적인 이야기를 전달하는 서사적 표현기법이다. 이야기를 하는 과정에서 개인적인 경험이 전달되고 공감대가 형성되기도 한다. 스토리텔링에서 보다 행위를 강조하여 'ing'을 따로 구분하면 현재라는 시간적 차원과 사람들 간의 상호작용에 중점을 두고 이해하는 것이다.

(1) 스토리 유형

스토리는 다양한 유형으로 구분이 가능하다. 플롯은 스토리와 유사한 개념으로 플롯을 통해 스토리를 구체적으로 이해할 수 있다. 플롯에서는 스토리 전개시점을 중요시하며 1인칭 주인공 또는 관찰자, 3인칭 관찰자, 전지적 작가 시점 등으로 구분된다. 아리스토텔레스는 플롯을 희극과 비극으로 구분하고 희극은 성격, 풍습, 지적, 정적, 소극, 계략, 상황 등으로 유형화되고 비극은 운명, 성격, 상황으로 유형화된다고 하였다. Friedman(1967)은 플롯을 운명과 사상으로 구분하고 운명은 비극, 징벌, 감상, 찬탄, 성장, 개선, 시련, 퇴보, 사상은 교육, 계시, 정감, 환멸로 구분한다. Tobias(1967)는 플롯의 유형으로 추구, 모험, 추적, 구출, 탈출, 복수, 수수께끼, 라이벌, 희생자, 유혹, 변신, 변모, 성숙, 사랑, 금지된 사랑, 희생, 발견, 지독한 행위, 상승과 몰락 등을 제시하였다. Polti(1921)는 플롯을 36가지로 구분하고 탄원, 구제, 복수, 육친끼리의 복수, 도주, 재난, 참혹 또는 불운, 반항, 대담한 기획, 유괴, 수수께끼, 획득, 육친끼리의 증오, 육친끼리의 싸움, 살인적 간통, 발광, 얕은 생각, 모르고 저지르는 애욕의 죄, 모르고 육친을 살해함, 이상을 위한 자기희생, 육친을 위한 자기희생, 애욕을 위한 모든 희생, 사랑하는 자의 희생, 강한 자와 약한 자와의 싸움, 간통, 애욕의 죄, 사랑하는 자의 불명예의 발견, 사랑의 장애, 적에 대한 애착, 야망, 신과의 싸움, 잘못된 질투, 잘못된 판단, 회한, 잃어버린 자의 발견, 사랑하는 자를 잃음 등을 제시하였다.

구체적인 스토리 유형에 대한 연구도 이루어져 한국 드라마의 스토리 유형은 사랑, 전통문화, 자극, 막장/파격, 성공, 영웅/신화로 구분된다(전종우, 2014). 글로벌 소비자의 시각에서 중국인들이 선호하는 스토리 유형은 문화정체성, 성공, 사랑과 운명, 미래/과학, 영웅/신화로 구분된다(전종우, 강내원, 2015). 보다 마케팅 커뮤니케이션 차원에 사용되는 PR스토리의 유형은 한국 이야기, 해피엔딩, 사랑, 영웅/신화, 미래/과학 등으로 구분된다(전종우, 김정렴, 2015).

(2) 광고의 스토리텔링

광고에서도 스토리텔링은 중요한 요인으로 사용된다. 드라마 형식으로 제작되는 광고의 경우 스토리의 역할이 더욱 증대된다. 광고 스토리텔링의 구성요소는 내레이션(narration), 캐릭터(character), 플롯(plot) 등이다(Deigtion, Romer& McQueen, 1989). 소비자와 브랜드의 관계를 구축하고 기업이 전달하고자 하는 메시지를 소비자에게 이해시키는데 스토리텔링은 도움이 된다. 현대 광고는 소비자들의 이목을 끌기 위해 많은 노력을 한다. 그러한 노력의 일환이 브랜디드 콘텐츠이고 드라마, 스포츠, 게임과 오락, 음악과의 경쟁도 필수적이다. 따라서 광고는 다른 콘텐츠와 마찬가지로 소비자들에게 재미와 감동을 주는 스토리가 필요하다. 결국 광고도 엔터테인먼트 요소를 강조하여 애드버테인먼트(advertainment)로 진화할 필요가 있고 경쟁력 있는 문화콘텐츠가 되기 위해서는 스토리텔링을 적극적으로 활용하여야 한다.

광고에서 스토리텔링이 중요한 이유는 스토리텔링이 적절하게 구현된 광고가 더 효과적이기 때문이다. 기존 콘텐츠에서 사용되는 성공적인 스토리텔링 요인은 광고에도 그대로 적용될 수 있다. 다만, 광고의 스토리텔링이 기존의 스토리텔링과 다른 것은 방송광고의 내러티브에서 기업의 브랜드와 제품이 스토리의 주체가 되고 스토리 전달자의 역할을 한다는 것이다. 미디어가 진화하면서 광고에 있어서도 디지털 스토리텔링 광고에 대한 관심도 증가하고 있다. 또한, 특정한 날에 이름을 부여하여 브랜드와 관련된 이야기를 확산시키는 '데이 마케팅(day marketing)'도 대표적인 스토리텔링을 활용한 마케팅 커뮤니케이션 기법이라 할 수 있다. 스토리텔링은 일반적인 광고만이 아니라 지역의 장소 브랜딩(place branding)에도 적용할 수 있다. 대표적인 것이 지역축제나 관광지 개발로 지역에서 내려오는 설화를 기반으로 스토리텔링을 현대적으로 적용시키는 것이 그 사례이다.

3) 유희성

(1) 놀이 이론

유희성을 설명하기 위해 놀이라는 개념을 먼저 이해할 필요가 있다. 놀이이론은 호이징어(Huizinga)가 처음 제안한 것으로 놀이를 좋아하는 인간의 본성에서 출발한다. 이후 로제 카이와(Roger Caillois)의 놀이의 본질에 대한 탐구로 이어졌지만 호이징어의 논의가 놀이이론의 큰 기본을 이루고 있다. 놀이이론은 놀이가 특정한 목적을 달성하거나 행동을 위한 부수적인 것이 아니라 놀이 자체를 목적으로 한다는 것이다. 이러한 놀이이론은 인간이 일상을 살아가는데 있어 어떤 것을 즐기고 좋아하는 이유를 설명할 수 있는 유효한 개념이다.

(2) 소비자 유희

유희성은 소비자의 감성적인 차원에 대한 평가로 특정한 콘텐츠를 이용하는데 있어 경험하는 즐거움을 의미한다. 유희성은 세부적인 정의가 존재하지는 않고 포괄적으로 이해할 수 있으며 영어 표현으로 playfulness, enjoyment, amusement, pleasure 등 다양한 표현이 사용된다. 유희성의 개념을 좀 더 확장하면 플로우(flow)나 인지된 몰입(immersion)으로도 볼 수 있다. HCI(human computer interaction) 연구에서는 컴퓨터나 정보기기를 사용하는 과정에서 느끼는 즐거움으로 유희성으로 표현한다. 소비자들이 자발적으로 광고를 소비하는 이유를 설명하기 위해 유희성에 대한 연구가 많이 이루어져 왔고 마케팅 커뮤니케이션의 효과를 높이기 위한 주요한 개념으로 연구되었다. 유희성을 높이는 요인은 여러 가지가 있지만 중요한 것은 유희성이 소비자들의 태도와 행동의도에 긍정적인 영향을 미친다는 것이다.

4) 공감

광고의 성공을 위해서는 소비자의 공감을 끌어내는 것이 필수적이다. 광고의 공감적 반응은 "소비자가 광고에 나타난 상황을 이해하고 광고상황에 자신을 투사하여 그 의미를 경험하는 것"이라 정의할 수 있다(소현진, 2014). 인간이 살아가는데 있어서 다른 사람의 정서를 공유하는 것은 사회적인 성공을 위해서 중요하고 자신에게 닥칠 수 있는 위협에 효과적으로 대처하게 한다. 공감 능력을 통해 다른 사람의 생각이나 의도를 예측할 수 있다면 인간의 사회적인 연결을 수월하게 할 수도 있다. 공감은 기본적으로 감정이입과 유사한 용어이다. 타인의 감정에 이입할 수 있는 것은 인간이 가진 능력이다. 공감(empathy)은 타인의 입장에 감정을 이입하는데 있어서 자신의 존재를 잊고 감정적인 경험을 공유하여 적극적으로 몰입하는 정서적 반응이다(Stern, 1994). 반면, 동정(sympathy)은 확실한 자아의지를 가지고 관찰자적인 입장으로 타인의 감정에 빠져들지 않는다는 점에서 공감과 구분된다. 공감을 하는 과정에는 감정적인 요인이 관여하게 되며 무의식적으로 자신과 타인을 구분하지 않고 타인의 감정 속에 동화되어 대상과 유사한 경험을 한다. 공감과 유사한 용어로는 교감(engagement)이 있다.

(1) 차원과 역할

공감은 개념적인 특성에 기반하여 인지적 공감과 정서적 공감으로 구분할 수 있다. 일반적으로 인지적인 공감은 이성적인 차원에서 정서를 공유하는 반면 정서적 공감은 인지적 단계를 거치지 않고 단순한 모방을 통해 대상의 정서를 공유하는 것을 말한다. 광고 공감은 공감적 이해, 동일시, 대리적 감정반응으로 구성된다(소현진, 2014).

(2) 소비자 차원의 공감

대중음악소비에서 팬들은 공감을 통해 소비자 열정을 형성하게 된다. 공감은 소비자와 판매원 사이 혹은 소비자와 광고모델 사이에서도 발생하여 이러한 공감경험은 광고태도, 브랜드 태도, 제품에 대한 태도에 영향을 미치게 된다(Escalas & Stern, 2003). 소비자를 설득할 수 있는 메시지 제작에서 공감은 필수적인 요인이라는 것이다.

스토리텔링 광고는 단순하게 광고 메시지를 주장하는 광고에 비해 효과적이며 그 이유는 스토리텔링 광고에 대해 소비자가 공감하기 때문이다. 스토리텔링 광고에서 소비자 공감은 "소비자가 자신을 광고에 등장하는 인물이 겪는 경험에 상상적으로 투사하는 역동적 과정"으로 볼 수 있다. 수용자가 광고인물과 자신을 동일시(identification)하여 그 인물이 겪는 경험에 대리적으로 참여(vicarious participation)하는 과정에서 공감이 형성된다. 스토리텔링 광고는 브랜드 경험을 등장인물을 통해 묘사한다. 소비자들이 이야기 상황으로 몰입(transportation)하면서 공감이 발생한다. 광고 스토리텔링에 대해 몰입하게 되면 광고에 대한 부정적인 인지반응이 줄어들고 사실적인 경험을 하게하며 감정 반응이 강화되어 광고에 대한 설득효과가 나타난다(Green & Brock, 2000).

4. 사례

브랜디드 콘텐츠는 콘텐츠 자체의 구분에 따라 크게 미디어 콘텐츠와 참여형 콘텐츠로 구분할 수 있다. 미디어 콘텐츠는 영상, 만화, 게임 등이 포함된다. 참여형 콘텐츠는 전통적으로 소비자의 직접적인 경험을 중시하는 공연, 이벤트, 전시 등이 대표적이다. 최근에는 디지털화된 콘텐츠를 사용하며 미디어와 현장 체험을 모두 제공하는 복합 체험 콘텐츠를 활용하기도 한다.

1) 애드 무비

영상을 기반으로 하는 브랜디드 콘텐츠는 기존 광고를 스토리를 보강하여 보다 길게 만들어 집행하는 경우와 독립적인 드라마로 제작하는 경우로 나누어 볼 수 있다. 일반적으로 광고가 방송 미디어의 광고 시간에 맞추어 15초 혹은 30초로 제작되어 집행되지만 3~5분 정도의 다소 긴 시간에 스토리를 담아 집행하는 경우가 있다. 이럴 경우 방송 시간의 몇 개를 한꺼번에 구매하여 집행하고 이후 온라인으로 유통시키게 된다. 나아가 브랜드 스토리를 담은 드라마를 직접 제작하는 경우도 있다. 보다 진화된 드라마 형식의 브랜디드 엔터테인먼로 볼 수 있다.

(1) BMW

드라마 형식의 애드무비는 BMW의 'The hire'가 시초라고 평가 받는다. 2001년부터 총 8편이 제작되었고 참여한 감독들도 유명 인사들로 이안(Lee Ang), 존우(John Woo), 왕가위, 가이 리치(Guy Ritchies) 등이 참여하였다. 드라마 상에서 BMW의 우수한 성능을 강조하여 브랜드 슬로건인 'The Ultimate Driving Machine'을 표현하였다.

그림 13.1 BMW의 'The hire'

(2) 태국 통신사 'True Move H'

태국 통신사 'True Move H'가 집행한 'Giving is the best communication' 캠페인은 감동적인 스토리를 활용한 광고이다. 가난한 어린 아이가 식당 주인에게 도움을 받고 30년이 지난 후 의사가 되어 은혜를 갚는다는 내용이다. 매체를 통해 집행된 것보다 내용에 대한 소비자들의 공감으로 이후 인터넷을 통해 확산된 대표적인 광고로 볼 수 있다. 짧은 시간 속에 압축적인 스토리 표현으로 광고 효과를 높인 사례이다.

그림 13.2 태국 통신사 'True Move H' 광고

2) 브랜드 웹툰

브랜드 웹툰은 유명 웹툰 작가와 협업으로 기업의 제품이나 서비스가 주인공으로 등장하는 웹툰을 말한다. 일반 웹툰과 마찬가지로 스토리를 가지고 있으며 탄탄한 플롯을 기반으로 인기를 끄는 경우도 많다. 웹툰이 유료인 반면 브랜드 웹툰은 무료로 제공된다. 플랫폼에 따라서 브랜드 웹툰은 독립적인 메뉴로 구성하여 제공한다. 〈그림 13.3〉의 웹툰은 웹툰 대상을 수상한 한화생명의 작품이다.

그림 13.3 한화생명의 온슈어 브랜드 웹툰 '2024'

3) 애드버 게임

애드버 게임은 게임을 활용한 브랜디드 콘텐츠이다. 게임 속에 브랜드를 녹여 내어 이용자들의 거부감을 감소시키고 긍정적인 브랜드 경험을 제공하는 것이 특징이다. 미국에서 유명한 패스트푸드 레스토랑 체인인 웬디스(Wendy's)는 2019년 10월, 테이블용 롤플레잉 게임을 자체적으로 개발하여 'Feast of Legends(feastoflegends.com)' 웹사이트에서 무료

로 론칭하였다. 또 다른 패스트푸드 체인인 KFC도 비슷한 시기에 KFC의 유명 캐릭터인 샌더스 대령 할아버지가 등장하는 가상 데이팅 PC 게임을 제작하여 스팀(Steam)이라는 게임 소프트웨어 유통망을 통해 무료로 배포하였다.

▲ 웬디스의 Feast of Legends

▲ KFC의 스팀(Steam)

그림 13.4 애드버게임 예시

4) 온라인 콘텐츠

(1) Uncle Drew

펩시콜라의 경우 2012년에 'Uncle Drew' 캠페인을 진행하였는데 유튜브에서 성공한 최고의 영상 중 하나로 평가된다. NBA 농구 스타인 카일리 어빙이 노인으로 분장하여 길거리 농구에 참여하는 것으로 영상 초반에는 실수를 하다가 자신의 숨은 실력을 보여주는 스토리로 구성된다. 콘텐츠 중간 중간에 펩시를 마시는 영상을 자연스럽게 삽입하여 콘텐츠의 완성도와 브랜드 노출 효과를 조화롭게 배치한 사례이다.

그림 13.5 펩시콜라의 'Uncle Drew' 브랜디드 콘텐츠

(2) 미스터 피자

크리에이티브 차원에서 색다른 소비자 경험을 제공한 경우로 미스터 피자의 'The true origins of pizza' 캠페인을 들 수 있다. 이 광고는 2012년 칸 국제광고제 'Branded Content & Entertainment' 부문에서 동상을 수상한 브랜디드 엔터테인먼트 광고이다. 피자가 한국의 전통음식이었다는 주장을 통해 과하지 않은 위트와 유머를 제공하는 광고물로 평가된다.

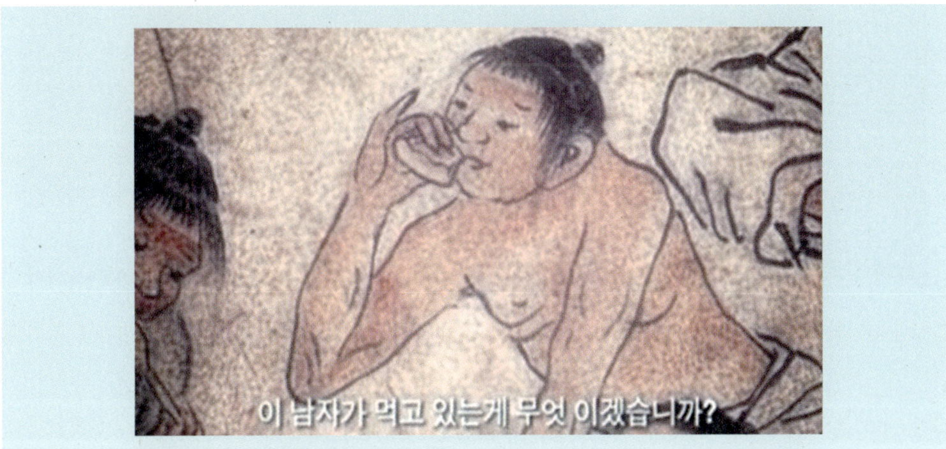

그림 13.6 미스터 피자의 브랜디드 콘텐츠

5) 현장 참여형

(1) 프랑스 생수 'Contrex'

프랑스 생수 광고로 오프라인에서 참여형 프로모션으로 진행되었다. 소비자들이 자전거 페달을 힘차게 밟으면 전기를 생산하여 디지털 이미지가 구현된다. 〈그림 13.7〉에서 보여주듯 프랑스적인 크리에이티브가 눈에 띈다. 궁극적으로 SNS를 통한 구전효과를 노린 광고물이다.

(2) 삼성 갤럭시의 디지털 인스톨레이션

디지털 인스톨레이션(digital installation)은 미술 작품의 아트 인스톨레이션에서 온 것으로 일반적인 설치 미술에서 디지털 미디어를 활용한 프로모션 방법을 말한다. 이는 사람들에게 직접적으로 참여를 제공하여 소비자 체험을 가능하게 하고 디지털 기기를 활용하는 자체가 즐거움으로 경험된다. 삼성의 스마트폰인 '갤럭시4'의 론칭 이벤트가 흥미를 끌었

그림 13.7 프랑스 생수 'Contrex' 브랜디드 엔터테인먼트

그림 13.8 삼성 갤럭시4 언팩 프로모션

다. 사람들이 많이 다니는 곳에 디지털 사이니지를 설치하였다.

그림 13.9 현대자동차의 소비자 체험

(3) VR 체험

디지털 기기의 발전으로 VR(virtual reality)을 활용한 콘텐츠의 소비도 브랜디드 콘텐츠의 영역에 포함하여 설명하는 경우가 많다. VR의 경우 유튜브와 같은 플랫폼에 마우스를 이용하여 체험이 가능하게 하는 간접적인 경험을 제공하는 것부터 HMD를 착용하고 직접적으로 체험하는 콘텐츠까지 소비자에게 다양하게 제공된다.

(4) 전시관

새로운 광고 형식은 아니지만 기업이 전통적으로 운영해 왔던 기업 전시관도 하나의 브랜디드 엔터테인먼트로 볼 수 있다. 기업들은 자신들의 제품을 소비자에게 보여주기 위해 다양한 형태의 전시관을 운영한다. 전자전시회에서 신제품을 소개하거나 모터쇼에서 신차 혹은 컨셉카를 전시하는 것이 대표적이다. 보다 소규모로 보면 자신의 제품을 경험할 수 있는 플래그숍(flag shop)을 운영하는 경우도 있다. 자신이 소유하지 않은 공간을 대여하여 브랜드 존(brand zone)을 운영하는 경우도 포함된다.

기업 이외의 공공기관들도 이러한 전시회 형태의 체험 공간을 운영하는 경우도 있다. 정부의 경우 올림픽이나 엑스포와 같은 대형 이벤트에서 국가관을 운영하는 경우가 대표적이다. 지방자치단체의 경우 지역 축제를 개최하여 지방 특산물이나 지역의 관광지를 소

그림 13.10 CES 2021 LG전자 온라인 전시관

비자들이 직접 체험하고 구매하거나 방문할 수 있도록 하는 것도 엔터테인먼트 경험을 통한 대 소비자 커뮤니케이션으로 볼 수 있다.

최근에는 온라인을 통한 커뮤니케이션이 늘어나면서 온라인 전시관을 운영하는 경우도 증가하고 있다. LG전자는 세계 최대 IT가전 전시회인 CES2021에서 온라인으로 전시관을 운영하였다. 'LG와 함께 홈 라이프를 편안하게 누리세요(Life is ON-Make yourself@Home)'를 주제로 하여 인터넷 방송관(Life is ON TV), 가상전시관(Virtual Experience), LG 시그니처 브랜드관(LG SIGNATURE in Vegas), MZ 특별관(Life's Good Studio) 등 4개의 전시관을 운영하였다. 이러한 온라인 환경을 좋아하는 소비자들에게 색다른 경험을 제공할 수 있다.

6) 엔터테인먼트 콜라보레이션

(1) 아트 인퓨전

아트 인퓨전은 광고물에 예술 작품을 차용하여 광고 효과를 높이는 것을 말한다. 과거 LG의 명화 시리즈나 SSG의 광고가 대표적이다. 이러한 경우는 단순히 예술 작품을 광고의 배경으로 사용하는 소극적인 활용에 그치는 경우를 말한다. 아트 인퓨전을 브랜디드 콘텐츠 입장에서 보면 소비자들의 예술작품에 대한 선호를 자신의 브랜드에 직접적인 연상으로 연결하기 위해 보다 적극적인 콘텐츠를 제작하는 경우이다. 적극적이라는 말은 예술작품

그림 13.11 LG의 아트 인퓨전 사례

이 콘텐츠의 핵심이며 제품이나 브랜드가 그러한 콘텐츠의 주인공이 된다는 것이다. 이는 독자적으로 소비될 수 있는 콘텐츠로 일반 광고보다 시간이 긴 경우가 많고 브랜드를 중심으로 영상이나 스토리가 전개된다는 특징을 가진다.

5. 브랜디드 콘텐츠 미래

브랜디드 콘텐츠는 다양한 형식으로 집행될 수 있다. 브랜디드 콘텐츠는 기본적으로 매체 집행 없이 광고 효과를 볼 수 있다는 점이 매력적이다. 매체 환경이 급변하는 상황에서 매체에 크게 구애받지 않는 방식은 안정적인 비즈니스 모델이라 할 수 있다. 특히, 넷플릭스와 같은 OTT (over-the-top) 서비스가 지배적인 미디어 사업자로 성장하고 있는 현실에서 브랜디드 콘텐츠의 또 다른 미래를 그려볼 수 있다.

OTT는 광고 없이 시청하는 콘텐츠이다. 시청자들에게 일정액의 구독료를 받고 사이트 내에서는 무료로 시청한다. 무료로 인기 있는 콘텐츠를 제공하기 위해서는 막대한 투자가 동반된다. 넷플릭스는 2021년에 국내 콘텐츠 제작에 5,000억 원을 투자하기로 하였다는 이야기가 나온다. 국내 OTT들도 콘텐츠 투자를 확대하고 있고 2021년 하반기에는 디즈니 플러스도 한국에서 경쟁에 참여한다. 플랫폼 경쟁이 시작되어 콘텐츠 투자를 많이 하고 있지만 한계가 있을 것이다. 넷플릭스도 언제까지 OTT의 최강자로 남을지 알 수 없다.

광고 없이 운영되는 OTT에게 있어서도 새로운 콘텐츠는 매력적이다. OTT 플랫폼의 경우도 단순한 PPL을 넘어 브랜디드 콘텐츠 제작을 생각해 볼 수 있을 것이다. 물론 상업적인 메시지의 수준은 개별 콘텐츠마다 달라질 수 있다. 현재 유튜브의 경우 유료로 전환하면 광고 없는 콘텐트를 볼 수 있다. 유튜브의 유료화 전략에 대해 다양한 이야기가 나오고 있지만 상업적인 콘텐츠를 돈을 지불하고 시청한다는 차원에서 새로운 수익모델을 제시하였다는 점은 분명하다. 시작은 다르지만 이러한 수익 모델을 OTT에도 충분히 적용할 수 있다. 재미있고 시청자들의 선택을 받아야 한다는 전제가 있기는 하지만 브랜디드 콘텐츠를 OTT를 통해 유통한다는 것은 충분히 가능한 이야기이다. 이는 또 다른 마케팅 커뮤니케이션 도구가 될 수 있다.

'킹덤'과 같은 드라마는 소재와 표현의 제약으로 방송 채널 대신 넷플릭스에 방영되었다. OTT는 규제로부터 자유로운 장점이 있어 상업적인 콘텐츠도 다양하게 시도할 수 있다. 시청자들의 선택을 받고 즐길 수 있는 콘텐츠라면 드라마와 광고의 구분이 무의미한 현실이다. 브랜디드 콘텐츠는 콘텐츠 산업과 광고 산업의 미래가 될 수 있다.

디지털 광고와 OOH 광고

14

도입사례 1.

매거진 > 애드컬럼
[Special Theme] 2017 마케팅, 디지털로 새롭게 답하다.
대홍 커뮤니케이션즈기사입력 2017.03.17 01:38조회 2476

영화 '마이너리티 리포트(Minority report)'는 2002년 개봉하여 큰 화제를 일으킨 SF범죄 액션 영화다. 2054년 워싱턴을, 범죄가 일어나기 전 범죄를 예측하고 범죄자를 단죄할 수 있는 미래 사회로 그리고 있다. 영화 속에 나오는 미래 예층 기술이나 무인자동차, 홍채 스캐너와 이를 통한 개인 맞춤형 광고 등 영화개봉 당시 황당한 상상력으로 만들어진 이야기로만 치부 되었더 기술들이 이제 현실로 다가오고 있다.

마윈 알리바바그룹회장은 지난해 10월 중국공안과 경찰과 법원, 정보기관을 총괄하는 기구인 공산당 중앙 정법위원회 간부들을 대상으로 한 세미나에서 CCTV와 같은 빅 데이터를 적절하게 분석하고 예측할 수 있는 인공지능(AI)의 개발과 이를 이용한 범죄예방의 필요성과 가능성에 대해 역설했다. 또한 구글 인텔 소니 등 IT기업과 혼다 토요타와 같은 자동차기업들은 무인자동차 개발에 박차를 가하고 있다. 특히 구글의 경우 5년 내 상용화를 목표로 하고 있다. 홍채 스캐너를 통한 보안기술은 이미 갤럭시 노트7을 통해 상용화되었으며, 개인화된 타겟에게 맞춤형 광고를 ▶▶

노출시켜 광고의 효율성과 퍼포먼스를 높여주는 기술도 상당 부분 고도화, 현실화되고 있다.

오늘날 소셜미디어와 사물인터넷, 빅데이터, 인공지능으로 대변되는 '4차 산업혁명'은 단순히 3차 산업혁명의 연장이 아니고 그 변화의 속도와 범위 그리고 그 충격면 에서 인류가 감히 예측조차 힘든 큰 변화를 일으키고 있다. 이러한 변화에 대항 대응은 어떤 기업이나 조직이라도 피해갈 수 없는 시대적 화두가 되었다.

마케팅 커뮤니케이션 분야에 있어서도 이러한 거시적 맥락에서의 변화와 미래에 대한 성찰이 필요한 시기가 되었다. 불과 몇 년 전까지만 하더라도 광고대행사의 기본업무와 역량은 광고주의 업무를 대행해서 광고섹션을 수주하고 광고를 집행함으로써 커미션을 받는 형태의 비즈니스 모델에서 거의 변화하지 않았다. 하지만 지난 몇 년간 디지털화에 수반된 거대한 변화는 광고업의 비즈니스 모델 자체를 뒤흔들어 놓았다. 그 변화의 중심에서 미래를 준비하고 만들어 나아가는 것이 광고인 혹은 마케터의 숙명이 되었다. 이제 2017년 우리가 절대 놓치지 말아야 할 몇 가지 디지털 마케팅의 메가 트렌드를 살펴보기로 하자.

▶ 모바일 온리시대

첫째, '모바일 온리시대'의 도래이다. 에리슈미트 알파벳 회장은 "지금은 모바일 퍼스트의 시대를 넘어 향후 5년 내에 모바일 온리의 시대가 될 것"이라 역설했다. 특히 아시아 퍼시픽 시장의 빠른 변화에 주목했는데, 우리나라의 경우 스마트폰 보급률과 이용률면에서 세계 최상위에 속하고 2014년부터 매체 이용량으로 볼때 10대 20대 30대 모두 TV나 PC를 넘어 모바일이 퍼스트 스크린이 되었다. 또한 TV같은 전통매체의 경우 저녁 시간대를 비롯한 프라임타임의 매체이용률이 타시간대 대비 월등히 높지만 모바일의 경우 눈을 뜰 때 부터 잠들기 전까지 항상 몸에 지니고 있는 개인화된 매체로 온디맨드 마케팅과 커뮤니케이션이 필요한 시대에 가장 중요한 매체가 되었다. 이는 우리에게 소비자

의 미디어 이용행태와 소비성향의 변화에 따른 미디어 플래닝 전략과 콘텐츠 유통전략의 새로운 접근이 필요한 시대가 되었다는 것을 뜻한다.

▶ 브랜디드 콘텐츠

둘째, '브랜디드 콘텐츠'의 약진이다. '브랜디드 콘텐츠란' 기업(브랜드)이 원하는 메시지나 정보, 철학, 가치관을 담아 소비자에게 전달하기 위해 직접 만들어 유통시키는 콘텐츠로, 직접적인 광고라기 보다는 자연스럽게 소비자와 커뮤니케이션 하는 형태의 모든 제작물을 일컫는다. 앞서 언급한 모바일 퍼스트, 모바일 온리 시대에 기업이 모바일 플랫폼을 활용하여 능동적인 소비자들과 소통하며 자발적 확산과 공유를 목적으로 하는 콘텐츠를 직접 생산하고 유통하는 트렌드는 어쩌면 당연한 현상으로 판단된다. 이중 특히 동영상 콘텐츠는 새로운 마케팅 커뮤니케이션 툴로 각광을 받고 있다. MCN스타나 유튜버 같은 영향력을 가진 1인 창작자들이 제작하는 스낵컬처형 콘텐츠로부터 웹드라마, 웹예능, 웹툰 음악까지 다양한 형태의 모든 즐길거리들이 모두 브랜디드 콘텐츠로 새롭게 만들어지고 있다. 광고와 광고가 아닌 것들의 경계가 무너지고 있는 상황에서 기업(브랜드) 입장에서 내용과 형식 면에서 완전히 새로운 콘텐츠를 통해 소비자의 반응과 공감을 이끌어내는 노력과 관심이 더욱 더 필요해지고 있다.

"마케팅! 익숙한 것들을 버리고 디지털로 새롭게 답하자."

우리는 지금, 변화의 속도와 크기와 충격의 정도를 가늠하기 조차 어려운 4차 산업혁명의 시작점에서 서있다. 이것은 미래학자들의 고상한 수사학이 아니고 엄연한 현실이며 생존의 문제다. 과거와 현재 성공한 경험을 가진 기업과 조직은 지금껏 누렸던 기득권을 모두 내려놓고 미래를 준비하는 혁신과 변화에 적극적으로 동참해야 한다. 마케팅 커뮤니케이션 분야되 예외는 아니다. 미래 예측서 '미래의 속도'에서 제시한 "익숙한 것들을 버려야 미래가 보인다"라는 명제를 다시 한 번 되새겨 본다. "마케팅! 익숙한 것들을 버리고 디지털로 새롭게 답하자."

도입사례 2.

삼성, 맥도날드 고양삼송DT점에 스마트 사이니지 공급

김승한 기자

입력 : 2020.10.12 09:07:53

▲ 삼성전자 모델이 경기도 고양시에 위치한 맥도날드 고양삼송DT점에 설치된 삼성 스마트 사이니지를 소개하고 있다. [사진 제공 = 삼성전자]

삼성전자 모델이 경기도 고양시에 위치한 맥도날드 고양삼송DT점에 설치된 삼성 스마트 사이니지를 소개하고 있다. [사진 제공 = 삼성전자]

삼성전자는 고양시 맥도날드 고양삼송DT (Drive Thru)점에 스마트 사이니지를 공급, 종이 메뉴판 없는 친환경 디지털 매장 구축했다고 12일 밝혔다.

스마트 사이니지는 디지털 기술을 활용해 영상과 정보를 전달하는 디스플레이 제품으로, 맥도날드를 찾는 고객들은 삼성 스마트 사이니지를 통해 음식 메뉴는 물론 광고, 할인 이벤트 등 다양한 정보를 확인할 수 있게 된다.

맥도날드 고양삼송 DT점 드라이브 스루 레인에는 고객들이 차에 탑승한 채 메뉴를 확인하고 주문이 가능한 스마트 아웃도어 사이니지가 설치됐다. 매장 쇼윈도에 설치해 디스플레이 앞뒤를 모두 사용할 수 있는 양면형 세미 아웃도어 사이니지 등 총 8대의 디스플레이가 공급됐다.

삼성전자는 2011년부터 맥도날드 매장 내 디지털 메뉴 보드용 스마트 사이니지를 공급해 왔으며, 고양삼송DT점의 경우 매장 내 뿐만 아니라 드라이브스루 레인의 메뉴판까지 디지털화 한 첫 사례라는 데 의의가 있다.

삼성 스마트 사이니지는 매장내 메뉴 · 광고물의 시인성 개선, 인쇄물 교체 비용 절감, 주문 시간 단축 등 효율적인 매장 운영을 가능케 해 준다.

또한, 삼성전자는 한국 맥도날드 전 지점의 메뉴판 콘텐츠를 관리자가 실시간으로 손쉽게 원격 관리할수 있는 토탈 솔루션 프로그램인 매직인포(MagicINFO)도 제공했다.

삼성전자는 앞으로도 신규 오픈하는 맥도날드 드라이브 스루 매장에 스마트 사이니지를 지속 공급할 계획이다.

김승한 기자 winone@mkinternet.com

출처: https://www.mk.co.kr/news/business/view/2020/10/1040381/ ■

이 디지털광고와 마케팅에서는 인터넷광고, 모바일 광고와 OOH (Out of Home) 광고가 다루어질 예정이다. 최근 디지털광고비는 방송광고비를 추월하여 집행되고 있으며 계속하여 디지털광고는 계속 증가할 것으로 보고 있다. 아울러, 디지털과 연동되고 있는 OOH 광고도 또한 주목을 받고 있으며 예전 전통적인 옥외광고를 넘어 OOH광고로 진화하고 있다.

1. 인터넷 광고와 모바일 광고

1) 인터넷광고와 모바일광고 현황

지금은 인터넷 광고나 모바일광고가 주를 이루고 있다. 한국방송광고진흥공사(코바코)가 실시한 '2020년 방송통신광고비 조사'에 의하면 온라인 광고비는 6조 5219억 원으로 2019년 대비 14.1% 증가했다. 이중 모바일 광고비는 2019년 대비 27.0% 증가한 4조 6503억 원으로, 전체 방송 광고비를 추월한 것으로 나타났다. 인터넷 광고비는 8.9% 감소한 1조 8716억 원으로 조사됐다. '2017년 방송통신광고비 조사'에 따르면 2016년 4조 1417억 원을 기록했던 국내 방송광고 매출액이 2017년 4조 1543억 원으로 0.3% 증가에 그칠 전망이다. 반면, 온라인광고(인터넷 · 모바일) 매출액은 2016년 4조 4213억 원에서 2017년 4조 6843억 원을 기록하며 5.9% 가량 늘어날 것으로 나타났다. 절대적 매출액 차이를 살펴보면 2016년에는 온라인광고가 방송광고 보다 491억 원가량 많았고, 지난해 2796억 원으로 차이를 벌린 데 이어 2017년 5300억여 원으로 보다 큰 폭의 우위를 점할 것으로 보인다. 전체 광고시장에서 차지하는 비중도 온라인광고 37%, 방송광고 33% 선이다(안선혜, 2018). 이러한 현상은 글로벌에서도 마찬가지이다. 글로벌 광고시장에서도 모바일의 약진은 최근 몇년간 이어진 주요 트렌드다. 제니스옵티미디어에 따르면 지난해 글로벌 광고비 규모는 5584억 달러로 추정된다. 지난해 글로벌 광고비 디지털 광고비가 총 37.3%에 육박하며 TV 광고비 비중(34.3%)을 넘어섰다. 글로벌 디지털 광고비가 TV 광고를 추월한 시점은 2017년이지만 국내에서는 2012년에 이미 디지털 광고비가 지상파 TV를 추월했다. 심지어 모바일 광고비까지 지난 2016년 지상파 TV를 앞질렀다. 그만큼 국내 모바일 광고시장의 성장이 컸기 때문이다(김새미, 2018). 이렇듯 인터넷과 모바일광고는 앞으로도 성장가능성이 크다.

2) 인터넷과 모바일광고 성장원인

먼저, TV광고비의 하락이다. 이것은 매체 이용율이나 접촉율에 기인한다. 한국정보통신연구원(2020)에서 조사한 자료에 의하면 해당 매체 주 5일 이용하는 비율이 81.6%에서 2020년 77.1%로 감소하는 것으로 나타났다. 일상생활에서 필요한 주요한 매체로 TV는 2011년 60%에서 2020년 29.5%로 나타났고 스마트폰은 2012년 24.3%에서 2020년 67.2%로 나타났다. 점점 주요매체가 TV에서 스마트폰으로 이동하고 있는 것이다.

2016년 하루 평균 매체별 뉴스이용 시간을 조사한 결과도 유사하다. TV는 2011년 52.33분에서 2016년 41.5분으로 감소했으며, 종이신문은 17.5분에서 6.5분으로 급감했다. 의존하는 미디어에 대한 조사 결과 역시 종이신문은 8.7%로 TV(49.3%), 인터넷(37.8%)과 비교하기 힘든 수준이었다. 같은 인터넷이라도 PC보다모바일이 높았다. 하루 평균 PC 인터넷으로 뉴스를 보는 시간은 2011년 23.1분에서 2016년 10.2분으로 줄어든 반면 모바일 인터넷은 6.8분에서 16.9분으로 늘어났다(금준경, 2017).

두 번째, 스마트폰의 증가와 이용률의 증가이다. 2020년 정보통신연구원의 조사에 의하면 해당매체를 주5일 이상 이용하는 비율에서 스마트폰은 2012년 52.6%에서 2020년 90.2%으로 증가한 것으로 나타났다. 시장조사업체 이마케터(eMarketer)에 따르면 2018년 우리나라 성인들은 하루 평균 2시간 3분을 스마트폰 사용에 할애할 것으로 나타났다. 이는 하루 미디어 소비시간의 28.6%에 달하는 수치로, 뉴스를 보거나 동영상을 시청하는 등의 미디어 활동 4분의 1 이상이 스마트폰을 통해 이루어진다. 지난 2015년 1시간 34분에 불과했던 우리나라 성인의 스마트폰 사용시간은 2016년 1시간 45분, 2017년 1시간 53분 등으로 증가해온 것으로 나타났다. 이마케터는 2019년에는 2시간 11분까지 늘어날 것으로 전망하고, 2019년 말이면 스마트폰 사용이 전체 미디어 소비시간에서 차지하는 비중이 30%를 넘어설 것으로 보인다고 전망했다(하대석, 2018). 점차적으로 스마트폰의 의존율은 더욱 높아지리라 생각한다.

세 번째, 모바일 동영상의 증가이다. 문화체육관광부(2020)의 2020년 문화 · 여가 관련 국민여가활동조사 및 국민문화예술활동조사에 의하면 모바일콘텐츠/동영상/VOD시청이 2019년 20.8%에서 2020년 32.6%로 증가한 것으로 나타났다. DMC미디어 조사에 의하면, 2016년 12월 모바일 동영상 트래픽은 전년 동월 대비 46.3% 증가한 3,091.4TB였으며, 전체 모바일 트래픽의 56.1% 비중을 차지한 것으로 나타나, 어느새 모바일이 동영상 시청의 주요 매체로 자리매김하고 있다(ITWORLD, 2017). 이렇게 모바일 동영상이 주목받는 이유 중에 하나는 소셜미디어 사이트가 모바일 생중계 서비스를 시작한 것에도 기인한다. 페이스북의 경우, 유명 셀럽 활용한 '페이스북 라이브' 출시하며, 모바일 생중계 서비스 시장이 지속적으로 성장할 것으로 보고 있다. 사전에 승인된 유명인만 이용이 가능한 개인 모바일 생중계 서비스 '페이스북 라이브' 공개했으며 페이스북 라이브는 실시간 댓글을 통해 시청자 참여가 가능하며, 방송을 저장하고 타임라인에 보관 및 공유가 가능하다. 따라서, 모바일 동영상 생중계 서비스 시장의 성장 및 경쟁이 점차 강화될 전망이다(나스미디어, 2015).

3) 인터넷 광고

(1) 인터넷광고 정의

인터넷광고는 인터넷(Web)을 기반으로 하는 인터넷상의 온라인 광고로 광고주의 특정 목적을 만족시켜주기 위한 것이다. 인터넷광고는 멀티미디어를 활용한 커뮤니케이션 수단이다.

(2) 인터넷광고 특성

웹사이트광고의 특성은 다음과 같은 점을 들 수 있겠다. 첫째로 개인화이다. 인터넷을 통해 소비자들은 개인화된 매체를 활용케 되며 메시지도 접하게 된다. 그리고 와이브로 사업실시와 함께 인터넷이 시간과 공간의 제약을 벗어난다면 이동성과 편의성이 중요해지는 시대에 적합한 매체가 될 것이다. 두 번째는 양방향성 및 상호작용성이다. 인터넷은 정보유통의 양방향성과 상호작용성을 기술적으로 보장해 준다. 따라서 매스커뮤니케이션의 특징인 일대다(one to many) 커뮤니케이션 뿐 만 아니라 일대일(one to one) 커뮤니케이션을 가능하게 해준다. 소비자의 능동적인 반응을 이끌어 낼 수 있고 상호작용성은 T-commerce, 주문형 서비스, 그리고 텔레메틱스 등에 긍정적 영향을 줄 수 있다. 세 번째는 멀티미디어 기능이다. 인터넷은 영상, 음성, 데이터 등 이질적인 정보형태를 하나의 매체를 통하여 통합적으로 처리할 수 있는 미디어 환경을 제공함으로써 멀티미디어 방송의 구현이 가능하다는 특성을 지니고 있다.

(3) 인터넷광고 종류

① 웹사이트광고

웹사이트광고는 이용자들에게 광고에 대한 정보를 비롯하여 여러 가지의 정보를 제공하여 소비자들에게 참여를 유도하려는 목적을 가지기 위해 만들어진 기업이나 브랜드의 자체 웹사이트를 뜻한다. 웹사이트광고는 크게 세 가지 유형으로 나뉘어진다(이시훈 외, 2007). 첫째는 브로슈어웨어(brochureware)로서 기업이나 제품을 소개하는 브로슈어 역할을 하는 웹사이트 광고이다. 둘째는 소비자의 흥미를 끌기 위한 오락적 요소나 특정정보를 웹사이트에 제공하여 재방문을 유도하는 쇼비즈(showbiz)형태의 웹사이트광고이며, 셋째는 특정 마케팅전략에 따라 가입자를 모집하고 관리하는 실용(utilitarian)형 웹사이트 광고이다.

웹사이트광고의 목적은 다음과 같다. 첫째, 기업의 입장에서 인터넷을 통해 적은 비용으로 전 세계에 기업을 홍보 할 수 있는 좋은 도구가 된다. 둘째, 기업이 웹사이트를 개설하여 자사 홍보는 물론 고객들의 의견수렴 그리고 해외 우수인력의 채용에 이르기까지 고객들과의 커뮤니케이션을 할 수 있다. 셋째, 이것은 더 나아가 인터넷을 통해 대고객활동의 개선을 꾀하고자 한다. 따라서 인터넷은 고객과의 관계강화를 위한 촉진수단인 홍보전략 도구로 활용되고 있다. 웹사이트의 개설목적은 회사마다 차이가 있을 수 있으나 아직 이용 초기 단계에 있는 기업들의 경우에는 활용목적이 자사의 이미지나 제품을 국내외에 알리고자 하며 고객의 불만사항을 접수하고 대응하는 커뮤니케이션 창구로서의 기능을 중요시하고 있다. 넷째, 웹의 특성을 살린 각종 이벤트를 통해 종업원 및 고객들과 접촉점을 찾으려 한다. 웹사이트 자체의 프로모션으로 웹 이용자들을 참여시키고 이용자들의 프로파일을 얻고 있다.

② 배너광고(Banner AD)

배너광고는 인터넷에서 아직까지도 가장 많이 사용되는 형태로서 웹 페이지 내의 특정 위치에 사각형의 이미지 광고를 가리킨다(〈그림 14.1〉 참조). 방문자는 배너광고를 클릭하면 해당 광고 페이지나 사이트로 연결된다. 키워드 광고나 지능에이전트 광고도 넓은 의미에서 배너광고에 포함된다. 키워드 광고는 검색 엔진에서 제공하는 광고로 최근에 더욱 각광을 받고 있다.

▲ 〈출처〉 카카오 AD 상품소개서

그림 14.1 카카오 초기 PC섹션 배너광고

– 푸시형 광고(Push Type AD)

푸시 기술(Push Technique)을 이용해 사용자에게 컨텐츠(광고 메시지 포함)를 제공하는 것이며, 대개 푸시 형으로 제공하는 컨텐츠는 고객들이 이미 선택한 내용들이므로 컨텐츠와 함께 제공되는 광고도 고객들은 크게 반감을 가지지 않는다.

– 콘텐츠형 광고(Content Type AD)

콘텐츠형광고는 소비자들이 주로 찾고 많이 시간을 보내는 정보나 컨텐츠를 활용해서 브랜드 이미지를 강화하는 목적으로 개발된 광고이다. 광고를 사이트의 컨텐츠의 일부로서 활용한다. 예를 들어 잠재적인 고객들이 자주 찾는 인터넷 사이트의 특정 페이지에 스폰서로 참여해 회사의 로고나 상품 브랜드를 명시하는 방법이다.

– 키워드 광고

키워드 광고는 검색 엔진에서 제공하는 광고로 말한다. 광고주가 원하는 검색어를 미리 구매 하고, 사용자가 검색을 할 때 검색어를 활용할 경우 검색엔진에서 사용자가 가장 보기 좋은 위치(상위)에 광고주가 원하는 내용을 보여 주는 방식이다. 이러한 키워드 광고의 경우, 잠재고객이 이미 해당 키워드에 관심을 가지고 있기 때문에 거부감이 덜하다. 배너광고에 비해 효과적이며 검색광고 시장이 더욱 더 커지고 있는 실정이다.

▲ 〈출처〉 카카오 AD(키워드광고)

4) 모바일 광고

(1) 모바일광고의 정의

모바일 광고는 이동통신 단말기 혹은 무선 인터넷 단말기를 이용하여 고객에게 문자, 음성, 그래픽, 동영상 등의 광고 메시지를 발송하여 고객으로부터 기대하는 반응을 얻고자 하는 서비스를 말한다.

(2) 모바일광고의 특성

모바일 광고는 기존의 광고매체들과는 달리 개인화되어 있는 휴대전화를 매개로 한다는 점과 항상 휴대가 가능하다는 점에서 기존 매체의 광고들과는 몇 가지 차이점을 보인다(김봉철, 2007). 첫째로 휴대전화를 통해서 개인화된 메시지를 광고로 보낼 수 있다는 것이다. TV나 신문과 같이 불특정 다수에게 광고 메시지를 보내는 기존의 4대 매체와는 달리, 모바일 광고는 개개인에 대한 데이터베이스를 기반으로 특화된 메시지를 전달할 수 있다. 둘째로 위치기반 광고가 가능하다. 모바일 광고는 휴대전화를 매개로 하기 때문에 개인이 휴대하고 있는 휴대전화의 위치를 인식하여 그에 맞는 적절한 광고 메시지를 전달할 수 있다. 국내에서는 법적으로 금지되어 있지만 유럽의 경우 이미 2000년대 초반부터 위치기반의 광고 서비스가 이루어지고 있다(한상필 외, 2005). 예를 들어, 모바일 가입자가 특정한 장소의 백화점 근처를 지나고 있다면 백화점의 세일 정보나 이벤트 등에 대한 정보를 가입자의 휴대전화로 전송하여 방문을 유도할 수 있다. 셋째로 모바일 광고는 즉각적인 반응을 유도할 수 있다. IT기술의 발달로 인해서 무선망의 폭이 넓어짐에 따라 광고 메시지의 전달과 그에 대한 소비자 반응이 즉각적으로 이루어질 수 있다. 예를 들어, 특정한 영화의 광고 메시지에 대해서 소비자가 예매를 하거나 이벤트에 참여하는 등의 즉각적인 피드백을 기대할 수 있다. 넷째로 시간 기반의 마케팅이 가능하다는 것이다. TV나 신문 등의 기존의 매체에는 특정 시간대에 소비자에게 노출되는 형태를 가지고 있지만, 모바일 광고의 경우는 소비자가 휴대전화를 24시간 휴대하기 때문에 마케터가 원하는 적절한 시각에 메시지를 전달할 수 있다. 마지막으로 IT기술을 이용한 다양한 광고를 만들 수 있다. 스마트폰의 등장으로 인해서 프로그래밍을 통해서 원하는 어플리케이션(Applications)을 개발해 광고를 수행하게 만들 수 있다. 또한 스마트폰을 활용한 모바일 환경으로 인해 SNS를 활용한 광고도 주목을 받고 있다. 이와 같이 모바일만이 가지고 있는 장점과 특징들은 기업의 마케팅 활동에 적극 활용되고 있으며 모바일 광고시장의 성장 또한 긍정적인 시각이 강하다.

(3) 모바일광고 효과

모바일 광고가 효과를 발휘하는 이유는 SNS의 사용이 획기적으로 늘어나면서부터이다. 웹

콘텐츠 이용은 이제 PC기반에서 모바일로 이동하였으며 일상적인 콘텐츠를 모바일에서 주로 이용하기 때문이다. 대표적인 SNS인 페이스북은 전 세계의 이용자들이 참여하고 있으며 텍스트광고는 물론 동영상광고와 이용자 기반의 맞춤 콘텐츠 제공 등 모든 서비스가 제공 가능하다. 최근에는 페이스북의 인기와 더불어 기업 콘텐츠 추천이 너무 많아 이를 배제하고 가족이나 친구들이 올린 콘텐츠 위주로 콘텐츠를 제공하기로 하였다. 특히, 일반적인 푸시 메시지의 효과가 감소하고 자발적인 콘텐츠 소비의 중요성이 증가하는 현실에서 이용자의 메시지 공유가 모바일 환경에서 가장 중요한 목표가 되어 가고 있다. 기업이 직접 제작한 브랜디드 엔터테인먼트의 경우도 일방적인 광고 메시지에서 탈피하여 모바일 이용자들이 자발적으로 공유할 수 있도록 흥미로운 콘텐츠를 제작하여 기업의 매시지들 포함시키는 전략이다.

(4) 모바일광고 종류

① 푸쉬형

다양한 매체를 활용하여 푸쉬 알림을 발송하는 형태의 광고를 말한다. 소비자가 광고를 볼 수밖에 없어 주목이 높은 특성을 가지고 있다. 실제 다운로드나 이벤트 공지 등의 캠페인에 많이 활용되고 있다. 이러한 상품은 모바일 어플리케이션에 많이 나타나고 있다.

현재는 회사마다 다양한 형태의 광고상품이 있으며 다음카카오의 초기화면의 mTOP 배너광고는 다음과 같다.

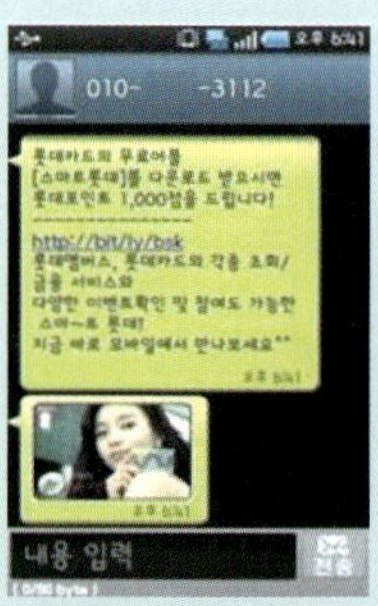

▲ MMS문자형

▲ 팟케이트푸쉬

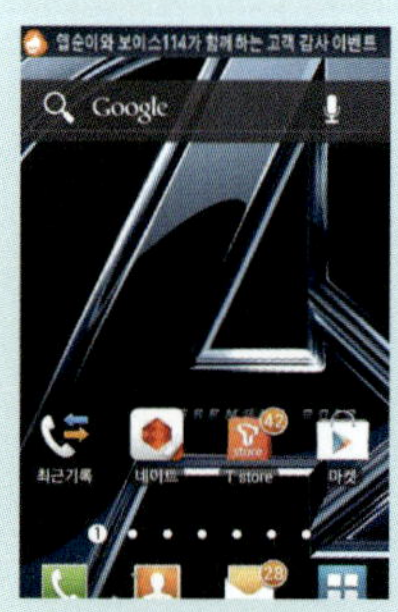

▲ 앱순위푸쉬

▲ 어플리케이션

▲ 카카오톡

▲ 〈참조〉 메조미디어, 카카오AD(푸쉬형모바일광고)

▲ 〈출처〉 카카오 AD mTOP 배너광고

② 보상형

광고주 어플리케이션을 다운로드 받거나 광고 시청 등 직접적인 이용자의 행위를 유도하는 상품으로 소비자가 이러한 행위를 하였을 때, 다양한 형태로 보상을 해주는 형태이다. 모바일 활용 이벤트나 어플리케이션 출시 등 모바일 마케팅 활동과 관련하여 집행되고 있다.

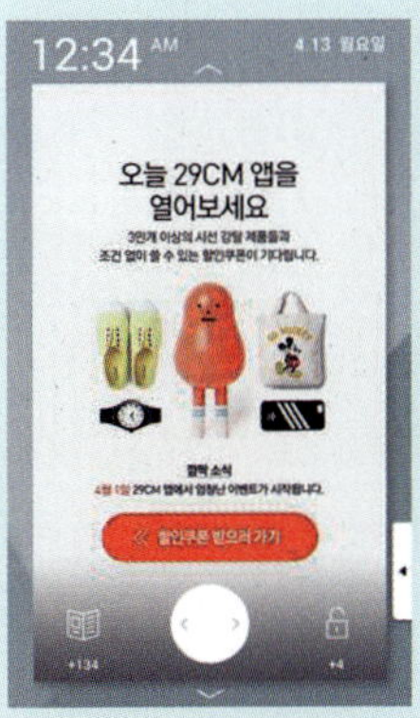

▲ 전면스크린노출형

▲ 리스트형

▲ 아이템지급형 1

▲ 아이템지급형2

▲ 〈출처〉 GPA코리아

5) 모바일광고 사례

(1) 현대자동차

2011년, 현대자동차는 증강현실을 활용한 혁신적인 어플리케이션을 집행하였다. “명화 속 현대자동차” 출시하였다. 이 어플리케이션은 아트 갤러리(Art Gallery) 카 갤러리(Car Gallery) 두 가지의 큰 메뉴로 구성되었다. 아트 갤거리에서는 반고흐, 모네 등의 명화 정보를 제공하며, 카 갤거리에서는 현대자동차의 대표 차량 주요 스펙 제공하였다. 어플리케이션 메인 화면에서 지원하는 카메라를 현대자동차 지점 내 스마트 뷰에 비추면 현대자동차가 등장하는 3D VR 영상을 확인하게 만들었다. 이 어플리케이션을 통해 명화 속의 현대자동차의 모습을 재미있게 구현하여 고객들이 이색적인 체험이 가능하도록 했다.

▲ 〈출처〉 메조미디어 상품소개서

(2) 도미노피자 사례

도미노피자는 피자나 파스타를 주문할 수 있는 어플리케이션을 만들어 외부에서에서라도 GPS를 이용하여 지도로 배달을 가능하게 하였다. 어플리케이션 내에 오리지널 게임을 통해 할인쿠폰 획득하고 주문 후 배달까지의 상황을 실시간으로 확인할 수 있는 기능을 탑재하였다. 2010년 당시 아이튠즈 앱스토어(무료/라이프스타일카테고리)에서 다운로드 1위를 차지하였고, 2010년 3월 8일 앱 주문을 개시한 지 약 1년 2개월만에 앱 주문 매상 5억원을 돌파하였다.

▲ 〈출처〉 메조미디어 상품소개서

6) 결론

새로운 디지털 기술이 온라인광고와 결합하고 있기 때문에 인터넷과 모바일광고는 증가할 것으로 본다. 2018년 미국 라스베이거스에서 열리는 'CES 2018'에서 아마존과 구글의 인공지능(AI) 대결이 주목받고 있는데, 실제 기술 업체들은 AI 비서를 통해 전등을 키거나 일상 전자 기기를 제어할 수 있는 생활 운영 체제를 구축해 나가고 있다. 시장조사업체 가트너에 따르면 2019년에는 선진 국가의 25% 가정집이 디지털 AI 음성 비서를 이용할 것이라고 내다봤다. 현재 아마존은 인공지능 플랫폼인 알렉사를 활용한 온라인 광고 산업에 관심을 보이고 있다. 온라인 광고가 쇼핑 고객 데이터를 활용해 상품 추천에 활용할 수 있고, 아마존의 AI 스피커인 '에코' 이용자들을 아마존 고객으로도 유인할 수 있어 온라인 광고 분야에 대한 기대감이 높아지고 있다(문정은, 2018). 이러한 새로운 기술과 접목과 인터넷과 모바일광고는 계속 진화할 것으로 본다.

국내외적인 상황에서 인터넷과 모바일 기반한 온라인광고는 스마트폰을 이용하는 소비자의 모바일 이동, 인공지능 플랫폼의 결합으로 더욱 성장할 것으로 보인다. 모바일매체로 귀결되는 상황에서 모바일광고가 성장을 계속 할 것으로 본다.

2. OOH (Out of Home) 광고

1) OOH (옥외광고) 정의

옥외광고는 옥외광고물 등 관리법에 옥외광고물은 '상시 혹은 일정기간 계속하여 공중에게 표시되어 공중이 자유로리 통행할 수 있는 장소에서 볼 수 있는 것으로 간판, 입간판, 현수막, 벽보, 전단, 기타 이와 유사한 것으로 정의된다. 서범석(2001)은 옥외광고란 가정 이외의 오프라인 상에서 상업적 목적으로 일정기간 소비자에게 시각적 메시지를 전달하는 광고매체로서 옥외광고, 교통광고, 스포츠광고, 특수광고, 기타광고 등을 포함하는 것으로 정의하고 있다. 옥외광고는 넓은 공간을 일정 동안 점거하여 불특정 다수의 사람들을 소구대상으로 하는 광고물이며 이는 일정공간을 점거하여 그 시각영역에 강제적으로 또는 반복적으로 시각적 자극을 주는 광고의 장(場)이다. 지금은 옥외광고보다는 집 이외의 매체로 OOH(Out of Home)광고로 불리우고 있다.

2) OOH(옥외광고)의 중요성

옥외광고가 중요한 이유는 무엇보다도 소비자들의 라이프스타일이 변했기 때문이다. 이는 전통적인 4대 매체의 공간인 집안보다는 집 밖에서 보내는 시간들이 상대적으로 높아져 가고 있음을 가리키며 옥외광고가 적합한 매체가 되고 있다. 옥외광고비의 변동은 있지만 2005년 총 광고비에서 옥외광고가 차지하는 비중이 10.4%로 방송(30.5%), 신문(23.7%) 다음으로 3위를 차지한 적도 있었다. 지금의 라이프스타일을 고려할 때, 옥외광고의 중요성은 계속해서 높아질 것으로 예상된다. 전통적인 장소 기반의 옥외광고에 디지털 기술이 더해짐으로써 OOH광고가 중요해지고 있는 가운데, OOH광고는 유비쿼터스, 인게이지먼트, 임팩트, 타깃 지향성, 서비스의 다양성, 융합의 특성들과 결합되면서 광고 미디어로서 효과를 높이는 역할을 하고 있다. 아울러, 브랜드와 IMC 개념이 중요해진 오늘날의 광고, 마케팅 환경에서 24시간 소비자의 브랜드 접촉점 관리는 광고주와 대행사에게는 중요한 과업이기 때문에 소비자의 다양한 일상생활에서 자연스럽게 노출되는 OOH 광고의 중요성은 더욱 커질 것이다(한정현, 2013).

3) 옥외광고의 종류

옥외광고의 종류를 분류하는 방법은 여러 가지가 있지만 일반적으로 광고 산업 측면에서 옥외광고의 종류는 5가지로 구분된다. 첫째, 옥상 광고 형식으로 빌보드(옥상 간판, 야립 간판), 네온 광고, 옥외, 기타광고 형식(탑광고) 등이 있으며(〈그림 14.2, 그림 14.3, 그림 14.4〉 참조), 둘째, 교통 광고 형식으로 차량광고(버스, 택시, 트럭 등), 지하철 광고, 철도 광고, 공항 및 터미널 광고, 고속도로 광고가 있다(〈그림 14.5, 14.6, 14.8〉 참조). 셋째, 스포츠 경기장 광고로 야구장, 축구장, 골프장, 스키장, 볼링장 등으로 구분된다(〈그림 14.7〉 참조). 넷째, 특수 광고로 비행선 광고, 점보트론 광고, 애드벌룬 광고 및 각종 시설물 광고가 여기에 포함된다.

그림 14.2 야립간판 사례: 현대해상(왼), 미래에셋(오)

그림 14.3 옥상광고 사례: 넷플릭스(왼), 모닝케어(오)

그림 14.4 네온을 이용한 옥외광고 사례

그림 14.5 버스외부광고

그림 14.6 지하철 광고

그림 14.7 스포츠경기장 광고

▲ 출처: 두나미스 광고

그림 14.8 공항터미널 광고

4) 옥외광고의 특징

옥외광고의 특징은 옥외광고는 기존의 전파매체, 인쇄매체가 가지는 간접광고에서 직접광고형식으로 일정기간, 일정공간을 점유하여 실행되기 때문에 특수성을 가지고 있다. 옥외광고의 효과성을 일반 소비자 측면에서 검증해 보면 다른 매체와는 다른 스케일(Scale) 효과, 서브리미널(Subliminal) 효과, 랜드마크(Landmark) 효과 등 독자성을 가지고 있다. 스케일효과는 옥외광고는 다른 광고매체와 비교해서 물리적으로 크기 때문에 스케일에 따른 강력한 임팩트를 주고 있다. 또한 서브리미널 효과는 정기적으로 접촉할 기회가 많기 때문에 자연스레 기억에 남게 된다. 이것은 잠재인식에 스며드는 서브리미널의 일종이라고 할 수 있다. 한편 랜드마크효과는 옥외광고가 갖는 디자인적 측면, 또는 도시경관의 중요한 요소 등 타 매체와 다른 옥외광고만의 독자성이다.

그 밖에 고정성, 인지성, 지역한정성, 반복소구성,장기성, 소재표시성 등이 있다. 고정성은 일정공간에 있음으로 해서 지역이나 위치에서 상징이 된다. 인지성은 특정지역에 고정됨으로써 기업에 대한 이미지를 형성하는데 있어 효과적이다. 지역한정성은 특정지역에 광고물이 있기 때문에 그 장소를 통행하는 사람들을 대상으로 소구할 수 있다. 이는 지역별로 다른 소비자에게 소구할 수 있다는 것이다. 반복소구성은 일정기간동안 일정지역에 광고물이 있어서 반복소구 효과가 있다. 장기성은 장기적으로 광고물이 있음으로 해서 반복소구 효과를 누린다. 소재표시성은 소재표시로 옥외광고물이 시작되었기 때문에 상점을 알리는 거점 표시 역할을 한다.

5) 디지털 사이니지(디지털옥외광고물) 등장

(1) 디지털사이니지 정의

디지털사이니지는 "디지털"과 "사이니지"가 결합된 즉, 디지털 기술로 만들어진 사이니지(Signage)이다. 보다 구체적으로 말하면 디지털사이니지는 디지털 기술로 정보를 가장 효과적으로 전달하기 위해 OOH (Out of Home)공간에 위치한 장치물이라 볼 수 있다. 따라서 디지털사이니지의 개념은 TV, 컴퓨터, 모바일 등 일반적인 디지털 디바이스와는 조금 다르다. 기술적 측면과 정보 내용적 측면에서는 유사하지만 조금 다른 특징을 가지고 있고 장소적 측면과 사용자 접촉 방식의 면에서는 전혀 다른 특징을 갖는다(심성욱, 박현, 2017). 디지털사이니지는 디지털 이전의 시대에 "사이니지"란 단어가 가졌던 개념 보다 그 기능적 측면에서 탁월해져 있기 때문에 보다 많은 역할을 할 수 있게 되었다. 디지털안내사인, 디지털디렉토리, 정보안내LCD 등의 "지시, 안내 역할의 사이니지"와 뉴스속보판, 디지털 현수막, BIS, 지하철 행선게시기, 교통정보안내판, 공공기관 전자게시대 등의 "뉴스와 공익 역할의 사이니지", 쇼핑몰, 유통체인, 병원, 은행, 아파트 등 집객 공간의 이용객을 위한 "편의시설 역할의 사이니지", 미디어파사드, 미디어폴, 인터렉티브 버스쉘터 등의 "미디어 Art 역할의 사이니지" 그리고 디지털액자, 디지털수족관, 디지털조명, 인터렉션 테이블 등 "인테리어 역할의 사이니지" 등으로 그 역할이 커졌다.

(2) 디지털사이니지 특성

디지털 사이니지는 구매접점에서 노출된다는 점과 크기나 소재 등의 제한이 없다는 점에서 옥외광고의 장점을 극대화할 수 있으며(문철수, 2010; 양윤직, 2010) 디지털 디스플레이를 활용하여 다양한 콘텐츠와 광고를 표출할 수 있다는 점에서 디지털사이니지는 중요하게 되었다. 디지털 사이니지는 매체 특성상 4가지의 특징을 가진다. 첫 번째, 인터랙티브가 가능한 미디어이다. 디스플레이를 통해 정보 전달을 하며 이를 통해 커뮤니케이션을 실현시킨다. 두 번째, 뉴미디어이다. 뉴미디어의 커뮤니케이션은 시공간의 한계를 극복한다는 특징을 가진다. 세 번째, 멀티미디어이다. 음성, 화상, 문자, 자료 등의 여러 가지 표현기능을 통해 커뮤니케이션이 가능하다. 네 번째, 하이퍼미디어이다. 하이퍼텍스트에서 확장된 개념으로 문자 외에도 소리, 그림 등에 접근이 가능하다는 점을 가진다(〈표 14.1〉 참조)(조성우, 2011).

이러한 특성을 가지고 있는 디지털 사이니지가 성공하게 된 요인은 크게 3가지로 설명할 수 있다. 첫 번째, 설치 환경의 타당성이다. 디지털 사이니지는 위치의 특성을 고려하여 가장 최적화된 위치에 설치가 가능하기 때문에 가장 효과적인 타깃팅 효과를 일으킬 수 있다. 두 번째, 미디어의 물리적 설득력이다. 디지털 사이니지는 소비자의 동선과 움직임을 고려하여 설계되어 있다는 점에서 더 효과적으로 작용될 수 있으며, 해상도나 밝기 등을 통해 효과를 더 극대화할 수 있다. 세 번째, 콘텐츠의 매력이다. 단순히 제품의 광고만 전달하는 것이 아니라 소비자의 시선을 끌 수 있는 실용적이거나 오락적인 콘텐츠를 제공함으로써 매체에 대한 매력을 높일 수 있게 된다(유승철, 2011). 아울러, 디지털사이니지는 다음과 같은 장, 단점을 가졌다.

(3) 디지털사이니지의 종류

디지털사이니지의 종류는 설치장소와 기능 또는 역할에 의해 구분된다. 그리고 대부분의 디지털사이니지는 LED, LCD/PDP, 프로젝터 등의 디스플레이 기기의 종류에 따라 이름이 불리기도 하며 장소와 기능을 기기와 결합하여 종류가 결정된다(〈표 14.2〉 참조) (〈그림 14.9, 14.10, 14.11, 14.12〉 참조).

표 14.1 디지털사이니지의 장점과 단점

구분	장점	단점
사업관계자 측면	– 다양한 정보의 표출, 관리가 용이 – 디지털 솔루션과 컨텐츠를 구현 – 자동 효과 측정이 가능 – 고급감과 세련미 연출	– 초기 비용 부담 높음 – 크기, 사양 등 각 디스플레이의 한계 – 광고영업 부진
이용자 측면	– 동적임팩트 – 인터랙션을 통한 재미와 경험제공 – 생활의 편리함과 경제적 이로움제공	– 순간적 정보파악 어려움 – 정보가 많고 사용이 불편 – 스마트폰 대비 컨텐츠 경쟁력 없음
사회, 문화적 측면	– 자원의 낭비를 막고 환경을 보호 – 대국민 홍보물,안전시설물역할 – 도시정비와 디지털문화조성에 기여	– 관리 부재시 시각적 혼란과 사회문제 야기

〈출처〉 심성욱, 박현(2017) 신옥외광고론.

표 14.2 장소, 기능, 사양에 따른 디지털사이니지 종류

설치장소/기능			LED	LCD/PDP	프로젝터
도심	건물	뉴스속보판	전광판		게릴라식 동영상 광고
	교차로	홍보현수막	전자현수막		
	Street	미디어 ART	미디어폴/ 미디어파사드		건물맵핑
교통	지하철	차량운행정보시스템(역구내)		정보안내판	
		차량운행정보시스템(차내)		차량내 동영상	
		편의시설물(역구내)		디지털뷰	
	버스	차량운행정보시스템(쉘터)	스핀TV/TAS	스크린 도어 동영상	
		뉴스속보판		쉘터내 동영상	
	철도	철도공사홍보판		차량내 동영상	
		뉴스속보판	중소형 전광판		
		편의시설물(역구내)	광장 전광판	KTX차내 동영상	
	공항	공항공사(공항)홍보판		인터넷키오스크	
		편의시설물(기내)		기내 동영상	
유통(체인) 네트워크	극장	영화홍보/편의제공/ 엔터테인먼트	소형 전광판	극장내 동영상	STICKUS
	할인점	쇼핑정보/편의시설물		매장내 동영상	
	복합쇼핑몰	행사홍보/편의제공/ 엔터테인먼트	중소형 전광판	디렉토리, 매장내 동영상	입체영상
	커피숍, 레스토랑	매장 홍보/ 판촉 지원		매장내 동영상	
	은행, 미용실			매장내 동영상	
	통신, 전자매장			매장내 동영상	매장내 DAMS
	편의점, 노래방			매장내 동영상	
	스크린골프			매장내 동영상	
생활 네트워크	아파트	아파트 알림판		소형 LCD	
	대학교	대학교내 알림판		LCD, 인터넷키오스크	
	스포츠센터	매장 홍보/정보안내판		매장내 동영상	
	병원	대기순서표시판, 정보안내판		매장내 동영상	
	골프장	골프장 홍보/정보안내판		매장내 동영상	
스포츠/ 리조트	운동장	경기알림판, 경기 종계판	대형, 소형 전광판		
	스키장	정보 안내판, 홍보판	대형, 소형 전광판	리조트내 동영상	

〈출처〉 심성욱, 박현(2017). 신옥외광고론.

그림 14.9 도심 거리의 전자현수막, 디지털야립광고(좌), 인천시청(우)

그림 14.10 교통 지하철 차량운행정시스템

그림 14.11 유통 네트워크 매장내 디지털사이니지

그림 14.12 스포츠, 리조트 디지털사이니지

▲ 〈출처〉 고윤환(2013). 디지털사이니지 인게이지먼트 활용사례.

그림 14.13 LG전자 프리미엄매장 내 미디어폴과 인천공항내 게이트비젼

그림 14.14 CGV 멀티터치 클라우드와 현대자동차 벨로스터 프로모션

(4) 인게이지먼트 높이기 위한 디지털사이니지의 사례

현재 다양한 형태로 디지털 사이니지가 나타나고 있다. 디지털 사이니지는 소비자의 인게이지먼트를 높이며 브랜드를 체험하게 함으로써 브랜드 인지도 및 이미지에 영향을 주고 있다. 이에 현재 우리나라에서 행하여진 사례를 살펴보면 다음과 같다.

〈그림 14.13〉와 〈그림 14.14〉에서 보듯이 인게이지먼트를 높이기 위해서 먼저, 크기 전략으로 주목을 끌 수 있다. 크기가 커지게 되면서 소비자들은 자연스럽게 주목을 하게 되었다. 사례로는 65m의 통로를 디지털 매체로 채운 인천공항 교통센터 게이트비젼, 4층 높이의 기둥을 활용한 LG전자 프리미엄 매장 등이 있다. 두 번째는 상호작용 전략이다. 고객의 흥미와 참여를 유도하는 것을 의미한다. 비콘(Beacon)을 통해 정보를 받을 수 있으며 NFC, QR코드 등을 통해 메시지에 접근하여 다운로드를 받을 수 있다. 아니면 고객이 본인의 사진이나 메시지를 매체에 보내어 본인의 메시지가 매체에 노출하게 하는 등 고객과 매체간의 커뮤니케이션이 일어나도록 하고 있다(고윤환, 2013).

이와 같이 디지털 사이니지는 소비자의 접점을 통해 인게이지먼트를 높이기 위해 기술적 발전을 계속하고 있다. 현재는 증강현실과 가상현실을 접목된 디지털 사이니지가 나타나고 있다.

국제광고

1. 국제광고의 중요성과 역할
2. 시장조사와 광고환경 분석
3. 국제광고에 관련된 문화의 이해
4. 국제광고전략

15

도입사례

GV80 · 쏘나타 · 셀토스 '자신감'…2020 슈퍼볼 광고 속 현대기아차 전략

브랜드 인지도 확대 단계 지나, 내적 가치 높이는 단계로 진입

비즈한국 우종국 기자

[비즈한국] 현대자동차와 기아자동차는 2월 2일(미국 현지시각) 미국 내셔널풋볼리그(NFL) 결승전인 슈퍼볼(Super Bowl) 경기에 광고 3편을 선보였다. 슈퍼볼 광고 단가는 30초에 60억 원으로 알려지는데, 제네시스 · 현대차 · 기아차가 각각 1분짜리 광고를 내보냈다. 광고비는 총 360억 원에 달한다.

▶▶

2008년에 슈퍼볼 광고를 시작한 현대기아차는 신차가 없던 2015년만 빼고 꾸준히 광고를 내보냈다. 2016년 제네시스 광고는 USA투데이가 선정하는 인기광고 1위에 올랐다. 2017년에는 현대차가 VR(가상현실)을 이용해 슈퍼볼이 진행되는 시간에 해외 미군기지의 병사와 실시간으로 화상 연결을 하는 신기술을 선보였다.

2018년 현대차 광고는 재미있는 광고나 신기술을 자랑하기보단 소아암 환자를 등장시켜 기업의 사회 환원을 강조했다. 2019년엔 고객 친화적 판매 서비스 '쇼퍼 어슈어런스'를 알리는 데 집중했다.

▲ 미국 슈퍼볼 경기에 선보인 제네시스 광고는 럭셔리 브랜드로서의 역사가 짧은 제네시스의 도전과 자신감을 표현했다. 사진=제네시스USA 유튜브 캡처

2020년 제네시스 광고는 신차 GV80(지브이 에이티) 출시를 계기로 제네시스가 기존 럭셔리 자동차 시장에 도전장을 던지는 내용을 코믹하게 표현했다. 미국 유명가수 존 레전드와 그의 아내 크리시 타이겐이 주인공으로 출연한다.

티저 광고 두 편이 사전에 선보였는데, 파티장 얼음조각이 북극에서 온 얼음으로 만든 것이라고 중년 신사가 얘기하자 크리시 타이겐은 "내가 먹는 쿠키는 내 지갑에서 나왔어요"라고 화답한다. 얼음조각 자체에 집중해야지 얼음이 북극에서 온 것이 중요하냐고 되묻는 것이다. 2번째 티저는 굴을 탑처럼 쌓은 '오이스터 바'에서 굴 하나를 집자 '굴탑'이 무너지는 장면이다. 공든 탑도 언제든 무너질 수 있음을 암시하는 장면이다.

슈퍼볼에서 선보인 1분짜리 광고에서 크리시는 "'올드 럭셔리' 환송 파티를 할 시간"이라며 파티 참석자들에게 외친다. 그리고 "영 럭셔리가 무언지를 남편이 보여줄 것이다"라고 입구를 가리키지만, 남편은 나타나지 않는다. 한참 뒤 나타난 남편에게 크리시는 "뭔가를 하기로 해놓고 왜 하지 않았나"

라고 따져 묻는다. 그러나 남편 존은 능청스런 웃음을 지으며 "마법의 단어는?"이라고 묻고, 아내는 체념한 듯 "살아있는 가장 섹시한 남자(sexiest man alive)"라고 답한다. 이어 GV80 주행영상과 함께 자막으로 '제네시스의 첫 SUV인 GV80을 소개합니다'라는 내용으로 마무리된다.

'올드 럭셔리'에 도전하는 '영 럭셔리'지만 요란스레 떠들지 않고 보이지 않는 곳에서 내실을 챙기겠다는 의미다. 광고에선 아내 크리시가 남편 존을 '살아있는 가장 섹시한 남자'로 지칭했는데, 이는 GV80에 대한 은유로 읽힐 수 있다. 3일 오후 6시 이 광고는 유튜브 조회수 2407만 회를 넘겼다.

현대차 광고는 신형 쏘나타의 원격 주차 기능을 알리는 데 집중했다. 영화 '캡틴 아메리카'로 알려진 배우 크리스 에반스, 드라마 '오피스' 등에 출연한 배우 겸 감독 존 크래신스키, 인기 코미디언 레이첼 드래치, 메이저리그 보스턴 레드삭스의 거포 데이비드 오티스 등이 출연했다.

크리스와 레이첼이 상점 앞에서 대화를 나누는 가운데, 혼다 어코드가 비좁은 공간에 주차하지 못하고 떠나간 자리에 존이 쏘나타를 몰고 온다. "여기 주차 못 한다"고 하자 존은 가능하다며 차에서 하차한 뒤 키(key)로 원격 주차에 성공한다.

내용은 단순하지만, 자동차를 '카(cah)'로, 주차를 '팍(pahk)'으로 발음하는 등 보스턴 지역의 사투리를 살린 '티키타카' 식의 대화로 묘미를 살렸다. 3일 오후 6시 이 광고는 유튜브 조회수 3651만을 넘겼다.

기아차는 미식축구 선수 조시 제이콥스가 '내가 만약 어린 시절의 나를 만나면 무슨 얘기를 할까' 라고 읊조리며, 자동차 옆자리에 앉은 어린 시절의 자신에게 "나 자신을 믿어라, 주위의 편견을 깨부셔라"고 조언한다. 이어 비장한 표정으로 경기장에 들어서는 조시의 뒷모습과 셀토스의 모습이 교차되고, 자막으로 '셀토스를 소개합니다', '모든 것을 바쳐라(Give it everything)'이라는 내용으로 마무리된다. 미국에서 출시되는 기아차의 첫 소형 SUV인 셀토스의 도전과 자신감을 표현하고 있다. 3일 오후 6시 이 광고는 유튜브 조회수 878만을 넘겼다.

몇 년 전 현대기아차의 슈퍼볼 광고는 센세이셔널한 요소를 통해 수많은 광고들 중에 눈에 띄기 위해 노력했다. 어떻게 보면 현대기아차가 돋보이기보다는 광고제작사의 창의성 경진대회 같은 느낌도 들었다. 올해는 '남들이 뭐라든 내 갈 길을 간다'는 태도로 독자적인 메시지를 전달하는 데 집중했다. 인지도를 높이기 위해 분투하는 단계를 넘어 내실을 추구하는 시기로 들어왔음을 보여준다.

우종국 기자 xyz@bizhankook.com

출처: http://www.bizhankook.com/bk/article/19399 ■

1. 국제광고의 중요성과 역할

세계 전역의 시장이 글로벌화 되면서 국제 광고 시장 규모의 동반 성장과 그 중요성에 대한 관심이 지속되고 있다. 일찍이 Jain(1993)과 Belch, Belch(1998)는 많은 기업들이 성공적인 광고를 해외 사업의 수익 창출의 기본 요소로서 간주하고 있다는 사실을 지적하며 국제 광고의 중요성에 대해 역설하였다. 국제광고를 이해하기 위해서는 국가와 그 문화권에 속한 시장 환경을 알아야 한다. 한편 광고에 영향을 미칠 수 있는 보편적 실재와 배타적 특성들(cross-cultural universals and exclusions)을 이해하는 것도 중요하다.

국제광고는 세계를 대상으로 광고를 하는 것을 의미한다. 일반적으로 두 가지 접근방법이 있다. 첫째는 표준화 전략이고 두번째는 현지화 전략이 있다. 표준화전략은 하나의 광고전략을 가지고 세계에 모두 적용하는 것을 말하며 현지화전략은 각각 나라에 맞게 광고전략을 실행하는 것을 말한다.

우리나라 기업들도 해외시장에 많이 진출하면서 외국에서 상품을 독자적으로 마케팅하고 있다. 이러한 상황 속에서 우리도 국제광고를 집행할 기회가 많아졌으며 삼성, LG 등 대기업 등은 광고물량의 반 이상을 해외에서 집행하고 있는 실정이다. 현대자동차의 경우는 현지화전략으로 현지에 맞는 광고 전략을 사용하여 현지에서도 좋은 반응을 얻고 있다. 그렇지만 국제광고를 집행하기 위해서는 어려운 점도 있다. 서로 언어, 습관 등 문화가 다르기 때문에 광고를 집행하기 전에 고려해야 할 요소도 많다.

2. 시장조사와 광고환경 분석

국내기업이 해외로 진출하기 위해서는 특정국가의 사회생활 양식을 파악해야 한다. 동남아 국가에서는 맨발이 드러나는 것을 꺼림에도 불구하고 다국적 기업이 맨발을 드러내는 광고를 함으로써 역효과를 경험한 적이 있었다. 이 밖에도 서구의 기업들이 경험한 사례들이 많이 있다. 이러한 실패를 방지하기 위해서는 특정나라의 문화 이해가 필요하다.

1) 경제적 환경

제품이나 서비스를 구매할 수 있는 나라인가를 판단해야 한다. 경제적 발전단계에 따라 제품을 선정해야 하며 생활수준, 소득, 국가의 부와 분배, 주요 직업 등을 포함한다. 인구 통계학적 환경: 나라마다 인구통계학적 차이점이 존재한다. 소득수준, 연령 분포, 직업 분포, 가구 수, 문맹률 등을 고려해야 한다. 문맹률이 높은 경우 인쇄광고를 집행하는 것은 실수를 범하는 것이 된다.

2) 문화적 환경

문화적 환경은 언어, 관습, 기호, 태도, 생활양식 등을 가리킨다. 국제광고를 집행하기 위해 고려해야 할 가장 중요한 요소이기도 하다. 문화적 환경을 알고 있어야 그 나라 소비자에게 소구할 수 있는 광고메시지를 만들 수 있을 것이다. 이를 위해서는 현지체험화가 가장 중요할지 모른다.

3) 기술적 환경

국가 기술은 그 국가에서 판매되는 제품이나 서비스에도 영향을 미친다. 예를 들어, 자동차를 생산하지 못하는 나라에 자동차 부품 시장이 좋을 수 는 없을 것이다.

4) 정치 법률적 환경

정치나 법을 알아야 한다. 대부분의 나라에서 술이나 담배광고는 규제를 받는다. 이외에도 규제를 받는 제품들이 존재할 것이며 광고메시지 내용도 나라마다 다른 규제를 받기 때문에 이에 대한 고려가 필요하다. 매체도 규제를 받을 수 있는데, 예를 들어, 사우디아라비아에서는 텔레비전 광고와 라디오 광고가 금지되어 있다.

3. 국제광고에 관련된 문화의 이해

국제광고를 이해하기 위해서는 문화이해가 우선이다. Hofstede에 의하면 문화를 "특정 환경 하에서의 사람들의 집단적인 정신적 프로그램"이라 정의하며 또한 "문화는 개개인의 특성이 아니며 동일한 교육과 생활 경험에 의해 조건화된 수많은 사람들의 집단적 특성"으로 보고 있다. 그리고 국제광고를 이해하기 위해 문화적 차원도 이해해야 한다.

홉스테드(G. Hofsted)는 각국의 문화차이로부터 기업구성원의 활동양식이 달라진다는 점에 착안하여 문화의 차이가 기업구성원의 행동양식에 어떤 영향을 미치며 이것이 기업활동에 어떤 영향을 미치는 가에 대해 설명하고 있다. 문화들을 비교하기 위해, 홉스테드(Geert Hofsted)는 권력거리(power distance), 개인주의/집단주의(individualism/collectivism), 남성주의/여성주의 성향(masculinity/feminity), 불확실 회피성향(uncertainty avoidance), 장기지향성(long-term orientation)이라는 다섯 가지 차원에 의해 문화를 구분하였다.

1) 홉스테드의 문화적 차원

(1) 권력거리

홉스테드는 권력의 집중에 대한 사회구성원의 반응과 수용정도를 평가함으로써 그 사회가 권력의 집중을 인정하는 사회인가 아니면 권력의 집중을 인정하지 않는 사회인가로 구분하고 있다. 권력거리 차원(PDI)은 "권력이 불공평하게 배분되어 있다"는 것을 한 사회의 권력이 적은 구성원들이 받아들이고 예상하는 정도를 의미한다고 할 수 있다. 권력거리지수(PDI)에서 낮은 점수를 기록하는 미국과 같은 문화에서는 권위란 부정적인 의미를 내포한다.

(2) 개인주의/집단주의

이 개인주의/집단주의의 차원을 Hofstede(1980)는 한 사회에서 개인과 집단 간의 관계의 강도로 설명하고 있다. 여기서 개인주의 문화에서는 타인과의 관계에 있어서 독립적인 관계를 선호하며, 집단의 목표를 개인의 목표에 포괄된 하위 영역으로 인식하는 반면에, 집단주의 문화에서는 타인과의 상호의존적 관계를 선호하며, 개인의 목표를 집단의 목표에 종속시키는 인식이 강하다고 설명하고 있다. 위의 기준을 적용한 연구에서 미국은 조사 대상 53개국 중 미국이 가장 개인주의 문화가 강한 국가로 조사되었고, 반면에 한국은 43번째로 나타나 개인주의보다 집단주의 문화가 강한 국가 중 하나로 구분되었다.

다음 광고는 애플에서 만든 에어팟 프로 광고이다. 소심한 여인이 에어팟 프로를 끼고 노래를 재생함과 동시에 자신만의 세계를 즐기는 모습을 보여준다(〈그림 15.1〉 참조).

그림 15.1 개인화 광고의 예: 에어팟 광고(출처: 애플)

(3) 남성주의/여성주의

남성주의(MAS)라는 차원은 다음과 같이 정의할 수 있다. "남성주의 사회에서 지배적인 가치는 업적과 성공이고 여성주의 사회에서 지배적인 가치는 다른 이를 돌보아 주는 것과 생활의 질이다." 남성주의 사회에서는 성취, 업적을 중요시 하고, 지위는 성공을 보여주기 위해 중요하다. 또한 양극화하는 경향이 존재하며, 크고 빠른 것은 아름답다. MAS 지수에 대해서 낮은 점수를 기록하는 여성주의 사회는 서비스지향적이며 인간지향성을 갖는다.

한편, 이러한 남성주의/여성주의의 차원은 역할의 구분에 있어서도 차이를 보인다. 아래의 사례를 살펴보면, 남성주의가 강하게 나타나는 동양문화권에서는 여성의 아내로써의 역할을 강조함으로써 가정을 돌보는 모습으로 표현 되는 반면, 여성주의의 성향을 나타내는 문화권에서의 남성과 여성이 함께 육아를 돌보는 등의 모습으로 표현되면서 여성과 남성의 역할 구분이 다소 약한 수준으로 나타나는 경향을 보인다(〈그림 15.2〉 참조).

▲ 보험회사 '닛세이' 일본 광고

▲ 탄산음료 '코카콜라' 스페인 광고

그림 15.2 남성과 여성의 역할구분에 따른 남성주의/여성주의 표현 사례

(4) 불확실성 회피경향

불확실 회피성향(UAI)은 "불확실과 모호함에 대해 사람들이 위협감을 느끼고 이러한 상황을 피하려고 하는 정도"를 의미한다. 몇몇 사람들은 예측 불가능성과 불확실성에 대해 개의치 않는다. 반면에 어떤 사람들은 불확실성 또는 모호함을 싫어하고 규칙을 만들거나 행동을 규정함으로써 이러한 것에 대처하려고 노력한다. 강한 불확실 회피성향을 가진 문화의 경우 인생을 설계하기 위해서 규칙과 형식에 대한 필요를 느낀다. 강한 불확실 회피성향 문화의 사람들은 높은 수준의 불안감을 가지고 있으며 감정을 남에게 표현하는 것은 받아들여진다.

(5) 장기지향성

장기지향성은 "한 사회가 관습적이고 역사적이거나 단기적 관점이 아니라 실용적인 미래지향적인 관점을 갖는 정도"를 의미한다. 높은 장기지향성의 결과로는 인내, 끈기, 지위에 의한 서열관계, 검소함, 수치감등이다. 장기지향성의 반대는 단기지향성인데, 그 결과로는 개인적인 고지식과 안정성, 체면유지, 전통에 대한 존중, 인사, 호의 및 선물에 대한 답례를 포함한다. 대부분의 동아시아 국가들, 특히 많은 수의 중국인 인구들을 가진 국가들은 LTO 지수에서 높은 점수를 기록한다. 앵글로색슨 사회들은 낮은 점수를 기록한다.

2) Hall의 고상황적문화와 저상황적문화

고상황 문화에의 메시지는 더 많은 함의와 애매모호함을 지니며 커뮤니케이터는 비구어적 행동, 신체적 상황, 사회적 분위기, 그리고 개인간의 관계에 훨씬 더 많이 의존한다. 홀이 설명하기를 고상황 커뮤니케이션과 메시지는 대부분의 정보가 이미 그 사람 안에 있다고 설명한다. 다만 메시지의 부분으로 기호화하고 명시되고 전달되는 부분은 매우 작은 부분에 지나지 않는다 저상황적(low-context)메시지에서 정보는 겉으로 분명하게 표현되는 메시지 정보의 형태로 전달된다. 무엇에 주의를 기울이거나 무시하는 것은 대체로 상황의 문제이다.

고상황적 문화에서 광고는 상징적 표현 또는 간접적 언어표현이 그 특징으로 나타난다. 일본인들의 경우를 보면, 언어적 형태는 단지 커뮤니케이션의 한 일면에 불과하다. 말로 표현되지 않은 부분이 종종 더 중요한 의미를 지니는 것처럼 보인다. 대부분의 유럽 마케팅은 북미의 저상황 문화에 바탕을 둔 결정 이론에 충만 되어 있다. 그 저변의 가정은 커뮤니케이션에서 사람은 수사, 즉 많은 단어에 의해 논의와 설득을 필요로 한다는 것이다. 다른 많은 나라에서 특히 아시아 국가에서 그 접근 방법은 완전히 다르다.

예를 들어, 일본은 고상황, 미국은 저상황 문화로 여겨진다. 일본의 마케터는 좀더 직관적, 주관적이며 커뮤니케이션과 인간관계를 지향한다. 그런데 미국의 마케터는 논리적, 과학적이며 데이터와 시스템 그리고 진행절차를 지향한다.

덧붙여 해외 공익광고 사례를 살펴보면, 저상황 문화권의 미국의 경우, 1분마다 한 종류의 동물이 멸종하고 있다는 수치를 직설적으로 표현함으로써 메시지를 전달하고 있으나, 고상황 문화권의 일본의 경우 동화를 빗대어 인생의 멋진 일은 후반부에 일어난다는 감성적이고 비유적인 메시지를 전달한다(〈그림 15.3〉 참조).

▲ 미국의 '동물보호' 공익광고

▲ 일본의 '자살방지' 공익광고

그림 15.3 공익광고에 나타난 고상황/저상황 표현 사례

3) Trompenaar와 Hampden-Turner의 차원

문화를 그룹구성원이 문제를 해결하는 방식이라고 규정하고 있으며 이를 세가지 형태로 규정하였는데, 사람과 관계, 시간, 환경에 대한 해결방안으로서의 문화의 일곱 가지 차원을 제시하였다.

(1) 보편주의와 특수주의(Universalism/Particularism)

보편주의를 특징으로 하는 문화로 사회의 규칙과 규범이 보편적으로 지배하며 거기에 순응하는데 익숙해져 있는 문화를 말하며 특수주의는 온정주의 성향이 다분히 지배적인 문화이며 포용보다는 구분을 중시하는 문화이다. 보편주의 문화는 Hall의 고상황적 문화와 유사하나 다양한 사회적 현상을 포용하고 있다. 또한 보편주의 문화는 커뮤니케이션행위에 있어 메시지의 명확성과 정확한 상황설정을 특징으로 하며, 이 두 문화는 소비자의 제품수용, 적용, 소비경험 등에 차이를 드러내고 있기 때문에 마케팅 커뮤니케이션의 성향 또한 크게 차별화된다.

(2) 개인주의와 공동체주의(Individualism/Commentarialism)

이 차원은 개인과 집단을 중시하는 정도나 경향을 표현하는 점에서 Hofstede의 차원과 유사한 특징을 지고 있다.

(3) 감정주의와 중립주의(Affective/Neutral)

이 차원은 사람과 관계에서 이성과 감정이 지배하는 역할의 정도에 의해 평가된다. 감정적으로 중립적인 문화의 사람들은 감정을 보이지 않고 주의 깊게 절제하며 통제시킨다. 반면 매우 감정적인 문화에서는 웃음과 미소, 비웃음, 제스처 등을 통해 솔직히 감정을 노출 시킨다. 이러한 커뮤니케이션 현상의 차이는 광고표현에서 두드러질 것으로 보이는데, 북미와 일부 유럽국가의 감정주의 문화에서는 일본, 한국, 러시아 등 중립주의 문화에 비해 정보의존경향이 강한 저상황적 문화의 행태를 보일 것이며, 주관적 감정을 중시하는 국가의 경우 감정을 메시지에 호소 할 것으로 보인다.

(4) 한정주의와 분산주의(Specific/Diffuse)

이 차원은 인간관계에서 삶의 영역에서 관계의 수준을 한가지로 하느냐 아니면 동시에 여러 수준으로 분산하느냐를 의미하는 것으로 Hall(1983)이 단원적 차원, 다원적 차원과 유사하다. 한정주의란 개인적 삶과 공적업무를 구분하는 개인주의 성향이며 분산주의는 이를 구분하지 못하는 집단주의 성향을 말한다.

(5) 귀속문화 성취문화(Ascription/Achievement)

이 차원은 귀속문화에서는 조직에서의 지위나 신분은 개인의 출생, 혈연관계, 성별, 연령, 연고, 교육배경에 의해 주어진다. 이에 반해 성취문화에서는 개인이 현재 무엇을 달성하였는가에 의해 결정된다. 아시아 국가의 경우 대체로 귀속문화의 성격이 강하다.

(6) 시간에 대한 태도

이 차원은 사회마다 상의한 시각을 가지고 있는데, 이는 지나가는 사건의 직선적 과정으로 이해하느냐 아니면 과거, 현재, 미래를 연결하는 동시적 개념으로 이해하느냐를 기준으로 문화를 분류할 수 있다. 이는 시간을 직선적으로 이해하는 사회에서는 정확성을 강조하고 미래의 계획이 과거의 성취보다 중요하다. 이에 반해 과거, 현재, 미래를 중첩되는 동시적 사건의 연속으로 인식하는 사회에서는 과거의 성취가 중요하며, 정확성보다 강한 영향을 미친다.

(7) 내부 통제주의/외부적 통제주의(Inner Direction/Outer Direction)

이 차원은 자연을 바라보는 시각에 있어서 문화적 차이가 나타난다. 이는 Hofstede가 발견하지 못한 문화차원으로 유교적 역동성을 설명하는 장기 및 단기지향성의 본질과 일치한다. 이는 자연에 대한 관계는 통제와 순응이라는 시각의 접근으로, 내부통제는 자연통제주의로 설명되며, 외부통제의 경우 자연 순응주의로 해석된다.

4. 국제광고전략

1) 표준화전략

Buzzell은 표준화 이점을 설명하면서, 전 세계시장에서 보다 큰 수익성을 얻는데 있다고 보았다. 한 나라에서 성공한 마케팅 전략이 다른 나라에서도 활용될 수 있다면 보다 나은 이익을 얻을 것이다(〈그림 15.4〉 참조). 표준화는 다음과 같은 점들을 통해 확산되고 있다. 첫째, 국경너머로 점점 더 많은 제품들이 유통되고 있다. 두번째, 사람의 범람으로 우리나라에 보는 제품을 다른 나라에서도 보게 된다. 세번째, 광고매체의 범람으로 국제광고 캠페인이 증가를 말해준다. 예를 들어, 네덜란드 TV의 45%와 스위스에서 모든 TV 가구의 85%는 정규적으로 독일 발신의 TV프로그램을 본다. 이와 같은 점들로 인해 표준화전략이 증가되고 있다.

표준화전략은 모든 해외시장에서 동시에 적용할 수 있는 광고전략을 의미한다. 다국적 기업이 해외시장에서 선택하는 이유는 다음과 같다. 첫째, 규모의 경제로 인한 광고제작의 비용이 절감된다. 두번째, 광고예산의 효율적인 운용이 가능하다. 세번째, 새로운 시장 개척이 용이하다. 네번째, 전세계적으로 브랜드 인지를 높임으로써 타기업과의 경쟁을 올릴 수 있다. 그러나 단점도 존재한다. 첫째, 해외시장의 세부적 요구에 부응하지 못하고 광고 신축성이 상실될 수 있다. 두번째, 현지 감각이 약하여 심리적 준거집단에 감동을 주지 못

▲ 코카콜라 표준화 광고전략 사례

▲ 레드불 표준화 광고전략 사례

▲ 네슬레 표준화 광고사례

그림 15.4 표준화 광고 사례

한다. 세번째, 현지 자회사 사원들의 창의성이 없어질 수 있다.

국제광고의 표준화 사례를 살펴보면, 탄산음료 브랜드인 코카콜라가 그 대표적인 예이다. 통일된 카피와 슬로건사용하고, 산타클로스, 펭귄, 북극곰과 같은 캐릭터를 모델로 통일되게 사용하는 등 보다 체계화되고 철저한 표준화전략을 사용하고 있다. 코카콜라 외에

▲ 러시아 초코파이 표준화 광고 사례

▲ 중국 초코파이 표준화 광고 사례

그림 15.5 국내기업의 해외시장 표준화 광고 사례

도 고카페인 음료 '레드불'과 커피 브랜드 '네슬레' 또한, 동일한 광고를 그대로 사용하되 내레이션만 바꾸는 등의 표준화전략을 사용하고 있는 기업들이 많이 있다.

한편, 외국계 기업 뿐만이 아니라 국내 기업들도 해외각지에서 다양한 표준화전략을 사용하고 있다. 전 세계적으로 큰사랑을 받고 있는 '초코파이'의 경우 러시아와 중국에 진출할 당시 철저하게 표준화 전략을 사용하였는데, 기존 초코파이가 국내에서 강조했었던 가족 혹은 좋은 친구와 같은 감성적인 소재를 동일하게 활용하였다(〈그림 15.5〉 참조).

2) 현지화전략

현지화 전략의 장점은 각 나라마다 존재하는 현지시장의 독특한 특성을 고려하여 현지에 적합한 광고를 사용하는 점이다. 그 사회의 내부구조, 기후, 언어, 전통과 습관, 소비자 지각, 국가주의, 매체의 이용가능성, 경제 및 기술의 격차 등을 고려해야 한다. 그 중에서도 문화가 가장 중요할 것이다. 어떤 제품이 많은 문화권에서 받아들여졌더라도 광고는 적응되어야 한다. 심지어 영어권 국가일지라도 광고문안과 시각적인 면에서 현지화는 필요하다.

▲ DDB 베를린 폭스바겐 폴로 광고(월드컵 시즌 집행)

사람이 북적북적 한 곳에도 차체가 작고 튼튼하기 때문에 무리가 없다는 것을 강조하고 있다.

한편, 국내에 런칭한 커피음료 '조지아'와 면도기 브랜드인 '질레트' 역시 국내 실정에 맞게 현지화 광고전략을 내세웠다. 조지아의 경우, 국내 유명 영화배우인 차태현을 모델로

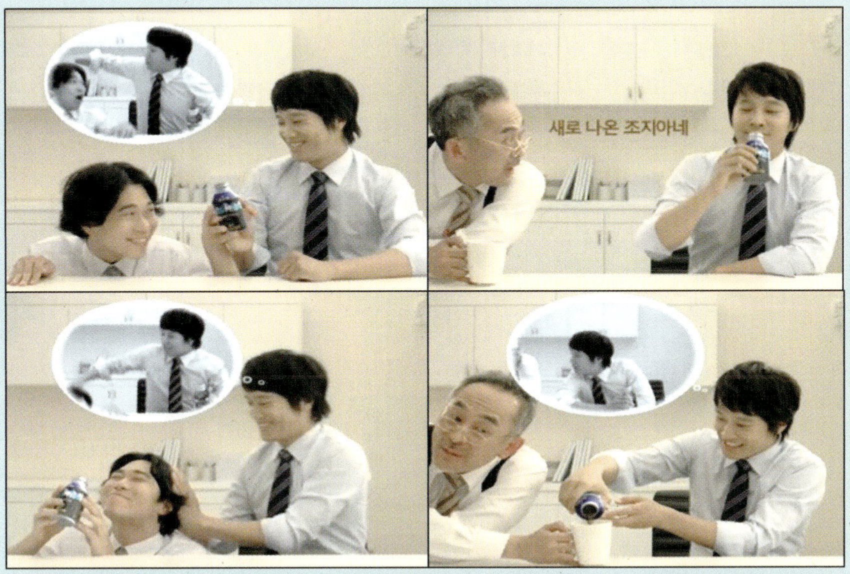

▲ 조지아 국내 현지화 광고 사례

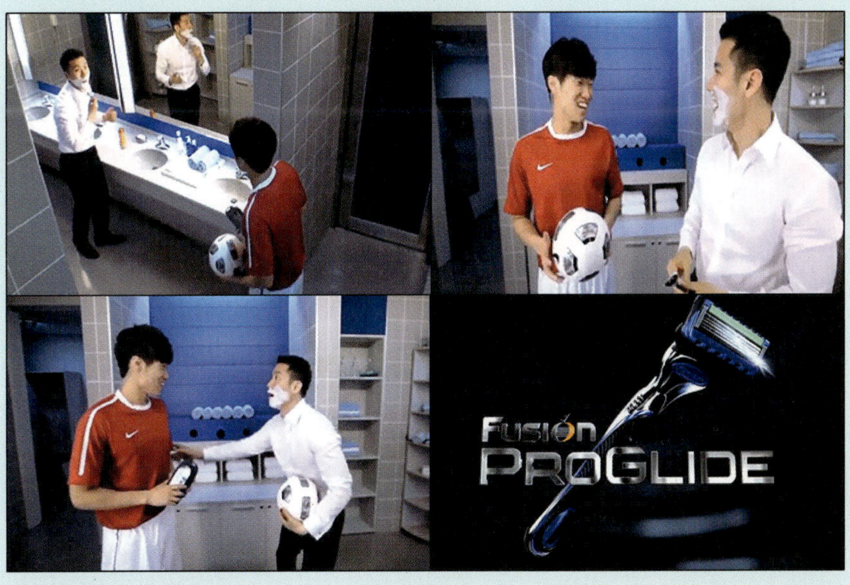

▲ 질레트 국내 현지화 광고 사례

그림 15.6 현지화 광고 사례

기용하고 한국 특유의 직장내 상하 수직관계를 크리에이티브 소재로 활용하여 광고를 집행한 바 있다(〈그림 15.6〉 참조).

또한 해외 유명브랜드인 질레트는 다이나믹하고 남성다운 이미지를 강조하기위해 '메시', '베컴' 등과 같은 유명 스포츠 스타를 모델로 기용하여 스타마케팅에 주력하고 있는데 현지화 전략으로 국내 스포츠 스타인 '박지성'을 모델로 기용하여 광고를 집행하기도 하였다.

3) 표준화 전략과 현지화 전략의 절충전략

일반적으로 기업의 전략적 특성, 제품특성, 현지의 마케팅 환경 등의 차이를 인정하면서 글로벌 마케팅과 연계를 고려한 절충 전략이 선택되는 경우가 있다. 글로벌 광고의 표준화(standardization)와 지역화(localization)을 중심으로 한 중국 내 외국계 광고주를 대상으로 한 설문 연구에서, 대부분의 광고주가 혼합전략을 활용하고 있었다.

그럼 표준화, 차별화전략을 사용하는 기준은 무엇일까? 혹은 언제 기업은 국제광고의

표준화, 차별화, 절충전략을 사용해야 하는가? 제인(Jain)은 제시하고 있는 조건을 몇 가지 소개하면 다음과 같다. (1) 본국과 현지국의 경제상황이 유사한 시장일수록 표준화 전략을 사용하는 것이 효율적이다. 반면 경제적 상황이 상이한 시장일 경우 차별화 전략을 사용할 가능성이 높다. (2) 특정지역을 대상으로 하기보다는 전 세계 시장을 대상으로 제품을 판매할 경우 표준화 전략이 효과적이다. (3) 소비자 행동과 라이프 스타일측면에서 유사성이 높은 시장일수록 표준화의 정도는 높다. (4) 제품의 기능이 여러 문화에서 상응한다면 표준화 전략이 바람직하다. (5) 상이한 시장에서 한기업의 경쟁상황이 유사할수록 표준화의 가능성이 높다. (6) 산업재와 첨단제품은 일반소비재보다 표준화에 적합하다. (7) 본국과 피투자국에서의 마케팅 하부구조가 보다 유사할수록 표준화정도는 크다(심성욱 외, 2008).

4) 다국적 광고대행사의 국내시장 진입전략

다국적 광고대행사가 국내 시장에 진입은 업무제휴, 지분참여, 합작투자, 독립투자의 네 가지로 정리된다(한상필, 김상훈, 신효정, 2002). 첫 번째로 업무제휴는 국내 광고회사와 업무를 제휴함으로써 외국 광고주의 광고활동에 영향력을 행사한다. 즉, 국내에 진입해 있는 광고주의 광고활동을 대행하고 있거나 앞으로 대행할만한 능력이 있다고 판단되는 국내 광고회사들과 업무를 제휴하여 그들의 광고주에게 세계 각국 시장과 동일한 수준의 서비스를 제공한다. 이는 광고회사의 시장진입에 앞서 현지 시장 상황을 점검하거나 정보를 입수하는 등 국내 진입을 위한 교두보 성격을 띤다.

두 번째, 지분참여는 국내 광고회사에 자본을 투자하여 일정 비율의 지분을 갖는 형태로서 주주의 위치를 취함으로써 다국적 광고주의 광고수행에 영향력을 행사할 수 있다. 이는 기존 광고회사의 국내 네트워크를 그대로 활용할 수 있고 국내 광고회사가 보유한 국내 시장의 정보와 경험 등으로 새로운 시장 진입의 불확실성을 최소화 하여 실패위험을 줄일 수 있다는 장점이 있다. 국내 시장에 지분참여 형태를 띠는 다국적 광고대행사는 TBWA Korea, 금강오길비, BBDO 코리아 등이 있다.

세 번째, 합작투자는 외국 광고회사와 국내 광고회사가 합작하여 광고회사를 설립하는 방법이다. 경영권은 일반적으로 동등한 지분을 갖지만 때로는 소주주, 또는 대주주로 참여하거나 환경 변화에 따라 소주주에서 대주주로 되는 경우도 있다. 이러한 합작투자 형태는 외국 기업의 국내 시장 적응이 유리하다. 국내 설립된 합작형태의 광고회사로는 하쿠호도와 제일기획이 합작하여 설립한 하쿠호도제일이 여기에 속한다.

네 번째는 독립투자 형태로 외국 기업이 국내 시장에 진출할 때 국내 광고회사와 협력

표 15.1 외국계 광고회사의 소속그룹 현황(2019년 기준)

광고회사	커뮤니케이션그룹	국가	진출시기	진출형태	투자형태
TBWA코리아	Omnicom	미국	1999	법인설립	100%
그룹엠코리아	WPP	영국	2011	단독투자	100%
금강오길비	WPP	영국	2003	단독투자	100%
덴츠엑스*	Dentsu Aegis Network	일본	2002	단독투자	100%
덴츠코리아*	Dentsu Aegis Network	일본	2002	단독투자	100%
디디비코리아	DDB worldwide communication group	미국	1999	합작투자	94%
레오버넷	Publicis Groupe	프랑스	1991	단독투자	100%
멕켄에릭슨 & IPG Mediabrand(유니버설멕켄)	IPG	미국	1990	단독투자	100%
비비디오 코리아	Omnicom	미국	2000	지분양도	70%
웰콤퍼블리시스월드와이드	Publicis Groupe	프랑스	1999	단독투자	100%
캐러트코리아*	Dentsu Aegis Network	일본	2002	단독투자	100%
하쿠오도제일	Hakuodo DY Holdings	일본	1999	합작	51%

*2013년 영국 Aegis Group에 합병 출처 : 한국광고총연합회(2019)

없이 단독으로 지사를 설립하는 방법이다. 시장에 대한 다양한 정보가 수집되고 철저한 사전조사가 되어 있으며 충분한 외국 광고주를 확보하고 있는 경우에 이러한 방법으로 진입한다. 이러한 단독투자는 국내 주주가 개입되지 않아 외부와의 마찰이 없고 경영에 있어서 자율성이 확보된다는 장점이 있다. 그러나 반면에 국내 시장에서 활용할 수 있는 네트워크의 부재와 시장 적응에 대한 위험성도 안고 있다. 국내에서는 JWT가 1989년에 최초로 단독투자형태로 진입한 외국회사이다. 현재는 유로넥스트, 오길비앤매더코리아, 맥켄에릭슨, 레오버넷, 유니버셜맥켄, 그레이월드와이드코리아, 어드벤처-WPPMC, WPP MC Korea가 국내 시장에 독자적으로 진입한 외국 광고대행사이다(심성욱 외, 2008). 현재로는 멕켄에릭슨 & IPG Mediabrand(유니버설멕켄), 웰콤퍼블리시스월드와이드 등이 남아 있다(〈표 15.1〉 참조).

5) 향후의 국제광고 방향

앞으로의 글로벌 광고전략은 지역적, 문화적 가치를 염두에 두어야 하지만 과거와는 달리 개인적 차원을 고려해야 할 것이다. 글로벌광고에서의 현지화 전략이란 국가 간에는 문화, 경제의 단계, 법적 규제 등 여러 환경이 상이하기 때문에 국제적으로 표준화된 광고보다는 각 국가의 시장별로 맞춰진 광고전략을 의미한다. 이러한 차이점들 때문에 광고주는 현지 시장에서 적합한 메시지를 제작하는 것이 필수적이다. 여기서는 수용자의 문화적 배경을 고려하여 메시지를 구성하게 된다. 그런데 이 단계에서 이제 2단계 현지화 전략이 필요하다. 교차문화분석모델에서의 문화적세분화 모델이 적용된다. 이 모델은 같은 문화내에서도 라이프스타일과 가치에는 상당한 차이가 있을 것이라는 점을 전제로 하기 때문이다. 그 나라 문화권에 맞는 메시지를 만들지만 이제는 다음 단계에서 그 문화권의 자아개념을 통해 그 문화권에 동화된 개인과 문화권에 상이한 개인으로 나뉘어 메시지가 다시 만들어질 필요성이 있다. 물론 코카콜라나 맥도널드 같은 식음료 제품은 표준화가 가능하다. 전세계적으로 코카콜라의 '상쾌함'과 맥도널드의 '사랑'을 전달할 수 있다. 그렇지만 다른 제품들은 이와 같은 2단계 현지화 전략이 필요하다.

예를 들어, 샴푸광고에서 표준화와 현지화 절충으로 지역적 문화적 가치에 초점을 맞추어 광고의 형식은 같지만 광고모델을 달리하는 것이다. 그리고 다음 2단계에서는 샴푸를 제품의 특성에 따라 개인적 차원에서 소구하는 것이다. 또 자동차를 예로 든다면, 한국 문화에 따라 사회적 위치에만 초점을 맞추어 광고를 진행한다면 지금은 통하지 않을 가능성이 있다. 자동차의 소유를 넘어 자아실현의 모습으로 보여야만 한다. 우리나라에서도 개인주의적 가치인 승리, 획득이 팽배해 있기 때문이다. 과거에 리바이스사의 초기 광고전략은 표준화전략을 채택하고 있었는데, 후에 현지화 전략으로 전환하여 큰 성공을 거두었다. 즉, 영국에서는 카우보이를 등장시켜 야성적인 서부세계를 주제로 광고를 실행하였고 일본에서는 제임스 딘과 같은 유명한 배우를 내세워 광고를 하였다. 오스트레일리아에서는 리바이스 청바지의 질적 우수성을 주로 강조하는 광고 전략을 사용하였다. 그렇지만 이제는 이러한 전략이 성공할 확률은 높지는 않을 것 같다. 왜냐하면 일본에서 제품의 질을 선호하는 자아도 있겠고 호주에서는 광고모델을 높게 평가하는 자아도 있기 때문이다.

미래의 글로벌 광고는 수용자의 가치를 반영해야만 한다. 과거에는 홉스테드의 문화차원이 한 국가의 문화를 설명하고 무엇이 특정 문화에 적합한지를 예측하는데 유용했다. 지금은 문화차원의 자아개념을 가지고 개인의 가치를 반영해야 한다. 이제는 제품과 자아를 동일시 할 수 있는 정도에 의하여 제품을 소비하기 때문에 광고의 전략방향도 이러한 호의적 제품과 자아 이미지 일치에 초점을 맞추어야 한다. 한 국가에 있어 개인적 자아에 초점을 맞추어야 한다. 그리고 일반적으로 제품들 간에는 질적 차이나 성능상의 차이가 거의 없기 때문에 제품차별화를 시도하기 위해서는 메시지의 차별화를 이용해야 한다. 소비자들의 호의적 제품 혹은 상표와 자아이미지를 일치시키기 위해서는 제품간 혹은 상표간의 정확한 포지셔닝을 설정하여 독자적이고 구별되는 이미지를 형성시켜야 한다. 이러한 이미지를 형성하기 위한 방법으로 그 문화권의 개인적자아의 이해가 필요할 것 같다. 글로벌 광고 속에서의 브랜드도 이러한 개념을 반영해야 한다. 한국과 중국이 같은 한자권의 나라이라고 해서 한자를 가지고 있는 브랜드를 그대로 중국에 진출시킨다면 큰 낭패를 볼 가능성이 높다. 코카콜라의 중국식 이름은 '可口可樂'이다. 중국어로 발음하기에 쉬우면서도 '입이 즐겁다'라는 뜻을 가지고 있다. 그래서 코카콜라는 성공적인 브랜드로 자리 잡았다.

이제 기업의 글로벌 광고를 전개하는 있어서는 2단계적 문화를 반영한 현지화 전략을 선택하여야 할 것이다. 전체적으로는 표준화와 현지화절충 전략이 많이 활용될 것이지만 지금은 현지화전략에서도 차원을 구분해야 한다는 것이다. 동일문화권의 자아를 이해함으로써 효과적인 광고를 집행할 수 있을 것이다(심성욱 외, 2008).

참고문헌

1장

- KAA저널(2017). [세미나중계] 4차 산업혁명과 광고산업의 미래.
- 광고계동향(2017). 100대 광고주별 매체비 현황, 3.4월.
- 박석철(2017). [Media Insight] 5G, 4차 산업혁명 그리고 디지털 사이니지, 광고계동향.
- 신혜림(2017). 2016년 대한민국 총광고비, 미디어와이드뷰
- 필립코틀러(2010). 마켓 3.0, 타임비즈.
- 광고계동향(2017). 100대 광고주별 매체비 현황, 3.4월.
- 박석철(2017). [Media Insight] 5G, 4차 산업혁명 그리고 디지털 사이니지, 광고계동향.
- 박지애(2020). 파타고니아, '덜 사고 더 요구하세요' 글로벌 환경 캠페인 전개.
  http://zine.istyle24.
- com/Fashion/FashionView.aspx?Idx=51429&Menu=12&_C_=23069
- 보건복지부(2020). 노담광고
- 신선미(2020). 청소년 흡연예방 광고 '노담', 대한민국 광고대상 3개상 수상,
  https://www.yna.co.kr/view/AKR20201203051900530?input=1195m.
- 신혜림(2017). 2016년 대한민국 총광고비, 미디어와이드뷰
- 안희정(2021). SNS 광고도 AR이 대세: 페이스북 AR 플랫폼 '스파크 AR' 활용한 광고 캠페인 늘어나,
  https://zdnet.co.kr/view/?no=20210216165133.
- KAA저널(2017). [세미나중계] 4차 산업혁명과 광고산업의 미래.
- 필립코틀러(2010). 마켓 3.0, 타임비즈.

5장

- 구승희(2000). 유머, 비유머 광고의 효과에 관한 연구: 수용자의 브랜드 호감도 차이의 영향을 중심으로, 광고학연구, 11(4), 23~50.
- 노영송(1999). 유머소구가 광고의 커뮤니케이션 효과에 미치는 영향 연구, 충남대학교 석사학위논문.
- 박희랑(2001). 유머형성 기제에 따른 유머소구의 형태별 효과, 광고학연구, 12(4), 37~72.
- 진정희(2000). 비교광고의 유머 소구 효과에 관한 연구, 건국대학교 석사학위논문.
- 파이낸셜뉴스(2021). 신한금융, 디지털 광고 플랫폼 선보여. 기발한 광고 론칭,
  https://www.fnnews.com/news/202103191006037253.

- 심상윤(1995). 광고모델 캐릭터와 광고효과의 관계에 관한 연구. 학위논문.
- 한창희(1998). 유머광고의 효과성에 관한 연구, 고려대학교 석사학위논문.
- Atkin, C., Block, M. (1983). Effectiveness of celebrity endorsers, Journal of Advertising Research, 23(1), 57~61.
- Kahle, L. R., Homer, P. M. (1985). Physical attractiveness of celebrity endorser: A social adaptation perspective, Journal of Comsumer Research, 11(4), 954~961.
- Golden, L. L., Alpert. M. I. (1987). Comparative Analysis for the Relative Effectiveness of One-sides and Two-sides Communication for Contrasting Products, Journal of Advertising, 16(1), 18~28.
- McGuire, W, J. (1961). Resistance to persuasion conferred by active and passive prior refutation of the same and alternative counter arguments, The Journal of Abnormal and Social Psychology, 63(2), 326~332.
- Heider, F. (1958). The Psychology of interpersonal relations, New York; Wiley.
- Berlyne, D. E. (1970). Novelty, Complexity and Hedonic Value, Perception and Psychophysics, 8, 279~286.

6장

- 김봉철(2007). 모바일 광고에 대한 태고에 영향을 미치는 선행요인: Ducoff (1996)의 웹 광고 효과 모델 확장 적용. 광고연구. 75. 35~59.
- 김흥규, 오세정(2009). 마케팅 커뮤니케이션으로서의 BTL 전략 요인. 한국광고홍보학보, 11권 2호, pp.127~154.
- 손형채(2005). BTL, 마케팅 커뮤니케이션의 새로운 지평을 열다. 제일기획 사보, 1월호, 56~59.
- 이연수(2006. 5). 광고계의 변화와 ATL/BTL 마케팅: 소비자의 지갑을 열어라. CJ magazine, 326호, 4~9.
- 켈러, 케빈(2001), 브랜드 매니지먼트, 브랜드앤컴퍼니
- 한상필, 안보섭, 박명진(2005). 무선 인터넷 이용자의 모바일 광고 이용 동기에 관한 인식 연구. 커뮤니케이션학연구: 일반. 13(4). 68~100.
- Kotler, Philip & Armstrong, Gary (2006), *Principles of Marketing*, Prentice Hall, Upper Saddle River: NJ (p. 5).
- Schultz, D., William, R., & Petrison, L. (1998). (1998). Sales promotion essentials, IL: Lincolnwood, NTC Business Books.
- Wilmshurt, J. (1993). Below-the-Line Promotion. Butterworth-Heinemann.

9장

- 김익태, 한민희(1993). "광고 스케줄링의 형태 및 사례연구". 광고연구, 겨울호, 203~243.
- 김홍규, 오세정(2009). 마케팅 커뮤니케이션으로서의 BTL 전략 요인. 한국광고홍보학보, 11권 2호, pp.127~154.
- 나스미디어(2011). 03 Case Study: 디지털미디어광고 사례 연구, 195호.
- 박소현(2020). 롯데렌터카, 장기렌터카 광고 '쉽고 빠른 카라이프' 론칭, 매일경제, https://www.mk.co.kr/news/business/view/2020/07/732680/
- 박준우(2017). [Media Insight 1] 알아두면 쓸 데 있는 미디어 이야기, 광고계동향, https://www.ad.co.kr/journal/column/show.do?ukey=503042.
- 손형채(2005). BTL, 마케팅 커뮤니케이션의 새로운 지평을 열다. 제일기획 사보, 1월호, 56~59.
- 이연수(2006. 5). 광고계의 변화와 ATL/BTL 마케팅: 소비자의 지갑을 열어라. CJ magazine, 326호, 4~9.
- 한상필, 안보섭, 박명진(2005). 무선 인터넷 이용자의 모바일 광고 이용 동기에 관한 인식연구. 커뮤니케이션학연구: 일반. 13(4). 68~100.
- 한은경(2001). IMC광고론, 커뮤니케이션북스.
- KBS 홈페이지
- 조선일보 홈페이지
- 중앙일보 홈페이지
- 한겨레 홈페이지
- 한국광고진흥공사 홈페이지
- NTC Business Books.
- Schultz, D., William, R., & Petrison, L. (1998). (1998). Sales promotion essentials, IL: Lincolnwood, NTC Business Books.
- Wilmshurt, J. (1993). Below-the-Line Promotion. Butterworth-Heinemann.

10장

- 김유경, 김유신(2012), 한국의 국가브랜드 정체성(NBI)과 국가브랜드 자산과의 관계에 대한 연구:한국, 중국, 일본의 글로벌 시장에서의 비교인식 차원을 중심으로, 광고학연구, 23(6), 259~288.
- 김유경, 최창원, 이효복(2011), 국가 브랜드 가치 평가를 위한 선행요인에 관한 연구: 국가 브랜드 자산 구성요소 및 인과 구조를 중심으로, 광고학연구, 22(6), 29~52.

- 신병철(2004). 개인 브랜드 성공전략, 살림출판사.
- 전종우, 이현숙, 최일도(2010), 이민자들의 문화정체성과 한국 국가브랜드와의 관계, 광고학연구, 21(4), 183~197.

13장

- 소현진(2014). 소비자 공감반응 척도개발: 이야기 광고를 중심으로. 한국콘텐츠학회논문지, 14(11), 133~142.
- 전종우(2014). 수용자가 인식하는 국내 드라마의 스토리텔링 방식이 드라마 만족도와 지상파 채널 브랜드에 미치는 영향. 미디어와 공연예술연구, 77~104.
- 전종우. 강내원(2015). 중국 대학생들의 선호 스토리유형이 한국 문화 콘텐츠 소비와 국가 브랜드에 미치는 영향. 광고연구, 5~35.
- 전종우, 김정렴(2015). 스토리 유형이 디즈니의 글로벌 CSR(Corporate Social Responsibility) 연상과 기업 평판에 미치는 영향, 광고학연구, 26(4), 111~129.
- Deigtion, J., Romer, D. & McQueen, J. (1989). Using drama to persuade. *Journal of Consumer Research*, 16(3), 335~343.
- Escalas, J. E., & Stern, B. B. (2003). Sympathy and Empathy: Emotional Responses to Advertising Dramas. *Journal of Consumer Research, 29*(4), 566~578.
- Friedman, David N. (1967), *Forms of the plot, The Theory of Novel*, edited by Philip Stevick, the Free Press.
- Green, M. C., & Brock, T. C. (2000). The role of transportation in the persuasiveness of public narratives. *Journal of Personality and Social Psychology*, 79, 701~721.
- Hudson, S., & Hudson, D. (2006). Branded Entertainment: A new advertising technique or product placement in disguise?, *Journal of Marketing Management*, 22, 489~504.
- Polti, G. (1921). *The thirty-six dramatic situations.* JK Reeve.
- Stern, J. (1994), *The relationship between Jewish cultural intensity, orthodoxy and brand loyalty*, unpublished doctoral dissertation, Manhattan: New York University.
- Tobias, R. B. (1967). *20 MASTER Plots: and how to build them,* Cincinnati, OH: Writers' Digest Books.
- Zhang, J. (2010). To play or not to play: An exploratory content analysis of branded entertainment in Facebook. *American Journal of Business*, 25(1), 53~64.

14장

1. 인터넷과 모바일 광고

- 금준경(2017). 외면받은 종이신문, 이용률 사상 최저. http://www.mediatoday.co.kr/?mod=news&act=articleView&idxno=135501#csidxa7003f9cac1cd3b92c1bb3088d1b140
- 김봉철(2007). 모바일광고에 대한 태도에 영향을 미치는 선행요인: Ducoff (1996)의 웹 광고효과모 델 확장 적용. 광고연구. 75. 35~59.
- 김새미(2018). [광고산업 불균형] ① 글로벌 추세와 달리 모바일에 밀린 TV 광고. 뉴데일리 http://biz.newdaily.co.kr/news/article.html?no=10150447.
- 나스미디어(2015). 나스리포트 247호.
- 메조미디어 상품소개서
- 대홍커뮤니케이션. 애드컬럼 2017 마케팅, 디지털로 새롭게 답하다.
- 문정은(2018). [CES 2018] 아마존 vs 구글, 'AI 스피커' 두고 대결. http://biztribune.co.kr/n_news/news/view.php?no=39813.
- 문화체육관광부(2020) 2020년 문화 · 여가 관련 국민여가활동조사 및 국민문화예술 활동조사 보고서.
- 안선혜(2018). 방송광고 넘어선 온라인광고, 2018년엔 격차 더 벌어져. http://www.the-pr.co.kr/news/articleView.html?idxno=29100.
- 정보통신연구원(2020). 2020방송매체 이용행태조사 보고서.
- 카카오AD상품소개서.
- 하대석(2018). 하루 2시간씩 스마트폰 보는 한국인 … 미디어소비 30%는 모바일에서. http://news.sbs.co.kr/news/endPage.do?news_id=N1004562018&plink=COPYPASTE&cooper=SBSNEWSEND.
- 한국GPA상품소개서
- 한상필, 안보섭, 박명진(2005). 무선인터넷 이용자의 모바일 광고 이용동기 에관한 인식연구. 커뮤니케이션학연구. 13(4). 68~100.
- ITWORLD (2017). [DMC] 2017 모바일 동영상 및 모바일 동영상 광고 시장 현황과 이슈 http://www.itworld.co.kr/techlibrary/105904.
- 한국방송광고진흥공사(2021). 2020년 방송통신광고비 조사보고서.
- 한국정보통신연구원(2020). 연구보고서.

2. OOH광고

- 고윤환(2013). 디지털 사이니지 Engagement 활용 사례. KAA, 0506. http://www.kaa.or.kr/k/mag/2013/05_06/kaa0506_04.pdf
- 김승한(2020). 삼성, 맥도날드 고양삼송DT점에 스마트 사이니지 공급. ttps://www.mk.co.kr/news/business/view/2020/10/1040381/
- 노정연(2018).'미래형 마트'가 온다 … 이마트 · 삼성전자 손잡고 '디지털 사이니지' 도입, 경향비즈. http://biz.khan.co.kr/khan_art_view.html?artid=201708281147001&code=920100#csidxbb629f31c3a7b49a7127393df7cbe93.
- 문철수(2010). OOH 광고 미디어로서의 디지털 사이니지에 관한 탐색적 연구, 옥외광고학연구, 7(4), 237~256.
- 서범석(2001). 옥외광고론, 나남.
- 심성욱, 박현(2017). 신옥외광고론, 서울경제경영.
- 양윤직(2010). 디지털 미디어 시대의 광고 전략 , 커뮤니케이션 북스.
- 유승철(2011). 디지털 사이니지 마케팅, 팝사인.
- 조성우(2011). 현대 오피스 로비에 나타난 디지털 사이니지의 공간 표현 특성에 관한 연구: 미디어 기업을 중심으로, 건국대학교 디자인대학원 석사논문.
- 한정현(2013). [세미나] 진화하는 옥외광고, OOH 광고의 미래를 진단, http://www.popsign.co.kr/index_media_view.php?BRD=3&NUM=532.

15 장

- 땡큐펫(2014. 4. 18) 시계로 표현한 동물보호 공익광고. 네이버블로그 땡큐펫게시글
- http://blog.naver.com/thankupet/100209445315.
- 심성욱 김대희 신일기(2008), 자아 개념에 따른 4가지 유형의 소비자 집단에 대한 비교 분석, 한국언론학회 학술대회 발표논문집.
- 우종국(2020). GV80 · 쏘나타 · 셀토스 '자신감' … 2020 슈퍼볼 광고 속 현대기아차 전략, 비즈
- 한국, http://www.bizhankook.com/bk/article/19399.
- 유튜브 http://www.youtube.com/
- 한국광고총연합회(2019), 2019 광고회사 현황조사, 광고정보센터.
- 한상필, 김상훈, 신효정(2002). 다국적 광고회사의 국내 시장 진입에 대한 광고전문인의 의식에 대한 연구, 광고학연구, 13권 3호. 233~255.

찾아보기

| 한글 |

ㅁ

ㅂ

ㅅ

ㅇ

| 영문 |

U

W

기타

약력

⁑ 심성욱

한국외국어대학교 신문방송학과를 졸업하고 미국 미주리대학교에서 광고학 석사(M.A.), 플로리다 대학교에서 광고학박사(Ph.D.) 학위를 받았다. 2003년부터 한양대학교 광고홍보학과 교수로 재직 중이다. 박사 학위 취득 후 2002년 9월부터 광고대행사 오리콤에서 브랜드전략연구소 부장으로, 2003년에는 한국언론재단 객원연구위원으로 일한 바 있다. 2014년 11월부터 2년 동안 한국OOH광고학회(구 한국옥외광고학회) 회장을 지냈고, 2020년에는 한국광고홍보학회 회장을 지냈다. 주요 관심 분야는 광고전략, 옥외광고, 디지털광고 등이다. 저서로는 '신옥외광고론(공저)', '인터랙티브광고론(공저)', '디지털 미디어와 광고(공저)', '글로벌 시장과 국제광고(공저)' 등이 있다.

⁑ 전종우

현재 단국대학교 커뮤니케이션학부에서 광고전공 교수로 재직 중이다. 한국외국어대학교에서 신문방송학으로 학사와 석사과정을 마치고, 플로리다대학교 광고학과에서 박사(Ph.D.) 학위를 받았다. 교수로 부임하기 전에는 LG애드(현 HS애드)에서 근무하였다. 주요 연구 관심분야는 글로벌 광고, 엔터테인먼트 마케팅 등이며, International Marketing Review, Journal of Public Relations Research, International Journal of Advertising 등 여러 저널에 논문을 발표하였다.

⁑ 고한준

연세대학교 독어독문학과를 졸업하고 미국 텍사스대학교에서 광고학 석사(M.A), 플로리다 대학교에서 광고학 박사(Ph.D) 학위를 받았다. 2004년부터 국민대학교 미디어광고학부 광고홍보학전공 교수로 재직 중이다. 석사 학위 취득 후 1995년부터 1999년까지 오리콤의 마케팅 플래닝 본부에서 마케팅 플래너로, 그리고 박사 학위 취득 후 2003년 제일기획의 브랜드 마케팅 연구소 책임연구원으로 근무했으며, 2019년에는 한국광고홍보학회 회장을 역임했다. 주요 관심 분야는 뉴미디어 광고, OOH광고, 광고 효과, 소비자행동 등이며, 저서로는 '옥외광고 이론과 실제(공저)', '디지털방송미디어론(공저)' 등이 있다.

광고학 개론 4th Edition

INTRODUCTION TO ADVERTISING

2011년 8월 24일 | 제1판 1쇄 발행
2015년 2월 21일 | 제2판 1쇄 발행
2018년 2월 26일 | 제3판 1쇄 발행
2021년 8월 20일 | 제4판 1쇄 인쇄
2021년 8월 25일 | 제4판 1쇄 발행

지 은 이 심성욱, 전종우, 고한준
발 행 인 김은중
발 행 처 서울경제경영출판사
북디자인 우일미디어디지텍

주 소 03767 서울특별시 서대문구 신촌로 205, 506호
전 화 02) 313-2682
팩 스 02) 313-8860
등 록 1998년 1월 22일 제5-63호

ISBN 979-11-6282-090-2 93320

정가 31,000원

※ 파본은 바꾸어 드립니다.